현대특수교육학

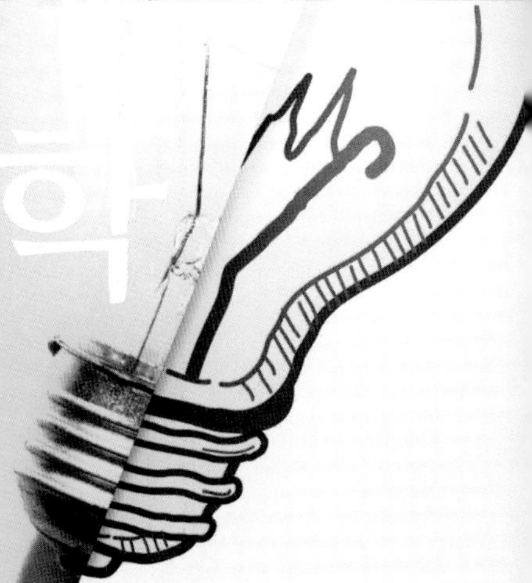

김흥규 저

양 성 원

머리말

부모로부터의 악성(惡性) 유전, 약물 중독, 다양한 사고에 의한 공상(公傷), 각종 질환과 특수 직업병, 심리적 외상(外傷), 치료 가능성의 실기(失機) 등에 의해 심신 장애자가 된다(김홍규, 1989). 세계보건기구(WHO)는 2010년 기준 전 세계인구의 15%인 약 10억 명이 다양한 장애를 겪고 있다고 하였다. 이 중 약 2억 명이 중증장애자이며, 장애아동 수는 약 9,500만 명(WHO, 2011)이라고 했다.

그 장애인구 중 청력 손실 인구가 1억 2,420만 명, 망막굴절 이상이 1억 2,190만 명, 우울증이 9,870만 명 순이다. 소득이 낮은 국가일수록 남성보다는 여성이, 청장년층보다는 아동과 노인층에서 장애인구 비율이 높다. 그리고 장애인은 비장애인보다 의료서비스를 3배나 많이 거부당하며, 고용률 역시 경제협력개발기구(OECD) 기준 비장애인의 평균 고용률(75%)보다 낮은 44% 수준에 머물고 있다는 것이다.

우리나라의 경우는 250만 1,112명의 장애인(남자 145만 3,606명, 58.1%; 여자 104만 7,506명, 41.9%)이 등록・집계되어 있다(보건복지부, 2014).

세계보건기구(WHO)에서는 1970년대 이후 장애인의 출현율(인구 100명 당 장애인 수)을 총 인구의 10% 정도로 추정했으나, 2010년부터는 15% 선으로 상향 추정하고 있다. UN은 전 세계인구의 10% 수준으로 추산하고, OECD는 회원국(34개 국가)의 전체 평균율을 13.8%로 집계하고 있다. OECD회원국은 아니지만 장애인 출현율이 가장 높은 나라는 에스토니아(23.0%)이다.

그 밖에 OECD회원국인 헝가리(22.1%), 덴마크(20.7%), 핀란드(20.5%), 포르투갈(18.7%), 스웨덴(18.1% 또는 20.6%), 영국(17.6% 또는 19.7%), 독일(17.5%, 8.4% 또는 10.2%), 네덜란드(16.8%), 노르웨이(16.3%), 벨기에(14.0%), 프랑스(13.2%), 캐나다(12.1%), 호주(12.0%), 미국(11.9%, 19.2% 또는 20.6%), 스페인(11.0%), 스위스(10.4%), 이탈리아(9.0% 또는 7.1%), 멕시코(7.2%), 일본(4.8%) 등의 장애인 출현율에 비해 우리나라는 약 4.88%(전체 인구 5,123만 579명 중 장애인이 250만 1,112명 집계)이다. 위의 장애인 출현율이 국가별로도 차이가 나고, 특정 국가의 통계수치가 여러 가지로 차이를 보이는 것은 다음과 같은 배경 때문이다.

첫째, WHO에서 추정하는 것과 OECD국가별 장애 출현율이 크게 차이가 나는 것은 법정 장애인 지위를 갖는 장애인 수가 동일하지 않기 때문이다.

둘째, 국가별 법정 장애범주가 다르기 때문이다.

셋째, 한 국가에서도 수치가 다른 것은 통계치 산출시기의 차이 때문이다.

넷째, 장애인 수를 근로가능인구 중 장애인 출현율이냐, 특수교육 대상자 출현율이냐에 따라 산출결과가 다르기 때문이다.

일반적으로 장애자의 출현율은 선진국이 전체 인구의 3%, 중진국은 10%, 후진국은 13%로 생각해 왔지만, 앞의 'OECD 회원국 출현율'에서 고찰했듯이 선진국들은 복지정책 차원에서 장애인의 범주를 확대시키고 그에 따라 출현율도 상승하고 있음을 알 수 있다. 특히 우리나라는 각종 사건・사고가 급증하는 국가인 관계로 대부분의 경우, 후천적 장애인의 출현이 많으므로 그 출현율이 상대적으로 높을 것은 자명한 일이며 국가적 차원에서도 장애인 복지에 역점을 두어야 하기 때문에 기존의 출현율은 신빙성이 떨어진다.

물론 특수교육진흥법의 제정(1977. 12. 31 제정)과 수차례 개정 끝에 2007년 2월 7일자로 '특수교육진흥법 개정 법률안'(국회 제출)이 통과되어, 2010년부터 본격 시행 중이고, 특수교육진흥법시행령(1978. 8. 30 제정 이후 수차례 개정) 및 특수교육진흥법 시행규칙(1978. 12. 30 제정, 문교부령 제435호) 그리고 심신장애자복지법(1981. 6. 5), 장애인복지법(1999. 2. 8. 전면개정 후 2007. 10. 17일부 개정), '장애인차별금지 및 권리구제에 관한 법률'(2007. 3. 6. 국회본회의 통과), 장애인 등에 대한 특수교육법 등이 제정(2007. 4. 30 국회 본회의 통과)되어 법적 조치로서는 어느 정도 갖추었고, '2003~2007 특수교육 발전 종합 계획안'도 마련되었다. 그리고 '제1차 장애인복지발전 5개년계획'의 일환으로 1999년 개정된(2000년 시행) 장애인복지법에 기존의 5개 장애인(지체장애, 시각장애, 청각장애, 언어장애, 정신지체장애) 범주에 새로 뇌병변장애, 발달장애(자폐), 정신장애, 신장장애, 심장장애 등 5개 범주가 추가되어 10개 유형으로 확대되었다. 그 후 2차로 추가 범주가 확대(2003. 7)되어 만성중증의 호흡기장애, 간질환장애, 안면장애, 장루요루장애, 간질장애 등 5 가지를 추가, 총 15개(장애인복지법)로 확대되었다. 앞으로 소화기장애, 중증피부질환, 기질성뇌증후군까지 확대될 전망이다. 그러나 실제적인 면에서는 이렇다 할 발전적 결과를 실감할 수는 없는 것이 현실이다.

더욱이 영재교육 대상자까지 포함한다면 특수교육을 필요로 하는 학생 수는 크게 증가할 것으로 본다.

우리나라는 이미 선진국 클럽인 경제협력개발기구(OECD)에 가입했고(1996), 유엔 본부에서 추진하는 장애인 인권보호를 위한 국제협약인 '장애인 권리 협약'에 세계 81개국과 함께 서명(2007. 3. 31)도 했으니, 우리의 경제력에 걸맞는 장애인의 복지대책과 특수교육 진흥이 요구된다.

지금 우리나라 경제규모는 2015년 현재 국내총생산(GDP) 기준 세계 11위(1인당 GDP 기준 세계 28위, 구매력 기준 1인당 GDP세계 13위, 물가 수준과 통화가치 세계 25위)이며, 국가 경쟁력은 3개 평가기관별로 세계경제포럼(WEF, 2015. 9. 3)은 148개국 중 26위, 국제경영개발연구원(IMD, 2016. 6. 5)은 주요국 60개국 중 29위, 산업정책연구원(IPS, 2016. 1. 27)은 62개국 중 차별화 순위 15위로 각각 평가하고 있다. 이같은 여러 가지 특수성을 감안할 때 앞으로 세 가지 정책을 시급히 마련하고 즉각 시행되어야 한다.

첫째, 결혼 전 '신랑 신부 예비교실' 제도를 각 지자체별로 제도화하여 결혼 전에 부모의 건강문제, 태교의 중요성, 건강한 자녀 출산, 특수아의 출현배경 등에 대한 교육을 실시하는 정책을 추진해야 한다.

둘째, 전 교원양성기관(교육대, 사범대, 교육대학원, 교직과정)에서 공통필수로 특수교육 과목을 수강하도록 제도화되어야 한다.

셋째, 현직 교원 및 모든 교육행정자(교감, 교장, 장학사, 장학관 등)도 연수과정에서 반드시 '영재 및 장애자교육'에 대한 전문적 자질을 함양해야 할 것이다.

본 저서는 이같은 정책이 시행된다는 전제하에 결혼을 앞둔 예비 부모들, 교직 희망자들 그리고 교육자와 현대인들이 읽어야 될 교양서적의 성격으로 집필하였다.

끝으로 출판을 맡아 준 강철원 사장님께 감사드리며, 양성원의 무궁한 발전을 기원한다.

2017년 1월 5일

일산에서 저자

Contents

3 특수교육에 대한 이해

4 고속적 변화에 따른 적응좌절증후군과 교육

Contents

5 우울장애와 교육

6 시각장애와 교육

7 청각장애와 교육

8 지체장애와 교육

Contents

제 1 장

결혼과 부모되기 : 휴먼 프로그래밍이 삶을 좌우한다

1절 급변한 가정, 산적한 문제들은 자초한 것들이다

1. 한국 가정의 진단

이제 우리는 핵가족 시대를 지나 가족해체의 시대에 살고 있는 것이 아닌가. 곳곳에서 우울한 보도와 기사가 끊이질 않고 가족해체의 증후가 여기저기서 감지(感知)되고 있다. 결혼이 무엇이고 남편과 아내의 책임과 본분이 무엇이며 가정생활은 어떻게 해야 하는지도 모르면서 식을 올린다. Husband와 Wife가 각각 일곱 가지의 의미가 있는지도 모르고 결혼식을 올리다보니 사춘기 시절 캠핑가서 텐트쳤다가 텐트 거두어 버리듯 이혼을 하고, 슬리퍼 신다가 싫증나면 내팽개치듯이 부부의 연을 끊어 버린다. 우리 모두 폐기사회의 소모품일 뿐이다.

이혼의 이유인즉 생뚱맞게 '성격차이 때문이다'라고 말이 되지 않는 소리를 지껄인다. 성장배경의 격차, 가정환경의 격차, 교육환경의 격차, 부모환경의 격차에 따라 역사인식과 가치관에서, 성격과 성별에서 격차가 있는 것은 당연한 것 아닌가? 결국 인간 최초의 휴먼 프로그램에서부터 철저하게 출발해야 하는 것이 정답이 되겠다.

지금 우리의 가정은 건강성 위기에 직면해 있다. 가정환경의 구조적 · 기능적 · 인구사회학적 · 철학적 변화에 따라 가족 가치관의 변화, 여권(女權) 강화와 가정권력의 이동, 호주제 폐지와 부계 혈통의 퇴조, 효사상과 부모 및 노부모의 봉양사상의 실종(失踪)에 직면해 있다.

그에 따라 우리의 고유문화 중에서 세계인들이 "다들 부러워하는 효사상은 가족 간에 끈끈한 인간관계를 유지하는 데 매우 중요"(손봉호, 2008)한 것이고, "효사상과 함께 제자가 스승을 생각하는 '사제(師弟)간의 정'은 선하고 아름다운 인간관계로서 우리나라만의 고유문화"(김형석, 2008)인데 이들 덕목도 점점 감약(減弱)되고 있다.

급변하는 시대에서의 한국 가정에 대해 사회학 전공의 이동원 교수는 다음과 같이 정리한 바 있다(이동원, 2005). 특히 여성 학자의 지적은 많은 것을 생각하게 해주어서 그 내용을 요약 · 정리하면,

첫째, 가정이라는 한 울타리에 살면서 '가족들이 각각 따로따로인 상황'으로 치닫고 있다는 지적이다.

둘째, 우리나라 가족은 '빈 조개껍질 가족이다'라고 했다.

셋째, 현재 가정의 모든 파워는 자녀들에게 가 있고 가족이 '아이들 중심으로 돌아간다'는 진단이다. 아버지의 자리에 아버지가 없고, 아이들이 아버지를 잘 인정하지 않는다. 더구나 수험생이 있으면 아버지의 자리에 수험생의 자리가 올라앉게 된 지 오래 되었다. 심지어 어머니에 대해선 '엄마!' 소리만 하면 '신경질이 난다'는 학생이 10명 중 8명, '아빠!' 소리만 하면 '신경질이 난다'는 학생이 10명 중 7명이 "그렇다"고 응답했다.

넷째, 대접을 받기만 해서 남을 대접할 줄 모르고, 대학에 와서도 스스로 공부를 못하고 '홀로 서기를 못하며, 요즘은 딸들이 아무 것도 하는 게 없다'는 지적이다. 심지어 '대학원에 신체검사를 하러 오는데도 아버지가 따라온 경우도 많다'고 했다.

다섯째, 가족 중에서 어머니의 자리도 아버지의 자리도 없고, 요즘 가정에서는 '아버지가 정보에 가장 어둡다'고 했다.

여섯째, 우리나라 가족 형태를 조사한 결과를 보면, 양계(兩系) 중심적인 양상이 두드러진다고 하면서도 '부계 혈연이 지금 다 무너지고 있다'고 단언하였다.

일곱째, 사회 변화에 부응해서 '남편들이 변해야 하고, 여성들이 자기의 정체성을 가져야 한다'면서 미국의 주부들이 어떻게 사는지 참고할 필요가 있다고 했다.

그는 세 가지를 주목하였다.

하나는, 여성들의 변화에 대응해 남편들도 변해야 한다.

두 번째는, 미국의 주부들은 부지런하며 사회적 역할이 의외로 많다. 즉, 이웃끼리 꼭 한 달에 한두 번은 초대를 해야 된다. 이웃을 초대했을 때 손수 음식을 만들어 대접하는 것이 미덕이다. 특히 중요한 것은 일주일에 한두 번은 시간을 쪼개어 장애아(자)들을 찾아 목욕을 시켜주고 봉사하며 보람된 일을 한다.

끝으로, 그간 우리나라 가족관계에서 잘못 되었던 것은 '수직관계의 불평등 구조였고, 가족은 저절로 사랑하게 되는 줄 알고 있으며, 언제까지나 부모는 희생되어야 하는 것'으로 착각·오해하고 있다.

이상의 지적에서 몇 가지 시사점을 얻게 된다. 연장자 및 부모세대들이 외면하거나 간과했던 부분, 예고되었거나 예상되었던 부분, 방관했거나 자초한 부분, 예측되었지만 아무런 대책이나 사후 조치를 취하지 않았던 것들이 현실화됐다는 점이다.

2. 예견되었던 문제들

사회변화의 흐름을 어느 정도 읽는 안목만 있더라도 지금 직면하고 있는 문제들은 예견되었거나 자초한 것들이다.

첫째, 대가족제도에서 핵가족으로의 변모는 필연적으로 가족 가치관의 변화와 가정의 인구사회학적 변화를 초래할 것은 이미 예상했던 일이다.

인간의 삶은 곧 가족사(家族史)로 상징된다. ① 출생과 동시에 맞게 되는 독신 전기(前期), ② 성장하여 결혼으로 맞이하는 부부 전기, ③ 자녀가 태어나면서 체험하게 되는 친자(親子) 동거기, ④ 자녀가 분가(分家)하면서 맞게 되는 부부 후기(後期), ⑤ 배우자가 사별하면서 홀로 되는 독신 후기. 이 같은 5단계가 가족생활주기 (family life cycle) 이론이다.

이 가족사로 구성되어 생활하는 동안 혈연의 기초 위에 공동운명체로 삶을 지탱하면서 가족원 간의 '깊은 애정과 상호 신뢰', 가족원 간의 '친밀한 유대와 응집성', 가족원 간의 '충분하면서도 다양한 의사소통', 가족원 각 개인의 '개별성 인정과 목표 성취를 위한 상호 지지와 격려', 건전한 기풍의 '가정문화와 가치관 공유'(김홍규, 2005a) 그리고 '역사적 · 국가사회적 · 가정적 유산', '인간이 따라야 하고 지켜야 될 사회규범', 과거부터 오랜 기간 축적되어 온 '생활양식과 가정의 토착문화', 그 사회에서 중요하다고 생각되는 '가치관이나 태도', '사고방식과 바람직한 언행' 등의 행동양식을 배우면서 인간화 · 사회화 · 문화화(김홍규, 이만표, 2013) 되는 것이다.

그로 인해 가족원들이 공동관습(common custom), 공동관념(common idea), 사회적 유사성(social likeness), 공동전통(common tradition), 공동운명체적 감정(we-feeling, inter-defending feeling), 공속감정(the sense of belonging together)이 형성된다(김홍규, 2003). 그

런데 핵가족화로 인해 다양한 형태의 가족원이 사라지면서 전술한 덕목들을 공유·공감·공속하는 기회도 실종되었고 결과적으로 가족관, 결혼관, 자녀관, 이혼관, 부모-자녀관계, 부모 부양 및 조부모 봉양관의 변화와 격차가 생길 것은 자명한 일이다.

둘째, 젊은 부부와 한두 명의 자녀로 이루어지는 핵가족, 소가족 등의 가족생활 양태는 가족규모의 축소와 윤리 도덕성 약화, 청소년 문제와 가족해체의 증가로 나타날 것도 예견되었던 바이다.

우리나라는 인구증가보다 4배나 빠른 속도로 가구가 분가(分家)·분화하면서 가족 개념조차 해체되고 있어 '친할아버지, 친할머니를 가족이다'라고 생각한 것은 응답자의 23%에 불과하였다(여성가족부, 2011). 게다가 전국 중·고교생 6,979명 중 57.7%가 '애완동물은 가족이다'(한국청소년정책연구원, 2011)라고 응답함으로써 주목되었다. 특히 이들 중·고교생들은 '가족으로 볼 수 있는 대상을 고르라'는 복수 응답 질문에서 이모(83.4%), 외삼촌(81.9%), 고모(81.7%), 큰아버지·큰어머니(79.8%), 이모부(78.7%), 외숙모(78.5%)를 높은 반응으로 선택함으로써 조부모는 가족범위에서 멀어져 간다는 것을 실감케 한다.

그러나 저자 등 3인의 공동연구인 '한·일 대학생의 사고(思考) 및 의식성향에 대한 비교연구'의 결과는 다르게 나타나 주목된다. 즉, '가족으로 생각하는 범위를 묻는 문항'에 대한 응답(복수반응)에서 한국의 대학생들은 '부모-자녀만 가족'으로 생각하는 응답은 극히 저조(전체의 10.6%, 남자 대학생의 8.1%, 여자 대학생의 15.1%)하였다. 또한 '가족에서 조부모 제외(전체의 1.2%), 외조부모 제외'(전체의 0.6%)는 거의 전무한 수준이다. 따라서 '조부모도 가족으로 생각한다'는 응답(전체의 50.2%, 남대생의 53.1%, 여대생의 44.8%)과 '외조부모도 가족이다'라는 답변(전체의 37.4%, 남자 대학생의 36.6%, 여자 대학생의 44.8%)이 그것이다(김홍규, 이상란, 고길희, 2016).

셋째, 한국인의 핵심 가치요 우리만의 토착문화인 '효(효도)'의 덕목은 수명을 다한, 그래서 빨리 폐기처분해 버려야 할 전근대적인 폐습 정도로 착각하고 있다는 점도 우려했던 바이다.

한국인에게 가족사회를 결집시키는 구성적 도덕으로서 인륜(人倫)의 근본이요 삶의 태도로서, 그리고 인간 성숙의 분명한 지표(clear indication)요 인간다워짐의 자질로서 효도(효)를 중요시한 것은 선진국의 전문가들도 주목했던 한국인만의 자랑스러운 토착문화다. 특히 "2000년대 이전까지만 해도 서구사회의 노년층들이 한국의 대가족제도를 부러워한다는 언론 보도가 심심치 않게 등장하곤 했다. 농경사회 전통을 가진 만큼 효를 무척 중시해온 민족이 바로 한국인이다"(송문홍, 2007).

왜냐하면 효(孝)는 구성적 도덕의 핵(核)이요, 인간다워짐의 근본인 심리적 성숙, 사회적 성숙, 정신건강의 덕목, 즉 "인간다워짐을 배우는 방향과 실천적 지침(sense of direction and a practicable program)"(Weiming, 2005)이기 때문이며, "협의(狹義)의 의미에서는 부모와 조상의 은혜에 대한 보답이지만, 넓은 의미에서는 생(生)의 존중(小川晴久, 2005)이기 때문이다.

이 같은 중요성에도 불구하고 같이 안 살기 때문에 조부모를 가족으로 생각지 않는 것이며, 제멋대로 방목되고 아이 위주의 가정문화에서 과잉보호로 키워졌기 때문에 부모의 권위를 인정하지 않다보니 언행에서 자제력과 상대방에 대한 배려심, 타인 및 연장자에 대한 윤리 도덕성, 효의식과 효행도 키워지지 않게 된 것이다.

실제로 '효의 가치가 얼마나 중요하다고 생각하는가'라는 질문에 절대 다수(98.4%)가 '중요하다'고 답했다. 그런데 부모와 따로 살고 있는 경우, '부모님을 얼마나 자주 만나느냐'는 질문에는 42.1%가 '명절이나 특별한 날에만 만난다'고 답함으로써 '효 의식과 효 행동은 별개의 사안이다'라는 것을 확인하게 된다.

또한 '현재 부모님을 모시고 살고 있는가'라는 질문에 67.2%가 '따로 살고 있다'고 답했고, '가장 바람직한 부모 봉양형태'에 대해서는 '책임 있는 자녀가 모시되, 경제적 부담은 자녀 모두가 부담하는 것이 좋다'는 응답이 가장 많은 대답(43.1%)이었다.

이상의 조사결과들을 종합해 볼 때, 네 가지로 요약할 수 있다.

① 20대 이상 한국인은 '효 생각은 풍요, 효 실천은 빈곤' 그 자체다.

② 마음 따로, 몸 따로인 '이중적·분열적인 효 의식'을 갖고 있다.

③ 헌신적으로 올인해서 키운 자식들, 노후에 효도 기대하는 것은 금기사항이다.

④ 흔들리는 동방효도지국, 우리 사회의 현주소이다.

넷째, 여권 신장과 부부평등, 성차별 금지와 양성평등 그리고 뛰어난 여성인력의 대폭적 활용을 위한 정책적 추진은 건강한 성숙사회를 위해서도 그렇고, 국가 경쟁력 강화 차원에서도 필수적인 정책카드이다.

그러나 일부 여권신장론자나 운동권 기질의 학자들은 사회 민주화와 정치 민주화 분위기에 편승하여 가정 민주화를 고창하면서 기존의 가정환경을 파괴하여 가정 권력의 쟁취에 따른 가정관리권의 주역 교체가 투쟁의 목표인양 밀어붙인 것이 많은 역기능을 초래하였다.

매사에는 양면성이 있고, 완급(緩急)을 조절하는 것은 기본이다.

여권 신장과 부모 쌍방의 행복추구권은 최고의 덕목으로 존중되어야 하지만, 고지 쟁탈을 위한 특공 작전식의 접근은 너무 쉽게 이혼을 선택하고, 그 이혼의 증가는 재혼문제의 증가로 나타났다. 뿐만 아니라 노년이혼, 황혼이혼이 10년 만에 두 배로 증가하여(곽배희, 2005) 가정해체가 심각한 현실이다.

때문에 생산적 활동기 및 안정기에 접어들어야 할 중년기, 성공적 노년기(Baltes & Baltes, 1990), 생산적 노년기(Atchley, 1997), 건강한 노년기(Rowe & Kahn, 1998)를 향유해야 될 세대들이 가정해체의 한파(寒波)를 맞고 심리적·정신적·경제적 무기력증, 우울증에 시달리고 있다.

가정의 민주화 요구가 여권 강화와 남녀평등권 쟁취로 나타났고 결국 호주제의 폐지(2005. 3.2)와 신분등록제 시행(2008)으로 여권신장론자들은 '이제야 진정한 양성평등, 부부평등에 입각한 가족제도를 갖게 될 기반이 마련되었다'며 환영하였다.

물론 가정의 민주화와 남녀평등권 쟁취는 바람직한 현상이다. 그것은 평등한 개인과 개인이 수평적 관계 속에서 사랑과 신뢰로 가족을 이룰 수 있다는 장점이 있기 때문이다. 그러나 자칫 누가 가정을 이끌고 가족을 리드하는지 불분명하며, 가계 계승의 전통 단절로 이어지고 설사 부모가 가정을 리드한다고 해도 구심점이 없어 가족의 지지도 못받고 역기능 가정이 될 우려도 있게 된다(최의선, 1992)는 것을 유념해서 그 대책이 병행됐어야 했다. 그 점을 간과한 관계로 인해 역기능 현상으로 급속하게 가정과 사회에서 원로·연장자의 권위가 실추되었고, 부모의 위치, 특히 아버지의 리더십이 크게 약화되었으며, 부모 부양, 노부모 봉양 문화가 퇴색·유실(流失)되었고, 학교에서의 교권, 법정에서의 사법권, 기업에서의 상사의 리더십, 공권력의 약화가 종합세트로 주어졌다.

다섯째, 여성운동의 공과(功過)에 대한 냉철한 성찰과 대응책이 병행되었어야 했는데 안일하게 방관했다.

그간 한국여성단체의 활동이 국가사회의 발전에 끼친 공헌은 매우 크다. 1980년대 초반까지는 한국여성단체협의회(1959~), 대한주부클럽연합회(1960~), 한국여성유권자연맹(1969~), 전국주부교실중앙회(1972~) 등 9개 단체가 건강한 가정과 건전한 사회, 성숙한 사회를 위해 많은 기여를 했다. 1970년대 중반을 넘어서면서 여성노동자 투쟁과 더불어 활성화된 여대생 운동조직 및 소수 여성층에 의해 인권운동, 민주화운동, 여성노동운동, 정신대문제 제기, 근로자의 노동권과 노동조건 개선운동 및 가정과 직장에서의 성폭력 문제가 대두되었다. 1980년대 들어 맞벌이 부부의 증가에 따른 자녀 양육문제와 '공보육' 개념이 등장하고 가정에서의 평등한 남녀 역할론이 활발해졌다.

1987년도에 접어들면서 여성운동이 보다 적극성을 띠고 정치적 성향이 강화된다. 즉, 한국여성단체연합(1987)이 ① 여성권익을 위한 연대활동, ② 여성의 결혼퇴직 조기 정년제도 문제, ③ 성폭력 문제, ④ 여성 상품화 문제 등에 대한 대응을 목표로 창립되고, 한국여성민우회(1987)가 ① 성평등한 민주사회, ② 여성대중운동, ③ 호주제 폐지운동에 주도적 참여, ④ 부모 성 나란히 쓰기 운동 전개를 목표로 발족되고, 여성인권과 여성의 복지 향상을 모토로 여성신문의 창간(1988)과 한국성폭력상담소가 개소(1991)되면서 새로운 전기를 맞는다.

한편, '여성의 의식화와 인간화를 위한 교육'이란 성격의 '여성학'이 우리나라 최초로 대학의 교양과목으로 이화여자대학교에서 개설(1977)되고, 이어서 대학원 석사과정에 여성학과가 개설(1982)되면서 90년대 각 대학의 여성학 부흥기를 맞는다. 그러나 2000년대에 들어서며 인문학의 위기와 진로문제 등이 맞물려 한양대, 숙명여대 등 여러 대학에서 여성학과가 폐지되지만(이화여대, 2013) 많은 대학에서 교양과목으로는 설강되고 있다.

여성학의 성격은 해부학적 측면에서의 성(Sex) 차이로 인해 양성 간에 존재하는 사회문화적 차이(gender)인 사회적 불평등을 '중대한 인권문제'로 보고 접근하는 학문이다(김호기, 2014). 때문에 교과내용도

① 여성문제 영역 … 여성이 처한 겹겹의 차별, 사회적 모순과 여성갈등 문제
② 페미니즘(feminism) … 여성 해방과 양성 평등의 이론과 방법
③ 여성권익 영역 … 여성에 대한 정당한 평가 및 지위 부여 문제 등이다.

이 같은 사회적 분위기와 여성문제의 중요성을 감안하여 정부에서는 '여성분야

에 중점을 둔 여성정책의 총괄·조정을 위해 제2정무장관'(1988. 2. 25)을 임명한다. 그 후 대통령직속하에 '여성특별위원회'를 설치하고(1998. 2. 28), 이어서 여성부 신설(2001. 1)을 거쳐 여성가족부로 명칭이 바뀐다.

여성가족부는 그 설립목적과 로고(logo)에서 나타난 바와 같이

① 청소년의 육성·복지 및 보호

② 여성정책 기획, 종합, 여성의 권익 증진

③ 가족과 다문화가족 정책 수립, 조정, 지원

④ 여성·아동 청소년에 대한 폭력 피해 예방 및 보호 등을 주 업무로 하고 있다.

이 같은 활동의 결과, 다음과 같은 성과를 이루었다.

① 가족법 개정법안 국회통과(1990)로 호주상속제 약화와 재산상속과 분배에서 평등권 강화

② 한국정신대문제대책협의회(정대협) 결성(1990)

③ 한국정신대문제대책협의회는 유엔인권소위원회에 '군위안부 문제를 심각한 여성인권 침해문제로 제기(1992)

④ 성폭력특별법(1993), 여성발전기본법(1995) 제정

⑤ 여성주간 실시: 성차별법 폐지, 여성복지 입법 추진(1995. 7. 1~7. 7)

⑥ 가정폭력방지법 제정(1997), 남녀차별 금지 및 구제에 관한 법률(1998)

⑦ 여성부 신설(2001. 1), 건강가족기본법 제정(2004. 2)

⑧ 성매매특별법 제정(2004)으로 기존의 윤락행위방지법(1961년 제정) 사문화

⑨ 건강가정기본법 시행(2005. 1. 1)

⑩ 호주제 폐지를 골자로 한 민법 개정안 통과(2005), 호주제 폐지(2008. 1. 1)

⑪ 2000년 16대 총선부터 국회의원 비례 대표제 후보에 여성 공천 30%할당(정당법에 명문화)

⑫ 광역의회 비례대표제 50% 도입, 2인 중 1명은 반드시 여성으로 하기로 명문화(정당법 제31조, 2002. 3)

⑬ 지역구 여성후보 30% 공천 할당제 노력사항으로 도입, 시행한 정당에 국고보조금 주는 인센티브제 시행키로 하는 것 등이다.

이 같은 성과 이면에 비판의 목소리도 있었다.

특히 "그동안 여성들이 짓눌려 산 데 대한 반작용으로 정체성 찾기와 전문성 개발, '열심히, 당당히, 하고 싶은 대로' 개성과 자기주장을 내세우며 살다"보니 가정에서의 갈등, 이혼과 가정해체, 저출산 등 여러 가지 문제에 영향을 미치는 부작용을 초래했음을 부인하기 어렵다. 뒤늦게 건강가족기본법을 만들며 호들갑을 떨지만 모두 예상되었던 문제들이다.

여섯째, 오늘날 당면하고 있는 저출산 문제는 과거 인구정책을 주관했던 정부와 여성단체도 그 책임에서 자유롭지 못하다. 왜냐하면 그간의 가족계획운동의 슬로건과 정책면에서 문제가 있기 때문이다.

즉, '비 쏟아지기 전에 우산을 펴세요'(자유중국), '둘째를 낳으시려고요? 딸이나 아들이나 마찬가지라고요'(인도네시아), '한 아이만 있는 가족이 더욱 행복하다'(베트남) 등의 주변국 슬로건에 비해 우리나라의 정책 표어들은 지나치게 자극적이었다.

- '덮어 놓고 낳는다면 거지꼴을 못 면한다.'(1963년~)
- '딸 아들 구별 말고 둘만 낳아 잘 기르자.'(1971년~)
- '잘 키운 딸 하나 열 아들 안 부럽다.'(피임수술 권장)(1978년~)
- '둘도 많다, 하나씩만 낳아도 삼천리는 초만원.'(1983년~)
  '여보! 우리도 하나만 낳읍시다.'
- '며느리도 수입하시렵니까?' '나도 생일을 갖고 싶어요.'(1995년~)
- '행복한 출산, 함께하는 자녀 양육' (2004년 하반기~) 등이다.

또한 여성단체인 (사)주부클럽연합회와 가족협회도 가족계획운동으로 1970년대, 1980년대 표어를 내걸고 동참했다.

좋은 표어도 있지만 조심했어야 할 표어들이 적지 않다. 왜냐하면 의식이나 가치관, 전통이나 관습을 변화시키고자 하는 표어는 품격과 위트 있는 것이어야 효과가 있기 때문이다. 감정적 · 직선적인 거친 표어는 그 후유증이 너무나 크다.

앞에서의 동남아 국가의 표어와 비교할 때, '덮어놓고 낳는다면 거지꼴을 못 면한다', '사람이 콩나물은 아닙니다', '며느리도 수입하시렵니까?', '셋 부터는 부끄럽습니다', '임신 안 하는 해', '내 힘으로 피임하여 자랑스런 부모되자' 등의 표어는 창피할 정도로 지혜롭지 못하다.

마치 둘 이상 낳으면 반국가적 행위요, 무식의 소치이고 부끄럽고 수치스런 원시인 취급을 받는다는 의식을 심어주고 있다. 그런 취급을 받으면서 출산한 자녀들이 지금 결혼을 기피하고 출산을 거부하는 세대이다. 그간의 가족계획정책과 무관하다고 볼 수 없다. 정부 당국의 인구정책도 실기(失機)했고, 대책과 접근방법, 주안점 역시 잘못되어 오늘날의 결혼문제, 저출산문제, 가족해체 문제가 대두된 것이다.

일곱째, 새로운 가족의 지도자로서의 장모시대 도래, 모계・처가로의 정서적 편향(偏向), 여성으로의 가정관리권 이양(移讓) 등 가족지도(家族地圖)의 급변은 양성평등과 여성권력의 강화에 따른 필연적 현상이다.

결혼한 아들과 며느리들의 친가(親家)-시가(媤家) 및 처가(妻家) 접촉빈도에 따른 문제와 사돈 간의 문제 등도 새로운 이슈로 등장했다. 과거 며느리들 간의 관계가 고전적인 앙숙관계였지만 이제는 동서(同壻) 사위들 간의 친밀도가 높아졌고, 장인어른과 장모님이라는 호칭(37%)보다 아버지(아버님)와 어머니(어머님)라는 호칭(63%)이 훨씬 보편적으로 쓰이고 있어서(비에나래 조사, 2012) 외국처럼 장모-사위의 갈등이 주요한 이혼사유로 등장할 수 있다는 점도 예상해야 한다.

실제로 2001년도 MBC 주말 드라마 '그 여자네 집'(2001. 4. 28~10. 21, 종영)이 '각기 다른 성장환경의 두 커플이 겪는 여러 가지 갈등과 사돈 간의 미묘한 갈등'을 잘 표현했기 때문에 당시 사극의 인기 속에서도 높은 시청률을 보인 것은 장모시대의 시대적 특수성 때문이라고 생각한다.

이제는 여성의 사회적 지위향상의 결과로 우리 사회의 가족제도가 모계 중심으로 급격히 재편되어 여성들이 자기가 원하는 대로 가족 구성을 만드러내는 시대가 됐다. 이에 대해 여성사회학자는 "우리 사회에 아직 남아있는 남자 친족중심의 '민족대이동' 현상은 빈 껍데기뿐이다. 어디까지나 의례적 차원의 부계제(父系制)일 뿐이다. 생활이나 정서적 유대라는 측면에서 볼 때 가부장적인 부계제는 유명무실화됐다"(함인희, 2001)고 단정한다.

여덟째, '신(新)가족시대의 도래'를 실감한다, 오래 전부터 딸들은 "난 엄마처럼 살지 않겠다"고 선언했고, 아들들도 "아버지처럼 살지 않고 '나 자신'을 위해 살겠다"(한겨레21, 2005)고 분명하게 색깔을 드러내고 있다.

아이들이 커가는 것과 비례해서 요구의 수준도 높고 커졌으며 종류도 다양해졌고, 이기적 성격과 바람직하지 못한 행태는 나쁜 버릇으로 습관화되었다. 1990년대 후반부터 한국사회는 성공을 위해서는 수단방법을 가리지 않는 '성공 지상주의'가

판을 치고, '나쁜 사람 전성시대'에 접어든다.

사회 모든 분야에서 노인과 연장자들은 기성세대라는 낙인과 함께 코너로 몰렸으며, 이미 성장한 자식들은 "아버지처럼 살지 않겠다"(한겨레21, 2006)고 선언했다.

모든 현상들은 자초한 것들이며 예방적 대책없이 간과한 것들이다.

아홉째, 미국, 일본 등 선진국과 함께 결혼과 출산이 필수 아닌 '선택'으로 결혼관이 바뀌고, 배우자는 평생의 반려가 아닌 그때 그때의 '감정적 만남'으로 배필상이 바뀌어서 급기야 이혼이 전 생애에 걸친 헤프닝으로 보편화되었다. 그 결과 가족해체, 고령화, 복지비용 가중 등 사회문제가 심각해져 선진국에서 회자하는 '무자식이 상팔자'라는 말이 생소하게 느껴지질 않게될 것 같다.

미국은 탈가족주의(postfamilialism)의 부상과 가족체계가 무너지면서 초개인주의(hyperindividualism)와 국가의존도가 심화되고 있고, '자녀도 배우자도 없는 삶'인 싱글리즘(singlism)의 추구가 보편화되었다.

일본 역시 "일본 여성 3명 중 1명 이상은 평생 결혼하지 않거나 아이를 갖지 않을 가능성이 크다"고 사회학자 도요타 미카는 말했다. 독일도 '현재 독일 여성 중 30%는 자녀를 가질 의사가 없다'는 반응을 보였다. 자녀 없고 배우자도 없는 삶이 문화적 인기를 끌게 되면서 그같은 싱글리즘(singlism)을 추구하는 삶을 '탁월한 선택'이라는 생각이 계속 확산되고 있다.

이상과 같은 오늘의 문제는 부모들이 두 가지 면에서 실수를 한 것이다.

하나는, 어려서부터 '때와 장소, 성장단계'에 맞추어 인간으로서 지녀야 될 기본적 자질을 몸에 익히도록 가르치는 데 소홀했다. 즉, 올바른 언어 습득, 대인관계의 예절, 바른 습관 형성 문제를 경시했다.

다른 하나는, 선악(善惡) · 정사(正邪)의 문제, 선후(先後) · 경중(輕重)의 분별 문제, 어떤 일은 할 수 있고, 해서는 안 될 일은 무엇인지 등 올바른 가치관 형성 교육을 경시하였다.

그 결과 '못할 짓이 없는 무례한', '똑똑한 고학력 몰상식자'들을 양산하게 된 것이다. 이같은 문제는 '교육부재의 가정', '사회성 훈련의 포기 가정'에서 배출한 것이므로 부모들은 애정관리에 슬기로움과 엄격성이 요구되며, 어려서부터 반교양, 반윤리 · 부도덕 문제(예의와 염치, 무례와 비례, 실례와 결례) 등 반문화적 요인을 철저히 바로잡아 가는 것이 긴급한 과제(김홍규, 원애경, 2012)라고 생각한다.

2절 신랑 · 신부의 건강검진은 필수이다

1. 건강의 정의와 특성

1) 건강의 성격에 대한 논란과 개념 규정

세계보건기구(WHO)는 '건강이란 질병에 걸리거나 허약하지 않은 상태뿐만 아니라 신체적 · 정신적 · 사회적으로 양호한 상태(well-being)'라고 정의하였다.

이같은 정의에 대해 일부의 논란이 있었다.

생명윤리학자 칼라한(Callahan)은 'WHO의 정의가 너무 범위가 넓어서 건강에 대한 개념을 명백히 규정했다기보다는 오히려 복잡하게 만들었다. 건강의 개념을 신체적인 측면에만 국한되어야 한다'는 입장을 취했다.

이에 대해 김영진은 '칼라한의 정의는 너무 좁다'며 새로 '철학적 병'의 중요성을 주장하였다.

예컨대, 심각한 철학적 병으로서 '광신주의(Fanaticism), 잘못된 도덕관 및 가치관, 보수주의와 진보주의에 대한 착각과 오해, 논리적 오류, 인지적 왜곡' 등을 지적하였다(김영진, 2004).

특히 정통의 보수주의를 모르는 상태에서 보수주의를 잘못 비판하는 것을 철학적 병으로 보았다.

또한 논리적으로 잘못되어 생기는 것도 철학적 병이라 했다.

논리적 오류와 관련된 것으로서 아리스토텔레스는 13가지의 오류를, 피셔(Fischer)는 112가지를 열거(김영진, 2004)했다지만, 가장 흔한 임상적 케이스로 그가 소개한 일부 내용을 정리하면 다음과 같다.

- 허수아비 논의 오류…상대방이 A를 주장하는데, A를 논의 · 공격하는 대신 상대방이 마치 C를 주장하는 것처럼 허수아비(C)를 만들어 놓고, A대신 C를 공

격하는 잘못된 논법이다.

이 경우를 생각할 때 떠오르는 것이, 최근(2016. 1. 18) 경제계가 경제활성화 관련 법안의 국회처리 촉구 서명운동에 대통령이 참여 서명(경제의 심각성 표현: A)한 후 "오죽하면 이 엄동설한에 경제인들과 국민이 거리로 나섰겠느냐"고 참여의 소감을 밝혔는데, 문재인 대표는 "대통령이 국회를 겁박"(C1)한 것이고 "민주주의 위기"(C2)라며 반발했다. 그러나 국민의당 최원식 대변인은 "대통령의 경제 활성화법 서명은 '우리 경제가 매우 심각하다'(A)는 사실을 대통령도 알고 계시다는 의미"라고 공식 논평을 했다. 누가 허수아비 논법의 오류를 범하고 있는지.

- 논점 변경의 오류...가장 흔한 예가 자동차 사고다. 접촉사고가 발생하면, '누가 무엇을 잘못했는가', '인명피해 여부'의 확인이 우선적·본질적 문제인데, 이를 확인·따지는 대신 누가 거칠게 소리 지르고, 삿대질하며 욕설을 내뱉고, '목소리 큰 사람 경쟁모드'에 들어가니, 나중에는 "왜 욕하는냐", "왜 반말하냐"며 비본질적 문제로 싸우는 것이 가로수 길의 풍경이다. 그러니 항상 여성과 나이 많은 사람은 불리할 수밖에 없는 것이 우리사회의 현실이다.

그 밖에 심리학자 엘버트 엘리스(Ellis, A.)가 주장하는 비합리적 신념과 사고(思考), 정신과 의사인 아론 벡(Beck, A.)이 주장하는 왜곡된 인지, 데이비드 번즈(Burns, David D.)의 인지적 왜곡(cognitive distortion)도 철학적 병에 포함시키고 있다.

예컨대, 흑백논리(극단적 사고), 과잉 일반화, 임의적 추론, 과장·파국화, 선택적 추출, 개인화, 그릇된 낙인, 지나친 눈치보기(마음읽기), 부정적 사고(자신, 세상, 미래에 대한) 등이 그것이다. 특히 전부 또는 전무의 사고(all or nothing thinking), 지나친 일반화(overgeneralisation), 선택적 추출(selective abstraction), 정서적 추리(emotional reasoning), 그릇된 낙인(mislabeling), 사고의 왜곡, 잘못된 추리, 사실 왜곡, 임의적 추리와 선택적 추상화, 흑백사고 등은 우리사회의 심각한 철학적 병으로 지적하였다(김영진, 2004).

즉, 지나친 일반화와 그릇된 낙인, 일부의 과(過)로 엄청난 공(功)을 덮는 것, 자신에게 한 번 일어난 일의 지나친 일반화, 도덕과 예절을 구별 못하는 것, 전체의 의미를 무시하고 특정 용어로 확대·왜곡하는 것, 군중을 선동하고 다중의 힘에 호소하는 것(Guttenplan; 김영진, 2004) 등을 철학적 병으로 지적했다.

최근의 예를 생각해 보자. 국민의당 한상진 준비위원장(서울대 명예교수)이 "이승만 전 대통령의 위상 정립이 국가 정체성 확립에 중요한 과제로 보고 국민 통합의 관점에서 협력과 화해의 길을 찾고자" 하는 의미로 이 전 대통령에 대한 '국부(國父)에 준하는 명칭사용' 발언을 한 것에 대해 언론·정치권·시민단체의 논란이 적지 않았다.

한 위원장의 발언은 안철수 의원 등과 4.19묘지를 참배한 뒤 기자들과 "어느 나라든 나라를 세운 분을 '국부'라고 평가한다. 우리도 국부에 대해선 어떻게든 긍정적으로 평가해 화합의 힘으로 미래를 끌고 가려는 정치적 지혜가 필요하다. 많은 한계가 있었지만 이 전 대통령은 원래 자유민주주의를 신봉한 분이었고, 그 공로는 결코 잊어서는 안 된다. 이 전 대통령의 과(過)를 이야기하려면 많은 걸 이야기할 수 있지만 과(過)만 이야기할 게 아니라 공(功)을 인정해야 한다. 역사를 공정하게 양면을 같이 봐야 한다"라며 '제 개인적인 생각'이라고까지 덧붙였다(2016. 1. 15).

지극히 당연한 것이고 학자로서의 지식인다운 소신 발언이다. 그런데 일부 정치인들과 언론들이 특정 용어인 '국부'만을 부각시켜 시비하자 1월 17일 당회의에서 한 위원장은 "국부라는 호칭을 사용할 때 국민이 갖는 도덕적 기준을 만족시키기에는 부족하지만 그런 기준을 떠나 대한민국을 세운 공적에 유의해 초대 대통령으로서 예우하고 공과 과를 균형있게 살펴보며 사회통합을 이루는 길이 충분히 가능할 것이며, 그런 공적에 유의해 국부에 준하는 명칭을 사용할 수 있다고 봤다. 사회통합의 관점에서 진의를 너그럽게 이해해 주길 간청한다"(2016. 1. 17)며 입장을 밝혔다.

그럼에도 그의 취지를 읽지 않고 '국부'문제만 뽑아서 시비하면서 "수구적 보수우파 정체성을 밝혔다"(표창원, 페이스 북, 2016. 1. 14)느니, "1948년 대한민국 건국의 아버지라는 맥락에서 국부라고 했는데, '1948년 건국설'은 동의할 수 없다"(조국, 조선일보. 2016. 1. 15)느니, "3선 개헌을 했는데 맹목적으로 국부 호칭을 부칠 수 없다"(김종인, 2016. 1. 18)느니, "한상진의 이승만 국부 발언은 친일 독재세력의 역사인식과 궤를 같이하고 있다"(천정배, 2016. 1. 21. KBS 라디오) 등 비난은 이어졌다.

논란이 계속되자 한상진 위원장은 '4.19민주혁명회장', '4.19혁명희생자유족회장', '4.19혁명공로자회장' 등을 찾아가 '이승만 국부 호칭으로 마음의 고통을 받게 한

점'과 '4.19영령이 모신 자리에서 호칭 사용한 것'에 대해 사과했다.

한국적 정치 풍토와 언론의 민낯, 그리고 일부 집단의 사회적 의식의 풍향계 등 많은 것들을 생각케 한다.

많은 전문가(학자)들의 견해(Hare, Warnock, Rawls, Beck, Copi, Ellis, Bacon, Peirce, Burns 등)를 참고하면서 김교수가 이상과 같은 철학적 병을 주장한 것은 우리사회의 특수성(9종류의 반이성적 사회의식, 21종류의 사회병질적 행동 성향, 42종의 사회적 병폐)과 40종류의 사회병리(13종의 갈등 유형, 12종류의 부정부패, 5대 범죄 및 사회악, 6종류의 교육병리, 6종류의 사회비리)(김홍규, 이만표, 2013)에 착안할 때 설득력이 느껴진다.

왜냐하면 위에서 지적한 철학적 병, 특히 Ellis의 '비합리적 신념과 사고', Beck과 Burns의 '인지 왜곡', Bacon의 '네 종류의 우상론'에 사로잡힌 행태의 수준들이 너무 심각하기 때문이다. 어느 정도 약한 수준이라면 정신적 건강과 사회적 건강(심리적·사회적 성숙)에 모두 포함되고 인격장애의 범주에서 수용할 수 있다. 그러나 일부 집단 및 특정 세력의 행태는 그 한계를 벗어남으로써 철학적 병으로 간주하는 것도 새로운 학문적 태도로 이해해 볼 수 있다.

따라서 우리사회의 현실을 고려할 때 개개인의 건강을 말할 때는 좀 더 구체적으로 신체적 건강(physical health), 정신적 건강(mental health), 사회적 건강(social health), 성적 건강(sexual health), 심리적 건강(psychological health), 철학적 건강(philosophical health) 등을 고려해서 이 모든 점들이 정상적이고 균형감 있는 양호한 상태를 유지함으로써 개인적·사회적으로 성숙한 적응상태를 의미한다고 할 수 있다.

2) 성적 건강 기준

그렇다면, 성적 건강은 어떤 상태를 말하는가.

첫째, 성적 건강에 대한 세계보건기구의 정의는 포괄적이면서 너무 추상적인 느낌이 든다.

왜냐하면 "개인의 인성, 의사교환 능력 및 사랑의 감정을 키워주기 위하여 신체적, 정서적, 정신적 및 사회적인 영역 등에서 개인이 성적인 존재(sexual being)로 통합되는 것"(Byer & Shainberg, 1994)이라고 정의했기 때문이다.

왠지 지나치게 추상적이서 납득하기 쉽지 않다.

둘째, 성적 건강의 기준은 기관에 따라 다른 분류기준을 참고로 하기 때문에 약간의 차이를 보인다.

세계보건기구에서는 '국제질병 및 건강문제 분류(International Classification Disease: ICD)를 참고로 하고, 미국정신의학회(American Psychiatric Association: APA)에서는 '정신질환의 진단 및 통계 편람 4판(Diagnostic and Statistical Manual of Mental Disorders, 4th ed. 1994: DSM-Ⅳ)'을 참고로 한다. 그런데 성적 건강에 대한 기준은 범세계적으로 모든 질병을 망라한 ICD보다는 정신질환을 전문적으로 분류한 DSM-Ⅳ에 의존하는 경향이 상대적으로 많다.

DSM－Ⅳ(1994)에서는 성적으로 건강하지 못한 상태를 "성적 및 성 정체감 장애(sexual and gender identity disorder)"라고 규정하고, 그 범주 속에 성기능 장애, 변태 성욕, 성정체감 장애 등 세 가지 유형으로 분류하였다.

구체적 내용을 보면, 성기능 장애는 ① 성욕구 장애, ② 성흥분 장애, ③ 절정감 장애, ④ 성통증 장애 중 하나 혹은 그 이상의 단계에 문제가 있으면 성반응 장애로 진단한다.

성행위 대상이나 성행위 방식에서 비정성을 나타내는 장애로서 성도착증(변태성욕)은 ① 노출증, ② 관음증 ③ 물건에 대해 성적 흥분을 느끼는 물품음란증(fetishism), ④ 전철 내에서의 추행과 같이 원치 않는 상대에게 몸을 밀착하는 마찰도착증(frotteurism), ⑤ 소아기호증(pedophilia), ⑥ 성적 피학증(sexual masochism), ⑦ 성적 가학증(sexual sadism) 등으로 분류했다.

그러나 DSM－5(2013)에서는 성적으로 건강하지 못한 상태를 성기능 부전(sexual dysfunctions, 7개 유형: 423-450)과 변태성욕장애(paraphilic disorders, 8개 유형: 685-705), 그리고 성별 불쾌감(gender dysphoria, 2개 유형: 451)으로 분류 · 규정했다. 특히 DSM-Ⅳ에서 사용했던 '성정체감 장애'라는 용어는 사용하지 않았다. 그 이유로 "성정체감 장애보다는 '더 기술적이며, 정체성 그 자체가 아닌, 임상적 문제'로서 불쾌감에 초점을 맞추어, 성별 재할당(gender reassignment)과 비전형적 성별(gender-atypical), 성별 비순응(gender-nonconforming) 등의 용어를 사용하면서 포괄적인 용어로서 '성별 불쾌감'이란 용어를 쓰고 있다(DSM-5: 451).

결국 성적으로 건강하다는 것은 건강상 문제가 없거나 성적 질환 및 성별 불쾌감에 해당되지 않는 경우를 의미한다고 할 수 있다.

셋째, 세계적인 성 의학자 홍성묵 박사(University of Western Sydney)는 성 건강의 의미에 대해 일반적인 건강을 먼저 고찰한 후 성 건강의 개념을 정의하였다.

즉, "Illman(1997)에 의하면 건강은 신체적, 정신적, 정서적, 사회적, 성적, 영적 건강(Spiritual health) 등 여러 차원에서 생각할 수 있다. 이들은 상호작용을 하면서 전체적인 건강을 유지시켜 준다. 그 중에서도 특히 성적 건강은 다른 5개의 건강 차원과 모두 밀접하게 관계를 맺고 있는 유일하면서도 가장 핵심적인 건강 차원이다. 그리고 우리들의 전체적인 건강은 환경, 가치관, 영양상태, 교육, 문화적 배경 등 수많은 요인에 의해 영향을 받는다"고 전제한 다음, 성 건강은 "좁은 의미로는 성행위와 관련된 의학적인 또는 신체적인 건강에만 국한시키기도 하지만, 보다 넓은 의미로는 만족스러운 성 생활과 성 건강을 유지함으로써 파트너와 함께 느껴지는 행복감, 성취감 그리고 자긍심을 포함한 전반적인 웰빙(well-being)을 의미한다"고 규정했다. 아울러 성 건강의 내용으로 "긍정적인 성 태도와 성 가치관, 남녀 성기관의 구조와 기능 및 성적 욕구와 성적 반응의 단계에 관한 성학적(sexological) 이해, 충분한 성지식, 건강하고 화목한 부부관계, 신체적·정신적 운동을 포함한 왕성한 성 활동"(홍성묵, 2000) 등을 제시하였다.

성적 건강에 대한 홍 교수의 이같은 정의는 다분히 부부에 초점을 두고 '건강하고 왕성한 부부관계, 성학적 측면에서의 질적인 성 생활'에 치우친 느낌이 있다.

넷째, 성적 건강기준에 대한 새로운 시각이 필요하다.

지금 우리는 청소년을 비롯해 전 연령층의 성 건강이 문제가 되고 있다. 성 개방과 미혼모 임신문제, 증가하는 데이트 폭력, 급증하는 '배우자 의심'의 친자(親子)확인 유전자 검사, 성 폭행, 성 문란, 스토킹, 특히 '국경없는 생명거래, 여성 도구화 논란', '국경을 넘나들며 자궁대여 및 난자매매의 은밀 성행', '미국원정 난자 매매, 한 번 공여(供與)에 600만원'(주간동아, 2007. 8. 14), 그리고 '아기가 팔리고 있다!'의 제목하에 '단돈 몇백 만원에 아기들이 팔려간다'는 충격적 실태 보고서 및 '길바닥에, 화장실에, 휴지통에 쓰레기처럼 버려지는 아이들'(시사저널, 2009. 8. 18), 급기야 '내 아기 데려가세요… 인터넷 거래되는 신생아들'(중앙일보, 2013. 9. 11) 등.... 이 모든 것을 고려할 때, 성 건강에 대한 정의는 다음과 같이 재 정의되어야 한다.

즉, '체계적이면서 올바른 성교육 이수, 건전한 성지식에 따른 성 이해, 건강한 성의식과 성 가치관, 성숙한 성 태도, 바람직한 이성관 및 건전한 이성교제, 건강하고 책임감있는 성 행동, 건전한 성 문화, 성숙한 데이트 및 결혼문화, 건강한 임신・출산과 양육 책임감, 성기능 정상과 질환이 없는 상태, 성별 불쾌감이 없는 상태 등이 포괄된 것으로 정의하는 것이 옳다고 생각한다.

다섯째, 성적 자극에 여과없이 노출될 수밖에 없는 환경(매체 등)으로 인해 우리 청소년의 84%가 음란 비디오를 보았고, 50%가 음란 사이트에 중독되었으며, 결국 다음과 같은 세 가지 문제에 직면해 있다.

① 청소년들의 심리적・사회적 성숙, 정신적 발달보다 앞서 가는 신체적 성숙으로 인해 성에 대한 자제력 및 성지식 부족으로 임신・낙태・성병 감염 문제를 유발하고 있다.
또한 2009년 9월 말 기준으로 전국 산부인과 전문의 수는 5천 101명이고 병원 수는 1천 623개소인데, 연간 34만 여건의 낙태수술을 산술적으로 따져보면 전문의 1인당 연간 63건, 산부인과 병원당 199건의 불법 낙태수술을 하고 있는 셈이다(홍일표, 시사서울, 2009. 12. 7).

② 사회 각 분야의 민주화・자율화・성개방 풍조에 영향을 받아 청소년들이 일찍이 낭만적인 사랑을 꿈꾸면서 각종 성문제(원조교제, 퇴폐업소 연계, 미혼모 등)를 일으키고 있는 현실이다.
보건복지부 자료를 보면 매년 2천 300여 명의 미혼모 아동이 태어나고, 미혼모 시설에 입소하는 미혼모의 수도 매년 2천여 명에 달한다. 이에 대해 전문가들은 "매년 7천여 명을 웃돌 것"이라고 한다. 이는 공개되지 않는 잠재 미혼모 수가 3배를 넘는다는 의미이다(서울신문, 2010. 1. 10).

③ 성(性)에 대한 정확한 지식과 정보의 부족, 성에 대한 올바른 가치관과 건강한 성태도의 미 발달로 인해 성문제의 가해자 또는 피해자로서 그 비율이 급증하고 있다는 점이다(김홍규, 2015).

3) 혼전 동거와 대학생 동거 문제는 성 건강의 문제

최근 혼전 동거 및 대학가에 확산되고 있는 동거 커플과 악화되고 있는 데이트 폭력 문제, 배우자를 의심하는 '친자(親子)' 유전자 감식의 급증 건수 등은 성 건강과 직결된 문제이다.

첫째, 그동안 극소수의 사람들과 일부 소수 대학생들의 은밀한 동거가 수면 위로 떠오르기 시작한 것은 1990년대 중반으로 생각한다.

즉, 1995년에 출간된 『여성이여 테러리스트가 돼라』에서 저자(전여옥)가 '살아 보고 결혼하라'고 주장했기 때문이다.

그녀는 "결혼을 결정하는 데 가장 효율적이고 합리적인 방법은 '함께 살아보는 일'이라고 말하면서 "몇몇 나라들은 결혼 전에 혼전 동거를 해본다. 함께 살아도 무리가 없고 맞는 상대인가를 여러모로 진지하게 모색해 보는 것이다. 그들이 혼전 동거를 통해 결혼에 이른다고 해서 우리사회보다 더 부도덕하고 문란하다고는 절대로 생각할 수 없다"고 단정하면서 혼전 동거를 주장했다.

둘째, 『살아보고 결혼합시다』를 책으로 출간하고 강연을 통해 분위기를 조성한다.

아나운서로서의 20년 직장생활을 접고 43세 때 중학생이던 두 아들을 데리고 미국 유학을 떠난다. 그녀는 공부하면서 언론인다운 전문성으로 미국 여성들의 사랑과 결혼에 대한 의식을 밀착 취재하였고, 그 결과물이 『신(新)살아보고 결혼합시다』(이정숙, 2002)의 책이다. 활발한 강연과 인터뷰, 그리고 앞의 저서를 보완한 『살아보고 결혼합시다』(이정숙, 2005)의 저서도 출판하였다.

그녀가 저서에서 주장하고 있는 요지는 "개인적으로도 아들들이 '혼전 동거'를 하겠다면 굳이 말릴 생각이 없다. 우리나라에는 순결 이데올로기가 남아 있어서 쇼킹하게 들릴 수 있겠지만, 이혼율이 날로 높아지는 상황에서 순결에만 매달릴 게 아니다. 혼전 동거를 통해 배우자를 충분히 탐색해서 이혼을 방지하겠다는 유럽과 미국 등 서구 여성들의 대안은 타당해 보인다"면서 혼전 동거를 고창하였다.

셋째, 저서나 TV 드라마, 연극 공연 등 동거문화에 편승하는 분위기가 읽혀진다.

『유교문화의 돌연변이 일본』이란 책에서도 "우리나라와 일본 20대들의 혼전 동거에 대한 의견 조사 결과, 드라마 '옥탑방 고양이'(MBC 드라마, 2003. 6. 2~7. 22), 영화 '싱글즈'(2003. 7. 11. 개봉), 케이블 TV와 지상파 방송들까지 동거를 주제로 다채로운 포맷과 내용의 '버라이어트쇼(variety show)', '살아보고 결혼하자', '우리 살아보고 결혼합시다', '신 살아보고 결혼하자' 등의 연극공연, '아이들에게 콘돔을 주자'(한겨레21, 2000. 12)는 잡지 표지의 글, 굿데이의 네티즌 대상의 '동거 찬성' 여부 조사 결과(스포츠신문, 2003. 7), 『살아보고 결혼합시다』(헤럴드 경제, 2005. 3), 『살아보고 결혼합시다』의 저자 인터뷰(조선일보, 2007. 1. 12) 등 한국사회의 동향이 동거찬성으로 혼란스럽다.

넷째, 혼전 동거 문제는 성 건강문제와 직결된 것으로 고려할 점이 적지 않다.

우선 전제할 것은 개인들의 이성관계, 동거관계, 인간의 기본적 욕구를 해소하는 행태에 대해 이러쿵 저러쿵 논의할 입장이 아니다. 더구나 성인들이기 때문이다. 다만 이해를 위해 현상을 분석하고 악습으로 확대되는 것과 역기능과 부작용을 예상해서 신중하게 접근하는 것이 바람직하다는 입장에서 정리하고자 한다.

특히 한 국가의 '결혼 의식 및 제도'는 사회적 제 관계를 조직화한 체계 중 대표적 제도로서의 규범문화이다.

이는 국가사회의 공통의 가치 및 성원들의 기본적 욕구 충족을 위해서 절차를 구체화한 것이고, 제 행위를 규제하는 공식적인 사회규범으로서 정당화되고 합리화된 문화이다(김홍규, 2003; 김홍규, 이만표, 2013).

따라서 결혼문제와 동거문제에 관련된 주장이나 활동(작품 제작, 보도 등)을 하는 사람들은 다음과 같은 조건들이 전제되어야 한다.

① 결혼이나 동거 문제를 말할 때는 칸트의 의무론적 윤리관, 제레미 벤담(Bentham, Jeremy)과 존 스튜어트밀(Mill, John Stuart), 그리고 헤어(Hare, R. M.)의 공리주의 윤리학, 아리스토텔레스적 덕 윤리까지 기대하지 않더라도 그 국가사회의 민족심리학, 문화인류학, 사회심리학, 민속학, 민족역사학, 도덕윤리학, 토착심리학, 문화심리학, 종교사회학 등과 관련된 기초 소양이 전제되어야 한다.

② 우리나라의 결혼 의식 및 제도에 대한 전문적 소양이 전제되어야 한다.

조선 중기까지의 '남귀여가혼'(男歸女家婚: 처가살이), 이조 중기를 넘기면서 반친영제에서 친영제(親迎制: 시집살이)로 정착하기까지의 배경을 알아야 하고, 한국에서의 결혼의 의미와 서양에서의 결혼의 의미가 다르다는 점을 생각해야 한다.

그래서 서양의 결혼이나 동거 문제는 상대방에게 느끼는 열정(상대방에 대한 콩깍지)에서 시작되고, '사랑과 결혼을 분리할 줄 안다'는 것(허태균, 2003)이 우리와 다르다는 점을 간과해서는 안 된다. 열정은 급히 올라갔다가 빠르게 떨어지는 성향이 있으며 콩깍지라는 색안경은 단기간에 용도 폐기된다.

③ 인간의 본능, 욕구, 충동, 호기심, 쾌락, 원초적 감정은 대상과 때, 시기와 장소에 따라 적절한 조절과 자제, 억제와 유예, 포기와 승화, 검토와 정제를 할

줄 아는 것이 심리적·사회적 성숙인이요, 문화인이다.

고범서의 『행복의 윤리학』(1994), 미셸 보바의 『도덕지능』(Borba, 2004), 더그 레닉과 프레드 킬의 『도덕지능』(Lennick & Kiel, 2006), 조지 베일런트의 『행복의 조건』(Vaillant, 2010), 마이클 샌델의 '『왜 도덕인가』(Sandel, 2010), 마틴 셀리그만의 『긍정심리학』(Seligman, 2011), 폴 돌런의 『행복은 어떻게 설계되는가』(Dolan, 2015) 정도의 책만 읽었어도 대학생들의 동거가 '시대적 트렌드'요, 혼전 동거가 '선진국 젊은이들의 문화'라며 고창(高唱)하지는 않을 것이다. 예컨대, 일본에서 2012년경 프리터족(Freeter)이 176만여 명으로 추계되고 은둔형 외톨이(ひきこもり)가 120여만 명으로 집계되었다고 해서 그것이 일본사회 젊은이들의 사회적인 트렌드요, 대세라고 말할 수 없기 때문이다.

열정을 좇아 룸메이트를 바꾸고, 상대방의 결점을 참지 못하는 완벽주의에 걸려 혹시 편집증후적 태도가 형성되고 급기야 만성불만족증후군(애슈너 & 메이어슨, 2006)으로 악화되지는 않을까도 염려된다. 특히 이들 '동거 예찬주의자'들은 미국성건강증진협회(SASH) 사이트에 들어가 다음과 같은 다섯 가지 문제에 대해 공부를 했으면 좋겠다.

- 미국이 왜 '성 중독증' 상태에 있는 자들이 많은지?
- 1,600만 명 이상의 성 중독자는 미국만의 특성인지?
- 그 중 12% 정도가 여성인데 그들은 왜 그렇게 되었는지?
- 성 중독자들 중 20% 정도가 성 충동을 조절하지 못해 각 종 성문제(성범죄)를 야기시킨다는 것을 알고 있는지?
- 성범죄자의 50% 이상이 성 중독인 것을 모르고 있는지.

아울러 골프 선수 타이거 우즈, 빌 클린턴 전 미 대통령, 도미니크 스트로스칸 국제통화기금(IMF) 전 총재, 축구 스타 라이언 긱스 등의 성 추문에서 시사를 받아야 한다(김영화, 동아일보, 2013. 1. 31).

미래를 위해 학문과 자기 조각에 몰두할 시간에 육체적 쾌락과 원초적 감정에 몰입되어 혹시 성적 쾌락 추구의 습관화와 중독, 습관적인 파트너 편력(遍歷)에 빠진다면 어쩔것인가.

문득 "프렌치 아이스크림을 두 입째 먹을 때의 쾌감은 맨 처음 맛볼 때보다 덜하고, 네 번째 먹을 때는 칼로리 높은 음식일 뿐이기 때문이다"(Seligman,

2011)라는 말이 연상된다.

그래서 돌런은 "미래의 행복을 위해서 잘못된 욕구, 투영, 믿음 등에 주의를 덜 기울이며 지금의 잘못된 행동방향을 바꿔야 한다"(Dolan, 2015)고 조언해 준다.

④ '혼전 동거'이든 대학생의 '동거 문제'이든 사랑에 대해 논의할 때는 최소한 로버트 스턴버그(Sternberg, 2002)의 『사랑은 어떻게 시작하여 사라지는가』, 이철우의 『심리학이 연애를 말하다』, 마거릿 비처드의 소설 『열일곱 살 아빠』(2008), 프란체스코 알베로니(Francesco Alberoni, 2010)의 『실패한 사람들은 말의 8할이 부정이다』, Newsweek의 『부도덕의 시대』(The Age of Immorality; 2012. 2. 8), 알랭 드 보통(Botton, 2013)의 『왜 나는 너를 사랑하는가』, 노리나 허츠(Hertz, 2014)의 『누가 내 생각을 움직이는가』 정도의 책은 읽었어야 한다는 생각이다. 그래야 동거나 결혼문제를 환상으로 받아들이지 않게 될 것이며, 쓸데없이 상대방을 이상화하고 과잉기대 해봤자 권태기는 결국 오게 되어 있으므로(Botton, 2013) 그 권태기를 어떻게 대응하는냐, 예상치 못한 불상사에 대해 신경쓰게 될 것이다.

⑤ 한국과 서양의 부모-자녀관계는 다르다. 그리고 젊은이들 간의 의식과 가치관, 사회적 성격도 다르다는 것에 주목해야 한다.

우선 "서양의 경우는 이혼을 하는 데 있어 두 가지 정도의 룰(rule)이 있다. 하나는 이혼을 문제해결의 수단으로 받아들여 부부는 가능한 한 '서로 상처를 받지 않고 헤어지자'는 것이고, 다른 하나는 부모의 이혼으로 인해 '아이들이 받는 피해를 최대한 줄이자'는 것이다. 아이가 부모의 이혼으로 입는 피해를 줄이는 프로그램도 개발되어 있다"(함인희, 2003).

그리고 미국은 만16세가 되면 자동차 운전면허도 취득할 수 있고, 자동차 데이트가 일반화되어 있으며 각종 크고 작은 파티가 많아 이성 간 접촉의 기회도 많다. 부모와 독립하여 드라이브 하면서 자유스럽게 사랑을 체험한다. 대학생이 되면 더욱더 독립적·자율적 행동을 한다. 대부분의 유럽 국가들도 미국보다 대학생들의 성문화에 대해 관대하고 개방적이다.

즉, 신체적, 심리적, 경제적, 공간적으로 부모와 독립한다는 말이다. 심지어 네덜란드는 가정형편이 아무리 부유하더라도 중·고교시절부터 모두 아르바이트를 해서 용돈 등을 마련한다. 대학생이 되면 방학 중 외국으로 가서 아르바이트를 하면서 등록금 마련과 어학연수를 겸하면서 부모에게 의존하지 않는다. 그런데 우리나라는 어떤가? 외국처럼 스스로 돈을 벌어 등록금, 동거자금, 결혼 자금을 마련한다면 누가 시비하겠는가? 부모관계가 바뀌어야 하며 부모세대와 젊은이들의 의식 개혁이 먼저다.

⑥ '혼전 동거'에 대해 반대 · 저항하는 것은 '처녀성'의 상품가치를 중시하는 우리나라식의 사고방식이며, 한국적 순결 이데올로기라고 몰아 부친다. 과연 그런가?

엘버트 엘리스(Ellis)의 '비합리적 신념', 아론 벡(Beck)의 '극단적 사고(polarized thinking)'와 '인지 협착(tunnel vision)'이란 용어가 떠오른다.

전여옥은 전술한 바와 같이 우리나라에는 혼전 동거에 대해 "지극히 부정적인 저항세력이 있는데 이는 '처녀성'의 상품 가치가 아직도 거론되는 우리나라식 사고(思考), 과일이나 접시처럼 상처없고 깨지지 않은 '신품', '상품적 존재'로서 자신을 격하시키는 여성적 사고"가 문제라는 지적이었다.

과연 우리나라만의 케케묵은 사고란 말인가? 곤충학자, 생물학자, 동물학자, 성의학자, 가족관계학자, 역사학자, 사회학자들의 저서나 논문을 한두 편 읽게 되면 이런 비난이 논리적 모순(Aaron Beck의 왜곡된 인지, 과잉 일반화의 오류)임을 쉽게 알게 된다.

다섯째, '사랑하니까 괜찮다', '어차피 결혼할건데 뭐 어때?'라고 주장을 하면서 '혼전 동거' 및 대학생의 '동거 커플'에 대해 적극적으로 주장하거나 용인하면서 장점들을 내세우고 있지만, 그러한 장점들은 연구결과들이 부정하고 있기 때문에 설득력이 부족하다.

여러 가지 사정 때문에 결혼식을 못하고 '혼전 동거'하는 경우는 불가피한 선택이니 언급할 입장이 아니다. 그러나 대학생의 동거는 다른 차원의 문제다. 왜냐하면 윤리 · 문화 · 종교적 문제와 함께 성건강 문제와 사회적 건강문제로서 이슈가 되었기 때문이다. 그리고 '사랑하는데 어떠냐?'고 하겠지만, 고려할 사항이 적지 않다.

우선, 사랑이란 정서, 열정이란 감정은 쉽게 치솟다가 꺼져 버린다. 전 연령대를 망라한 우리의 높은 이혼율이 그것을 입증하지 않는가. 특히 로빈스와 라이거의 미국정신질환(Psychiatric Disorders in America)에 따르면 '동거 커플이 우울증에 걸릴 확률은 결혼한 부부의 세 배가 넘고, 동거 후 결혼한 커플의 이혼율이 오히려 높은 것'으로 밝혀졌다. 이는 동거가 상호 이해와 헌신도를 높인다는 생각이 사실이 아님을 입증해 주는 것이다. 또한 찰스 세커포드(charles shackelford, 2001)의 '동거, 결혼, 살인에 대한 연구'에 따르면 '동거관계에서 발생하는 신체적, 성적 폭행 비율이 결혼한 부부관계에 있는 커플에 비해 훨씬 높았고, 심지어 동거인에 의해 살해당하는 비율은 결혼부부의 아홉배에 달했고, 동거가 남자의 태만을 부른다'는 것이다(오마이뉴스, 2008. 4. 30).

특히 미국 덴버대학의 갈레나 로데스 교수와 스콧 스탠리 교수팀이 연애중인 미혼인 미국인 1,000명 이상(18~34세)을 대상으로 5년 이상 추적 조사한 연구 결과는 시사하는 점이 많다. 즉, 연구결과는 다음과 같다(Medical news today, 2014; 서울신문. 2014. 9. 3).

① 결혼 전 연애 경험이 평균보다 많은 사람은 연애 경험이 적은 사람보다 현재의 결혼생활에 만족하지 못한다.

② 연애 경험이 많은 사람은 배우자에게 헌신하는 경향이 낮을 우려가 있다.

③ 과거 연애 경험이 결혼 후 결혼생활을 방해한다.

④ 연애를 많이 하면, 결혼생활이 불행해진다는 것 등이다.

이같은 결과는 충분히 예상되는 결과이며, 다양한 연애 경험자일수록 결혼상대자로 숫처녀를 아내로 맞이하고 싶다(Lemoine, 2006)는 욕망이 강하다는 것도 같은 맥락의 일로서 주목할 일이다.

연구결과에 의거 공동연구자인 스탠리 교수가 결혼을 원하는 솔로들에게 "결혼 전 두 사람의 행동이 행복한 결혼생활의 기초가 된다는 것을 기억하라"고 조언한 것은 대학생 동거를 논하는 현실에서 음미할 가치가 있다.

여섯째, 사소한 행동이 습관이 되고 그 습관은 개인의 성격 및 미래를 결정한다는 점에 유의할 때, 자칫 인생의 '주홍 글씨', 미래의 '시한 폭탄'으로 작용할 대학생 시절의 동거는 체험하지 않는 것이 지혜롭다.

그 이유는 세 가지로 집약된다.

① 대학생 동거에 있어 '신의 · 성실, 재산 관리, 상호 존중, 합의 성 관계, 동거비밀의 유지' 등 '동거 5원칙'이 있고, 설사 헤어지더라도 '쿨'하게 헤어지기 때문에 아무 문제가 없다고 주장한다.
그러나 인간관계는 그렇게 녹록치 않다. 더구나 한 쪽이 헤어지기를 싫어할 경우는 문제의 시한 폭탄으로 작용할 수 있다.

② 누구나 저마다의 꿈이 있고 행복을 추구한다. 10대 때는 그 꿈과 행복의 씨앗을 파종(播種)하는 시기이고 20대 전반기는 자기가 결정한 분야에서 누가 더 철저히 목표관리, 자기관리, 시간관리를 철저히 하면서 열심히 공부에 몰입하는냐의 결승전 경기에 해당된다.
10대 때는 그 씨앗이 잘 자라게 하기 위해 몸과 마음을 만들고, 여러 가지의 기본기를 갖추어야 하는데 가장 중요한 것이 '왜 공부해야 하는가'에 대한 올바른 인식이다. 그래서 인생에 있어 10대는 참 소중하고, 20대는 생애의 황금기이다. 나를 다듬어 상품화하고 자신만의 강점을 극대화하여야 하는 '개인브랜드 시대'(뉴스메이커, 615호, 2005. 3. 16)이다. 자신의 몸 값을 키우기 위해서는 우선 전공과 관련한 핵심 습관을 익혀야 한다. 이 문제와 관련하여 로니 던지 감독과 수영의 바우먼 코치(Duhigg, 2012) 등의 습관 훈련법을 음미할 필요가 있다. 그리고 전공 공부 이외에 인연과 인맥의 형성, 세상을 보는 눈과 사회변화를 읽는 안목, 도래할 미래에 대한 비전의 공부, 사랑까지 하려면 정말 바쁜 시기다.
성급하게 '커플 동거'를 생각하기 전에 사랑에 대한 폭넓은 공부가 먼저다. 어스킨 콜드웰(Caldwell, E.)의 『딸기의 계절(The Strawberry Season)』을 읽고, 스탕달(Stendhal)의 『연애론』과 『연애론 에세이』를 읽으며 연애에 빠진 남녀의 심리에 대한 깊은 통찰을 음미하는 것도 좋겠다.
그리고 다음의 영화도 좋을 것 같다. '사랑과 돈(Love and Money)'(1982), '센스 앤 센서빌리티(Sense and Sensibility)'(1995), '비커밍 제인(Becoming Jane)'(2007), '러브 액츄얼리(Love Actually)'(2015)도 그런대로 사랑에 대한 메시지가 있다.
이렇듯 이성 간의 사랑에 대한 의미는 다양하고 연령별, 성별에 따라 그 색깔도 조금씩 다를 것이다. 사랑이란 단어에 설레이는 20대에겐 '건축학개론'을, 30대에겐 '이프 온리'와 '이터널 션샤인'을, 40~50대에겐 '사랑 후에 남겨진 것들'을, 그리고 60대 후반에겐 '님아, 그 강을 건너지 마오'가 제격일 것이다(김흥규, 2015).

이같은 것을 모두 접해 본 다음에 귀한 사랑에 대한 안목과 가치관을 정립한 후 아름답게 사랑을 키워 나가는 것이 대학생 시절의 지성미다.

더욱이 "직감과 본능, 외모와 육감을 믿어서는 안 된다. 이것들이 당신을 위험에 빠트리는 함정이며 첫 인상은 항상 배신한다"(O'Toole & Bowman, 2012)는 전문가의 경고를 경청할 필요가 있다.

특히 유념할 것은 지금 우리사회는 불신과 배신이 급증하는 불건강 사회라는 점이다. 결혼생활을 했던 부부들이 배우자를 의심해서 '친자 확인' 유전자 검사의 소송 건수가 급증하고 있다.

이제 검사기관도 110개 기관 151개소로 증가했고(2015. 9. 24.현재), 서울의 한 감식연구소에 한 달 평균 50~100건이 접수(헤럴드 경제, 2015. 1. 12)된다니 얼마가 심각한가.

검사 비용도 12~45만 원 선으로 낮아졌고, 2000년대 중반을 넘으면서 출판계는 '경쟁의 배신, 뇌의 배신, 편안함의 배신, 건강의 배신, 믿음의 배신, 민주주의의 배신, 긍정의 배신, 희망의 배신, 노동의 배신, 첫인상은 항상 배신한다. 습관은 배신하지 않는다. 정치의 배신' 등 책 제목에 '배신'이 판치고, 드라마에서도 배신이 넘쳐난다. 즉, '배신의 시대'이다. 대학시절에 혼전 동거로 인간관계에서 잘 못 '얽히는 일'이 없어야겠다.

2. 건강검진 및 임신 관련 고려할 사항

1) 여성 · 남성의 건강검진

결혼에 있어 혼수(婚需)용품 준비보다는 먼저 필수적인 것이 신랑 · 신부의 건강검진이다.

건강검진을 통해 몸상태가 완전하게 건강한지, 질환(당뇨, 고혈압, 심장병, 폐질환, 갑상선 질환 및 정신건강, 만성질환 등)이 있는지, 임신 전에 치료를 요하는 질환은 없는지, 예방 접종관계는 어떠한지 면밀하게 체크되어야 한다.

첫째, 여성은 종합검진 및 산부인과 정밀검사를 통해 몸상태가 건강한지, 임신을 방해하거나 태아의 건강에 문제가 될 만한 질병은 없는지 체크되어야 한다.

예비 신부의 건강검진 내용은 다음과 같다.

① 배란 장애가 있는가의 여부(무월경, 희소월경, 무배란증 등)
② 난관의 정상 여부(난관 폐쇄나 이상 여부, 나팔관 및 난관기능 관계)
③ 성호르몬 분비관계
④ 난소증후군 문제
⑤ 난소발육 상태 및 난소기능 정상 여부
⑥ 자궁내막의 정상 여부(항체 호르몬 분비 정상 여부, 자궁내막 건강관계, 자궁경관 점액량 정상 여부)
⑦ 성기 및 자궁의 질환 유무
⑧ 고령출산 시 다양한 체크
⑨ 다태아 출산관련의 과배란 주사나 시험관 시술문제 충분한 숙고

둘째, 남성의 건강검진은 여성에 비해 비교적 단조롭다.

남성은 일반 종합건강검진 외에 특히 비뇨기과의 정밀검진이 필수이다.

① 정계정맥류 검사, 정자의 정상 여부(무정자증, 약정자증, 정자감소증 등)
② 고환의 정상 여부(고환 발달의 정상 여부, 고환 감염 여부, 잠복고환증 등)

③ 정자통로의 정상 여부(정관, 사정관 등 이상 여부, 요도의 협착과 정관의 발육 부전, 전립선염증, 정관염 여부 등)

④ 정액 이상(정자감소증, 정액과소증, 무정자증 등 여부)

⑤ 정상적 성기(性器) 여부(선천성 기형의 성기)

⑥ 성기능 장애 여부(발기 불능, 발기 부전, 성교장애 등)

⑦ 정상적인 호르몬 분비 여부

2) 임신 관련 고려해야 할 사항

임신과 관련하여 고려할 사항이 많겠지만 그 중에서 생리대 안전성 문제, 임신과 엽산 섭취, 자궁허약자의 유의사항 등을 정리하면 다음과 같다.

첫째, 여성은 살아 있는 동안 1/8기간 동안 생리를 하며 생리대를 이용한다. 그런데 일회성 종이 생리대(패드형)와 체내용 생리대(탐폰)의 유해성과 안전성 논란이 제기된 것은 1999년도이다.

2000년대 초부터 불교환경교육원은 '환경보호' 차원에서, 여성민우회는 '여성건강을 보호하자'는 측면에서 대안 생리대 운동을 시작하였다.

그리고 여성단체들과 함께 최근 증가하고 있는 여성 생식기 질환(자궁근종 등)들이 일회용 생리대의 사용과 연관이 있다는 의혹을 제기하였다

그 근거는 종이를 하얗게 만들 때는 염소처리가 필수인데, 표백처리 과정에서 인체에 치명적인 발암물질(다이옥신)이 발생한다는 것이다. 더욱이 미국의 한 생리대 회사에서는 제조 시 다이옥신이 발생한다는 것을 인정한 바 있다. 일회용 종이 생리대보다 더 위험한 것은 삽입하는 '탐폰'으로 이미 미국에서는 80년대 초 과도한 흡수력을 가진 탐폰이 '독성쇼크증후군(TSS증후군: 고열, 구토, 설사, 현기증)을 유발한다는 사실이 밝혀졌고, 심하면 쓰러져 사망에 이르게 되는 치명적 질환이라고 한다(Healthweek, 2004. 9. 2: 27).

그래서 요즘 그 대안으로 면 생리대 운동이 활성화되고 있다.

둘째, 엽산(folate; folic acid))이 태아의 건강과 성인들의 각종 질병 예방에 탁월한 효과가 있기 때문에 미국은 1992년부터 임산부의 엽산 섭취를 국가 차원에서 장려

하고 있으며, 캐나다는 1997년부터 법으로 엽산 성분을 강화한 밀가루를 제조·판매토록 하고 있다. 미국 정부 역시 1998년부터 엽산 성분이 강화된 밀가루와 곡류, 시리얼을 팔도록 함으로써 엽산 섭취량을 늘리는 정책을 강화하고 있다.

엽산은 우리 몸에서 DNA의 합성과 아미노산 대사과정에서 필수적인 역할을 하는 비타민(비타민 B9)이다. 시금치 등의 녹색 야채는 대표적인 엽산의 보고(寶庫)이며 그 밖에 키위, 양배추, 동물(소, 돼지, 닭)의 간(肝), 오렌지 주스(한 컵에 약 0.08~0.09mg의 엽산 함유), 엽산이 강화된 시리얼(한 컵에 0.2~0.4mg의 엽산 함유), 콩류, 호박, 아스파라거스, 우유 등도 엽산의 공급원이다.

셋째, 미혼 여성이나 성경험이 없는 여성들 사이에서도 여성 질환이 자주 나타난다. 대표적인 케이스가 자궁근종이며, 의외로 자궁허약증도 20대 여성에게서 발견된다.

넷째, '조용한 살인자'로 불리워지는 미세먼지(Particulate Matter, PM)의 농도가 입방미터당 10마이크로그램(10mg/m^3) 올라가면 저체중아 출산위험, 사산(死産), 기형아 발생과 밀접한 관련이 있다.

미국의 한 대학병원이 아동 1,700명을 조사한 결과, '미세먼지 농도가 짙은 지역에서 태어난 아이들은 폐활량이 정상아의 80%에 못 미치는 '폐기능 장애'를 겪을 가능성이 큰 것'으로 밝혀졌고, 양산부산대병원 산업의학전문의팀의 연구결과(2009)에 의하면, 미세먼지 농도가 짙으면(PM 10, 직경 10mg/m^3) 저체중아 출산 및 사산, 기형아 발생과 밀접한 관계가 있는 것으로 조사되었고, 이화대의대의 하은희 교수도 4년간 임산부 1,500명을 추적·조사한 결과, 대기 중 미세먼지 농도가 '입방미터당 10마이크로그램(PM 10, 10mg/m^3)상승할 경우 저체중아 출산 위험이 52%에서 74%까지 높아지고, 임신 4~9개월 사이의 사산(死産) 위험도 8.0~13.8%까지 올라가고, 기형아 출산 확률은 최대 16%까지 높아진다고 발표했다(2016. 10. 9. http://goldcode.tistory.com/789).

3절 건강한 임신을 방해하는 요인들은 다양하다

1. 불임(난임)의 원인과 백신 접종 및 질환 치료

예비 신랑·신부는 난임(불임)의 원인에 대한 사전 지식정보가 필요하다. 보통 여성 난임(불임)의 원인으로 배란장애, 난관의 폐쇄나 이상, 자궁내막의 문제를 지적하고, 남성의 경우는 정자의 이상, 정자가 이동하는 통로의 문제 등으로 알고 있으나 보다 전문적인 소양이 필요하다.

Newsweek(2001. 8. 15), Healthweek(제11호, 2004. 9. 2), 분당차여성병원(2015), 이지은산부인과 여성클리닉센터, 헤럴드경제(2015. 12. 9), 국민일보(2016. 1. 3) 등의 자료를 종합·정리해 볼 때,

첫째, 여성의 난임 원인은 다양하다.

① **배란 장애** : 불임 여성의 약 40%가 해당되는 것으로 무월경 또는 희소 월경, 무배란 주기증, 과단(過短) 난포기형, 산발성 무배란증, 내분비장애(갑상선 기능 이상에 따른 성호르몬 분비 문제, 다낭성난소증후군에 따른 배란장애와 생리장애), 뇌하수체 이상, 난소기능 부전(터너증후군, 난소발육부전증), 스트레스나 무리한 체중 감소가 원인이다.

② **성기 및 자궁의 질환** : 성기에 결핵균이 침범하여 자궁 내막에 감염되면 난관까지 침범하게 되어 자궁 질환으로 악화되며, 심한 경우 불임의 원인이 된다. 그리고 성병, 자궁 근종, 자궁 내막증, 자궁내막 폴립, 자궁강내 이상, 난소 종양, 질염 등이 원인이 된다.

③ **난관의 장애** : 난관은 자궁 외 임신이 일어나기 쉬운 곳이다. 따라서 난관에 이상이 있을 경우, 수정란이 자궁으로 운반되지 못한 채 난관에서 발육·자라게 된다. 또한 결핵균, 화농균, 대장균 등에 의해 생긴 염증은 난관의 활동을 둔하게 만들고, 심해지면 그로 인해 난관이 폐쇄되어 정자와 난자의 수정을 방해한다. 그리고 나팔관 및 난관기능의 이상 등이 문제가 된다.

④ **자궁내막의 착상 장애** : 항체 호르몬 분비가 적은 여성은 자궁내막이 얇고 활동이 느려서 수정란이 착상되기 어려우며, 설사 착상되더라도 유산의 위험성이 있다. 즉, 자궁 경관 점액량 분비의 부족이 문제가 된다. 그 밖에 자궁강내 이상, 자궁내막 유착 및 건강 문제, 자궁내막 폴립 등이 원인이다.

⑤ **골반의 이상** : 골반내 유착, 골반 강내 이상

⑥ **심리적 원인** : 극도의 불안과 슬픔 등의 악성 스트레스는 자율신경과 호르몬의 균형있는 작용을 와해시키고, 극심한 스트레스를 받을 경우에 성선자극 호르몬인 '고나도 트로핀(gonadotropin)'의 분비가 중단되어 불임을 초래한다.

둘째, 1996년도까지 불임 원인의 30%는 남성에 있었지만(한겨레21, 1996. 10. 31) 그 비율은 꾸준히 증가하여 2010년대는 불임 원인의 40%가 남성에게 있다.

① **정자 이상** : 정자감소증, 약정자증, 무정자증, 고환의 호르몬 이상, 고환부전, 잠복고환증, 정계정맥류(varicocele), 방사선이나 독성 물질에 노출, 특정 약물 및 심각한 정신적 스트레스 등이 정자 이상을 초래한다.

② **정자 이동 통로 장애** : 고환이 결핵이나 임질에 감염되어 무정액증, 고환・부고환 이상, 정관・사정관 등 이상, 정액과소증, 요도의 협착, 정관의 발육부전, 전립선 염증 및 외상, 부고환염 및 정관염의 합병증으로 정자의 이동 통로에 이상이 생기는 것 등이 원인이다.

③ **정액 이상** : 정낭(精囊)과 전립선에 이상이 생겨 정자에 이상(정자감소증, 무정자증, 정자사멸증)이 발생하는 경우이다. 사춘기 때 유행성이하선염(mumps, 볼거리)이나 폐렴과 같은 열병을 앓았거나 지나친 X-ray 검사, 호르몬 장애, 심각한 스트레스에 의해 무정자증이나 정자감소증이 나타난다고 알려져 있다.

④ **성교 장애** : 발기불능 또는 발기부전, 약물 남용, 선천적 기형으로 완전한 성교가 되지 않는 경우이다.

특히 성기능 장애를 호소하는 환자의 약 25%가 약물 남용때문이며 국제학회에서 무려 316개 약물군(群)이 성기능 문제와 관련이 있는 것으로 발표됐다. 약물에는 순기능과 역기능이 있어서 문제(질환)를 치유하지만, 온갖 약들은 혈관의 노화를 촉진하고 남성 호르몬의 분비를 저하시키는 작용을 해서 성욕감퇴, 발기장애, 사정장애, 유방비대 등의 문제를 야기시킬 수 있다는 것이다.

셋째, 백신 접종과 질환 치료 등 적극적 자세가 중요하다.

우선 건강한 아이의 임신과 출산을 위해, 그리고 임신 전의 감염 예방 및 면역력 강화를 위해 접종해야 될 백신은 7종류이다.

① 성인용 파상풍, 디프테리아(Td) 예방을 위한 백신

② 홍역(Measles), 유행성이하선염(볼거리. Mumps), 풍진(Rubella) 예방의 MMR백신

③ 자궁경부암 백신

④ 수두 백신

⑤ A형 간염 백신

⑥ B형 간염 백신

⑦ 인플루엔자(독감) 예방 백신

넷째, 결혼과 임신 전 질환의 치료는 중요하다

① **여성은 임신 전이나 임신 후 첫 진료 시 당뇨병 검사를 받는 것이 좋다.**
한국 여성의 평균 출산 연령은 32.04세이다(2014 통계청). 결혼이 늦어져 여성의 임신 연령이 높아지면서 임신 전 당뇨병을 앓고 있는 사람이 많아졌고, 당뇨병인 줄 모르고 임신을 하면 선천성 기형아 출산 등 치명적 문제가 생길 수 있다. 일반적으로 태아는 임신 14주 이전에 장기(臟器)가 형성되는데, 이 시기에 태아가 고혈당에 노출되면 심장 등 장기 형성에 이상을 유발할 수 있다(홍준석, 2015).

② **치과의 치료** : 치주염은 조산을 일으킬 우려가 있기 때문에 결혼과 임신 전에 치아 X-Ray, 스케일링을 해야 하며, 치주염 치료를 해야 한다.

③ **다음의 질환은 임신에 영향을 주기 때문에 산전검사가 필수이다**(전진동 외, 2014: 24).

- 우울증, 간질, 고혈압, 천식, 류머티스 관절염, 루푸스(전신 홍반성 낭창) 등 만성질환으로 인한 오랜 기간의 약물 복용이 기형아 발생 우려가 있다.
- 심장병, 폐질환, 악화된 루푸스(피부 얼굴에 붉은 반점)는 임신 금기의 질병이다.
- 성병(매독, 임질, 클라미디아, 에이즈)의 경우, 불임, 자연 유산, 조산, 저체중아, 사산율의 증가가 보고되었다.
- 여성 생식기에는 분비선이 곳곳에 있어서 질내의 외음부를 항상 습윤(濕潤)하게 유지해 준다. 그런데 분비물이 흘러내릴 정도로 냉이 많으면, 산부인

과의 검진을 통해 임질, 캔디다 질염, 트리코모나스 질염, 자궁경관염, 자궁내막염, 자궁내 폴립, 난관염 등을 체크, 치료를 하여 위험률을 낮춰야 한다.

2. 불임(난임) 관련 고려할 사항

불임(난임)의 원인에는 전술한 바와 같이 다양하다. 때문에 불임(난임)과 관련하여 강조할 사항도 적지 않지만, 그 중에서 '건강한 임신을 위한 유의사항'과 남성의 불임(난임)의 원인이 40%인 점에 유의하여 '건강한 정자를 위한 생활습관'을 정리하고자 한다.

1) 여성의 건강한 임신을 위한 유의사항

메디칼뉴스 투데이에 보도된 '임신을 돕는 열 가지 방법'에서는 ① 적정 체중 유지, ② 건강한 정자, ③ 성병 예방, ④ 빈번한 부부관계, ⑤ 질 윤활류 사용 시 성분을 고려, ⑥ 음주량 조절, ⑦ 커피 자제, ⑧ 금연, ⑨ 지나친 운동 자제, ⑩ 환경 독소의 주의 등을 권고했다. 이들을 참고하면서 여성의 임신을 위한 유의사항은 다음과 같다.

첫째, 적정한 체중을 유지해야 한다.
둘째, 성병 예방이다.
셋째, 각종 전기제품에서 방출되는 전자파에 대한 조심이 요구된다.
넷째, 여성은 35세가 넘어가면 임신능력이 크게 떨어진다.
다섯째, 과도한 음주는 임신을 방해하므로 음주에 대한 자제와 지혜가 요구된다.

여섯째, 평소 콜라, 아이스크림, 초콜릿, 단시리얼 등 단 것을 많이 먹고 과식하는 습관이 있으면 혹시 저혈당과 인슐린 과다증을 의심하고 치유해야 한다.

일곱째, 담배는 혈관을 수축시키고 영양과 산소 공급을 차단해서 건강한 정자, 난자의 생성을 방해한다. 특히 여성의 흡연은 배란 장애를 가져오고, 남성의 흡연은 정자 생산량 감소와 정자 DNA 손상 빈도가 높은 것으로 나타났다(전진동 외, 2014).

여덟째, 커피와 음료의 경우도 신경을 써야 한다. 하루 5잔 이상의 과다한 커피(카페인) 섭취는 임신 성공률을 감소시키며, 자궁 수축, 유산과 연관성이 있다고 한다.

아홉째, 애완동물에 대해서는 철저한 예방 접종과 청결이 중요하다.

열 번째, 환경 호르몬은 과도하게 축적되면 내분비계 장애 및 내분비계 교란물질로서 배란장애와 기형아 출산 우려 등의 문제를 발생시킬 수 있다.

열한 번째, 칼슘이 많이 들어있는 식품을 섭취해야 한다.

인체의 무기물 중 가장 많은 양을 차지하는 칼슘은 뼈와 치아의 99% 형태로 존재한다. 특히 칼슘과 인은 태아의 뼈와 치아를 형성하는 데 직결되는 영양소이기 때문에 임신부에겐 더욱 중요하다.

열두 번째, 철분이 많은 음식을 섭취해야 한다.

철분은 태아의 지능 발달과 조기 출산 및 저체중, 양수 파열 등을 미리 예방할 수 있기 때문에 임신 초기 반드시 충분한 섭취를 권장한다. 그래서 시금치, 달걀노른자, 견과류, 매실, 닭고기, 토마토, 우유, 콩, 미역, 전복, 연근, 사과 등이 임신 초기에 특히 좋다.

열세 번째, 단백질이 많은 음식을 섭취해야 한다.

단백질의 섭취는 태반과 기타 부속물을 형성하고 태아의 성장(단백질의 50%)과 발육에 쓰이기 때문에 태아에게 필요한 영양소이다. 또한 우유나 유가공 식품은 뼈를 구성하는 데 필요한 칼슘의 주요 공급원이다.

열네 번째, 지방의 섭취는 균형을 유지하는 선에서 지혜롭게 섭취해야 한다.

지방은 임신 초기에 열량과 함께 출산 후 수유기 때 유즙을 형성하기 때문에 꼭 필요한 영양소이다. 그러나 너무 많이 섭취하면 에너지 과잉이 되어 비만으로 이어진다.

열다섯 번째, 엽산을 충분히 보충해 놓아야 한다.

임신부에 있어서 엽산의 중요성을 앞에서 강조한 바 있지만, 이는 몸의 세포 성장과 분열에 중요한 역할을 하는 영양소로써, 임신부가 엽산을 충분히 보충하면 저체중, 신경관의 결함, 기형 등을 예방하게 된다. 비타민 B군에 속하는 수용성(水溶性) 비타민의 한 종류인 엽산은 세포의 성장 발달과 혈액 중 적혈구를 만드는 데 필요한 영양소이고 뇌의 신경전달물질의 분비를 촉진한다. 평소 시금치, 아스파라가스, 키위, 동물의 간, 브로콜리, 쑥, 부추 등의 충분한 섭취와 함께 보충제를 겸하면 더욱 좋다.

열여섯 번째, 토마토, 굴, 시금치, 연근, 당귀, 매실 등을 많이 섭취해야 한다.

토마토는 소화기 계통의 암을 예방해 주고, 칼슘이 빠져 나가는 것을 막아주기 때문에 태아와 임신부에게 좋다.

굴에는 유산을 막아주는 아연이 풍부하고, 철분과 칼슘, 단백질도 충분하여 빈혈 예방에 좋다.

시금치는 비타민 E와 엽산이 풍부하여 유산을 막아 주고, 비타민 A도 많아서 태아의 시력 발달과 임산부의 지친 피부와 머리카락을 건강하게 해준다.

연근은 임산부에게 필요한 철분을 공급하여 빈혈과 어지럼증을 예방하고, 자궁 환경을 좋게 하고 양수 정화작용을 하여 자궁출혈과 유산 예방에 도움을 준다.

당귀는 보혈(補血)의 대표적 약재이기 때문에 임신 중에 복용해 두면 혈액순환 증진, 유산 예방, 탈모 예방, 그리고 출산 시 자궁 수축력을 키워주며 자궁을 튼튼하게 해준다는 것이 한의학적 주장이다.

매실은 임신 초기의 입덧 완화, 그리고 소화 불량과 변비에 도움이 되므로 따뜻한 매실차는 임산부에게 좋다.

2) 건강한 정자를 위한 생활습관

난임여성 환자가 2007년 14만 9천명에서 2014년 15만 6천명으로 4.7% 증가했고, 남성불임 환자는 같은 해 2만 8천명에서 4만 4천명으로 약 57% 증가하였다. 불임 비율이 남성4 대 여성6으로 남성이 40%를 점하고 있다(보건복지부 발표, 내일신문, 2015. 10. 7. 재인용).

특히 '결혼한 부부의 약 10~15%는 아이를 갖지 못한다. 이들 중 10~20%는 불임 원인을 밝혀내기 어렵다'(이윤수, 2016)고 하니 건강한 정자가 그 어느 때보다도 절실함을 느낀다.

첫째, 청소년기 또는 청년기 때 정계정맥류 검사를 받는 것이 좋다.

영국도 남성 불임환자가 급증하고 있다는 보도(데일리매일 인터뷰, 서울신문, 2016.

1. 19)가 있었지만, 우리나라에서 남성불임의 원인으로 낯선 병명이 1순위(35%)로 나타나 주목되었다. 그것은 정계정맥류이다.

둘째, 환경호르몬이 남성의 정자 형성 장애와 불임 가능성을 높혀 주기 때문에 이의 피해를 줄이기 위해 플라스틱 용기, 일회용품, 샴푸, 합성세제, 화장품, 합성섬유 등의 사용을 자제하고 유리용기와 천연제품 위주로 사용해야 한다.

셋째, 특정 화학물질 및 중금속 과다 노출, 살충제와 화공약품, 농약 등에 오염된 물, 생선, 과일, 채소 등은 정자 형성 장애와 불임의 위험성을 가져온다.

넷째, 반드시 금연하고, 과도한 음주는 지혜롭게 자제해야 한다.

흡연은 만병의 근원이면서 생식 건강을 해치는 중요한 원인이다. 실제로 포르투칼 연구팀이 발표한 '흡연과 임신(Cigarette Smoking and Fertility)'이란 논문에 의하면, 남성이 흡연할 경우 정자 생산량이 감소하고 생산된 정자라도 DNA 손상 빈도가 높다고 했다. 즉, 정자 생성을 방해하고 정자 활동성 저하와 기형 정자 증가의 원인이 된다는 것이다.

남성의 음주 역시 테스토스테론 분비를 저하시켜 성기능 장애를 유발하고 정자 생성을 방해하기 때문에 과도한 음주도 삼가야 한다.

다섯째, 설탕과 탄산, 인공 감미료, 색깔을 주입한 청량음료를 피하고 기능성 음료를 건강에 유익한 것으로 맹신해서는 안 된다.

콜라는 1886년 미국 약사인 존 팸버튼이 발명한 두통약으로 약국에서 판매했다. 탄산수는 영국의 약사요, 화학자인 토머스 헨리가 고열치료제, 이질치료제로 만들어 의약품으로 판매했다.

여하간 설탕 많이 들어간 소프트 드링크를 즐기면 비만, 당뇨를 유발하기 때문에 조심해야 되고(시사저널, 제776호, 2004. 9. 9), 스포츠 음료는 간·콩팥 나쁜 사람에게 해롭기 때문에 피해야 한다(시사저널, 제608호, 2001. 6. 21).

여섯째, 불량 식품 첨가물과 불량 식재, 유전자 조작 식품, 중금속 오염, 게다가 더럽고 위생상태가 엉망인 주방에서 조리한 식품을 대해야 하는 등의 식탁 공포로부터의 안전한 건강 먹거리를 찾기란 쉽지 않다.

건강식에 대한 정확한 이해를 전제로 안전한 먹거리 세이프푸드 원재료를 집에서 요리해서 먹는 것이 가장 안전하다. 왜냐하면 '쓰레기 만두소 파동' 후 서울시 주부 식품감시원(5개 시민단체) 5인이 식품위생 감시업무 활동으로 충격적인 식품

가공 현장과 모범음식점, 유명호텔 등을 살펴본 후 "모범음식점・유명호텔도 못믿어요"라고 하면서 좌담회의 결론으로 "우리 손으로 직접 재배해서 직접 조리해 먹는 방법이 웰빙이다"(뉴스메이커, 제579호, 2004. 6. 24)라는 말이 설득력을 갖는다.

일곱째, 바쁜 현대인에게 편의성과 유용성이 있다고 인스턴트 가공식품을 과용함으로써 혈당치 상승, 비만, 인스턴트 체질화, 성격장애, 저혈당, 정신건강의 문제(한나, 2013)로 악화되는 것을 경계해야 한다.

간식과 반찬, 심지어 주식까지도 인스턴트식품과 가공식품들로 우리 주변이 둘러싸여 있다. 무엇을 먹어야 할지, 무엇을 먹지 말아야 할지 판단하기 어렵다. 식품첨가물에는 방부(防腐)를 목적으로 하는 합성 보존료, 색깔과 향을 유지하기 위한 발색제와 향료, 맛을 내기 위한 화학 조미료와 감미료로 과잉 포장되어 있다. 그로 인해 입술에 느껴오는 달콤한 맛과 향만이 강조된 인스턴트 가공식품들은 인체에 유해한 첨가물 덩어리이다. 이 해로운 것들이 다양한 통로로 인체에 유입되고 결국 자식에게 그대로 전달되는 것이다. 그래서 미국 미네소타대학 보건대학원 연구팀은 8~13세의 어린이 560명을 대상으로 '탄산음료 섭취량, 섭취 횟수, 선호도'를 조사한 결과 "탄산음료 콜라 마시기는 대물림한다"고 발표하였다(Journal of the American Dietetic Association, 최신호, Healthweek, wp10gh, 2004. 8. 26에서 재인용).

특히 하버드보건대학의 연구팀이 '임신과 불임(Fertility and Sterility)' 저널지에 발표한 "핫도그, 베이컨, 햄버그 등 가공식품이 남성의 정상적 정자수가 적은 것과 관련이 있다"(Myriam Afeiche, 2013)는 연구결과이다. 이 연구는 364회 정자 샘플을 제공하고 체외 수정을 실시한 156쌍의 남성 데이터 분석결과여서 설득력이 있다.

여덟째, 각종 전기전자제품에서 방출되는 전자파, 자외선, 방사선 등에 각별히 조심해야 한다.

오랜시간 컴퓨터를 사용하면 컴퓨터 단말기증후군(VDT증후군)으로 눈, 피로, 두통, 목, 허리, 어깨, 손 등에 문제가 발생하지만 결정적인 것은 생식능력의 저하이다. 특히 휴대폰을 주머니 넣고 다니는 것은 정자 건강을 해치는 것이다. 하여간 노트북, 휴대폰은 멀리하는 것이 좋다.

아홉째, 피를 맑게 하고 혈관을 보호하기 위해 일곱까지 식품과 견과류를 섭취해야 한다.

혈액을 깨끗하게 하는 콩, 강력한 항산화 작용과 콜레스테롤을 낮추어 혈액을 깨끗하게 하는 땅콩, 아몬드, 호두 등의 견과류, 혈당과 혈압을 낮추어 주는 해조류, 깨끗한 혈액과 탄력있는 혈관을 유지해 주는 녹황색 채소(토마토, 당근, 호박,시금치 등), 혈전을 녹이고 혈액을 깨끗하게 하여 동맥 경화를 예방해 주는 등푸른 생선, 원활한 혈액 순환의 건강식품 토마토, 혈액을 맑게 하고 혈액 순환을 돕는 현미와 보리, 동맥경화 예방 및 건강한 혈관 유지의 마늘, 콜레스테롤 낮추고 동맥경화 예방의 양파, 깨끗한 혈액과 건강한 혈관 유지를 위해서 깨를 하루에 한 스푼 정도 섭취하면 좋다.

열 번째, 남성의 과(過) 체중이나 비만 등이 불임(난임)과 관련이 있으므로 체중 조절을 해야 하며, 정자수 늘리는 데 도움이 되는 아연이 풍부한 식품을 섭취하는 것도 필요하다.

과체중 남성(BMI, 25~30)은 정자수가 평균 10% 가량 적은데 비해 비만 남성(BMI, 30이상)은 정자수가 20% 가량 적었다. 뿐만 아니라 정액에 정자가 없는 무정자증은 정상 체중 남성의 발생확률이 1%인데 비해 과체중이니 비만그룹의 남성은 3.8%로 4배 가량 높았다.

한 번 사정할 때 5mg 정도의 아연을 소비하는 데, 아연은 미네랄의 일종으로서 전립선에서 정액을 만들어 내기 위해 꼭 필요한 영양소이다. 정자수를 늘리는 데 도움이 되는 아연이 풍부한 식품인 굴, 정어리, 청어, 현미, 무말랭이, 콩가루 등을 섭취하는 것이 좋다.

4절 결혼 전의 부모 소양교육 미룰 수 없다

1. 결혼과 부부 · 부모의 책무

결혼의 의미와 부부간의 역할과 책무, 가족의 가치 등에 대한 '결혼 전 부모소양교육'이 필요하다.

성인 남녀가 결혼을 할 경우, 가장 먼저 생각할 것은 남편과 아내의 의미에 대해 생각해야 한다.

남편 'Husband'의 의미는 ① 에워 싼다, ② 울타리 친다, ③ 밭을 간다(경작), ④ 엮는다, ⑤ 절약한다, ⑥ 재배한다, ⑦ 막아준다(방패막이)는 의미가 있고, 아내 'Wife'는 ① 직물을 짠다, ② 무늬를 놓는다, ③ 물을 붓는다, ④ 분출한다, ⑤ 샘 솟는다, ⑥ 감싼다, ⑦ 날줄과 씨줄을 엮는다는 의미가 있다(김홍규, 이만표, 2013).

그리고 다음의 네 가지 사항에 대해 생각해야 한다.

① 결혼이란 무엇이며, 가정생활은 어떻게 해야 하는가.

② 남편과 아내로서의 본분과 책임은 무엇인가.

③ 아들과 며느리의 역할과 의무는 무엇인가.

④ 사위와 출가한 딸의 도리와 사명감이 무엇인가 등이다.

이는 시대가 변하고 가치관과 의식이 바뀐다해도 변하지 않는 한국인으로서의 토착심리요, 우리 민족이 강조하는 가정문화의 핵심이다.

1) 가정의 교육적 기능

자녀들은 부모를 모방하고 어린이들은 어른을 본뜨고 청소년들은 사회를 닮아가게 된다. 그래서 어린이는 가정과 부모의 얼굴이고, 청소년들은 환경으로서의 가정과 사회를 그대로 대변한다고 말할 수 있다.

때문에 청소년의 행동을 미·적분하면 부모의 문제, 가정의 결함, 사회악, 사회병리, 교육의 병폐가 남게 된다고 본다. 따라서 어떤 사회이냐의 문제는 곧 어떤 청소년들이 그 사회를 구성하고 있느냐의 문제이며, 또 어떤 청소년들이냐의 문제는 곧 어떤 의식과 가치관, 사고방식과 사회적 성격을 가지고 무엇이 중요하고 가치가 있다고 판단하면서 어떤 언행을 하는 청소년들이냐의 문제로 연역된다.

그래서 현재 청소년들의 행동 그 자체는 개인적으로는 본인의 민낯으로써 가정과 부모, 그리고 사회를 대변하는 동시에 내일의 자기 자신, 부모, 가정, 그리고 사회의 모습들을 예견케 하는 양면성을 띠고 있다고 하겠다.

이와 관련 강북삼성병원 이교원 교수의 글은 매우 설득력 있으며 '엄마와 자녀 관계'가 왜 중요하며 어떠해야 하는지에 대한 시사를 준다.

"엄마에게 사랑을 받는 아이만이 남을 사랑할 수 있고 자연을 사랑할 수 있다. 엄마에게 욕을 듣고 맞으며 자란 아이는 남에게 욕을 하고 때릴 수밖에 없다. 이런 아이가 자연을 아끼고 사랑할 리 만무하다. 책을 읽는 엄마의 자녀는 책을 읽는다. 엄마가 피아노를 치면 딸도 피아노를 친다. 엄마가 그림을 그리면 아들도 그림을 그린다. 엄마가 옷을 만들면 딸도 옷을 만들고 엄마가 공부하면 자식도 공부한다. 말투, 행동, 가치관, 성격, 직업까지 그대로 본받게 된다. 유전자 때문이 아니다. 보고 듣고 배운 환경이 그렇기 때문이다. 이것이 문화이다. 한 가정의 문화는 곧 사회와 국가의 문화가 된다"(이규원, 2012).

같은 맥락에서 홀트(Holte, D. L.)의 '생활 속의 아이들'이란 시(詩)도 성장기 때의 가정환경의 중요성을 잘 표현했다고 생각한다. 즉,

비난을 받으며 자라는 어린이, 비난하는 것을 배우고
미움(증오감 느끼며) 받으며 자라는 어린이, 싸움하는 것을 배우며
조소받으며 자라는 어린이, 비겁함을 배우고(수줍음만 타게 되고)
시기받으며 자라는 어린이, 죄 의식을 배운다.

관용 속에 자라는 어린이, 참을성을 배우고

격려를 받으며 자라는 어린이, 자신감을 가지게 되고
칭찬받으며 자라는 어린이, (남을 인정할 줄 알고) 감사할 줄 알게 된다.

공정하게 대우받으며 자라는 어린이, 올바름을 배우게 되며
안정 속에 자란 어린이 믿음(신뢰)을 갖게 되고
두둔(인정)받으며 자란 어린이 자신에 대한 긍지를 느끼며
안정 · 수용 · 우정감 속에 자란 어린이, 온 세상에 사랑이 충만함을 알게 된다.

짧은 시이지만 관용과 격려, 칭찬과 두둔, 공정과 안정, 수용과 우애넘친 가정 분위기가 바람직한 가정환경이요, 부모가 책임져야 될 건강 가정의 덕목임을 함축성 있게 요약해 주고 있다.

2) 건강한 가정환경

무한한 발달 가능성을 갖고 태어난 자녀들에게 최대한의 자기 표현과 최고의 자아실현을 도모케 하는 사람은 부모이다. 자녀를 말괄량이(tomboy), 말썽꾼(trouble maker)으로 키우고 남자를 여자같은 아이(sissy)로 키우는 것도 부모이다. 때문에 자녀의 건전한 인격 형성을 위한 가정환경과 부모의 양육태도는 다음과 같은 점에 초점을 두어야 할 것이다.

첫째, 충분한 애정과 우정을 만끽할 수 있는 가정 분위기이어야 한다.

둘째, 부모는 수용과 거부, 보호와 방임, 관심과 의도적 방치 등의 태도가 지혜롭고 교육적이어야 한다.

셋째, 아동의 현실적 모습, 요구, 흥미 등을 객관적으로 판단하고 받아들이되, 발달단계에 맞게 부모의 태도는 전문화되어야 한다.

넷째, 정당한 권위에 대한 존경심과 신념은 어릴 때부터 갖도록 가르쳐야 한다. 다만, 그 방법은 강요와 명령에 의한 것이 아니라 아동의 자주적인 사고, 행동습관화에 의한 자제력 함양을 통해서 해야 한다.

다섯째, 성장의욕에 따라 발달단계를 고려해 성공과 실패감을 맛보도록 자유를

허용해야 한다. 즉, 사회적 성숙의 기회를 부여함으로써 자신의 타고난 끼와 재능을 키워보도록 하자는 것이다.

여섯째, 칭찬과 벌을 주는 방법과 절차, 목적과 기술이 교육적이어야 한다.

체벌이나 거친 폭언은 금물이며, 교육적인 벌(智罰)과 지혜로운 벌(德罰)이어야 한다.

일곱째, 자녀의 교육적 책임은 양친이 함께 지되, 타인들의 분위기에 휩쓸려 학대수준으로 '과외 뺑뺑이'를 돌려서는 안 되며, 아동의 개성을 이해하여 그것이 보다 개발·신장되도록 해야 한다.

여덟째, 약점과 단점에만 주목하여 지나치게 확대·왜곡·단정하지 말고 장점과 특징을 발견하려고 노력해야 한다. 아이들은 실수를 통해 성장하고 과오를 범하면서 발달하며, 착오와 착각 속에 성숙하기 때문에 잘못이 있을 경우, 책임 추궁이 아닌 격려로 대함으로써 자존감을 지켜 주는 동시에 귀중한 도전의식의 싹을 키워줘야 한다.

아홉째, 부모의 훈련방법에 따라 일관성이 없거나 양친의 행동기준이 일치하지 못함으로써 자녀를 딜레마에 빠트리지 말아야 한다. 특히 자녀 앞에서 교육 관련의 가치관 차이를 표출해서는 안 된다. 부모 간의 의견 차이는 두 사람이 대화·조절해야 한다. 예컨대, 부부 지간에도 궁합이 안 맞으면 얼마나 힘든 일인가.

사랑 궁합과 안정성 궁합은 부부가 똑같이 높을수록 좋은 것이며, 성적 궁합과 가치관 궁합 그리고 습관 궁합은 서로 비슷한 사람이 만나는 것이 이상적이고, 자유분방성 욕구나 지배성 욕구는 양방이 낮을수록 천생 연분인 것이다. 부모-자녀 관계도 이 틀에서 벗어나지 않는다.

열 번째, 부모가 협의하여 가정의 규칙과 일, 가훈, 우리 집만의 가정문화를 정하는 것이 좋으며, 부모 스스로 '룰'을 실행함으로써 솔선 수범의 모범을 보여야 한다.

열한 번째, 잘하면 응당한 보답, 못할 때는 정도에 따른 주의와 지도, 무관심, 또는 경우에 따라 함축성 있는 냉정으로 대하여야 한다.

특히 보상이나 격려할 때는 한 가지 방법을 따르지 말고 다양한 방법을 활용해야 한다. 즉, 자녀의 발달단계를 고려해서, 현금, 선물, 스킨십, 말로 떼우기 방법 등을 혼용하여야 한다.

열두 번째, 가정에서부터 역할과 의무를 부여해서 자기가 '필요한 존재'라는 소속감과 인정감을 맛보게 하고 권리와 의무, 사명감과 책임감을 느끼도록 해주어야 한다.

열세 번째, 지적·심리적 발달, 신체적 성장, 사회적·기능적 성숙이 조화롭게 이루어지도록 많은 놀이기구와 시설에서 충분하게 놀이문화에 접하게 하여야 한다. 그렇게 함으로써 신체적·정신적·사회적 건강을 도모하고 예술과 창의력도 북돋워 주어야 한다.

열네 번째, 애완동물의 사육과 식물의 재배를 돕는 자연의 과정에 참여함으로써 생명의 존엄성과 중요성, 사랑의 감정 등 정서지능의 발달을 도모하여야 한다.

열다섯 번째, 아이들의 성장과정에서 가장 중요한 활동은 놀이이며, 가장 필요한 정서는 '신난다!'는 경험의 축적이다.

아이들은 잘 놀아야 하고 많이 뛰놀며 "야, 신난다!"라는 탄성이 저절로 나와야 한다. 그것이 그들의 행복이고 건강한 사람으로 자라는 자랑스런 미래의 모습이다.

2. 혼전 부모 소양교육의 필요성과 내용

1) 국가적 측면에서의 혼전 부모교육의 중요성

결혼을 해서 가정을 이루고 장차 태어날 아이의 좋은 부모가 되기 위해서는 투철한 국가관, 높은 수준의 전문성과 시대 변화를 읽을 수 있는 안목과 교양도 필요하다.

첫째, 올바른 가치관과 객관적 역사관이 부모됨의 기본 자질이다.

편협되고 왜곡된 시각과 이데올로기에 의해 잘 못 배우고 오도된 젊은이들이 적지 않다. 예컨대, "한국 현대사가 옳은 것인가 그른 것인가, 얼마나 옳고 얼마나 그른가, 무엇이 성취되었고 무엇이 좌절됐는가, 우리는 무엇을 취하고 무엇을 버려야 하는가, 그리고 역대 대통령을 포함한 지난 현대사를 어떻게 보고 있는가, 너무 과

(過)에 기울면서 공(功)을 놓친 것은 아닌지"(월간중앙, 2004. 11).

일부의 과(過)로 엄청난 공(功)을 덮는 어리석은 운신을 하고 있는 건 아닌지, 청소년기 또는 학생 운동권 시기에 가졌던 편협한 시각과 가치관, 프레임에 갇혀 변화와 성숙을 못하고 있는 것은 아닌지 냉정한 성찰이 필요하다(김홍규, 2015).

이런 문제점을 혼전 교육을 통해 교정해 주어야 한다.

둘째, 우수민족이요, 자랑스러운 대한민국이라는 자긍심, 기업인을 높게 평가하는 사회분위기가 중요함을 일깨워 주어야 한다.

1950년대 초까지 천수답(天水畓)에 의존하던 농업국가인 관계로 '가뭄과 가난', 그리고 '보릿고개'가 숙명인 나라였다. 게다가 북한 공산집단의 남침 전쟁으로 폐허가 되어 외국 원조에 의해 명맥을 유지했던 나라였다. 그런데 1인당 국민총생산(GNP)1만불 시대(미국 1978년, 일본 1981년)를 1995년에 달성했고, 국내총생산(GDP)이 1965년 30억 1,761만 달러에서 약 1조 3,046달러(2013년 세계은행 기준)로 50년 만에 400배 성장하였다. 지금 IMF 발표에 의하면 1인당 국내총생산(GDP)이 2012년(2만 2,589달러) 세계 34위, 2013년(2만 4,329달러) 세계 33위, 2014년(2만 8,804달러; 최인환은 27,970달러 주장, 한국경제. 2016. 2.17), 2015년(2만 8,338달러)은 28위로 랭크되었다. 뿐만 아니라 세계 1등 상품이 119개(2010년) → 143개(2012년) → 154개(2014년 산업통산자원부, 2014. 12. 8)라니 얼마나 자랑스러운가.

이승만 초대 건국 대통령은 또 어떤가?

① 김일성과의 이념 경쟁, 정통성 경쟁, 체제 경쟁에서 절대적 우위를 확보하였다. 6.25남침 전쟁으로 회복 불가능의 폐허가 되었지만 '다시 건국한다'는 정신하에 호국과 전후 복구에 전념하는 한편, 이념, 정통성, 체제 경쟁에서 완승을 거두었다.

② 해방 후 이념 혼란 속에서도 확고한 자유민주주의 시장경제를 정착시켰다.

③ 대통령제하에서 내각제를 혼용함으로써 양 제도의 장점을 살려 정치발전을 도모하였다.

④ 초당적 내각 구성을 통한 유능한 인재 등용으로 거목다운 리더십을 발휘하였다.

⑤ 6.25전쟁 중 일본이 독도에 대한 야욕을 드러내자 '평화선' 선언으로 독도를 수호하였다.

⑥ 원자력 국가로서의 토대를 구축하였다.

선진국의 원자력 연구를 위해 우수인재들을 선발하여 유학을 보냈고, 1958년 원자력법을 제정하였으며, 1959년 1월 21일 장관급 부처인 원자력원을 신설하였다. 그리고 GNP 70달러 때인 1959년 3월 1일 원자력연구소를 설립하였다.

⑦ 6.25전쟁 때 미군을 통한 일본군과 대만군의 국내 주둔 및 지원의사에 대해 단호히 거부하였다.

⑧ 휴전협정 체결로 2억달러 부흥 원조의 확보와 한국 지상군 20개 사단 증강 결정, 그리고 한미상호방위조약을 체결하여 국가 안보에 기여하였다.

⑨ 전쟁 중에도 직선제를 통한 민주선거를 실시함으로써 의회민주주의를 실천하였다.

⑩ 선진 미국 언론문화를 장기간 접한 덕분에 언론 자유의 창달에 최선을 다했다. 전쟁 후 56종의 일간신문과 177종의 월간지 등 411종의 언론매체 활동이 활성화 것을 통해 실감케 된다.

⑪ 우수 인재의 국비 유학 및 군인들의 미국 연수 훈련을 제도화하였다.
국가 예산의 궁핍함 속에서도 매년 600명 이상의 국비 유학생을 파견, 1953~1960년까지 미국 등 선진국 유학생 4,884명, 1953~1961년까지 단기 연수 2,309명, 그리고 군 장교 및 하사관 1만 명 이상이 연수 훈련을 받았다. 이들은 근대화·공업화의 기수로서 국가 발전에 기여하였다.
이상의 내용 등 이승만 전 대통령의 업적 30가지가 인터넷에 올라와 있다. 그러나 중요한 몇 가지가 빠졌다.

⑫ 세계 어느 지도자도 이승만 전 대통령 수준만큼 학력이 뛰어나지 못하다는 점이다. 죠지 워싱턴 대학(학사), 하버드 대학(석사), 프린스턴 대학(박사)의 학력이 그것이다. 최고의 명문대학에서 최고의 자질을 함양했다는 것이 다른 지도자들과 차별화된다.

⑬ 미래사회를 내다보는 장기적인 미래 안목과 국가 경쟁력을 생각한 탁월한 리더십을 발휘하였고 교육 대통령이었다는 점이다.
미래사회가 해양·해저에서의 경쟁, 우주·항공에서의 경쟁, 첨단과학기술의 경쟁, 세계화·지구촌 경쟁, 원자력 경쟁이 치열할 것을 염두에 두고 국정을 수행했음을 주목해야 한다. 즉, 국가 예산의 절박함, 특히 전쟁 후 복구비의 압박속에서도 삼면이 바다인 국가의 특수성을 고려, 국방부 소속의 국립해양

대학(1947. 1. 30. 교명 변경) → 문교부 소속의 한국해양대학으로 개편(1956. 7. 14)하여 적극 지원하였고, 국립한국항공대학을 신설(1953)했으며, 세계적 글로벌 인재 양성을 목표로 학교법인 동원학원이 신청한 한국외국어대학의 신설(1954)을 허가하면서 너무 좋아했다는 것 등이 이를 입증한다. 더욱이 하와이 교포 이주 50주년(1952) 기념사업으로 교포들의 성금을 접하고 감명받은 이 전 대통령은 인하공과대학의 설립을 제안하였다. 그리고 자신이 1914년 설립한 '하와이 한인기독학원'을 처분한 대금과 하와이 교포 성금, 국고 보조, 국내 유지의 성금을 모아 인하공과대학을 개교하였다(1954).

그 후 1958년에 문교부를 통해 병기공학과와 응용물리학과(원자력 공학 전공)를 신설토록 하였고, 1959년에는 응용물리학과를 원자력 공학과로 개칭하는 데 주도적 영향을 미쳤으며, 개교 이후 하야 전까지 특별한 사정이 없는한 인하대 학위 수여식에 직접 참석하여 "동양의 MIT로서의 자긍심 고취"를 강조하였다. 우리는 교육대통령으로서의 이승만 전 대통령에 대해 너무나 과소평가하고 간과한 점이 많다.

이같은 이승만 건국 대통령의 기초 위에 박정희 전 대통령의 탁월한 리더십과 산업화의 주역인 기업인들의 투철한 애국심과 기업가 정신이 조화를 이루어 산업화, 경제 발전, 빈곤 탈출, '한강의 기적'이란 호칭과 함께 세계의 주목을 받은 나라로 급부상하게 된 것이다. 건국과 전후 복구, 민주체제 기반의 조성, 안정과 획기적 경제발전으로 이어진 이 성공 벨트(한강의 기적)를 어떻게 외면한단 말인가. 제대로 가르치고 다시 배워야 한다.

2) 사회적 측면에서의 혼전 부모교육의 중요성

첫째, 저질의 정치지도자와 저급의 정치문화가 유산으로 물려준 정치적 환경공해로 인해 우리사회는 치유 불가능의 말기암 상태이다. 사회병리현상에 대한 올바른 시각과 진단 그리고 해소책을 배워야 한다.

돌이켜 보기도 싫지만, 지도자의 임기가 끝나고 시작할 때마다 우리사회는 '죽일 자와 죽어야 될 자', '이렇게 깨지고 저렇게 터진 심신 중경상자(心身 重輕傷者)'들을 양산시켰다. 뿐만 아니라 잘못 만난 정치지도자들은 국민들에게 배신감과 증오심 고취 → 정치에 대한 불신과 혐오감 누적 → 정치에의 무관심과 분노감 축적 → 대화와 타협, 융통성과 설득문화의 붕괴 → 기성세대에 대한 불신과 저항 → 폭언과 공격, 물리적 의사표현의 정당화(美化)라는 병리적 문화를 확산·보편화시켰다.

사회 전 분야에서 폭증하고 있는 분쟁의 비인간화, 갈등의 저질화, 대결의 이전투구화(泥田鬪狗化), 싸움의 극한·조악화(粗惡化)는 그같은 저질 정치병리의 소산이다. 왜 '릴랙세이션 비즈니스(Relaxation Business)'로 스트레스 풀어주는 사업이 '붐'을 타고 있으며(Business, 2003. 8. 18), 심리학자와 신경정신과 의사, 상담심리학자가 새로이 주목을 받는가? 정치와 시민단체, 일부 언론·종교·강성 노조들의 행태가 국민을 피곤하게 하기 때문이다.

사건만 발생하면 제3자인 이념이 개입하고, 정파가 끼어들어 민주화를 고창(高唱)하며 전혀 다른 이슈로 악화되게 만들면서 '결사 반대'를 외치게 하고, 결국은 분쟁화·대결화·투쟁화로 확대시킨다. 이념이 끼어들면 필연적으로 좌파와 우파, 갈등파와 건전 보수, 분배 강조와 경제성장주의로 갈리게 된다. 그리고 정파가 개입하면 여당과 야당, 정부와 반정부 투쟁으로 악화되어 진솔한 대화와 합리적인 문제해결도, 국가 선진화도 멀어질 수밖에 없다.

반목과 비방으로 지새우는 정치, 첨예화된 노사 갈등, 본분을 잃은 노선 갈등, 상식을 잃은 지역 갈등, 도덕성 부재의 학원 갈등의 주역들, 그리고 선동가가 판치는 후진정치, 대한민국을 부정하는 좌파, 대한민국의 근대화를 부정하는 수정주의 역사관을 가진 자들(박세일, 2009), 입이 더럽고 지저분한 사람들은 가차없이 무대에서 하차시켜야 한다.

그러자면 철이 덜든 인간, 분별력이 없는 인간, 구강 근육만 발달한 군상들, 치기(稚氣)와 객기(客氣), 오기(傲氣)와 독기(毒氣)만 발산하는 인간들, 독선과 만용(蠻勇), 무분별과 아집(我執)에 중증이 된 인격장애자들을 변별하는 안목이 키워져야 한다.

둘째, 높은 수준의 문화시민, 성숙한 교양시민으로서의 자질교육이 필요하다.

이를 위해 우리사회의 현주소가 어디이며 우리는 누구인가, 한국사회의 개혁과 발전 방향은 어떤 것인지 성찰하는 시간이 필요하다.

그러자면 최소한 다음의 문헌들에 대해 읽어 볼 필요가 있다.

① 중앙일보사가 '한국의 몰락'이라는 기획특집에서 7가지의 추락요소를 정리한 것(월간중앙, 2011년 8월호: 34-67)

② 경향신문사가 '한국사회를 바꾸자'라는 특집에서 20개의 정책 의제를 제시한 것(주간경향, 창간 20주년 기념호, 2012. 6. 5: 8-73)

③ 매일경제신문사가 '리셋 코리아'라는 제목으로 다섯 가지의 정책 제언을 한 것(매경이코노미, 창간 34주년 기념특대호, 2013. 7. 3: 56-70)

④ 한국경제신문이 '대한민국의 재 도약의 조건'이란 제목으로 '네 가지 측면의 재 도약 조건'을 제시한 것(한경Business, 2014. 10. 25: 22-31) 등이다.

또한 항상 책을 읽고 공부함으로써 지식 정보의 꾸준한 '갱신과 최적화(Update)'를 도모토록 해야 한다.

사회가 너무 급변하고 다량의 지식 정보가 양산・유포되기 때문에 "작년 자신의 모습을 부끄러워하지 않는 사람은 충분히 배우고 있지 않은 사람이다"라고 주장한 알랭 드 보통(Alain De Botton)의 말이 실감되는 현실이다.

이같은 시대적 특성을 주목한 삼성경제연구소는 2004년부터 CEO를 대상(설문에 응한 1,600명)으로 '독서경향 분석과 추천도서'를 신청받아 분석하였다. 그 결과, 한 달에 1~2권의 책을 일는 CEO의 비율은 63%였고, 그들이 독서를 하는 주된 목적은 ① 시대적 트렌드 포착(38%), ② 경영 아이디어 발굴(30%), ③ 삶의 지혜 획득(28%) 등이었다. 그리고 가장 즐겨읽는 분야는 경제・경영(71%), 그 다음이 역사・철학(14%), 기타(15%) 등이였다. 이같은 설문조사 결과를 바탕으로 삼성그룹에서는 매년 휴가기간중 읽어야 할 20권을 선정(경제・경영분야 10~12권, 인문사회 8~10권) 발표해 오고 있다.

현대경영연구원도 매년 CEO가 휴가 때 반드시 읽어야 할 도서 10권을 선정해 발표한다. 경제・경영분야의 트렌드와 인문・사회분야의 주요 이슈 및 문학 분야의 도서를 선정해서 읽도록 하고 있다.

그런데 우리 주변에는 아직도 수십 년 전의 대학 졸업을 내세우면서 거들먹거리는 중우(衆愚)들이 너무 많다. 이들은 우둔함・무지(無知)의 극치이다.

3) 가정환경의 건강성 면에서 혼전 부모교육의 중요성

첫째, 부모는 자녀의 교육자로서, 건강과 안전을 돌보는 임상의로서, 마음과 정신과 영성을 돌보는 성직자로서의 특성과 자질을 갖추어야 한다.

인간의 생명과 행복에 절대적인 영향을 미치는 대표적인 존재는 부모이지만 그 밖에 의사와 교사라는 직업도 무시할 수 없다. 그래서 "의사와 교사는 마음만 먹으면 한 인간을 죽이거나 불행하게 만들 수 있으며, 비록 의도적인 것은 아니더라도 조그만 실수가 한 인간의 일생을 좌우할 만큼 커다란 상처를 입히게 되기 때문이다"(한국외구어대학교 교직과 교수 편, 1985)라고 했다.

또한 케네디교육재단의 어네스트 보이어 이사장은 "서투른 외과의사는 한 번에 한 사람에게 상처를 주지만, 서투른 교사는 130명에게 상처를 준다"(김흥규, 이호정, 2009)고 하여 그들의 중요성을 강조한 바 있다. 이같은 점에 유의할 때 부모는 자녀들의 성장과 발달단계 및 상황에 따라 의사 입장과 성직자의 자세가 요구된다. 그리고 모든 경우에 상담 전문가의 입장에서 생각하고 자녀들의 수준에 따라 때론 의사의 입장에서, 또는 성직자의 마음으로, 교육자의 자세로 그때 그때 운신의 폭을 조절할 줄 알아야 한다(김흥규, 인천일보, 2015. 1. 28). 이런 점들을 혼전 부모교육에서 역점을 두어 가르쳐야 한다.

둘째, 자녀들의 인성교육 강화를 위한 혼전 부모교육의 전문화가 요구된다.

인간은 누군가의 자녀로 출생한다. 그리고 그 부모들의 보호와 양육, 선도와 가정교육을 통해 사회화·인간화·문화화 된다. 부모는 자녀들에게 마음의 눈, 신체의 눈, 정신의 눈을 뜨게 하고 사고(思考)의 방향·내용·방법을 일깨워 성장·발달·성숙시킨다. 이를 위해 자식들에게 "부지런 해라", "꿈을 지녀라", "멀리 보라", "넓게 보라", "함께 가라", "경쟁사회에서 몸 값을 올려라", "자기관리, 시간관리에 철저해라", "인맥과 팀 워크를 중시해라"라는 등의 가르침을 주어야 한다(김흥규, 이만표, 2013). 그런데 그같은 사항에 대한 전문적 소양이 부족하다. 이 점을 부모교육에서 보완해 주어야 한다.

셋째, 부모는 귀한 자녀들이 건강한 가정환경에서 성장·발달함으로써 얼굴에서는 항상 화기(和氣)가, 몸 전체에서는 온기(溫氣)가, 말에서는 자신감과 생기(生氣)가, 걸음걸이와 행동에서는 활기(活氣)가, 사회생활에서는 예(禮: 질서, 규범)·의(義: 공정, 정의)·염(廉: 결백, 솔직)·치(恥: 양심, 죄책감)가 발현되어야 한다. 그런데 예·의·염·치가 실종되었으니 윤리 도덕은 사라졌고, 사회 도처에 실례(失禮), 결례(缺禮), 비례(非禮), 무례(無禮)만이 난무한다. 청소년 문제가 무엇이며 학원폭력이 왜 증가하는가? 청소년 문제는 불건강한 가정환경에서 병든 부모 때문에 문제의 소인(素因)이 잉태하여 학교환경에서 발아(發芽)되고, 학교 밖에서 배양(培養)된 후 다시 학교(주변)로 돌아오는 '회귀성(回歸性)'을 지니고 있다(김흥규, 이만표, 2013).

혼전 부모교육을 통해 건강한 부모, 건강한 가정환경, 자녀의 심리적·사회적 성숙, 성적·정신적·사회적·철학적 건강이 어떤 것인지 가르쳐야 한다. 그리고 '교육은 세 번 꾸짖고 일곱 번 칭찬하는 것', '두 번 타이르고 세 번 칭찬하고 다섯 번 최선을 다해 가르쳐야 좋은 아이(학생)가 된다'는 말도 재음미할 필요가 있다.

넷째, 건강한 임신에서 태교, 출생과 만 세 살까지 어린이 발달에서의 중요한 시기, 그리고 아동의 발달에 대한 전문적인 양육 관련의 소양교육이 필요하다.

임신과 태아의 성장 발육, 출생과 걸음마, 운동신경과 감각기능의 단계적 발달, 두뇌형성과 발달, 임산부의 건강식품과 육아법, 모유 수유의 장점, 두뇌 부위별 기능 등 부모가 알아야 할 모든 것에 대한 교육은 좋은 부모되기의 필수과정이다.

태내발달(Moore & Persaud, 1993), 정서발달(Goleman, 1996), 운동발달(Gallahue, 2002), 유아의 두뇌발달(Family and Work Institute, 곽노의, 김유미 옮김, 2001; Shaffer, 2002), 유아기 준 성장표(WHO, 2006) 등의 자료들과 우리나라의 한국소아발육표준치(대한소아과학회, 1998), 소아 청소년 표준성장표 및 소아발육 표준치(보건복지부, 2007), 연도별 청소년발달 추이(청소년백서), 영유아발달(곽노의, 김경철, 김유미, 박대근, 2014) 등에 대한 광범위한 자료를 검토하는 교육은 혼전부모 교육에서 중요시해야 된다.

다섯째, 부모가 꼭 알아두어야 할 10가지 증상(The Top 10 Health Worries)(Newsweek, 1999)에 대한 혼전 부모교육도 필요하다.

이는 부모가 되었을 때의 기본적 상식으로서 일반적 감기, 천식 등의 이유로 색색거림(wheezing), 급성 중이염, 발열(發熱), 구토증세, 탈수증, 발진(發疹)과 농가진(膿痂疹: 뾰루지, 딱지, 가려움), 추락 후의 구토와 얼빠진듯한 인상, 아이의 성장이 다소 늦거나 빠른 경우에 대한 이해 등 10가지이다.

아이가 출생 후 3살 때까지 이같은 점에 사전 지식이 있다면 지나치게 불안해하거나 당황하지 않고 대응할 수 있기 때문이다.

제 2 장

인간의 품격은 가정문화의 산물이다

제1절 인격의 기초는 태내에서 결정된다

제2절 출생의 형식과 모유 수유, 성격형성과 미래를 좌우한다

제3절 인스턴트 식품과 인스턴트 문화, 자녀를 병들게 한다

제4절 교육의 패러다임, 이대로 괜찮은가

1절 인격의 기초는 태내에서 결정된다

1. 건강한 임신과 태내 발달

1) 사정된 정자의 활동

건강한 임신을 위해서 신랑과 신부의 건강이 전제되어야 하고, 자궁과 정자 및 난자의 건강이 중요함은 전술한 바 있다. 남성은 평생 4,000억 마리의 정자를 생산하며, 1회 사정(射精)시 2cc(ml)~5cc(ml)의 정액 속에 2억~3억 마리의 정자가 사출된다(Berk, 2000). 정자는 1분에 3mm 정도의 운동능력이 있지만 크기는 난자의 8만 5,000분의 1 크기이며 생존기간은 약 72시간 정도다.

한편 여성은 평생동안 성숙 난자로 약 400개 정도를 배출하는데, 28일만에 1개가 성숙하여 배출되고, 그것(난자)의 생존기간은 약 24시간이다(곽노의 외, 2014). 난자는 인체에서 가장 큰 세포이며 여성의 임신 가능 기간은 1년 중 약 30일 정도이다.

사출된 정자들은 난자와의 만남을 위해 꼬리를 흔들며 자궁구를 향해 헤엄쳐 간다. 약 3억 마리 정도의 정자들이 경쟁을 했지만 자궁 경관을 거쳐 난관에 이르러 70여 분만에 난관 팽대부에 도착하지만 대부분의 정자는 사멸되고 300~500개 정도가 난자에 이르게 된다.

2) 임신과 태내 발달

임신에서 출산 전까지의 태내 발달단계를 배종기, 배아기, 태아기 등 3단계로 구분한다.

첫째, 수정에서 착상까지의 배종기(胚種期)의 단계이다.

난관에 도착한 적은 수의 정자들은 난자와 만나기 위해 또 다른 관문을 통과해야 하는 문제가 있다. 그것도 난자의 표면은 과립막(顆粒膜)으로 둘러싸여 있어서 이것을 녹이지 않고는 난자 속으로 들어갈 수가 없게 되어 있다. 난관 속에서 3일 정도의 생존력이 있는 정자들에겐 힘든 여정이지만, 다행히 정자는 머리 부분에서 난막을 녹이는 기능을 한다고 알려진 히알로디나제(Hyaluronidase)라는 효소를 뿜으며 난막을 뚫기 위해 끊임없이 공격한다. 먼저 한 곳이 녹으면서 하나의 정자가 난막 속으로 들어가는 데 성공하면 비로소 수정이 이루어진다(김상원 편, 2000).

한편 수정된 난자는 나팔관을 통해 자궁으로 움직여 가면서 세포 분열에 의해 2개의 세포(36시간) → 4개의 세포(48시간) → 16~32개의 세포(72시간)를 거쳐 수정 후 4~5일이 되면 세포분열로 60~80개의 세포로 증가한다. 수정 후 7일 정도면 단세포였던 수정란이 200 정도의 세포를 가진 포배가 형성된다. 이 포배(胞胚)가 자궁에 접근하면 작고 옹이 같은 덩굴손이 외측 표피에서 나타난다. 그리고 자궁벽에 포배가 도달하면 이 덩굴손은 안쪽으로 파고들고 임신부의 혈액 공급을 이끌어 낸다. 이것이 수정 후 10~14일 만에 이루어진 착상이다(Shaffer, 송길연 외 옮김, 2009).

일단 착상되면 포배의 외층은 유기체를 보호하고 영양을 공급하기 위해 급격히 양막, 융모막, 탯줄, 태반 등 네 가지 지원구조를 형성한다.

둘째, 임신 3~8주에 해당하는 배아기(胚芽期)의 단계이다.

임신 3주가 되면 배아판이 외배엽, 중배엽, 내배엽 등 3개의 세포층으로 분화되어 중요한 신체기관과 신경계 등을 형성하게 된다. 가장 외층인 외배엽은 신경계, 피부, 머리카락, 손톱, 발톱, 치아, 감각기관을 형성한다. 내층인 내배엽은 위 등 소화계, 간장, 췌장, 비뇨관, 간장, 타액선, 호흡기 등의 기관을 형성된다. 후에 중간층에서 발달된 중배엽은 근육, 골격, 순환계, 피부 내층, 배설기를 형성한다.

그리고 다음과 같이 태아가 발달한다.

① 임신 2개월이 되면 태아는 매일 1/30인치가 큰다.
② 5주 중반이면 눈에는 각막과 렌즈가 생긴다.
③ 6주가 될 무렵이면 뇌에 혈액이 공급되어 뇌가 활동하고 있음을 말해 준다.
④ 7주가 되면 귀가 형성되고, 태아는 기본적 골격을 갖추게 되고 사지가 몸으로부터 밖으로 발달한다(손, 손가락이 나타나고 며칠 후 다리도 나타난다).
⑤ 7~8주 동안 생식 융기의 출현과 함께 태아의 성이 발달하기 시작한다.

이 시기는 태아의 성장과 발달이 빠르게 이루어지므로 태내환경이 태아에게 가장 큰 영향을 미치는 시기이며, 임신부는 두통, 구토, 피로감 등을 경험하면서 태아의 존재에 대해 적응해 가는 시기이다. 임신기간의 결정적 시기인 첫 3개월에 출생 결함 문제(기형, 언청이, 장애아 등)가 발생하는 민감한 시기이다.

셋째, 9주 이후 출생까지의 시기인 태아기이다.

임신 9주에 접어들면 초음파 사진을 통해서 태아의 모습이 제법 갖추어져 있는 것을 볼 수 있다. 크기가 불과 2~3cm 정도로 작지만 12주가 되면 태아는 인간의 형체를 닮기 시작하고, 머리・몸・손・발을 구별할 수 있고, 움직이는 모습은 귀엽고 사랑스러우며 대견스럽기까지 하다. 이 시기는 성장이 주를 이루기 때문에 여러 신체조직이 급속도로 활발하게 발달한다. 모체는

① 자궁이 확대되고 점차 모유를 만들 준비에 들어간다.

② 모유를 분비하기 위한 준비로 가슴 부분의 혈관과 유선이 발달한다.

③ 모유를 준비하기 위해 모체의 가슴 부분에 영양이 활발하게 공급된다. 태아는 모체가 느끼기에는 너무 미미할 정도라 할지라도 신경계와 근육계 간의 조정을 통해

❶ 수중환경에서 발로 차고, 주먹을 쥐고, 몸을 트는 것 같은 동작을 수행할 수 있다.

❷ 소화계와 배설계가 작용해서 삼키고 영양분을 소화하고 배설할 수 있다.

❸ 임신 3개월 말이면, 태아의 크기가 3인치 정도이고 몸무게는 약 14g 정도되지만 성적 분화가 이루어져서 초음파에 의해 태아의 성이 탐지된다.

❹ 임신 4~6개월이 되면, 태아의 발달속도는 더욱 빨라져 모체는 태아의 발차기, 손가락 빨기 등의 운동(활동)을 느낄 수 있게 된다.

❺ 청진기로 심장박동을 들을 수 있고, 초음파를 통해 단단해진 골격을 탐지하게 된다.

❻ 임신 4개월 말이 되면 태아는 인간의 외형을 갖추게 되고, 5개월경이 되면 태반은 안정되며 태아는 빨기, 삼키기, 딸국질 등의 반응(곽노의 외, 2014)을 한다.

❼ 5~6개월 동안에는 손톱, 발톱이 생겨 단단해지고, 솜털이 나타나기 시작하고 피부가 두꺼워지며, 눈썹, 속눈썹, 머리털이 나타난다. 20주가 되면 모

체의 배에 귀를 대면 태아의 심장박동을 들을 수 있다. 6개월경에는 성장 속도가 완만해지고, 눈의 기능이 발달하여 눈을 뜨고 감고 모든 방향을 쳐다볼 수 있을 정도가 된다.

❽ 하루 24시간 규칙적인 호흡을 유지할 수 있으며, 울기도 하고 손바닥을 쥘 수도 있다.

❾ 6개월이 되면, 태아는 신장이 거의 35~38cm이고 체중은 0.9kg 정도가 된다.

❿ 7개월이 되면, 울고 숨쉬고 들이마시고 엄지를 빨 수 있으며, 7개월 말경에 이르면, 태아의 무게는 거의 1.8kg, 신장은 40.6~43cm 정도가 된다.

⓫ 8월 말이 되면 태아의 몸무게는 2.25~2.7kg, 신장은 45.7cm로 증가하며, 전체에 지방층이 발달하여 자궁 밖의 온도 변화로부터 보호하는 데 도움이 된다.

⓬ 9개월 중반에 이르면, 태아의 활동이 느려지고 성장은 중단되지만 수면은 증가한다(Shaffer, 2009).

⓭ 신체 각 부위가 각기 다른 속도로 성장하여 태아기 말에는 신장 50cm, 몸무게 3.2kg으로 증가한다.

⓮ 임신 마지막 달이 되면, 태아는 가장 편한 자세로 팔 다리를 구부린 채 자궁의 밑부분에 머리를 아래로 한 자세를 취하게 되고, 모체는 불규칙적인 간격으로 자궁이 수축-이완을 하면서 자궁 근육을 강하게 한다.

⓯ 출산이 가까워지면서 자궁 수축이 규칙적으로 더 강하고 더욱 빈번해지면서 진통의 첫 단계에 진입하게 되고 태아기는 끝난다.

2. 태교의 중요성

임신과 태교, 출생과 양육의 과정에 좀 더 의학적·교육적인 배려를 해서 건강한 임신과 출산을 도모하는 한편 문제의 원인을 사전에 제거하는 것은 매우 중요하다. 따라서 중요한 것은

첫째, 그간 경시해 왔던 결혼 및 임신 전 사전교육, 태아기 때의 모자관계의 연

대성과 태교의 중요성을 재음미해야 한다.

둘째, 간과해 버린 출생의 방법과 과정이 아기의 성장과정에 얼마나 중대한 영향을 미치는가를 제대로 인식해야 한다.

셋째, 낮은 모유 수유율을 나타내는 현실에서 모유 수유의 장·단점을 제대로 인식하고 정상적인 육아자세를 가져야 한다.

이를 통해 인간발달, 인격형성, 인간교육, 카운슬링 등에서 가장 중요시했어야 될 태교, 자연분만, 모유 수유 등에 관해 더욱더 관심을 가져야 한다.

1) 세계 최초의 태교 문헌

태중에서의 아기 성장과정을 전혀 볼 수 없었던 시대에는 태교(胎敎)의 중요성을 생각지 못하였다. 그러나 현미경의 발명과 1960년대 중반에 이르러 의료기술의 비약적인 발달로 정자, 난자의 활동이 관찰되었고, 둘이 결합해서 수정란(受精卵)을 형성하는 사실이 밝혀졌다.

뾰족하게 깎은 연필로 종이 위에 찍은 점 하나 크기 정도의 수정란(생명체)이 266일 자궁 내에서 자라 몸무게 3kg 정도의 태아로 성장할 동안 많은 변화가 관찰, 연구되었다.

특히 도미니크 퍼플러, 리처드 D. 아담스, 에릭웨던 부르크, 앨버트 릴리 및 마가렛 릴리 부부 등의 연구성과에 따라 "태아는 보고, 듣고, 느끼고, 더 나아가서는 어머니의 사고(思考)와 감정까지도 이해할 수 있으며, 임신 6개월쯤부터는 적극적으로 정신적인 활동을 하는 하나의 인격체(Berny, 1998)임이 밝혀졌다.

특히 주목되는 것은 최초의 태교 책이 영조시대에 저술되었다는 점이다.

이는 동서양을 막론하고 세계 최초로 광범위하게 태교의 내용을 정리한 저술로 영조시대의 사주당(師朱堂) 이씨(李氏)의 태교신기(胎敎新記)라고 생각한다.

원래 한문으로 쓰여진 이 태교신기는 한재찬(韓載澯, 1966)의 옮김으로 '좋은 아이 낳는 법, 태교신기 의역'(영인본)이란 이름으로 세상에 보급되었는데 세세한 부분에까지 서술하고 있다.

제 1장에서는 "사람의 본성은 하늘에 근본하였지만 기(氣)와 질(質)은 부모에게서 받았기 때문에 기와 질이 한쪽으로 치우치면 사람다운 사람이 되지 못한다"고 전

제한 다음 "스승이 10년을 잘 가르쳐도 어미가 뱃속에서 10달 잘 가르침만 못하고, 어미가 뱃속에서 열달 가르침이 아비가 하룻밤 부부교합할 때 정심(正心)함만 못하니라"고 하여 태교의 중요성과 부모의 자세를 중시하고 있다.

아비의 책임으로는

① 부부간 날마다 서로 공경하는 마음으로 대하라
② 방탕하거나 추잡한 외설행위를 말라
③ 입에 담지 못할 말은 삼가고 아내의 방이 아니거든 들어가 처하지 말라
④ 병이 있거든 아내 방에 출입하지 말라
⑤ 일식과 월식이 있거든 아내 방에 들지 말라
⑥ 아주 덥거나 춥거나, 큰 바람이 불거나 뇌성치고 큰 비가 올 때도 아내 방에 들지 마라
⑦ 허욕이 마음에 일지 않게 하고 사기(邪氣)가 몸에 침노치 못하게 하라

이 같은 사항들에 대해 조심해서 아기를 갖고, 태아기 때 조심해서 아기를 낳는 것이 아비의 책임이라고 했다.

임신한 어미의 책임으로는 "예가 아닌 것은 보지도, 듣지도, 말하지도, 동(動)하지도, 생각하지도 말라"고 함으로써 마음가짐, 지식, 태도를 모두 순하고 바르게 하여 뱃속의 아기를 기르는 것이 어미의 도리라고 적고 있다.

제3장에서는 "아기를 가지면 맛이 특이한 것을 먹어 입맛을 돋우고, 서늘한 방에 거처하며 몸을 받들고, 심심하면 사람을 불러 우스운 이야기를 지껄이면서 집안사람을 속이고 오래 눕고 낮잠 자기를 즐기면 결국 몸에 도는 피와 기운이 영위(榮衛; 마음의 생기)가 멈추어지고 게을러져서 병을 얻게 되고 해산을 어렵게 하며 부(不)실한 자녀를 출산하여 가문을 결단나게 한다" 충고하고 있다.

또한 집안사람들은 항상 조심하고 삼가하여 '분한 일, 흉한 일, 어려운 일, 급한 일을 절대로 들려주지 말라'고 강조하였다.

이는 "임신부가 성내면 아기가 자라서 혈병(血病)을 앓고, 임신부가 무서워하면 아기가 자라서 정신병을 앓고, 임신부가 근심 걱정을 하면 아기가 자라서 기병(氣病)을 앓고, 임신부가 놀라면 아기가 자라서 간질병을 앓기 때문"이라는 것이다.

따라서 "어미의 기뻐하고 성냄은 그대로 아기의 성정(性情)이 되고, 어미의 춥고 더운 것이 그대로 아기의 기후가 되고, 어미의 음식 먹는 것이 그대로 아기의 살과

피가 되므로 임신한 어미와 태아는 희(喜), 노(怒), 애(哀), 락(樂), 애(愛), 악(惡), 욕(慾) 등 7정(情)이 같은 것이 된다. 어미의 이것이 지나치면 안 되므로 임신부 곁에 항상 선한 사람을 두어 임신부의 기거를 도와주고, 임신부의 마음과 뜻을 기쁘게 하며 모범이 될 만한 말과 일이 떠나지 않게 해야 한다."

그렇게 하기 위해서 임신한 지 3개월이 되면 임신부는 귀인(貴人)이나 호인(好人)을 만나게 하고 흰 구슬과 공작 같은 화려하고 아름다운 물건을 보게 해야 한다는 것이다.

그러나 임신부가 봐서는 안 될 것은

① 변장한 배우, 난쟁이나 원숭이, 모습이 흉한 자
② 사람들이 희롱하는 모양
③ 잡담하며 싸우고 끌고 결박 짓는 모양
④ 죽이거나 해치는 일
⑤ 무지개나 벼락 치는 것
⑥ 일식과 월식, 별이 떨어지거나 꼬리 달린 별
⑦ 큰 물과 큰 화재
⑧ 큰 나무가 부러지고 집이 무너지는 것
⑨ 짐승들이 짝짓기 하는 것
⑩ 병들고 상한 것, 더럽고 혐오스러운 것 등이다.

그 대신 임신부는 좋은 시(詩)를 외우며 좋은 글을 읽게 하고 거문고를 타게 하는 대신

① 난잡한 음악과 노래
② 저자거리(시장)의 잡소리와 여자들의 꾸짖는 소리
③ 술 주정꾼의 소리
④ 분해서 퍼붓는 욕설
⑤ 슬피우는 소리
⑥ 잡스럽고 무리한 일들을 전하는 말을 듣지 말게 하라는 것이다.

임신부의 약물복용 관계는 "약을 먹으면 신체적 질병은 낫게 할 수는 있지만, 아기

의 얼굴은 아름답게 만들 수 없으며, 깨끗한 방에서 고요히 있으면 태(胎)는 편안케 할 수 있지만, 아기의 인격을 바르게 형성하는 데 문제가 발생하게 될 것"이라면서 "뱃속의 아기는 어미의 피로 성취되는 것이요, 어미의 피는 마음 쓰는 것에 따라 움직이는 것이므로 어미의 마음이 바르면 아기의 사람됨도 바르게 된다. 따라서 짐승을 살해하려는 마음, 간교한 행동과 속이는 일, 남의 것을 탐내거나 훔치려는 마음, 질투하고 시기하는 마음, 남에게 험담하는 마음 등 어느 한 가지라도 범하게 되면 이미 피에 악영향을 주어서 아기의 올바른 사람됨이 바르지 못하게 된다"고 하였다.

임신부의 언어생활은

① 분한 일이라도 소리 질러 말하지 말 것
② 화가 났어도 악한 말을 하지 말 것
③ 웃어도 치아가 보이도록 웃지 말 것
④ 남에게 희롱조의 말을 하지 말 것
⑤ 피고용인(皮雇用人)이라도 친히 꾸짖지 말 것
⑥ 남을 속여 거짓말 하지 말 것
⑦ 남과 귓속말을 하지 말 것
⑧ 근거 없는 말은 전하지 말 것
⑨ 타당치 않은 말을 해서는 안 된다.

이는 언어생활에서 교육적인 자세와 건전한 용어 선택, 그리고 지나치지 않는 자세의 견지를 주장한 것으로 이해된다.

임신했을 경우, 몸가짐 처신에 대해서는 "부부가 동침하는 것을 삼가고, 너무 덥게 옷을 입지 말며, 음식을 과식하지 말고, 천천히 걷고, 더러운 곳과 차디찬 곳에 앉지 말며, 눕거나 잠자는 것을 많이 하지 말고, 나쁜 냄새를 맡아서는 안 된다". 또한 "바람이 불거나 비가 오면 외출하지 말고 산이나 들에 가지 말며, 깊은 우물이나 무덤을 들여다보지 말고, 오래된 사당집 같은 곳에 출입하지 말고, 높거나 깊은데 가지 말고 험한 데를 건너지 말며, 무거운 것을 들지 말고 과도한 노력으로 기운을 상하게 하지 말며, 함부로 침을 맞고 뜸을 뜨지 말며 탕약을 먹지 말라. 항상 마음은 깨끗이 가지고 조용히 거처하며 온화함과 몸 · 머리 · 입 · 눈을 한결 같이 단정하게 유지하라"고 함으로써 임신부의 몸가짐에 얼마나 신중해야 할 것인가를 시사받게 된다.

임신했을 때의 앉는 자세도 "몸을 기울여 한쪽으로 치우치게 앉지 말고, 벽에 기대지도, 다리를 뻗고 앉지도 말며, 걸터 앉거나 마룻가에 앉지도 말라. 앉아서 높은데 물건을 내리지도 말고 서서 땅의 물건을 잡지도 말며, 왼쪽의 물건을 오른손으로 잡지 말고 오른쪽의 물건을 왼손으로 잡지 말라. 어깨만 돌려서 뒤돌아 보지 말며, 해산달이 되면 머리를 감지 말라. 섰거나 걸어 다닐 때는 한발로 서지 말고, 기둥에 기대어 서지 말며, 위태로운 곳에 서지 말고 기울어진 길로 가지 말며 급히 달리거나 뛰어 건너지 말라"고 하여 금지하는 규정이 대부분임을 알 수 있다.

임신부의 음식 섭취는 더욱 까다롭게 규정하고 있는 바, "외형이 바르지 못한 과실, 썩거나 벌레 먹은 과실, 참외, 오이, 수박 상추와 배추쌈, 차가운 음식, 상하고 변질된 생선과 고기, 빛깔도 나쁘고 냄새도 나쁜 음식, 덜 익은 음식, 과일, 곡식 등은 먹지 말라"(제4장 참조)고 했다.

뿐만 아니라 "음주는 백맥(白脈)을 흩어지게 하고 말고기, 나귀, 비늘 없는 생선, 뱀장어 등을 먹으면 난산의 염려가 있고, 엿기름과 달냥이를 먹으면 태가 삭고, 비듬나물, 메밀, 율무를 먹으면 낙태의 우려가 있고, 마(산약)나 복숭아를 먹으면 아기에게 좋지 못하고 개고기를 먹으면 아기가 소리를 못하고, 토끼고기를 먹으면 아기가 언청이가 되고, 방게, 오리고기와 그 알을 먹으면 아기를 거꾸로 낳고 양의 간을 먹으면 아기가 나서 액이 많고 닭고기나 달걀을 찹쌀과 같이 먹으면 아기가 나서 촌충이 생기고, 참새고기를 먹으면 아기가 자라서 음탕하고, 생강싹을 먹으면 아기의 손가락이 많아지고 버섯을 먹으면 아기가 경풍으로 일찍 죽는다. 미역을 먹으면 안달증을 앓고 산양의 고기를 먹으면 아기가 병이 많고 계피나 생강으로 가루를 만들어 양념하지 말며, 노루고기와 말조개로 국을 끓여먹지 말고 도가니탕을 먹지 말라"고 되어 있다.

반면에 '얼굴이 단정한 아기를 낳고 싶으면 잉어를 먹고, 지혜롭고 힘센 아기를 원하거든 소의 콩팥과 보리를 먹고 총명한 아기를 원한다면 해삼을 먹고 출산이 가까워 만삭이 되거든 새우와 미역을 먹으라'는 권고는 주목된다.

결국 임신부는 태아에 미칠 영향을 충분히 고려해서 보는 것과 듣는 것, 앉는 것과 서는 것, 자는 것과 먹는 것을 조심해서 바른 마음을 갖도록 하는 것이 중요하다는 것을 재인식 하게 된다.

2) 태아에게 영향을 미치는 요인

앞의 1장에서 전술한 바 있지만, 여기에서는 임신중에 부주의로 인해 태아에게 악영향을 끼친 실제 연구 케이스를 중심으로 정리해 보면 다음과 같다.

첫째, 임신중에 흡연이 태아에게 악영향을 미친다는 것이 밝혀졌다.

실제로 영국에서 임신 4개월 이후 하루에 10개피 이상의 담배를 피운 엄마의 자녀 17,000명을 대상으로 조사한 바에 의하면, 그들의 출생 후 영아 사망률이 30%나 더 높았으며 7세 때의 신장이 담배를 피우지 않은 엄마의 자녀보다 3.75cm가량 적었고, 학업성적도 뒤떨어지고 심리적 문제를 많이 야기하는 등 성장, 발달, 성숙면에서 문제가 발견되었다.

둘째, 임신중에 음주가 태아에게 심각한 영향을 미친다는 것이 밝혀졌다.

임신중에 술을 자주 마시면 백맥(百脈)이 흐트러져 체내의 균형이 깨지므로 각종 질병에 걸릴 위험성이 높아진다는 것은 이미 상식이 되어다.

더욱이 알코올은 가장 통과하기 쉬운 물질 중에 하나인데다 태아의 간장은 알코올을 해독시킬 능력이 부족함으로 태반을 통과한 알코올이 태아의 뇌에 축적되게 된다는 것이 심각한 문제점이다. 이것이 결국 '태아성 알코올 증후군'을 낳게 되며 정신박약아, 소두증, 발육부진, 기형 등의 장애아 출산결과를 초래하기 쉽다.

많은 기존의 '만성 알코올중독증의 엄마로부터 태어난 아기들에 관한 연구'를 보더라도 그들은 태중에서 시작된 발달상의 결함으로 인해 두개골, 안면, 사지, 심장 및 순환계 질환들의 문제를 나타낸다는 것이다.

셋째, 언어의 기초까지도 태내에서 형성된다는 것이 자폐증 아이의 치료과정에서 밝혀졌다.

불란서 파리의 네 살짜리 여아 '오딜'은 자폐증으로 수년전부터 치료를 받아 왔다.

그런데 파리 의과대학의 알프렛 토마티스 교수는 이 아이를 치료하면서 의아한 현상을 발견하였다.

먼저 말을 걸어도 말을 하지 않고, 들으려 하지도 않으며 그저 입을 다물고 있던

'오딜'이 치료를 진행하면서 마음을 열기 시작했고 말을 듣고 말을 하기도 했는데 문제는 불어가 아니라 영어로 말할 경우에만 오딜의 자폐증이 나아지고 있다는 것이었다.

결국 치료자는 그 아이의 어머니로부터 "임신했을 때 상당기간 파리의 무역회사에 근무했는데, 그 회사에서는 영어만을 사용했다"는 말을 듣고 납득했다는 것이다.

넷째, 태아기 때도 위험을 감지하고 도망친다는 것이 확인되었다.

태아의 움직임 현상을 알아보기 위해서 자궁에 주사바늘을 넣어 양수를 체취하는 소위 '자궁천자법'을 실시하면서 초음파 촬영으로 태아를 관찰한 결과, 바늘이 들어오자마자 위험을 느낀 태아는 필사적으로 반대방향으로 도망치듯이 헤엄쳐 가는 것이 밝혀졌다.

다섯째, 태아는 6개월이 되면 어머니의 심장소리, 위장의 소리를 들으면서 자란다는 것이 밝혀졌다.

자연스럽게 태아의 세계를 지배한 소리는 어머니의 심장에서 나는 소리인데, 그 리듬이 규칙적으로 정확하면 태아는 모든 것에 이상이 없음을 알고 자기가 안전하다고 느껴 안도감에 젖게 된다고 한다.

실제로 테이프에 녹음한 사람의 심장의 고동소리를 신생아실에 흘려보내는 실험(Berny, 1998)을 했더니 테이프를 듣게 된 아기는 그것을 듣지 않았던 아이보다 활발한 행동을 보였으며 잘 먹고 잘 잤으며, 체중이 늘고, 호흡활동도 왕성하고 건강하게 자랐다고 한다.

여섯째, 임신부에게 어떤 곡을 들려 주느냐에 따라 태아의 태동도 달라지고 음악적 기초소양도 형성된다는 것이 밝혀졌다.

비발디와 모차르트의 곡같이 경쾌하고 밝은 느낌을 주는 음악을 임신부에게 들려주면 태아의 심장의 고동은 안정되고 태동도 얌전해지는데, 반대로 베토벤이나 브람스 또는 록 음악을 듣게 되면 태아의 움직임이 한층 격렬해진다는 것이다.

일곱째, 태아는 태생 4개월째부터 빛에 대해 민감한 반응을 보인다는 것이 밝혀졌다.

자궁 안은 눈으로 사물을 보기에는 부적당한 장소이다. 그러나 태생 4개월째 접어들면 빛에 대해서 아주 민감한 반응을 보이는 바, "어머니의 배에 빛을 직접 비추면 태아는 얼굴을 돌려 외면하거나 놀라는 것 같은 현상을 나타내고, 임신한 배에 광선을 비추거나 끄는 것만으로도 태아의 심박수가 현저하게 변했다"는 것이다.

그리고 임신 8개월쯤에 되어 밤에 어머니의 배에 자동차 빛을 비치면 손으로 눈을 가리려는 제스쳐를 보인다고 한다.

이같은 현상은 "태아에게 의식이 싹트는 시기가 태생 7~8개월 사이"라고 한 토미니크 퍼플러 교수의 말에서도 설득력을 갖게 한다.

여덟째, 어머니가 불안해 하면 곧 태아도 두려워하기 시작한다는 것이 밝혀졌다.

미국의 생물학자이며 심리학자인 캐논에 의해서 밝혀졌지만, 어머니가 불안해 하면 곧 '카테콜아민'이라는 호르몬이 분비되어 어머니로부터 태아에게로 흘러들어 가게 되고 이 물질이 태반을 통과하자 태아도 불안감을 느낀다는 것이다.

아홉째, 태아에 대한 어머니의 태도는 태아에게 중요한 영향을 미친다는 것이 밝혀졌다.

독일의 모니카 류케슈 박사는 2,000명의 여성을 대상으로 임신에서 출산까지의 과정을 조사했다. 그 결과 출산을 즐겁게 맞이한 어머니로부터 태어난 아기는 그렇지 않은 어머니로부터 태어난 아기보다 출생 시나 그 후에도 신체적, 정신적으로 훨씬 건강했다는 것을 밝혀냈다.

또한 411명의 여성을 상대로 연구한 게르하르트 로트만 박사는 여성의 임신에 대한 태도에 초점을 두어 연구한 결과

① 아기를 바라고 있다고 판명된 어머니는 임신 자체가 즐거웠고 출산 고통도 덜 했으며 신체적, 정신적으로 건강한 아이를 출산했다.

② 그에 반해 임신에 부정적인 태도를 가진 어머니는 임신 중에도 의학적 문제를 안고 있으며 조산이나 저체중아를 낳는 비율이 높고 정신적으로도 불안정한 아이를 낳았다.

열 번째, 부분간의 화목도 수준, 자궁분위기의 체험이 성격의 기본을 형성한다는 것이 밝혀졌다.

스토트 박사의 연구에 의하면,

① 항상 적대시하고 싸움이 잦은 부부에게서는 정신적, 신체적으로 장애가 있는 아이가 태어날 위험이 2.5배나 높다는 것이다.

② 불행한 결혼생활을 하는 부부에게서 태어난 아기는 공포심에 사로 잡히는 심

약하고 신경질적인 아이가 될 확률이 5배나 된다. 그리고 이런 아기는 유아기가 되어도 계속 그 문제로 고민하며, 4, 5세가 되더라도 표준치보다 몸이 작거나 겁이 많고 지나치게 어머니에게 의지하려 한다.

③ 태내환경이 태아의 인격과 성격을 형성하는 소인(素因)이 된다. 따라서 자궁의 환경이 좋았던 아이는 신뢰, 자신감, 외향성의 성격적 소인이 형성되지만, 반대로 태내환경이 나빴던 아기는 출생 후에도 시기심, 불신, 내성적 성격의 소인(素因)이 형성되어 대인관계가 서툴고 고집이 센 아이가 되기 쉽다.

열한 번째, 어머니가 심한 불안을 느끼게 되면 태어난 아기도 정신적 동요를 일으킨다는 것이 밝혀졌다.

존탁 박사는 '전쟁터에 나간 남편 때문에 심각한 불안상태에 있는 어머니가 태아에게 어떤 영향을 미칠 것인가? 전시에 태어난 아이와 평화 시에 태어난 아이가 행동양식에 차이를 보일까?'에 대해 관심을 갖고 연구하였다.

그 결과 남편에게 미칠 위협 때문에 생긴 스트레스 때문에 임신부(어머니)의 신경 호르몬의 분비가 빨라지게 되고, 그런 어머니의 정신적 건강으로 태아 본래의 감수성이 높아지게 되고 결과적으로 태어난 아기는 정신적 동요를 일으키게 된다는 것이다.

열두 번째, 태아기에 아버지가 사망했거나 어머니가 기아상태에 있을 경우 태아에게 심각한 악영향을 미친다는 사실이 밝혀졌다.

콜롬비아 대학의 연구팀이 기아에 허덕이던 네덜란드 여성들을 대상으로 그녀들이 분만한 아이들을 조사해 본 결과, 대부분의 아이들이 심각한 체중과다 현상이 나타났는데, 특히 임신 4, 5개월 사이에 어머니의 심각한 기아상태는 아이에게 악 영향을 미친다는 것이 확인되었다.

그리고 핀란드에서 마티 후트넨과 페카 니스카넨이 '태아기나 출생 직후에 아버지를 잃을 경우, 그 아기는 어떤 영향을 미치는가'를 연구한 결과 아버지가 출생 전에 사망했을 경우 태아가 정신장애에 걸린 확률, 특히 정신분열증의 발생률이 높다는 사실이 밝혀졌다.

열세 번째, 어머니가 받는 심한 스트레스는 태아의 시상하부나 자율신경의 장애를 가져오고 그 결과 출생 후 여러 가지 문제가 나타난다는 것이 밝혀졌다.

인간의 감정을 맡고 있는 중추로서의 태아의 시상하부 전체가 어머니의 스트레스 때문에 악영향을 받게 된다. 그 결과 시상하부나 자율신경의 장애로 인해 아기는 출생 후에 잘 먹지 않고 울기를 잘 하며 짜증을 부리거나 빈번히 설사를 하고 밤에 보채거나 깊은 잠을 자지 못한다. 성장 후에도 신경과민과 위장의 기능장애를 가져올 수도 있다는 것이다.

열네 번째, 태아기 때 어머니로부터 분비되는 호르몬이 침착하지 못한 행동상의 문제뿐만 아니라 남자다움, 여자다움을 결정한다는 것이 밝혀졌다.

임신부의 혈액중에서 분비되는 푸로게스테론과 에스트로겐은 임신부 개인의 자율신경과 중추신경기관 사이의 미묘한 커뮤니케이션의 균형에 따라 분비량이 결정된다. 이 호르몬에 주목한 뉴욕주립대의 연구팀의 보고서에 의하면, 이 두 가지 호르몬 중 어느 한쪽이 과다해지면 태아의 신경기관과 뇌의 사이에 균형이 깨져서 선천적 이상인격의 원인이 된다는 것이다.

그리고 임신부가 생각하고, 느끼고, 행동하는 정신상태, 즉 감정에 의해 이 호르몬을 투여하거나 어느 한쪽을 임신부에게 투여할 경우 여성다운 특징을 가진 아기가 태어나고, 여성일 경우는 그 특징이 더욱더 두드러졌으며, 남자아이라도 보통의 아이보다 유약하고 여자같으면 아버지에 대해서는 좀처럼 공경심을 나타내지 않는다고 한다.

열다섯 번째, 우울증도 태아기 때부터 형성된다는 것이 밝혀졌다.

개인의 활력, 정기, 욕망, 취약함, 불안정, 우울함 등은 각자가 자기를 생각하고 느끼는 '자아(自我)'형성의 요소들이다.

태아의 자아는 태생 4개월 무렵에 형성되기 시작한다고 하는데, 어머니의 심한 불안이 태아의 자아발달에 영향을 끼칠 것은 명확한 일이다.

우울증의 증상은 태아기 때부터 생기는데 모체로부터 받은 심한 불안, 분노, 우울증 등의 감정이 태아의 의식과 자아의 발달에 악영향을 주었기 때문이다. 따라서 무감정한 신생아라든가, 10대가 되어도 정신이 산만한 것 등은 이같은 영향의 후유증으로 해석된다.

열여섯 번째, 어머니가 원하지 않는 임신으로 인해 여러 번 중절을 시도하는 등 태아와의 연대성을 가져주지 않았으면 태어난 아기는 그 어머니를 거부한다는 것이 확인되었다.

건강하게 태어났지만 어머니가 젖을 물려도 얼굴을 돌리고 빨려고 하지 않는다(오스트리아 산부인과 의사 에밀 라인볼트 보고)고 하였다.

열일곱 번째, 임신부가 어떤 음악을 많이 들었느냐에 따라서 태어난 아기의 미래의 직업선택에까지 영향을 미치게 되므로 태교음악이 그만큼 중요하다는 것이 밝혀졌다.

즉, 클래식 음악을 많이 들은 엄마의 아기는 후일 존경하는 전문직종에 종사하는 사람이 많았고, 재즈음악을 많이 들은 엄마의 자녀들 중에는 범죄 등 반사회적 행위를 한 사람이 많았으며, 이것저것 가리지 않고 들은 엄마의 자녀는 평범한 중산층 직업인이 되었다(주정일, 전게서: 135)는 연구보고이다.

2절 출생의 형식과 모유 수유, 성격형성과 미래를 좌우한다

1. 출생체험

한 아기의 출생은 부모에게는 사랑의 결실이라는 점에서 생애 최대의 기쁨이요, 아기 자신에게는 가장 중요한 역사적 사건이다.

왜냐하면 자기가 어떻게 해서 태어났는지, 자연분만인지 아니면 라마즈분만법, 제왕절개법, 무통분만법 중 어느 것인지, 순산인지 난산인지에 따라서 자기 성격의 기초가 구축되기 때문이다. 그리고 어떤 인간이 되는지, 자기 주위의 모든 것을 어떤 눈으로 보게 되는지 그 대체적인 것이 결정되기 때문이다.

이같이 출생체험은 자궁체험과 함께 평생 동안 개인을 따라다니는 것이다.

따라서 바람직한 아기의 출생을 위해서 다음의 조건들은 반드시 지켜져야 한다.

첫째, 분만실의 조명에 최대한 배려를 해서 신생아의 눈을 보호해야 한다.

태내생활을 하다가 출생한 아이를 갑자기 밝고 강한 조명에 노출시킨다는 것은 그 자체가 폭력행위이다. 놀란 신생아가 눈을 꼭 감아 버리지만 그 얇은 눈꺼풀이 빛을 막기에는 역부족이다. 이런 일은 '아기 눈이 화상을 입는 것과 같다'고 르바이예는 말한 바 있다.

그리고 출생 후 한 달 동안의 아기방은 약간 어두운 편이 좋고 잘 때에는 방의 조명을 어둡게 해 주는 것이 좋다고 한다.

둘째, 신생아의 귀를 보호하기 위해서 분만실의 분위기를 조용하고 경건하게 만들어야 한다.

"분만실은 교회처럼 경건하고 신성한 장소이니까 의사와 간호사도 가급적이면 소곤소곤 말을 하고 의료기구도 소리가 나지 않게 조용히 다루고 신발소리조차 조심하며 자동차 경적소리가 들려올지 모르니까 창문을 닫아 줌으로써 아기의 귀(고막)을 보호하자"고 르바이예는 역설하였다.

셋째, 아기의 피부를 보호하기 위해 부드러운 천으로 아기를 싸고 분만실의 온도를 춥거나 덥지 않도록 배려해야 한다.

양수와 얇은 자궁벽의 보호를 받다가 출생과 동시에 껄끄러운 천에 둘러싸이게 되는 것은 전혀 다른 환경이다.

그러나 더욱 큰 고통은 아기의 폐에 공기가 들어갈 때는 '기관을 휩쓸고 지나가면 마치 상처난 부위에 초를 뿌리는 것 같은 아린 느낌'을 받는다고 한다.

그래서 르바이예는 아기가 처음 공기를 들여마실 때의 상황을 '처음으로 담배를 피우면서 연기를 들여마실 때의 고통에 비유'했는가 하면, 혹자는 '마치 불길을 삼키는 것 같은 느낌일 것이다'라고 하였다.

넷째, 한 인간의 성품과 인격 등은 태내에서의 열 달, 출산 후 1시간, 생후 3년에 걸쳐 완성된다. 특히 세상과 첫 대면하는 탄생의 순간을 평화롭고 안정적으로 맞았는가, 아닌가에 그 개인은 물론 우리사회의 미래가 달려 있다(이교원, 2012).

그래서 프레드릭 르바이예는 '평화로운 탄생'(2003), '폭력 없는 탄생'(1990; 2012)을 강조하였다.

아기가 태어나자마자 탯줄을 자르고 거꾸로 드는 등의 잔인한 행위를 절대로 해서는 안 된다.

좁은 자궁 속에서 아기는 몸을 둥글게 구부리고 등을 엄마의 자궁벽에 밀착시킨

채 아늑하고 편안하게 자기만의 왕국을 누리면서 살아왔다.

1cm씩 서서히 움직여서 머리부터 나오기 시작하면 절대로 머리는 건드리지 말고 서두르지도 말아야 한다. 잘 받쳐 든 신생아를 조금 전까지도 불룩했던 엄마의 배 위에 얹는 것이 좋다.

불룩했던 엄마의 배가 푹 꺼져 이제는 둥지처럼 되어 아기를 기다리고 있지 않는가!

물론 탯줄은 끊지 말아야 하며, 엄마가 숨 쉴 때마다 숨결을 느끼면서 같이 올라갔다 내려갔다 하면서 세상에서 최초의 밀접한 밀착관계를 유지토록 해야 한다. 엄마와 아기의 생명의 리듬을 존중하기 위해서 탯줄 자르는 것을 서두르지 말고 아기 입속을 부드러운 천으로 닦아내면 아기는 울게 되어 있다.

문제는 출생의 상처, 출생 당시의 고통과 악몽을 체험시켜 성장한 후에 좋지 않은 영향을 줄 필요는 없지 않은가?

이제 출생 시의 충격과 상처가 어떤 결과(후유증)로 나타났는지를 고찰하면 다음과 같다.

① 모자쓰기를 병적으로 싫어하거나 목을 조이는 셔츠를 지나치게 싫어하는 사람은 출생할 때 난산이었기 때문이라는 것이다.

② 겸자분만(鉗子分娩)이나 제왕절개 수술로 태어난 아이는 이미 1/4이 인격장애자일 가능성이 있으며, 인공 분만된 아이는 자연 분만된 아이보다 문제발생률이 3배나 높다는 것이 관련학계의 주장이다(김홍규, 1998). 지친 태아가 질구(膣口)를 통해 나오자마자 부드러운 태아의 머리에 겸자(날이 없는 가위모양의 수술용 기구)가 끼워지고 체중 3kg 내외의 몸 전체가 끌어내어진다. 그때 태아의 목 근처에는 18kg이나 되는 압력이 가해지며 태아의 머리에 작은 전극(電戟)이 끼워지고 태아심장 감시기에 연결되어 심박수와 호흡수를 체크당하는 등 의사와 간호사들로부터 붙잡혀서 끌어 당겨지는 등의 난산을 경험하게 된다. 출생 시의 이같은 괴로운 상처가 어찌 나중에 악영향을 끼치지 않겠는가? 태어날 때의 이런 경험, 모든 감정, 몸짓과 운동을 태아는 모두 기억한다는 것인데 훗날 성장해서 오랫동안 잊고 있었던 굴욕감, 좌절감, 투쟁심이 자꾸 떠오르는 것은 이 같은 원인 때문이라는 것이 캐나다의 와일더 펜필드 박사의 실험 보고이다(토마스 바니, 1998).

③ 출산장애는 아기의 육체와 정신에 영향을 주며, 특히 성격형성에도 크게 작용한다는 것이 밝혀졌다. 치크 교수를 비롯한 여러 가지 동물연구와 임상실험에서 얻어진 결과인데, 자연분만으로 출생한 아기의 대다수가 외향적이고 낙관적이며, 남을 의심하지 않는 성격임이 확인되었다. 그리고 제왕절개로 출생한 태아는 장기적 영향으로 볼 때 육체적 접촉을 원하는 경향이 있다는 것이다. 정신과 의사인 토마스 바니 박사가 접촉한 환자의 경우를 보더라도 제왕절개로 태어난 사람들이 다양한 육체적 접촉을 바라는 경향성이 많다는 것이 확인되었다. 또한 조산(早産)으로 태어난 사람은 초조감을 느끼는 경향이 있다는 것이다. 실제 임상에서의 많은 보고를 통해 일반화된 일이지만, 조산아들은 항상 무엇엔가 쫓기는 듯한 처신을 하고 일상생활에서 상대적으로 초조감을 느끼는 경향이 강하다. 그리고 조산과 난산이 겹치어 가사(假死)상태로 태어난 사람은 악몽에 시달리고 가위눌리는 등의 정신적 장애현상을 나타낸다는 것이다. 결국 의사인 산드라 박사와의 접촉을 통해 환자의 욕설은 태어날 때 의사의 욕설내용과 일치했으며 외국어와 같은 중얼거림은 라틴어로 기도한 목사의 말이었음이 확인되었다. 이렇게 태어날 때의 경험은 중요하다는 것을 실감케 된다. 특히 폭력 범죄자 중에 난산의 경험자가 많다는 것이 확인되었다. 출산장애로 인해 정신분열증, 인격 장애, 폭력범죄, 반사회적 문제행동 등 정신장애의 문제가 발생된다는 것은 전술했듯이 상식에 속하는 문제이다.

④ 불안감을 느낀 산모는 안정되어 있는 산모보다도 진통이 훨씬 길어진다는 것이 밝혀졌다. 미시건대학에서 행한 연구나 신시내티대학에서의 연구, 그리고 스웨덴의 연구결과에서 나타났듯이 산모가 불안감을 느끼면 진통이 길어지고, 어머니가 의지력이 있고 강하다면 그 딸도 굳센 어머니가 될 가능성이 높으며, 불행하다고 생각하는 딸은 행복한 딸에 비해서 임신과 출산장애를 일으킬 확률이 높다는 것이 밝혀졌다.

⑤ 분만 시에 어머니의 마취 여부, 겸자 사용 여부는 태어난 아기에게 영향을 미치게 되므로 산부인과에서는 의료기술을 남용해서는 안 된다는 점이다. 많은 연구결과에 의하면, 분만 시에 전신마취를 받은 어머니에게서 태어난 아기는 태어나면서부터 동작이 완만하고, 신경의 조정능력이 뒤떨어지며, 생후 몇 년

이 지나도 그런 경향을 보인다는 것이다.

⑥ 인공수단에 의한 분만, 유도분만은 변태 성욕과 관련이 깊다는 것이 밝혀졌다. 일반적으로 성적 태도는 그 사람의 성격을 잘 나타낸다. 그래서 건강한 자아나 강한 자존심 등은 모두 건전한 성적 태도와 관계가 있으며, 유약한 자아나 자기혐오는 성적으로 불건전한 태도를 자아내기 때문에 위험하다. 이런 성격에서 볼 수 있듯이 성적 태도를 어떻게 갖느냐는 것은 태아기 때의 체험과 출생체험이 많은 영향을 미친다는 것이 기존연구에서 밝혀졌다. 인공분만, 유도분만은 변태 성욕인 새디스트, 매저키스트를 만든다는 점에 유의해야 할 것이다.

2. 자녀를 양육할 것인가, 사육(飼育)할 것인가

1) 낮은 모유 수유율

전술한 바와 같이 태아기와 출생기에 여러 가지 부주의로 인해 많은 상처를 경험하게 되어 신체적, 정신적, 심리, 정서적으로 문제의 소인을 갖게 된다는 것을 알 수 있었다. 게다가 불가피하게 모유를 먹이지 않고 우유로 키우는 사례가 많은 것이 문제이다.

세계보건기구(WHO)와 국제연합아동비상기금(UNICEF) 등이 이의 심각성을 절감하여 '아이에게 모유를 먹이는 날'(1990. 8.1)을 제정하고 모유의 장점을 세계 각국 여성들에게 호소하였다. 특히 WHO는 생후 2년까지 모유를 먹일 것을 권장하고 있다. 그 결과 선진국들은 70~80%의 모유 수유율을 기록했고, 2011년 8월 현재 프랑스(86%), 미국(83%) 등 모유 수유율이 높게 나타나고 있다(김홍규, 이만표, 2013).

그러나 우리나라의 경우, 모유 수유율은 1985년 59%에서 1997년 14.1%, 2000년 10.2%로 계속 떨어졌다. 게다가 혼합수유율은 점점 증가해서 1985년에 25%였던 것이 1997년에는 52%, 2000년도에는 65%(김홍규, 인하상담심리 뉴스레터, 2001. 8), 2011년 8월 현재 혼합수유를 포함하여 모유 수유율이 48%, 2012년 6개월 완전모유 수유율은 32.8%(2014. 10. 21. 보건복지위 국정감사)로 집계되었다. 최근 유한킴벌리 하기스와 제일병원은 '모유수유 예정인 임신부, 수유중인 엄마, 최근 수유를 완료한 모유수유맘 1천명을 대상으로 조사한 결과 모유수유를 6~12개월을 유지하는 경우는 약 40%로 밝혀졌다. 실제 통계청 자료에도 생후 2개월까지는 56.7%, 4개월 50%, 12개월 2%로 급격히 낮아진 것'(유한킴벌리, 2015. 7. 31)으로 되어 있다.

전문가들의 견해에 따르면 문제는 심각하다. 즉, '혼합수유는 모유의 장점이 줄어들고 분유의 해악(害惡)만이 증가되므로 좋지 않다'는 것이다. 특히 유아 알레르기 환자가 소아과 병원의 1/4인데 혼합수유와 연관이 크다고 한다.

뿐만 아니라 우유의 농도를 짙게 타 먹여서 영아기 때부터 비만 어린이로 만들고 우유로 키워진 아기들이 소아당뇨병에 걸리기 쉽다는 캐나다 토론토병원의 연구보고서에 주목할 필요가 있다(김흥규, 2005).

2) 수유모의 주의사항

이미 전술한 바와 같이 임신과 출산, 그리고 양육에 있어 유의할 사항은 많다. 그러나 여기서는 모유의 질과 관련한 부분에 국한하여 정리해 보고자 한다.

첫째, 모유의 질, 모유의 영양상태는 사람마다 다르다는 점에 유의해야 한다.

모유는 엄마의 영양상태, 식습관, 체중, 계절, 주변 환경, 스트레스 등에 따라 달라진다. 모유의 상태, 즉 질이 변하면 아기의 발육 건강에 직접적으로 영향을 미친다.

둘째, 아이가 항상 보채고 변을 무르게 보는 등 다음과 같은 이상 증후를 보일 때는 지체하지 말고 모유의 영양 균형상태를 분석해야 한다.

① 항상 보채고 변을 무르게 본다.
② 아기 체중이 평균보다 적거나 많다.
③ 같은 또래와 비교할 때 성장 발달에 문제가 있는 것 같다.
④ 젖의 양이 적거나 많다.
⑤ 모유 수유 횟수나 기저귀 사용량이 상대적으로 많다.
⑥ 아기 수유시간이 너무 길거나 짧다.

⑦ 아기가 미숙아나 과숙아로 태어났다.

⑧ 밤중 수유로 고민이 많다.

셋째, 엄마가 탄수화물이 풍부한 음식을 자주 즐겨 먹으면 아기 역시 탄수화물에 중독될 가능성이 크다는 것을 유념해야 한다.

엄마가 빵·떡·밥·초콜릿 등 탄수화물이 풍부한 음식을 먹었다면 아이에게 미치는 영향을 고려해 채소·과일 등 채식 위주의 식단을 실천하면서 탄수화물의 비율을 줄여야 한다. 물론 산모가 채식주의자라면 아기에게 비타민 B12가 부족할 수도 있다.

넷째, 모유 자체의 칼로리가 높으면 부작용이 나타나기 때문에 모유분석 결과를 토대로 아기 영양섭취 상태를 최적화해야 한다.

적정량의 모유를 수유해도 모유 자체의 칼로리가 높으면 폭식(暴食)한 결과가 되어 체중이 금방 증가하고 비만해지기 쉽다.

다섯째, 출생 당시 정상 체중이었는데 정상 속도보다 빨리 성장하면 모체의 영양섭취 상태를 체크해야 한다.

신생아가 적정 속도보다 빠르게 체중이 증가하고 성장한다면, 철분·칼슘·비타민 D 등 영양소가 부족해지면서 빈혈을 앓을 수 있다.

3) 모유의 장점

포유류 동물이란 말은 모유로 새끼를 양육한다는 말이다. 이들 동물들은 자기들 특성에 맞는 성분이 필수적으로 필요하기 때문에 모유의 성분은 그렇게 맞춤형으로 되어 있고 먹이는 방법도 다르다. 바다표범이나 고래는 그들 어미의 모유로, 코끼리 새끼는 코끼리 엄마의 모유로, 호랑이 새끼는 호랑이 엄마의 모유로, 송아지는 엄마의 소젖으로 키워져야 한다. 그래야 바다 표범답게 자라고, 고래답게 성장하며, 호랑이와 코끼리답게 자라면서 그 동물의 특성이 유지되는 것이다.

그렇다면 인간의 모유는 어떤 장점이 있는가?

첫째, 모든 포유류 동물은 자신만의 모유를 수유함으로써 자기들 종(種)의 특성을 효율적으로 갖도록 키운다.

인간의 모유에는 약 90%가 수분으로 이루어졌으며, 나머지 10%에 단백질, 지방,

유당, 올리고당, 면역 글로블린 (globulin) 등이 함유되어 있지만(마리즈 다미앙, 1996) 바다 표범과 고래의 모유에는 지방이 가득한 것으로 알려졌다.

특히 소젖에는 인슐린 유사 성장인자(Insulin-Like Growth Factor: IGF), 형질전환 성장인자(Transforming Growth Factor: TGF), 상피세포(上皮細胞) 또는 표피(表皮)성장인자(Epidermal Growth Factor: EGF)가 많이 들어있어 송아지의 피부와 골격, 근육을 키워줄 뿐 뇌의 발달이나 변화는 없다(Thierry Souccar, 2008). 그래서 지방이 많은 모유를 가진 포유류 동물들은 하루에 2~3번 수유를 하되 아주 짧은 시간에 끝낸다.

아기를 지방이 많은 바다 표범이나 고래의 모유로 키울 수 없듯이 호랑이나 코끼리의 모유로 키우면 그들 특성을 받을 수밖에 없기에 문제가 심각하다.

둘째, 초유에는 면역성분이 풍부하여 아기를 보호하고 성장 · 골다공증 예방 및 독감 예방 효과까지 입증되었다(김홍진, 중앙일보, 2014. 1. 13).

모유는 아기의 상태에 따라 변화하면서 아기의 성장 발달에 필요한 최상의 성분으로 구성된 자연식품이다. 따라서 모유는 아기가 성장(변화)하는 데 보조를 맞추기 위해 매일 변한다. 면역력이 떨어지는 출생 직후부터 4일까지는 노오란 크림이 풍부한 초유를 생산하고, 시간이 경과함에 따라 초유가 변해서 색깔이 희게 변하는 이행유, 다시 시간이 지남에 따라 푸르스름한 빛을 가진 한얀 성숙유로 변해 간다. 이같은 색의 변화와 함께 모유의 성분도 변화한다. 아이의 첫 음식인 모유는 탄수화물 · 단백질 · 지방 · 비타민 등 성장에 필요한 영양분과 생체활성인자 등 면역력을 높이는 물질을 다량 함유하고 있다. 특히 초유는

① 갓 태어난 아기를 보호하고 주변환경 가운데 존재하는 균들과 싸워 이겨내기 위한 면역성분이 풍부하다. 일반 모유에 비해 당 · 지방이 적고 단백질, 무기질이 많다. 특히 면역력을 높이는 성분인 면역글로블린(Globulin) · 락토페린(Latcoferrin) · 사이토킨(Cytokine) 등이 풍부해 세균 · 바이러스 · 독소의 침입을 막는다.

② 장내 환경을 건강하게 하고 천식 · 알레르기 · 장염을 예방한다.

③ 뼈 · 근육 · 신경을 생성 · 유지하는 성장인자도 가득하다. 초유의 성장인자는 뼈의 칼슘이 빠져나가는 걸 막고, 성장 호르몬 분비를 자극한다.

④ 초유는 어린이 성장은 물론 골다공증 · 노화 예방에도 효과적이다. 그래서 영유아뿐 아니라 면역력이 저하된 노인 · 환자 · 일반 성인에게도 좋다.

⑤ 초유를 두 달 이상 섭취하면 면역 조절기능의 향상으로 독감 감염에 대한 저항력을 증가시켜 독감예방 효과도 있음이 입증되었다(김홍진, 2014). 이는 이미 2007년도에 이탈리아 다눈치오대학 자니 벨카로 박사팀 연구에서도 그 효과가 확인되었다(동아일보, 2013. 1. 16).

⑥ 칼로리가 높아 아기가 조금만 섭취해도 충분하리만큼의 영양을 가지고 있다.

⑦ 약간 짠 맛이 있는데 이는 아기의 태변을 빨리 배출케 하여 영아 황달을 예방하게 한다. 그리고 아기에게 적절한 수분 균형을 맞추어 준다.

⑧ "분만 직후 수유함으로써 엄마와 아기 사이의 유대감, 애착과 공명이 증가되는 옥시토신에 의해 강화되고, 자연 분만에 의한 '옥시토신 샤워'와 오랫동안의 모유 수유는 기억을 담당하는 뇌의 해마 부위의 시냅스 가소성(可塑性)을 증가시켜 뇌의 유연성이 증대된다. 그 결과 머리가 좋아지고 기억력이 향상된다. 때문에 자연분만과 제왕절개 및 유도분만은 정말 하늘과 땅 차이다"(이교원, 2012)라고 하여 자연분만과 초유 및 오랜 기간의 모유 수유의 중요성을 강조하였다.

셋째, 모유는 신기하고 오묘할 정도로 엄마가 인지하지 못하는 사이에 아기의 상태와 건강에 맞게 성분을 달리하는 맞춤형 식사이다.

즉, 다음과 같이 아기의 신체적·정신적 성장 및 상황에 의해 필요 적절한 성분으로 구성된다.

① 미숙아를 출산한 모체는 아기가 빠른 성장과 함께 건강을 회복하는 데 도움이 되는 성분의 모유를 분비한다.

② 아기가 아플 때는 모유를 섭취하면서 엄마에게 병원균을 옮기고, 엄마는 그에 대항하는 항체를 유방에서 만들어 모유를 통해 아기에게 전달함으로써 치유케 한다.

③ 감염에 걸린 엄마의 모유는 아기가 전염되는 것을 막기 위해 모유에 항체를 분비한다.

넷째, 아기의 성장 정도에 따라 모유의 양과 질이 변한다.

아침에 양이 더 많고 저녁에는 상대적으로 모유의 양이 적다. 이것이 장점이다. 뿐만 아니라 모유의 질 역시 처음 먹기 시작할 때보다 거의 다 먹어갈 때가 지방이 더 많다.

다섯째, 아기에게 꼭 필요하고 모유에 많이 함유된 지방은 모유 중에서 가장 많이 변하는 성분이며, 모유 성분 중 엄마의 식사에 대한 영향을 가장 많이 받는다.

① 지방 중에서도 필수 지방산은 아기의 신경조직을 만드는 중요한 역할을 한다. 또한 고농도의 콜레스테롤이 포함되어 있어서 급속히 성장하는 아기에겐 필수적 성분이다.

② 지방은 아기의 뇌와 신경발달에 중요한 에너지원이 된다.

③ 지방은 소화하기가 어려운데 모유 중에는 지방의 소화를 돕는 리파아제(Lipase)라는 효소가 함께 들어 있어서 아기가 소화하기 쉽도록 도와 준다. 이렇듯 아기에게 꼭 필요한 필수지방산, 콜레스테롤, 리파아제는 모유에만 많이 포함되어 있다.

여섯째, 모유에는 자연계에서 유선만으로 만들어지는 '젖의 당'인 유당이 분유의 1.5배 함유되어 있다.

① 유당 때문에 약간 단 맛이 나는 모유에 대해 아기들은 '맛있다'고 느끼게 된다.

② 유당은 아기에게는 활동을 위한 에너지의 원천이 된다.

③ 유당은 뼈와 치아를 튼튼하게 해 주는 동시에 뇌와 중추신경을 발달시키는데 매우 중요한 성분이다.

④ 유당은 칼슘의 흡수력을 높여 주어 급속하게 성장하는 아기의 뼈나 치아 발육을 도와 준다.

일곱째, 모유에 함유된 올리고당은 비피더스균의 먹이가 되어 유당과 함께 아기의 장(腸) 속에서 비파더스균을 성장시키고, 설사를 일으키는 유해한 균의 번식을 억제시킨다.

여덟째, 모유에 함유된 단백질에는 카제인(Casein), 웨이, 타우린, 락토페린 등의 성분이 있는데, 이들은 병으로부터 아기를 보호해 준다.

① 모유와 분유에 카제인과 웨이라는 두 개의 단백질이 들어 있다. 카제인은 우유 단백질의 80%, 모유 단백질의 20~45% 차지하고 있는데, 아기의 위 속에서 카드뮴(두부같은 덩어리)을 만든다. 분유의 카드뮴이 크고 딱딱해서 소화하는 시간이 오래 걸리는 데 반해 모유의 카드뮴은 부드럽고 미세하여 소화하기가 쉽다. 즉, 모유의 카제인은 분유 카제인보다 소화가 잘 된다.

② 한 개의 웨이 단백질은 아기 몸을 만드는 아미노산과 아기를 병으로부터 지키기 위한 다양한 물질로 구성된다. 특히 타우린(Taurine)이라는 아미노산은 뇌 세포나 눈의 망막 발달에 중요한 역할을 한다.

③ 락토페린(Lactoferrin) 단백질은 여러 가지 병으로부터 아기를 지켜준다. 즉, 아기에게 설사를 일으키는 대장균은 철분을 양분으로 해서 증식하는데 락토페린이 잽싸게 철분과 결합하여 대장균의 증식을 억제시킨다.

④ 유청 단백질은 모유속 항산화물질이며 아기의 소화에 도움이 되고, 아기의 부드러운 소화와 편안한 잠에 도움이 된다. 특히 유청 단백질은 알레르기를 일으키지 않는다.

아홉째, 모유를 통해 엄마의 살아있는 상피세포, 대식세포 그리고 혈액에 들어있는 성분과 비슷한 백혈구나 림프구 등이 아이에게 그대로 넘어간다. 이들은 장에서 살아남아 항체를 만들고 면역 강화 역할을 함으로써 아기를 질병으로부터 지켜 주는데, 이는 분유에서 찾아볼 수 없는 장점들이다.

열 번째, 분비형 면역 글로블린(Globlin)은 다양한 세균이나 바이러스, 알레르기 물질의 침입을 막는다.

① 분비형 면역 글로블린은 아기의 장, 기관지, 입, 코, 귀 등의 점막에 직접 작용하여 다양한 세균, 바이러스, 알레르기 물질의 침입을 막는다.

② 때문에 모유를 먹고 자란 아이가 기관지염이나 중이염, 장염 등에 걸리지 않는다.

③ 분비형 면역 글로블린은 초유에 특히 많아서, 어른 혈청에 포함된 농도에 비해 약 20배 높다. 따라서 초유를 먹인다는 것은 아기에게 중요한 예방주사를 놓아주는 것이 된다.

열한 번째, 모유는 아기에게 그때 그때 필요한 만큼의 비타민이나 미네랄같은 성분이 소화능력에 맞게끔 만들어져 주어지는 맞춤형 영양식이다.

분유에서 선전하듯이 모유에 비해 비타민과 철분이 너무 많으면 오히려 아기의 위장이나 신장에 부담을 줄 수 있기 때문에 모유는 아기의 상태를 감안하여 끊임없이 변하는 것도 그 때문이다.

열두 번째, 모유는 최고의 영양식이며 여러 가지 질병으로부터 아기를 지켜주는 완벽한 에너지원이다.

① 모유를 먹고 자란 아이는 분유를 먹은 아이에 비해 병에 잘 걸리지 않고, 병에 걸려도 빨리 낫는다.

② 모유를 먹고 자란 아이들은 영아돌연사증후군이 적다.

미국 소아과학협회(AAP)는 영아를 옆으로 재우기보다는 등을 바닥에 대고 누운 자세로 재워야 영아돌연사(질식사)를 예방할 수 있다면서 돌연사증후군에 대한 '18가지 안전 지침'을 마련하여 발표(2011. 10. 18)하였다.

③ 쉽게 비만 체질이 되지 않고, 턱과 치아의 발달이 좋아 성인이 되어도 심장질환이나 암 발생률이 적다고 알려져 있다.

열세 번째, 모유는 일상생활의 다양한 환경으로부터 영향을 받으며 시시각각 변하기 때문에 살아있는 최고의 음식이다.

① 전술한 바와 같이 아기의 심신 발달과 직결되어 엄마의 몸에서 만들어진다.

② 아기는 모유를 먹으며 엄마의 모든 것으로부터 영향을 받고 다양한 자극을 받으며 심신이 성장 발달한다.

③ 엄마는 기후, 컨디션, 식사, 수면 등 일상생활의 다양한 환경으로부터 영향을 받아 모유의 성분이나 맛에 영향을 미친다.

4) 모유 수유가 모체에 미치는 유익한 점

① 모유를 생성하기 위해 활발하게 움직이는 호르몬은 산후 자궁의 회복을 빠르게 한다.

② 옥시토신 증가에 따른 산 후 출혈을 감소시키고, 엄마의 편안한 기분과 행복감, 아기를 사랑하는 감정은 엄마 자신의 건강 증진에 크게 기여하게 된다.

③ 호르몬 작용이 활발해지면서 몸의 면역력이 높아지고 심신이 빠르게 회복된다.

④ 자연스럽게 다이어트가 되어 임신으로 인한 모체 비만이 해소되고 피부 역시 아름답고 고와진다.

⑤ 모유 수유를 오래한 엄마에게는 여성관련 암에 걸릴 확률이 낮다고 한다.

물론 유방암, 난소암, 자궁암 등의 발병에는 유전이나 환경, 식생활습관, 자기관리 문제, 임신 횟수 등 다양한 인자가 영향을 끼치지만 모유 수유를 오래하면 발병 위험도가 떨어진다.

⑥ 모유 수유를 오래한 여성이 폐경 후 골조직증이나 골절이 적다는 조사결과도 주목된다.

이상에서 서술된 모유의 장점에 대한 것을 개조식으로 정리하면 다음과 같다.

① 신선하고 무균(無菌)이며 적당한 온도의 식품이고 다양한 면역인자를 함유하여 감염성 질환에 덜 걸리고 질병에 대한 저항력과 면역력을 갖게 한다.

② 출산 후 1주일까지 나오는 초유에는 신생아에게 필수적인 단백질, 미네랄, 비타민 A가 충분하여 효과적인 성장을 도와주고 태변의 배설을 원만하게 만든다.

③ 호르몬과 성장인자의 함유로 인해 장점막(腸粘膜)의 발달이 촉진된다.

④ 모유를 먹는 아기는 음식 알레르기에 잘 걸리지 않으며, 지방산(DHA)과 다중쇄 불포화지방산을 함유하여 시력과 뇌세포, 뇌신경과 두뇌 발달을 촉진한다.

⑤ 모유를 먹으면서 어머니와의 스킨십은 정서적 안정감과 인간관계에서의 사랑을 배우게 된다.

⑥ 뇌염, 인플루엔자의 항체가 모유에만 있다.

⑦ 영아사망률의 경우, 인공유아가 모유아보다 5배 높다.

⑧ 엄마의 유방암 방지(예방)에 효과적이다.

⑨ 치아의 부정교합을 막을 수 있고, 얼굴 근육 발달에 좋다.

⑩ 위생적 · 경제적이다.

⑪ 빈혈, 비만이 될 가능성 낮다.

⑫ 산모에게는 자궁수축과 체중 조절에 좋으며, 정신건강과 터울 조절, 그리고 피임 효과가 있다.

⑬ 당뇨, 비만, 알레르기 등 만성질환의 예방 효과가 있다.

따라서 출산 후 모유를 먹을 시기는 불가피한 경우를 제외하고 분유나 혼합유를 먹이는 것은 피해야 한다. 아기와 산모 모두를 위해서 그렇다. 왜냐하면 인간 사육(飼育)이냐 모유 수유에 의한 인간 양육이냐의 문제이기 때문이다.

3. 우유 및 유제품의 공과(功過) 논란

1) 우유의 영양가

세계보건기구(WHO)가 권장한 것에 의거 출생 후 2년간은 모유 수유가 최선의 영양식이므로 지켜져야 한다. 그 이후는 다양한 영양소를 함유한 우유와 유제품의 섭취를 적정량 수준에서 섭취하는 것이 건강상 중요하다. 그 이유는 다음과 같다.

첫째, 우유는 임신기간 모체의 건강 유지 및 필요한 영양을 공급한다.

"하루 우유 한 컵을 마신 산모가 낳은 아기는 우유를 마시지 않은 여성이 낳은 아기보다 체중이 평균 41g 정도 더 나간다"(캐나다 맥길대 연구팀, 캐나다 의학협회 저널에 소개)는 연구결과와 "모체가 임신 3~6개월 중에 비타민 D가 결핍되면 출산한 아이가 생후 14개월 되었을 때 지능이 다른 아이에 비해 떨어질 수 있다"(스페인 환경역학연구소 연구팀)의 연구결과가 주목된다. 물론 다른 원인도 검토할 수 있지만 임산부의 영양 공급과 태아를 위해 가장 쉬운 방법이 우유의 섭취이다.

둘째, 어린이나 청소년에게 중요한 영양 공급원으로서 최소 하루 400ml의 우유를 섭취케 할 필요가 있다.

이들은 왕성하게 성장하는 시기이기 때문에 영양의 불균형과 단백질・콜레스테롤・비타민 D 등의 부족은 이들의 성장에 심각한 영향을 준다. 우리나라 청소년들은 "영양이 불균형해지면서 뇌 발달과 성장에 영향을 미치는 비타민 D가 부족한 것"(10~18세 청소년 2,062명 대상 중 78%가 해당)으로 밝혀졌다(인제대 연구팀, 미국국제학술지 퍼블릭 헬스 뉴트리션, 2012. 11).

또한 "우리나라 청소년의 95.1%가 1주일에 최소 1회 이상 우유를 섭취한다. 청소년 10명 중 9명은 1주일에 최소 우유 1컵 이상을 마신다는 얘기이다. 이 중 1/3은 매일 우유를 섭취한다"(여성가족부, 2012. 11).

그리고 "우유에 함유된 콜레스테롤은 비만의 원인이지만 유아나 청소년에게는 신경이나 뇌, 세포조직을 만드는 데 필수적 성분이다. 우유 속의 유당은 뇌 세포막에 필요한 유당(Galactose)과 뇌의 연료가 되는 포도당을 공급한다. 또한 우유에 함유된 단백질은 인지기능을 발달시키고, 지방산은 뇌의 성장을 도와 학습능력을 향상시킨다"(조선일보, 2012. 11. 26)는 장점이 있다.

셋째, 충치 예방 및 미용 효과가 있다.

식후에 우유 섭취를 권장하는 것은 우유 속에 함유된 칼슘과 카페인 성분이 충치 예방 역할을 하기 때문이다. 이는 식사 후 입안의 산도를 떨어뜨리는 박테리아가 생성되는 환경을 이들 성분이 막아줌으로써 결과적으로 충치 예방 효과가 된다.

또한 우유에 함유된 충분한 단백질은 피부 조직의 재생 효과로 인해 피부의 탄력과 윤기를 유지시키고, 우유 속 칼슘은 피부가 거칠어지는 것을 예방하며, 철분은 피부 신진대사를 활발하게 함으로써 기미와 주근깨 예방에 효과가 있다.

넷째, 우울증 · 당뇨 · 불면증 해소에도 도움이 되므로 '연령별 하루 우유 섭취량'을 고려해서 섭취하는 것이 바람직하다.

현대인 특히 청소년들이 "패스트푸드를 많이 섭취할수록 우울증에 걸릴 가능성도 크다"(그라나다대학 연구팀, 퍼블릭 헬스 뉴트리션, 2012. 4. 3)는 연구결과라든지, "한국 소아청소년 75% 칼슘 부족. 특히 여중생이 가장 높은 87.8% 부족"(인제대 박미정 교수팀, 소아청소년 1~18세 7,233명 대상 조사, 퍼블릭 헬스 뉴트리션, 2013)이라는 조사결과는 주목된다. 왜냐하면 영양과잉시대에 정작 성장에 가장 중요한 영양소인 칼슘이 부족하다는 것은 문제가 되기 때문이다.

또한 성인이 40대로 접어들면 몸에서 연소하는 에너지가 줄면서 쉽게 살이 찌고, 식습관에 따라 심혈관 질환 위험과 당뇨, 혈압이 올라간다. 연구결과 "우유는 40~50대가 많이 걸리는 당뇨병에 효과가 있다"(농촌진흥청, 영국 케임브리지의 British Journal of Nutrition)는 연구결과가 있다, 칼슘이 풍부한 우유를 계속 마시면 심리적 안정감을 유지하며 성격도 온순해진다. 칼슘이 부족하면 우울증이나 초조감을 겪을 수 있고 우유가 단백질을 소화하는 과정에서 신경 안정, 진통, 체온 유지 효과를 내는 오피오이드 펩타이드(Opioid peptide)라는 성분이 나와 안정감을 주며 숙면을 돕는다. 그리고 우유에는 신경을 이완시켜 주는 트립토판(Tryptophan) 성분이 풍부하게 함유되어 있어 스트레스 해소 및 불면증에 좋다. 그래서 1일 한 컵(224mg)~두 컵(400mg) 정도의 우유 섭취가 좋다는 것이다.

참고로 2010년도 미국농무부의 '연령별 하루 평균 우유 섭취량' 조사에 따르면, 1~9세(251.1g), 10~18세(201.6g), 19~29세(127.3g), 30~39세(100.2g), 40~49세(79.6g), 50~59세

(72.9g), 60~69세(60.7g), 70세 이상은 40.5g으로 발표되었다.

2) 과도한 우유 섭취의 부작용

'우유에는 단백질과 지방, 비타민과 유당, 그리고 미네랄 등 114가지의 영양소와 생리활성 물질이 함유되어 있다'. '우유는 114알의 영양제다', '다양한 영양소를 함유한 식품으로 우유만 한 것이 없다', '모유와 성분이 거의 비슷한 식품은 우유뿐이다'라는 선전 문구와 관련 업체의 연구 노력에 힘입어 좋은 우유가 생산되었고, 관련 유제품(유산균, 맞춤형 분유, 우유 브렌드 제품) 등이 계속 다양화·고급화되고 있다. 국내 치즈시장 규모는 2013년 3,115억 원에서 2014년 3,207억 원으로 전년도 대비 3.0% 증가하였다. 2015년에는 3,224억 원으로 증가해 전년 대비 0.5% 성장한 반면, 자연치즈 시장은 2013년 978억원, 2015년 1,264억 원으로 약 30% 가량 늘어났다(경제신문, 2016. 2. 17).

문제는 우유가 장점이 많은 식품이지만 너무 많이 마시면 부작용이 나타날 수 있기 때문에 적정선 유지가 관건이다.

첫째, 우유를 하루 700ml 넘게 마시면 비만과 빈혈에 걸릴 수도 있다는 것이다.

그래서 2012년 10월 25일 미국 정부가 발표한 '새 학교 급식 기준안'은 지나친 칼로리 섭취를 막기 위해 우유는 무지방이나 저지방 제품만 학생에게 공급하도록 정했다.

둘째, 우유에 들어있는 발암물질, 우유 및 유제품의 과다 이용이 전립선암과 관련이 있다는 점이다.

우유가 송아지에게 어떤 역할을 하는지 이해해야 한다. 우유에 들어 있는 많은 양의 단백질과 지방, 당분(락토오스), 십여 가지의 호르몬 물질은 빠른 성장을 도와준다. 즉, 소젖에 들어 있는 세 가지 성장인자인 '인슐린 유사성장 호르몬'(IGF), '아미노산의 다중 결합물'(TGF), '폴리펩티드성 인자'(EGF)가 갓 태어난 송아지의 피부와 골격, 근육을 키워 준다. 그래서 갓 태어난 송아지가 20~60kg인데, 처음 한 달간 하루 400g씩 늘여 가다가 3개월 째부터는 하루 1kg씩 늘어난다. 특히 샤롤레종 송아지는 5개월이 되면, 무게가 4배로 늘어나고, 1년이 되면 8배로 늘어난다.

이는 남자 아이가 태어나서 몸무게가 8배로 늘어나기까지는 8년이 소요되는 것과 대조된다. 여기서 아동의 성장과 발달, 인간화·사회화·문화화의 측면에서 교육적인 시사를 받아야 한다. 뿐만 아니라 "엄마의 모유는 아기가 태어난 첫 해 5kg이 늘어나는 데 필요한 일곱 가지 성장인자를 함유하고 있을 뿐만 아니라 아기의 중추신경(뇌)의 형성과 발달, 그리고 말초신경계(척수)를 만들어 준다. 그래서 아기는 만 1살이 되면 말을 하고, 식구들을 알아보며 지적 능력을 보인다. 송아지의 경우, 체중이 8배가 늘어도 뇌에는 변화가 없어 출생시와 똑같이 어리석다"(몽펠리에 교수, 의과대학 암 전문 외과의사, 2008; 김홍규, 이만표, 2013).

그간 우유나 유제품을 많이 섭취하면, 성장인자로 인해 과체중, 당뇨병 위험, 유방암 및 전립선 암 위험이 증가하고, 알레르기, 이비인후계의 협착, 소화 장애, 신경계, 피부, 소장, 결장, 관절에 타격을 주는 자기면역 질환의 위험이 있다는 것은 일반화된 의료상식이다. 더욱이 가천의대 남정석 교수팀이 "암 전이 주범으로 소의 성장인자인 'TGF-beta' 단백질의 작용 매커니즘을 규명해서 미국 암학회(AACR) 공식저널인 'Cancer Research'에 발표하여 세계인의 관심을 받았던 사실에 주목할 필요가 있다(김홍규, 이만표, 2013).

셋째, 과도한 우유 칼슘의 섭취와 유제품의 다량 섭취는 신중해야 한다.

과도하게 유입된 우유 칼슘은 뼈가 스스로 재생하는 능력을 수십 년만에 소진시켜 버리기 때문에 유제품 인생이 골다공증으로 이어질 수 있는 이유가 여기에 있으며, 우유를 많이 먹는 나라에 왜 골절이 많은지 재인식해야 된다(Souccar, 2008).

그리고 유제품의 다량 섭취는 골다공증, 유방암의 우려가 있다는 견해도 경청할 필요가 있다.

"대부분의 유제품은 산성식품으로 파골세포를 자극하고 뼈 조직 파괴가 활발해지게 하며"(Souccar, 130), "여성의 경우 50세 이후 호르몬 감소가 심해지게 되고, 유제품과 동물성 단백질 및 지방을 많이 섭취하는 나라에서는 골다공증과 유방암도 많이 발생한다. 특히 생리를 일찍 시작할수록 유방암 위험이 높고, 폐경기 이전에 높은 골밀도를 보인 여성은 유방암 위험이 더 큰 것으로 밝혀졌다"(Souccar, 2008).

결국 과도한 우유 칼슘의 섭취와 유제품의 다량 섭취가 건강상 문제를 야기함으로 적절히 조절해야 한다는 것이다.

3절 인스턴트 식품과 인스턴트 문화, 자녀를 병들게 한다

1. 식품 · 음료 · 과자의 공포

식사예절과 식습관 등 식사문화의 중요성을 전통적으로 우리 민족만큼 중요시한 나라는 없을 것이다. 그만큼 조상의 지혜에 새삼스럽게 경의를 표하게 된다. 이는 올바른 식사의 중요성을 강조한 것이며, 입을 통해 들어가는 음식물이 인간의 몸과 마음, 뇌와 정신적 기능에 결정적 역할을 한다는 것을 일찍이 터득한 결과라고 생각된다.

그러나 현대인들의 식생활이 편한 쪽으로 치우치다보니 패스트푸드에 익숙해져 영양실조와 편식성향이 심해졌고, 과자와 빵 등을 통해 심각한 수준의 설탕 섭취 문제를 초래하였다.

1) 과자의 공포

사랑스런 아이들이 먹는 과자를 몇개 먹어 보았다.

'이게 과자인가', '왜 이리 짭잘한가', '밥하고 먹어야 할 반찬인가', '왜 이렇게 단맛이 나는가'라는 느낌이 순간적으로 들어서 그만 먹게 된다. 이건 아예 나트륨 덩어리이고 옛날 60~70년대의 싸구려 '당원', '사카린나트륨(뉴슈가)'이 연상되었다. 과거 사카린나트륨(사카린)이 인체 유해성 논란(신장결석 유발)(시사저널, 2008. 10. 14: 15)으로 점차 사라지고 그 자리를 설탕이 대신했다. 그런데 아이들이 먹는 과자가 어떻게 나트륨(소금)과 단 맛의 자극적인 덩어리어야 하는가. 왜 이렇듯 짙은 색깔로 오만가지 색의 과자를 만들어야 하는가. 미술의 색감 교육을 위한 것인가.

계속 많이 먹다가는 중년의 성인병이 아니라 10대나 20대에 '성인병에 걸릴 수도 있겠구나!'라는 우려를 갖게 된다. 어린이, 청소년의 건강을 위해 우리 모두의 각성이 요구되는 현실이다.

첫째, '백색의 공포'로 알려진 설탕은 섬유질을 모두 뺀 당(糖)만 있는 상태로서 칼슘・인・마그네슘・철 등 영양분도 없으며 체내에서 비타민과 미네랄을 소모할 뿐이다.

① 설탕을 자주 섭취할수록 미네랄이 소모되어 칼슘 결핍현상을 불러오고 결국 골세포나 혈관세포의 부실을 초래하게 된다.

② '설탕의 과잉 섭취는 범죄 심리와 밀접한 관계를 갖게 되며'(알렉산더 샤우스), '설탕은 몸과 마음을 망치게 한다'(오이타 대학 이노 세츠오 교수)는 경고를 경청해야 한다.

③ 설탕을 자주 섭취하면 몸의 비타민 B군(群) 비축량이 대폭 적어져서 하품과 졸음이 오고 계산과 기억력이 상실된다. 설탕 범벅이 된 과자를 자주 먹는 아이들에게서 과잉행동, 산만함, 주의력 결핍 등의 ADHD 증상이 나타나는 것은 이 때문이다.

④ 과자는 독약이고 아이들은 그 독약에서 쾌락을 맛보고 느끼면서 몸과 마음을 망친다.

⑤ 설탕은 체내에서 마약같은 작용을 하는 마약(이노 세츠오 교수)이므로 '설탕을 독극물로 분류해야 한다'(윌리엄코다 코다 마틴 박사).

⑥ 설탕을 자주 섭취하면 혈액 속의 백혈구 기능이 떨어지고, 순환계와 림프계도 설탕 성분의 침범을 받아 신체의 면역 활동력을 저하시킨다. 더욱이 설탕이 암세포의 성장을 촉진하는 데 기여하며, 특히 전립선 암 발생률을 38% 증가시키고 자궁암 발병 가능성을 40% 증가시킨다.

둘째, 제과업체의 영업 이익을 위한 경쟁적인 식품 첨가물 사용이 어린이, 청소년을 망치고 있다.

대규모 제과업체가 첨가물 사용에 집착하는 이유는

① 간편하게 원하는 맛을 만들 수 있기 때문이다.

② 경쟁업체를 이기기 위해서 더욱더 자극적인 맛을 내려고 한다.

③ 소비자의 관심을 끌기 위해 먹음직스러운 모양을 만들려는 욕심 때문(남종영 기자, 한겨레21, 2005. 9. 6)이라는 것이다.

이런 영업 이윤의 극대화가 소비자의 안전이나 건강을 중시해야 한다는 기업의 윤리 도덕성을 무시하게 되는 것이다.

셋째, 심각한 문제인 저혈당을 초래한다. 왜냐하면 저혈당의 원인이 과다한 설탕의 섭취 때문이다.

저혈당의 주된 증상은 '공격적 · 폭력적이며, 뇌의 이상상태가 나타나고 극도로 흥분을 잘하며 스스로 자기 행동을 제어할 수가 없다'는 점이다.

넷째, 과자를 통한 과도한 설탕 섭취는 세포의 에너지원이 고갈되고 치매라는 치명적인 결과를 일으킬 수도 있다.

과자, 초콜릿, 사탕, 포테이토, 크림 빵, 젤리, 비스킷 등을 통한 과다한 설탕 섭취는 어렵게 비축해 놓은 비타민과 미네랄을 소비하게 만들고, 혈당치 상승을 불러온다. 이에 당황한 인슐린이 혈당치를 떨어뜨리기 위해 과로를 하게 된다, 결국 저혈당증과 뇌의 에너지 고갈상태로 이어지게 된다. 그래서 치매환자들 중에는 어릴 때 단 것을 즐겨 먹은 이들이 많다고 한다(한겨레 21, 2005. 9. 6).

다섯째, 설탕은 뇌 활동 지장에 따른 학습부진, 당뇨병과 중풍, 비만과 암 발병률을 높인다.

몸에는 인슐린이라는 신기한 물질이 있다. 이 인슐린은 혈당의 양을 조절하는 췌장 호르몬으로써 이 인슐린을 제대로 생성하지 못하는 상태를 당뇨병이라고 한다. 그런데 "인슐린은 설탕을 싫어해서 설탕이 몸에 있으면 그걸 치워버리려고 한다. 문제는 설탕이 한꺼번에 많이 들어오면 그걸 치우느라고 애를 쓰게 되고, 그런 상황이 계속되면 인슐린이 지쳐버려 당뇨병, 중풍 등 무서운 병에 걸리게 된다"(안병수, 2005, 한겨레 21, 제575)는 것이다.

여섯째, 과자는 과잉 설탕 섭취로 이어져 성격상의 문제, 적응장애, 신체적 문제, 정신건강 문제, 치명적인 질병문제와 관련된다.

① 성격 및 정신건강상의 문제로는 가정폭력, 학교폭력, 쉽게 화를 내고 난폭성, 반사회적 성격 등이다.
② 적응장애 문제는 등교 거부, 사소한 일로 잘 싸우고 다투는 문제 등이다.
③ 신체적 문제로는 신체 이상, 편식, 알레르기, 뼈 · 치아 등 신체적 부실 등이다.
④ 질병문제는 괴저증(壞疽症), 충치, 비만, 당뇨병, 골다공증, 그리고 눈이 나빠진다(오사와 히로시, 2005)는 것 등이다.

2) 먹는 게 두렵다, 식품과 식탁의 공포

그간 각종 매스미디어를 통해 먹거리 안정성 문제, 농수산물 오염문제, 불량식품 문제 등 논란이 많았지만 과문(寡聞)한 탓인지 별로 뚜렷한 개선책이 마련된 것 같지 않다. 그때만 잠시 요란스럽다가 언제 그랬냐는 듯이 관심들이 사라진다. 문제는 우리 어린이들과 청소년들이 걱정이다. 연도별로 이슈화되었던 문제를 다시 정리하면서 그 심각성을 고찰해 보기로 한다.

우선 전제할 것은 오래 전부터 국내외에서 음식과 관련한 많은 문헌들이 소개되었다. 교내 폭력 및 가정폭력과 식사 문제(飯野節夫, 1982), 소박한 밥상(헬렌 니어링, 2001), 더 이상 먹을 게 없다(한스 울리히, 2001), 음식혁명(존 로빈스, 2002), 음식물과 질병(헬스창업연구소, 2007), 올바른 식사와 심신의 건강, 범죄 및 비행에 대한 영양학적 생물학적 접근(Rimland & Larson), 식사와 범죄 및 비행(Schauss, A. G., 1980), 식사로 고치는 마음의 병(오사와 히로시), 무서운 식품 1,000가지(군지 아쓰타카), 아이를 난폭하게 만드는 가공식품의 재앙 식원성증후군(食原性症候群)(오사와 히로시, 2005), 과자, 내 아이를 해치는 달콤한 유혹(안병수, 2005), 태어난 후에는 이미 늦다(모리시타 게이치), 자연치유(조병식, 2010), 존 로빈스의 100세 혁명(존 로빈스, 2011), 먹고 싶은 대로 먹인 음식이 당신 아이의 머리를 망친다(오사와 히로시, 2013), 아플 때 뭐 먹지?(우노 타마고, 2016) 등이다.

이상의 자료를 참고하면서 먹거리 문제와 관련한 국내 언론 매체의 문제제기를 연도별로 정리해 보기로 한다.

2001년

첫째, '먹는 게 두렵다' 먹거리 대공황!, '일상생활 섭취 식·음료품 대부분에서 유해 성분 노출되었다', '후진적인 식품문화, 국가 차원의 관리가 시급하다'(뉴스메이커, 2001. 10. 18). 이 특집기사에서 지적한 주요 내용은 다음과 같다.

① 직장인들 하루 세 끼 '유해 먹거리'에 노출된다.
항생제 먹인 닭의 달걀 프라이, 배합사료로 키운 젖소의 우유, 다이옥신이 함유된 버터를 바른 빵, 농약 성분이 남은 원두 커피, 비타민 결핍을 초래할 위험성의 종합 비타민제 등이다.

② 식탁의 위험은 다음과 같은 자연의 섭리를 거스르는 농작물 재배 및 가축 사육방식에서 비롯된다.

- 유전자의 조작과 채식동물에게 육식 사료 먹이는 것
- 고강도의 제초제, 비육제, 성장 촉진제 살포이다.
- 인공 사료로 키운 돼지 족발(뼈 속의 항생물질)도 안심할 수 없다.
- 살충제 · 제초제 등 농약이 잔류한 상추, 방사능을 쪼인 마늘이 문제다.
- 환경호르몬(발암 및 유전자 손상물질)인 비스페놀-A에 오염된 캔 맥주를 의식하지 못한다.
- 39개국에서 생산된 67개 버터 제품 중 한국산 제품에서 가장 많은 다이옥신이 함유되었다는 조사 발표(독일농산물검사소와 스웨덴 스톡홀름대 공동연구팀 조사, 2001. 9. 13)가 충격적이다.

둘째, 환경 호르몬은 여성에게는 조기(早期) 성숙을, 남성에게는 생식기능 저하를 초래한다.

① 비닐팩, 청과류, 육류 등 환경호르몬의 영향으로 세 살짜리 여아의 가슴이 볼록해지고 성기(性器)에 거웃(陰毛)이 나는 것이 희귀한 현상이 아니다.

② '영국인 정자(精子)의 품질이 저하돼 대륙에서 정자를 수입해야 한다'(1999년 독일의 한 신문)는 연구결과를 보도하자, 영국 언론들은 분개했다. 실제로 '남성의 성기가 점점 작아지고 있다', '남성의 세계가 뿌리째 흔들리고 있다'는 영국의 연구 보고는 환경호르몬의 영향 때문이다.

셋째, 각종 수입산 육류(축산물)와 어류, 곡류를 통해 감염되는 질병 우려, 안전성 문제가 심각한데 검역과 관리시스템도 선진국 수준에 상당히 미흡하다.

① 2001년 9월 10일, 지바현에서 광우병 걸린 소가 발견됐다는 일본 농림수산성 발표가 있자 정부는 23일 680개 품목의 전면 수입금지 조치 발표

② 그러나 9월 14일 현재, 수입된 일본산 우족과 소뼈 등 691t, 검역 창고에 보관중인 439t, 이미 시중에 소비된 것으로 확인된 342t이다.

③ 광우병 소고기를 먹었다는 얘기가 된다. 광우병 걸린 소를 먹으면 기억 상실, 정신지체, 치매 등 치명적인 질병에 걸린다.

④ 중국인들이 수산물 꽃게, 조기, 민어, 옥돔 등 고가(高價) 어류에까지 납덩어리를 넣어 무게를 늘려 수출 판매한 패악한 상술에 우리는 분노했다. 특히 이미 1990년대 후반 수입된 소고기와 홍합에 감염된 O-157 대장균이나 리스테리아균으로 큰 파동을 겪었지만, 국민이 중금석 납덩이 수산물을 먹게 만든 우리의 검역시스템은 믿을 게 못 된다.

이상의 내용들을 통해 우리가 알 수 있는 것은 삶의 모든 상황과 일상생활이 '먹거리 공포' 그 자체라는 점이다. 재배와 사육, 가공과 포장, 수입과 통관, 유통과 판매, 관리와 감독, 조리와 식탁 등 전 과정에서, 전방위적으로 다양한 인간들에 의해 식품의 위험사태가 일어나고 있다는 점이다. 그래서 한스 울리히 그림이 자신의 저서 『더 이상 먹을 게 없다』에서 "식품의 세계화는 전 지구적 질병의 세계화를 초래하고, 매일 식탁에 오르는 음식은 우리의 몸과 마음을 위협하는 적군"(Hans-Ulrich Grimm, 2001)이라면서 식품 오염을 고발한 것에 공감하게 된다.

이제 식품 관련 연도별 이슈 실태의 정리를 통해 그 심각성을 재음미하자.

2004년

첫째, '세이프 푸드를 찾아라'라는 제목하에 조류 독감 · 유전자 조작 · 중금속 오염 · 광우병 파동 등 먹을 수 있는 음식 재료와 관련해 연거푸 터지는 끔찍한 소식들을 접한 현대인들은 결국 '안전한 건강 먹거리 없나요?'라는 말로 음식물에 대한 공포심을 나타냈다.

① 서해와 접한 중국 보하이만의 1/4 이상이 심한 오염에 시달리고 있다는 최근 보도는 수산물 역시 안전하지 않다는 사실을 각인시켰다. 이들 지역에서 잡히는 비취, 홍합, 가리비 등 조개류의 오염상태는 매우 심각하다.

② 먹거리에 대한 불안이 결국 깨끗하고 안전한 먹거리에 대한 갈증으로 이어져서 약선요리, 새싹 채소 등 싱싱한 식물과 불포화지방산인 오메가 3가 풍부한 크릴(krill), 그리고 체내 중금속을 배출하고 면역력을 강화한다고 알려진 클로렐라(chlorella) 등이 '신(新) 세이프 푸드(safe food)로 급부상하고 있다(박주연 기자, 뉴스메이커, 2004).

둘째, '식탁의 공포', '서민 뱃속은 쓰레기통', '모범 음식점 · 유명호텔도 못믿어', '악질식품 사고(事故)의 한국 같은 곳은 없다'는 제목하의 기사는 '불량식품공화국' 대한민국의 한 단면을 드러낸 것에 불과하다(조원제 기자, 뉴스메이커, 2004).

① '쓰레기 만두소' 파동으로 비전푸드 사장, 한강 투신 자살(2004. 6. 13)

② 불량식품이 만두뿐인가, 유통기간을 넘긴 중국산 김치로 컵라면용 '건더기 수프'를 만들어 유명 라면생산업체 납품 사실 적발되었다.

③ 취재 결과, 어묵 · 소시지 · 순대 · 쥐포 등의 제조업체 위생관념은 제로에 가깝다.

④ 서울시 주부 식품감시원 5명이 식품가공 현장을 점검해 본 후 간담회에서 "만두나 어묵, 동그랑땡과 같은 혼합식품은 위생 사각지대에 놓여 있다", "모범 음식점-유명호텔도 못믿어요", "얼마 전엔 YMCA에 어처구니 없는 사례가 접수됐어요. 진안의 일부 소금업자들이 중국에서 도로포장용으로 사용하는 공업용 소금을 수입해와서 진안 염전에 그대로 뿌린다는 사실이었어요. 그것을 우리 염전에서 생산된 소금과 섞으면 그대로 국산 식용소금이 된다"(뉴스메이커, 제579호, 2004. 6. 24: 35)는 말들은 먹거리 문제의 현실이 얼마나 심각한지 일깨워 준다.

셋째, '폭격맞는 한국 식탁, 공습경보도 없다', '중국산 농산물, 방어벽이 없다', '웰빙 식탁도 불안하다?'는 제목하에 2004년 4월 중에 부적합 판정받은 수입식품이 33건이나 된다니 충격적이다.

① 매일 3회 중국 단동에서 1,000명 가까운 승객들이 인천항 제1여객터미널에 도착한다. 승객들은 90kg의 수화물을 지닐 수 있는데, 대부분이 보따리상들인 이들은 90kg의 농산물(고추 · 깨 · 흑미 · 녹두 · 대추 · 콩 등)을 갖고 들어온다. 이 많은 수화물을 매일 국립식물검역소 직원 5명이 담당한다. 이들 5명은 수입된 농산물에 묻어오는 병충해를 검사(육안 검사)하는 것이고, 인체 유해 여부는 식약청 직원의 몫인데 그 검사 직원은 한 명도 없다. 한 세관 직원은 "가끔들려 샘플조사를 한다"고 말했다(시사저널, 제765호, 2004. 6. 24: 26).

② 하루 인천항에서 15t 정도의 농산물이 무사 통과한다, 평택과 속초까지 합치면 보따리상을 통한 중국산 농산물은 하루 평균 30t 이상, 연간 1만t이 훨씬

넘는 규모다. 보따리상들이 검사를 끝내고 나오면 청사 밖에 즉석 장터가 열린다. 봉고차를 대놓고 저울까지 마련한 매매상들이 품목별로 흥정을 하고 가지고가서는 곧 국산품으로 둔갑할 것은 뻔한 일이다. 참 코미디 같은 얘기다.

③ 보따리상을 통한 중국산 농산물뿐 아니라 정식 통관절차를 거친 중국산 농산물도 밥상에 오르기 직전 국산으로 뒤바뀌는 것은 오랜 수법(업체끼리 속고 속이기 릴레이)이다. 중국산 수입 김치를 국산으로 재포장하고 유통기간을 멋대로 늘리며, 유통기간이 지난 중국김치를 '스프'로 만들어 라면업체에 납품하고 납품받은 업체는 스프 원재료가 유통기간이 지난 중국산 김치인 줄도 모르고 '국산 원료 100%'라고 적어 출고한다. 더구나 수입식품에 대한 정밀검사 결과 중국산 수입품의 부적합 물량이 전체의 82%에 달했다(2004년 4월, 경인지역 식약청)니 놀랍다.

④ 우리밀 살리기에 앞장서온 ㈜더불어식품이 미국산 밀과 중국산 팥을 일부 원료로 썼다는 것이 밝혀져 충격을 주었다(고재규, 노순동 기자, 2004).

2005년

첫째, '농수산물 중국산이 북한산으로 원산지 세탁', '북한산 농산물은 모두 중국산이다?', '중국서 손질 북한 거쳐 한국으로 반입 …', 조선민족경제협력연합회에서 가짜 원산지 증명서를 발급하며 '조직적 외화벌이'로 인해 중국산 농산물이 북한산으로 둔갑해 우리 식탁에 오르고 있다(주간동아, 제477호, 2005).

① 94년 중국 농산물 850t 북한산으로 위장 수입. 150억 원대의 감자 전분 밀수입, 중국산 당면 1500t을 북한산 당면으로 위장 수입하기 위해 북한 원산지증명서 조작, 97년에는 400억원대의 중국 및 러시아산 한약재와 농산물 북한산으로 위장해 밀수입되었고, 중국산 라이터, 면·타월 등이 북한산으로 자주 위장되었다.

② 2003년 4월에는 러시아산 냉동명태 466t을 중국으로 수송, 건조·가공 후 → 북한 나진으로 내륙 운송 → 북한산으로 국내 반입했다. 중국산의 말린 고추, 콩나물 콩, 호두, 녹두, 참깨 가루, 북어채, 상황 버섯을 비롯해 러시아산 북어까지 북한산으로 원산지 바꾸어 한국인의 먹거리로 식탁에 오르고 있다

(정호재, 송홍근 기자, 2005).

둘째, '식탁 공포, 쌀 빼고 안전한 것이 없다', '산지에서 부엌에 이르는 먹거리 벨트가 위태롭다', '중국산 납 김치에 이어 기생충 김치까지' 무방비로 밥상에 파고들어 한끼 밥 먹기가 '담력 실험'으로 바뀌어 가는 세상이다(시사저널, 2005. 11. 8).

① 납 꽃게, 납 김치, 기생충 김치, 중국산 장어에서 말라카이트 그린(발암물질) 검출 등 중국산 농산물은 위태롭다. 평택항은 중국산 수입품의 최전선이다. 지난해 수입 김치의 51.7%가 평택항으로 들어왔다. 지난해 수입된 농산물의 15.7%, 수산물의 38.3%가 중국산이며, 낙지(60%)와 미꾸라지(84%)는 이미 절반을 넘었다. 문제는 평택항에 김치검역원이 식약청 직원 1명 뿐이라는 점이다.

② 세계 13위 농림축산물 수입국인 우리나라는 중국 등 70여개 국에서 과일·채소를 수입하고, 80여 나라에서 생선을 들여온다. 이같은 국제화 식단에 비해 식품의 안전성은 미흡하다보니 식품에 대한 위험성이 불특정화·대량화 하고 있다.

③ 식품의약품안정청(식약청)이 식품의 기준 및 규격을 정해놓은 '식품공전'에 따르면 김치는 네 가지를 검사(타르 색소 검출, 방부제, 대장균, 고유한 맛과 향 그리고 색깔)하게 되어 있다.

중요한 것은 중금속이나 농약 함유 여부, 기생충 감염 여부는 아예 검사항목에 없다. 중국의 '납 김치' 파동이 일어난(2005. 10. 10) 후 부랴 부랴 이들 항목을 추가해 검사한다니 국가의 관련 정책이 얼마나 한심스러운가. 그리고 국정감사에선 국회의원들이 한 일이 무엇인지 분노를 느낀다.

④ 수입 식품의 비율(2004년도)은 쇠고기(54.84%), 돼지고기(58.41%), 닭고기(3.56%), 생선(26,10%), 김치(4.75%), 콩(90.81%), 밀가루(99.63%) 등이다. 밀가루·콩 90%, 육류 50% 이상이 수입되며, 중국산이 미국산 물량을 앞질렀다.

⑤ 국내산 김치는 중국 재료를 쓰기 때문에 '무늬만 국산'도 수두룩하다. 수입된 중국 배추나 절인 배추는 주로 업소용으로 납품되지만 문제는 고춧가루이다. 색소를 섞은 중국산 고춧가루, 대팻밥 고춧가루를 둘러싼 불안은 이미 오래된 얘기다.

⑥ 중국산 김치 15개 제품에서 기생충 알이 검출되었고(식약청, 2005. 10. 27), 108개 제품은 조사가 진행중이라고 한다.

셋째, '한국인 중금속 축적 실태, 아이들이 더 위험하다', '중금속에 포위된 우리 아이들', '우리 아이들 몸 속에 중금속이 쌓이고 있다'. 이는 충남대 이계호 교수와 한국분석기술연구소 공동으로 아토피・두통 등의 증상으로 병원을 찾은 1천 158명에 대한 모발(毛髮) 조사(2005. 1~10월까지)의 결과이다(시사저널, 838호, 2005. 11. 15).

① "체내에 중금속이 들어오는 원인은 다양해서 주된 원인이 이것이다라고 특정하기 어렵다. 그러나 중금속에 오염된 식품이 주범일 가능성이 높다. 중금속이 높은 것은 '사료를 많이 먹인 육류나 생선 내장 섭취, 자동차 배기가스 흡입, 양은 그릇 사용 등이 원인이다"(이계호, 시사저널, 제838호, 2005: 16).

② 몸에 쌓인 중금속은 자녀에게 유전된다. 산모가 모유를 먹이기 전에 중금속 오염 여부를 검사하는 것이 좋다.

③ 조심해야 하는 식품은 세 가지이다. 육류는 중금속이 모이는 지방 부위는 피해야 한다. 생선은 내장과 껍질 부위를 삼가는 것이 좋다. 채소나 과일은 깨끗한 물에 담가 두었다가 흐르는 물에 여러 번 씻어서 먹어야 한다(이계호, 2005, 시사저널, 제838호).

2008년

첫째, '멜라민보다 무서운 식품 첨가물', '불안한 유혹, 식품 첨가물', '중국산 식품 사고'의 제목에서 알 수 있듯이 '불안한 유혹'을 위해 첨가하는 식품 첨가물이 멜라민보다 더 위험하다고 전문가들은 말한다. 특히 전술한 바 있지만 당류(糖類)는 과잉 섭취하면 비만과 암・당뇨병을 유발할 수 있기 때문이다(노진섭 기자, 시사저널, 제 990호, 2008. 10).

① 대표적인 것은 설탕과 물엿 등의 당류의 과잉 섭취이다. 설탕은 혈당을 갑자기 올려 인슐린 분비량을 급격히 늘리면서 당뇨병의 원인이 되고, 인슐린이 과잉 분비되면 지방 분해를 억제하여 비만이 되며, 비만은 각종 질병과 암의 원인이라는 것은 잘 알려진 사실이다.

② 어린이가 당을 과잉 섭취하면 비만 외에 면역기능이 떨어지고 뇌에 안정적인 에너지 공급이 어려워진다. 특히 당은 성격을 난폭하게 만든다(시사저널, 제990호, 2008. 10. 14: 15).

③ "중국산, 원료 · 생산기지 다변화되면서 원산지를 세탁한다. 모든 가공식품은 사실상 '무장해제' 상태여서 도대체 믿고 먹을 것이 없다"는 탄식이다. 특히 시도때도 없이 찾아오는 '불청객'인 중국산 식품 사고는 끝이 없다.

결국 결론은 두 가지를 생각할 수 있다.

하나는, 중국산 제품을 전수조사할 수는 없고 간혹 샘플조사에서 발각된 것이 이 정도라고 볼 때 대부분의 중국산은 믿을 수 없다는 것이고, 다른 하나는 한국인들의 급증하는 위장 질환, 암, 심혈관 질환, 당뇨병과 저혈당 문제, 비만증, 어린이 · 청소년 · 성인을 불문하고 성격이 급하고 폭력적이며 언행이 거친 것은 모두 잘못된 식생활 문제 때문이라는 점이다.

2016년

첫째, 미국산 쇠고기에서 금속 재질의 못, 공업용 접착제, 작업용 장갑 등 이물질이 발견됐고, 유통기간이 지나 변질되거나 곰팡이도 핀 육류도 수입돼 논란이 됐다. 2008~2016년 6월까지의 '미국산 쇠고기 및 부산물 불합격 내역'은 모두 9년 동안 495건이나 된다. 그 내용도 ① 유통기한 경과, ② 가공일자 미 표시, ③ 털 등 이물질 발견, ④ 검역증에 기재되지 않은 부위 발견, ⑤ 변질, ⑥ 부패, ⑦ 봉인 탈락, ⑧ 곰팡이 발견, ⑨ 외부 상자의 포장 및 내부 진공 포장 훼손, ⑩ 원산지 이중 표기(미국 & 멕시코) 등이며, 가장 많은 것이 '검역증에 기재되지 않은 쇠고기의 부위를 수출한 것(179건)이다(노진섭 기자, 시사저널, No. 1408, 2016. 10. 11~10. 18).

둘째, 어린이와 청소년들에게 급증하는 면역력 저하, 잦은 감기, 심해지는 알레르기, 빈혈질환, 과잉행동장애, 허우대는 크지만 허약한 뼈대, 소아비만, 급증하는 치과 질환, 만성염증성 장질환 또는 과민성 대장증후군인 크론병 등은 잘못된 식생활과 항생제 오 · 남용 때문이다(김수현, 2009, 2014; 마틴 블레이저, 2014; 이지현, 2016; 박지영, 2016; 송화선, 주간동아, No. 1058, 2016. 10. 12-18).

① 항생제 중독, 식품 첨가물, 유전자 조작 식품, 환경호르몬, 트랜스지방, 과당 등의 과잉섭취가 문제라면서 '미래를 위한 생존의 밥상' '생명이 숨쉬는 밥상을 다시 차리자'고 주장한다(김수현, 2009, 2014).

② '인간은 세균과 공존해야 되는데, 어렸을 때 한 번의 항생제 사용으로 미생물

이 사라지게 되어 천식, 비만, 당뇨 등의 현대병이 늘어나는 중요 요인이다' (마틴 블레이저, 2014).

③ 우리나라는 매일 국민 1,000명 중 31.7명이 항생제를 처방받고 있다. 경제협력개발기구(OECD) 회원국의 평균인 23.7명에 비해 35%나 높은 수치이다. 더 큰 문제는 엄청난 양의 항생제가 소, 돼지, 닭 등의 가축과 양식 어류에 투여되고 있다는 점이다. 그 결과 육류, 달걀, 유제품, 수입된 가금류, 과일과 채소, 그리고 항균제가 포함된 비누 및 세정제를 통해 과잉 섭취되고 있다(박지영, 2016. 주간동아, NO. 1058호). 결국 항생제의 밥상 점령으로 "2050년 1,000만 명이 '슈퍼 박테리아'로 사망하게 될 것'이라는 비관적 예측(송화선, 2016. 주간동아, 1058호) 앞에 속수무책인 상태이다.

④ 설상가상으로 '일반약 자판기 허용 입법 예고, 편의점 상비약 판매, 홈쇼핑 건강기능식품 과대 광고' 등 약물 부작용과 오 · 남용, 그리고 항생제 과잉 남용 문제가 대두되고 있다. 특히 국내 의약품 부작용 신고가 1년에 9만여 건, 피부 트러블, 두통, 발작, 출혈, 사망까지… 무서운 약물 부작용 문제는 피할 수 없다(이지현, 2016).

3) 어린이, 청소년을 난폭하게 만드는 가공식품

이미 가공식품의 위해(危害)에 대해서는 전술한 내용을 통해 시사받게 되었다. 그간 일간지를 통해서도 빈번하게 문제점을 환기시켜 왔다. 최근 자료를 보면,

'덥다고 벌컥벌컥 마신 음료수 설탕중독 부른다'(매일경제, 2013. 8. 16), '친환경 농산물 알고 먹읍시다'(동아일보, 2013. 12. 11), '갈증나도 음료수는 가려 마셔야'(한국경제, 2014. 6. 7), '두통약으로 만들었던 콜라, 탄산수는 고열과 이질 등에 효과가 있는 의약품이었다'(조선일보, 2014. 7. 15), '알록달록 불량식품, 색 예뻐도 우리 몸에는 좋지 않아요'(조선일보, 2015. 7. 2), '톡 쏘는 맛 탄산수 제대로 알기'(내일신문, 2015. 7. 22) 등이다.

가공식품의 문제를 오사와 히로시의 '식원성증후군'을 중심으로 정리하면 다음과 같다.

첫째, 가공식품은 어린이, 청소년의 성격을 난폭하고 공격적으로 만든다.

청량음료를 먹인 쥐가 사나워졌다든지, 빈민층이 먹는 음식을 먹였더니 쥐들이 서로 물어뜯고 양육강식의 아수라장이 되었다는 영국의 맥카리슨(Robert Maccarrison)의 연구에서도 입증되었다. 가공식품 위주의 식생활에 푸른 잎 채소를 멀리하니 영양실조에다 현저한 칼슘 부족 상태에 빠지게 되는 것이다. 칼슘은 정신안정제인데 이것이 부족하니 정신이 불안정해지고 난폭해지게 되는 것이다.

둘째, 가공식품 위주의 잘못된 식생활은 몸과 마음을 병들게 하고 여러 가지의 문제행동을 일으킨다.

가정폭력, 학교폭력, 교사에 대한 폭력, 등교 거부, 신체 이상, 학업부진 학생의 공통점은 다음과 같다.

① 단 것을 너무 좋아한다.
② 청량음료를 매일 1리터씩 마신다.
③ 라면, 햄, 소시지, 인스턴트 식품과 고기를 자주 먹는다.
④ 채소는 거의 먹지 않는다(오사와 히로시, 2005).

셋째, 아이들의 정신건강을 유발하는 원인은 여러 가지가 있지만, 어린이의 식생활과 환경의 악화가 문제이다. 정서장애와 등교 거부, 충치 발생률의 증가와 편식을 하는 어린이와 청소년이 급증하는데 이들의 공통점은 다음과 같다.

① 아침밥을 먹지 않는다.
② 채소는 전혀 입에도 안 대고, 고기 · 햄 · 소시지를 너무 좋아한다.
③ 과자, 아이스크림, 주스, 과자, 초콜릿 등 단 것을 너무 좋아한다.
④ 결과적으로 설탕과 인산염을 과잉 섭취했고 식이섬유의 섭취도 감소했다.
⑤ 비타민, 미네랄, 칼슘 등 영양소가 부족하다.

넷째, 알레르기, 근력 저하, 피로, 시력 불균형 등의 '신체 이상' 증세는 식생활과 관련이 있고 저혈당이 원인이다. 시력 저하와 근시는 식생활 및 편식과 밀접한 관련이 있으며, 단 것을 많이 섭취하면 눈이 나빠진다. 즉, 설탕 문제이다(누마타 이사무, 1978). 즉, 과자, 콜라, 주스 등 단 것을 피하는 것이 좋다.

다섯째, 인스턴트 라면, 컵 라면은 자주 먹으면 독이 된다. 인스턴트 라면은 죽음을 부르고, 간 질환 및 암과 관련이 많다. 라면에 첨가된 가공재료들이 수명을 단축시킨다(오사와 히로시, 2005).

여섯째, 폭력, 비행, 반사회적 행동을 하는 아이들과 청소년들의 공통점은 다음과 같다.

① 채소를 싫어하고 고기를 좋아한다. 특히 비행 청소년들은 이 경향이 뚜렷하다.
② 설탕의 과잉섭취로 인한 저혈당증이다.
③ 아침 먹지 않거나 시리얼, 우유, 흰 빵을 먹고 점심은 컵라면, 저녁은 패스트푸드, 즉 튀김과 고기 · 햄 · 소시지를 즐겨 먹는다.
④ 간식은 청량음료, 아이스 바, 아이스크림, 초콜릿, 케이크, 커피, 과자 등이다(오사와 히로시, 2005).

4절 교육의 패러다임, 이대로 괜찮은가

1. 행복하지 않은 어린이 · 청소년

1) 낮은 수준의 주관적 행복도

어린이 · 청소년은 건강한 부모와 건전한 사회환경으로부터 각별한 보호와 선도(善導), 육성과 교육을 받으며 성장해야 한다. 그 구체적 규정이 다음 두 가지 예이다. “어린이는 따뜻한 가정에서 사랑 속에 자라야 하며, 공해없는 깨끗한 환경에서 살아야 하고, 개인의 능력과 소질에 따라 교육이 이루어져야 한다. 그리고 즐겁고 유익한 놀이와 오락을 위한 시설과 환경을 제공받으며 안전을 지킬 수 있는 지도를 받아야 하는 존재”이다(대한민국 어린이헌장).

또한 “청소년은 자기 삶의 주인이다. 인격체로서 존중받을 권리와 시민으로서 미래를 열어 갈 권리를 가진다. 스스로 생각하고 선택하며 활동하는 삶의 주체로서 자율과 참여의 기회를 누린다. 가정, 학교, 사회, 그리고 국가는 위의 정신에 따라 청소년의 인간다운 삶을 보장하고 청소년 스스로 행복을 가꾸며 살아갈 수 있도록 여건과 환경을 조성한다"(대한민국 청소년헌장 전문)고 명시되어 있다.

그런데 오래 전부터 우리의 현실은 왜곡된 과열 교육열로 인해 유치원 시절부터 "조기 영어교육, 조기 영재교육, 조기 인지교육, 각종 유아용 학습지 등 점점 극단적인 형태의 '아이 망치는 과잉 조기교육'이 경쟁적으로 성행하고 있다"(신의진, 서울신문, 2004. 3. 26). 마치 일본에서 "몰가치적 경쟁과 성공, 무자비한 살아남기 등의 문화가 아이들에게 강요하는 가치이며 교육으로 '출구없는 압력솥'으로 비유하면서, 10대의 폭력은 이런 억압으로부터의 탈출이고 억압의 방출"(도정일, 한겨레신문, 1997. 7. 17)이라는 해석을 한 것에 대해 재음미하게 한다.

그 같은 '아이 망치는 조기교육'과 '광적인 사교육' 열풍은 우리의 미래세대를 병들게 하는 주요 사회병리적 현상이다. 유치원 시절부터 두세 곳의 학원으로, 초등학생 때부터는 4~6종류의 사교육기관을 뺑뺑이 돌리기 식으로 몰아붙이니 어린이·청소년의 행복지수가 'OECD 회원국 중 꼴찌'일 수밖에 없는 것이다.

첫째, '2011년 한국 어린이·청소년의 행복지수'는 OECD 23개국 중 최하 점수이다.

① 방정환재단과 연세대학교 사회발전연구가 전국 초등학교 4학년~고등학교 3학년 학생 6천 410명을 대상으로 조사한 결과이다(2011. 5. 4. 발표).

② 주관적 행복지수는 주관적 건강, 학교생활 만족도, 삶의 만족도, 소속감, 주변상황 적응, 외로움 등 6개 영역에 대한 응답을 수치화한 것이다. 그런데 한국은 2009년 64.3점, 2010년 65.1점으로 3년 연속 OECD 국가 가운데 주관적 행복지수가 최하위에 머물렀다.

③ 청소년정책연구원(2006~2007, 2011)의 연구결과에 따르면, '여러 가지 면에서 행복한가?'란 질문에 대해 '매우 그렇다'고 응답한 고교생 비율은 2006년(13.7%), 2011년(11.7%)로 더 낮아졌다. 반면 2006년 같은 질문에 대해 '매우 그렇다'고 답한 비율은 일본(32.3%), 중국(39.1%)로 나타나 대조를 보였다.

이 모든 것은 어려서는 '오냐 오냐' 하며 공주병, 왕자병으로 키웠지만 유치원생이 되면서부터 온갖 망국적인 교육열풍에 시달리게 만든 것이 주요 원인이라고 본다.

둘째, 한국방정환재단과 연세대학교 사회발전연구소 공동조사 결과, '2012 한국 어린이・청소년 행복지수 국제 비교'에서 한국의 주관적 행복지수는 최하위에 머물렀다.

① 즉, 2012년 주관적 행복지수는 69.29점으로 나타남으로써 2009(64.3점), 2010년(65.1점), 2011년(65.98점)에 이어 4번 연속 OECD회원국 23개국 중 최하위에 머물었다.

② 특히 초등학생 사이에서도 가출 충동과 자살 충동이 높은 것으로 분석됐다. 5명 중 1명(20%)이 가출 충동을 느낀 적이 있고, 적어도 10명 중 1명(10%)은 자살 충동을 느낀 적이 있다고 답했다.

셋째, 2013년도 세계 최초의 국제 어린이 '행복 종합지수'에서도 한국 어린이들은 상대적으로 '덜 행복하다'는 반응을 보였다.

한국을 비롯해서 남아프리카공화국, 브라질, 스페인, 알제리, 영국, 우간다, 이스라엘 등 8개 국가 어린이(만 12세 이상) 1만 4,030명을 대상으로 '자기 자신, 학교, 시간 활용, 건강, 생활지역, 대인관계, 경제여건, 가정' 등 8개 영역 29개 항목에서 어린이가 느끼는 행복도를 수치화한 것이다.

① 한국 어린이의 행복종합지수는 90.3점으로 조사대상 8개국 중 7위에 그쳤다.

② 결국 경제수준에 비해 한국 어린이들은 '덜 행복하다'는 느낌을 갖고 있다는 것으로 해석되며, 그 배경은 어려서부터 학업과 사교육을 강조하면서 부모들이 밀어 부친 결과, 자신만의 시간 활용과 가족 간의 소통, 감정적 공유가 부족함을 표출한 것으로 본다.

이 프로젝트에 한국측 대표로 참가한 이봉주 교수(서울대)의 "급속한 경제성장을 이뤘지만 어린이의 성장환경은 낮은 수준이다. 아동의 삶의 질에 대한 관심과 투자가 절실하다"(국제아동지표학회, 2013. 5. 29)는 지적이 설득력을 갖는다.

넷째, 유럽연합의 입법기구인 유럽의회는 '어린이 행복지수'에 있어서 한국이 가장 낮은 수치를 기록했다고 최근 보고서를 통해 발표했다(스푸트니크 통신, 2015. 5. 13).

2) 가정환경의 건강성 문제

태아기 10개월의 중요성과 태교가 얼마나 중요한지는 이미 강조하였다. 그리고 출산과정 및 출산 후 1시간이 인간에게 매우 중요한 시기라는 것도 전술한 바 있다(이교원, 2012).

태어난 아이는 부모의 얼굴이요, 상징인 동시에 국가사회의 미래이다. 이들이 어린시절 부모-자식관계, 특히 어머니와의 관계가 어떠하며 어린 시절을 어떻게 보내며 어떻게 성장했느냐는 그가 커서 어떤 사람이 되고, 어떤 마음가짐을 가지게 되느냐를 결정하게 된다(정범모, 2000). 이렇게 어린 시절의 육아문제가 중요하기 때문에 관련 문헌도 다양하다. 그러나 기존 육아서적들의 매뉴얼이 딱 들어맞는 사람은 20%, 대충 맞는 사람은 60%, 전혀 맞지 않는 사람은 20%이어서 '2・6・2 법칙'이 있다(池川 明, 2003)고도 한 만큼 특정이론에 편향되지 말고 다음과 같은 점(김흥규, 이만표, 2013)에 역점을 둘 때, 건강한 가정환경이라고 할 수 있다.

첫째, 미국・독일・일본 아이들과 비교할 때 대한민국의 어린이들이 과연 건강한 가정환경과 건전한 사회환경에서 잘 보호를 받으며 자라고 있는지 성찰할 필요가 있다.

주간동아는 지난 2009년 'SOS! 대한민국 어린이로 살아가기'란 특집을 구성하고, 그 문제점으로

① '스펙 강박증' 대한민국 부모들, 도를 넘은 아이 닦달 … 사랑하기에 뺑뺑이를 돌린다.

② 0313세대(만 3~13세) 어린이들의 "저도 할 말 있어요" … "나쁜 짓하는 어른들 무섭고요, 학원 안 가는 날 행복하죠."

③ "우리들 공부 스트레스, 어른들은 몰라요." "공부 공부, 진짜 미칠 것 같아요" … 조기교육 = 조기 스트레스?

④ 가정 내 '아동학대' 브레이크가 없다 … 성(性) 폭행에 우는 어린이 하루 5명

⑤ 유해환경 '아이들 습격 사건' … 음식부터 집, 놀이터까지

⑥ 성장발육 좋아 초등생이면 변성기 … 성에 일찍 눈뜬 '위기의 아이들', 성건강 관점에서 성교육 접근해야 한다는 것이다.

이상의 지적을 통해 느끼는 것은 우리 모두가 어린이의 삶의 질에 대해 원점에서 다시 접근해야 한다는 점이다.

둘째, 부모는 자녀 양육에서 사랑과 훈육의 두 측면에 균형과 중심을 잡아야 한다. 왜냐하면 훈육은 "… 하라"는 권장과 "… 하지 말라"는 금지를 통해 삶의 한계와 진정한 책임감, 그리고 자유를 배우게 되기 때문이다(박순영, 국민일보, 2002. 5. 31).

셋째, 인간 됨됨이의 뿌리는 어릴 때의 올바른 습관 형성이고, 모든 교육의 뿌리는 가정교육의 정도(正道)에 의해 결정된다.

때문에 부모들은 자녀가 어릴 때부터 습관의 위력과 메커니즘을 이해하고

① 올바른 습관은 무엇인가, ② 올바른 습관을 어떻게 키울까, ③ 어떻게 습관이 형성되는가, ④ 습관을 개조하는 방법은 무엇인가 등에 대해 각별한 준비와 실천이 따라야 한다.

왜냐하면 "사람들은 습관대로 생각하고, 습관대로 행동한다. 문제를 처리할 때에도, 문제를 해결하고 업무를 처리할 때에도, 새로운 사람을 만날 때에도 습관이 앞선다. 성공과 실패, 그리고 나와 조직의 운명을 결정하는 위대한 비밀은 사소한 습관"(곽금주, 2007)이기 때문이다.

실제로 '우리가 매일 행하는 행동의 40%가 의사 결정의 결과가 아니라 습관 때문' 이었고(Bas Verolanken & Wendy Wood, 2006; Neal, Wood, & Quinn, 2006), '우리가 매일 반복하는 선택들 역시 신중하게 생각하고 내린 결정의 결과물이 아니라 대부분의 선택은 습관'(찰스 두히그, 2013)이므로 '우리 삶은 습관 덩어리일 뿐이다'(William James, 1899)라는 말이 설득력을 갖는다.

또한 공병호는 "결혼은 책임감이란 단어와 함께 시작한다. 가풍을 세우고 실천하라. 뿌리 깊은 나무처럼"이라고 하여 좋은 습관을 뿌리 깊은 나무에 비유하면서 "어떤 시대에서든 한 인간이 갖고 있는 굳건한 삶의 방식(습관)에 따라 승리하는 삶과 패배하는 삶이 나뉜다(공병호, 2011)며 습관의 중요성을 강조한다.

넷째, 가정교육의 핵심은 부모가 아이와 함께 하는 시간이 어느 정도이냐의 문제이며, 인성교육의 요체는 어머니가 아이와 함께 많은 시간을 가져야 한다는 점이다.

다섯째, 부모와 조부모가 이야기꾼이고, 엄마가 재미있는 애기와 동화를 많이 들려주었으면 아이들이 지혜롭게 성장한다.

여섯째, 어릴 때 가정에서부터 반교양, 반질서, 반문화, 비윤리, 부도덕적인 요인은 철저히 바로 잡아 습관화시키는 것이 중요하다.

일곱째, 윤리·도덕의식을 깨우치고 철저히 가르치는 가정환경이어야 한다.

점점 더 목적이 수단을 정당화시키고 있다. 그로 인해 현대인들은 종종 도덕적 잣대를 상실한다. 도덕적 잣대를 지켜 나가는 것이 옳은 일일 뿐만 아니라 최고의 기업도 만들고 최고의 성과도 거두는 길"(Paul Fribourg, 2006)이며, "도덕적 결정이 전략적으로 가장 스마트한 결정"(Doug & Fred)이라며 수많은 비즈니스 사례들을 제시한 것에 중요한 의미가 있다는 딕 해링턴(Dick Harrington, 2006)의 지적에 주목해야 한다.

① "혼돈의 시대, 가치 부재의 시대, 온갖 유혹과 위험이 난무하는 이 시대를 살아가는 자녀들에게 제일 먼저 키워야 할 능력이 도덕지능이다. 공감능력(empathy), 분별력(conscience), 자제력(self-control), 존중심(respect), 친절성(kindness), 관용성(tolerance), 공정성(fairness) 등은 훌륭한 인격과 사회적 성숙의 핵심 덕목"(Michele Borba, 2004)이기 때문에 자녀들에게 키워 주어야 될 자질이다.

② "도덕적 능력은 생존의 문제이며, 전 분야에서 도덕적 리더십이 주목받고 있는 것은 그 때문이다"(Doug & Fred, 2006). 특히 "왜 민주사회에서 도덕의 갈증을 느끼고 있는가? 도덕성이 살아야 정의도 살 수 있고, 무너진 원칙도 다시 바로 세울 수 있다"(Sandel, Michael J., 2010)는 주장에 주목해야 한다.

그런데 우리의 현실은 '귀엽다'는 의식 때문에, '사랑스럽다'는 감정 때문에 지나친 과보호로 유아기를 보내다가 유치원 입원을 전후하여 지식과 스펙을 중시하면서 "이거 해라", "저리 가라"며 사교육과 학원 교습에 동분서주(東奔西走)하게 만든다. 이런 상황에서 인성교육이나 도덕지능은 관심조차 없다.

여덟째, 최고(Best)보다는 독창성(Unique)이 중요시되는 '핵심역량의 경쟁전략 시대'(Porter, 2009)이며, 창의성 기반 경제(Creative-based economy), 창의적 조직만이 살아남는 시대(Hamel, 2009)이기 때문에 부모들은 자녀들이 어릴 때부터 양쪽 뇌(腦)를 사용하는 훈련을 통해 창의성 발달을 도모해야 한다.

"학교와 직장에서 성공적이지 못한 사람은 어느 한쪽 뇌의 기능적 특성만을 사용하고 있기 때문일 수도 있다. 예컨대, 대부분의 우뇌(右腦) 학생은 학교교육에서 실패하고 있으며, 직장에서 만족스러운 직무 수행을 하지 못하거나 다람쥐 쳇바퀴 도는 따분한 인생을 사는 사람들은 모두 양쪽 뇌를 사용하지 못하고 있기 때문인 것이다. 그러므로 양쪽 뇌를 사용하여 공부하고 일하는 방법을 배워야 한다"(Wonder & Donovan, 고영희 역, 1991)는 지적을 주목해야 한다.

또한 "만약 불안하고, 우울하고, 강박증이 있거나, 화를 쉽게 내거나, 쉽게 주의가 산만해진다면, '우리의 마음속의 문제에 문제가 있다. 즉, 순전히 심리적인 문제라고 믿을 것이다. 그러나 지난 1990년 이후 정교한 뇌 영상 연구(단일 양성자 방출 촬영법: SPECT)의 획기적 발달로 그런 문제가 뇌의 생리학적인 문제에서 기인(起因)한 것임이 밝혀졌다"(Amen, 2000).

① 불안 · 신경과민 · 공포 · 공황 · 갈등 · 회피 · 집중력 문제 그리고 불안과 두려움에 사로 잡히는 것 등의 행동 증상은 기저핵(基底核)이 과도하게 작용하기 때문이다.

② 자기 통제력 문제, 주의 폭과 초점화의 문제, 산만하고 충동적인 문제는 전두엽이 제대로 활성화되지 못한 데 문제가 있다.

③ 생각의 반복, 특정 패턴에 집착하는 행동, 경직 및 과도한 집착, 우울증에 시달리는 것 등은 변연계의 대상회가 과잉 활성화되었기 때문이다.

④ 특히 약물 중독자, 살인자, 아동 학대자, 자살 등 정상적이지 않은 사람들은 성격적인 문제가 아닌 뇌의 문제이다.

이와 관련하여 "우리는 이성적으로 판단한다고 하지만 무의식적으로 진행하는 게 많다"(Häusel, 2008)는 주장, 그리고 "옳고 그름을 판단하는 것은 '나'가 아니라 나의 '뇌(腦)'(Gazzaniga, 2009)이며, 발달된 뇌파 측정 및 기능성자기공명영상(fMRI) 장치로 뇌 영상을 촬영하여 미래의 건강상태, 학습능력, 난독증, 범죄 가능성까지 알 수 있다는 것이다(존 개브리엘리, 'Neuron', 2015. 1. 7; 미국 Univ of Louisville 연구팀, 'Journal of Cognitive Science', 2015; 스웨덴 Karolinska Institute 의대 연구팀, 'Cerebral cortex': Univ of Oxford).

그 밖에 "우리는 생각하고 뜻하는 대로 할 수 있을 것이라고 여기면서 계획을 세우고, 희망 속에 미래를 꿈꾸지만 늘 작심삼일로 끝나는 경우가 많다. 이는 깨어 있는 시간의 46%는 온갖 잡생각을 하다가 정작 결정적 순간에는 '습관에 따라 저항없는 안전한 길'을 선택하고, '기억하고 싶은 것만 기억'하며, 보상받기를 좋아해서 충동적이고 '즉흥적인 것을 좋아하는 뇌'(Disalvo: 2012)를 너무 믿었기 때문이다." 즉, 인간은 이성적 동물이기 때문에 냉철하고 합리적 판단을 할 것이라고 여기는 것이 착각이라는 것이다. 어릴 때부터 뇌의 발달을 위한 교육 훈련의 필요성을 느끼게 된다.

2. 교육의 패러다임을 바꾸자

1) 학교의 입시 학원화, 학원의 입시 학교화

우리나라 교육은 중대한 위기와 긴급한 과제에 직면해 있다. 그 위기에 대한 대책과 견해는 교육문제를 보는 시각과 강조점, 접근방법에 따라 다양하게 지적되어 왔다.

우선 '한국교육의 병리현상'에 대해 교육학자들은 크게 ① 왜곡된 교육의식의 문제, ② 개성을 무시한 획일적 교육, ③ 입시 위주 교육과 과열 과외, ④ 비인간적 교육환경을 지적했다(황정규 외 4인, 1994).

그리고 일간신문에 보도된 교육관련 내용 중 일부를 살펴보면 다음과 같다.

'압력솥 안의 아이들'(도정일, 1997, 한겨레신문), '학벌사회가 학교폭력 부른다'(김준호, 1998, 세계일보), '교육 패러다임을 바꾸자'(박영식, 2001, 경향신문), '토론은 없고 흑백만 있다'(김성곤, 2002, 조선일보), '가정교육의 실종'(박순영, 2002, 국민일보), '전인교육 포기할 건가'(백수인, 2003, 문화일보), '교육탈출 바라만 볼 건가'(백순근, 2003, 한국일보), '교육, 뿌리부터 개혁을'(김영명, 2003, 한국일보), '기능뿐인 인터넷 교육'(정인학, 2003, 대한매일신문), '교권을 다시 생각한다'(남승희, 2004, 서울신문), '아이 망치는 과잉 조기교육'(신의진, 2004, 서울신문), '험한 세상 정서교육이 먼저'(남경희, 2004, 경향신문), '상상력 교육, 큰 일이다'(김광림, 2004, 국민일보), '선진국형 교육으로 나아가야 한다'(조동일, 2005, 문화일보), '교원평가, 이대로 좋은가'(정진곤, 2006, 경향신문), '조기유학보다 공교육 정상화 중요'(유용화, 2006, 경향신문), '교육자들, 히딩크처럼'

(월간 신동아, 2008, 8), '임용땐 최고 실력 … 교사되면 열정 사라져'(중앙일보, 2010), '등교 뒤 시험거부'(한겨레, 2010), '선생님, 선생님 …'(한국일보, 2010), "나도 이런 스승 있었으면"(중앙 Sunday, 2010), '위기학생 117만 여명'(조선일보, 2010), '교사 개혁 없이는 공교육 불신 못 깬다'(동아일보, 2010), '교육입법 팽개쳐 놓고 교육입국 말하지 말라'(동아일보 사설, 2010), 등 … 그러나 시험맹신, 필답맹신, 입시 위주, 학력 위주, 암기력 경쟁, 정형화된 문제 풀이의 반복 훈련은 조금도 개선되지 않고 있다.

이같은 현상에 대해 일찍이 한국 교육학계의 태두(泰斗)인 정범모(鄭範謨) 교수는 "혹독하고 집요하고 백해무익인 입시준비교육, 비대한 사교육비, 너무 많고 너무 어렵고 너무 피상적인 교과과정, 입시준비 교육은 이 나라 교육병폐의 '원흉', 시험과 숙제가 많기로 세계 제일, 학교 밖에서도 각종 '과외'에 시달리고 학교에서마저 '자율학습' '보충학습'이란 이름으로 시달리어 학생들은 아침도, 방과후도, 밤도, 방학도 없이 공부하기를 강요당하는 '이런 잔인한 학교는 세계에 없다.' 한국의 학부모의 교육열이 높다고 하지만 그것은 교육열이 아니라 '출세열'이요, 기복사상의 연장이다"(정범모, 2000)라고 한탄하였다.

또한 창조적 아이디어와 새로운 패러다임 제시로 주목받은 이면우 교수는 "우리의 중학교 1학년 학생들은 날마다 월드컵 국가대표 축구선수단의 6배에 이르는 강훈련을 받고 있다. 국가대표 선수들도 감당 못할 고된 일과에 묶여 지낸다. 좁은 공간에 모아 놓고 가르치고 꼼짝도 못하게 한다. 학부모, 교사, 학원 강사가 번갈아가며 몰아 부친다"(이면우, 2004)고 개탄했다.

언필칭 21세기는 '창의력과 탐구정신, 다양성과 수월성, 사고력과 모험정신, 정보처리 능력과 다문화적 소양, 국제적 언어 구사력과 커뮤니케이션 스킬, 높은 도덕지능과 굳센 의지력을 갖춘 인재들이 다품종·소량생산으로 경쟁력 우위를 다투는 시대라고 말들은 한다. 그러나 가정·학교·사회분위기는 교과 위주의 교육, 학력 위주의 교육관, 학원 보내는 것으로 부모의 책임을 다한다는 자녀교육관, 암기력과 정형화된 문제풀이 중심의 교육병폐에 조금도 변함이 없다. 결국 학교의 입시준비 학원화가 심화되고, 학원의 입시준비 학교화가 더욱 강화되는 분위기이다.

2) 교육환경을 혁신하자

지금 우리는 입시 위주의 교육, 암기 위주의 교육에 혈안이 되어 있다. 그것도 그 지식과 정보의 수명이 대단히 짧아져서 35년 만에 지식의 정보량은 배로 증가하고 2020년에는 75일만에 배가(倍加)된다는 그 단명한 지식의 편린(片鱗)에 매달리고 있는 현실이다(김흥규, 2002, 교총신보). 뿐만 아니라 지식의 반감기(Arbesman, 2012)를 맞아 전자공학과 1학년 때 배운 지식이 3학년이 되면 무효화되는 시기에 살고 있다.

이 같은 문제의 배경에는 비정상적인 사회분위기와 왜곡된 교육관, 그리고 학교의 학원화, 학원의 학교화라는 병리적 추세 때문으로 이해된다.

특히 중산층 이상에 해당하는 대부분의 국민들 의식에 내재하고 있는 병리적 교육관이 고질적인 문제라고 본다. 즉,

① '학교교육만이 교육'이라고 믿는 학교 중심 교육관

② '버릇은 없어도 공부만 잘하면 된다'는 학력주의 교육관

③ 고액의 사교육비를 지출하면서 '학원에 보내는 것으로 부모 책임을 다한다'는 자녀 교육관

④ 학교교육은 공사립, 특목고를 막론하고 '똑같아야 된다고 믿는 획일적 교육관'

⑤ 공존과 화합, 상생(相生)과 타인에 대한 배려를 위한 교육이 아니라 '경쟁과 승리를 위한 교육'만을 강화시켜온 전략적 교육관

⑥ 사학의 자율성을 무시하고 공공성만 강조하면서 간섭하는 규제 교육관

⑦ 정치논리, 경제논리를 앞세운 전략적·정치적 교육관 등 이 모든 것들이 학교교육을 왜곡시키고 파행시키는 요인들이다(김흥규, 2004. 2. 5, 인천 교총신보) 그 결과 자녀·청소년들에게 '버릇은 없어도 공부만 잘하면 최고 자녀'라는 의식을 갖게 함으로써 윤리·도덕성, 심리·사회적 성숙, 인격은 뒷전이며 고액 과외·학원 등록 등 사교육 현장에 자녀들을 내맡겨 오직 학력만을 높이는 데 혈안이 되어 있으며, 원정 출산과 국적 포기 등 단세포적·미시적 타산성에 집착된 행동을 일삼고 있다.

이 같은 잘못된 가치관, 이기적인 타산성 때문에 자녀들을 과잉보호하게 되고

그 결과 캥거루족, 왕자병, 공주병의 자기애적 인격장애를 양산하게 되었으며, 이 같은 가정교육의 왜곡현상은 자녀들의 정서를 황폐화·산성화 시킴은 물론, 창의성·사회성, 책임감과 규범의식 등 귀중한 심리·사회적 성숙의 덕목에 대한 교육 부실을 초래하게 되었다고 본다.

이제라도 전인교육의 측면에서 심리적 성숙과 사회적 성숙의 측면에 역점을 두고 교육을 해야 할 것이다.

(1) 청소년의 심리적 성숙

첫째, 자존감의 형성 발달이 중요하다.

자존감은 심리적인 영역으로 개인의 심리, 사회 성숙과는 매우 밀접한 관련이 있다.

둘째, 자기 효능감(self-efficacy)의 형성 발달이 중요하다.

자기 효능감은 과제수행에 필요한 동기, 인지적 원천, 행동의 방향을 이끌 수 있는 개인의 증력에 대한 판단이며, 성과에 필요한 신체적, 지적, 감정적 원천을 움직이게 하는 개인의 능력에 대한 믿음이다.

셋째, 정서적 안정감 발달이 중요하다.

정서란, 어떤 일을 경험하거나 생각할 때 일어나는 갖가지 감정, 또는 그런 감정을 유발하는 주위의 분위기나 기분을 말하는 것으로 생활상태에 대한 신체적, 행동적인 반응으로서의 동요상태이기 때문에 의식적으로는 강한 감정이 중심이 되고, 신체적으로는 재장적인 생활기능의 변화에 따른 '표정과 자세, 호흡 및 혈액순환, 분비선, 소화기관 등의 변화와 운동적 표현'을 수반한다.

넷째, 성 정체감(Sex-identity)의 발달이 중요하다.

DSM-5(2013)에서는 성 정체감이란 용어 대신 성별 불쾌감(Gender Dysphoria)이라는 용어를 쓰고 있다(DSM-5: 451-452). 그러나 남성다운 특징으로서의 남성성 정체감(masculinity)과 여성다운 특성으로서의 여성성 정체감(feminity) 발달은 중요하다. 이 성 정체감의 기초 위에 보다 큰 성역할 가능성과 적응 잠재력으로서 심리적 양성성(Bem, 1976)이 키워져야 한다.

다섯째, 자아정체감의 발달이 중요하다.

청소년기에 자아정체감을 올바로 형성하지 못하면 역할에 대한 혼란이 일어나고 비합리적인 집단 행동에 휘둘리게 된다고 하였다.

여섯째, 강인한 의지력·의연성의 함양·발달이 중요하다.

지구력, 인내, 각고(刻苦), 인고(忍苦)의지, 극기, 절제, 자제, 용기를 포괄하는 말인 의연성·의지력이 발달하지 못함으로 인해서 신체적 심약증, 지적 심약증, 정서적 심약증, 사회적 심약증, 도덕적 심약증 등이 나타난다(정범모, 2000).

일곱째, 유연성·융통성·개방성·균형감각을 가진 합리적 사고력의 발달이 중요하다.

유연성과 융통성, 개방성과 균형감각 수준이 낮은 사람들이 역사로부터 배우려고 하지 않으며, 외국으로부터 교훈을 얻으려고 하지 않고, 국민의 충고와 여론에 귀를 막게 되고, 과거로부터 시사받은 것을 좋아할 리가 없는 것이다. 뿐만 아니라 전문가로부터 조언, 실패로부터 뉘우치는 자세도, 토론을 통해 중지를 물으려는 마음가짐도 약할 수밖에 없는 것이다. 인지 왜곡, 편향된 역사관, 비합리적 사고와 신념, 흑백사고 등이 이들의 문제이다.

여덟째, 정직성의 함양·발달이 중요하다.

사람들이 대인관계를 유지하고 공동체를 꾸려 나가는 데 있어 기본적·핵심적 요인은 서로가 거짓말을 하지 않는다는 약속과 기대에서 출발한다고 본다. 따라서 부정직하고 거짓말을 잘하는 개인, 거짓말이 판치는 사회는 바로 서지도 못할 뿐 아니라 바로 발전하지도 못하기 때문에 경쟁력이 없게 되는 것이다. 저명한 정치학자인 프랜시스 후쿠야마 교수도 그의 저서 『트러스트(신뢰)』에서 "국가의 복지와 경쟁력은 한 사회가 고유하게 지니고 있는 신뢰의 수준에 의해서 결정된다."고 강조 하였다.

프랑스 유치원에서 가장 중요시 하는 덕목이 함께 살기(Vivre ensemble)인데, 이 과정에서 어린이들은 '자기의견 말하기와 남의 말 듣기, 그리고 거짓말 안하기 교육'을 집중적으로 교육받는다. 프랑스 초등학교에서도 "거짓말은 도둑질과 같은 것"이라고 가르치는데 그래도 고쳐지지 않으면 심리상담 교사에게 인계하고 있으며, 영국의 카디프대학의 언론대학원은 첫 강의에 표절은 범죄행위임을 가르치고 있다. 지도층의 거짓말이 심각한 수준인 우리의 현실에서 정직성의 함양은 중요한 덕목이라 하겠다.

아홉째, 창의성의 개발·발달이 중요하다.

21세기 인재는 창의성과 수월성을 갖춘 인재들이 다품종·소량생산으로 경쟁력의 우위를 다투는 세상이다. 그래서 선진국들은 창의성과 탐구력, 사고력과 모험정신, 정보처리 능력과 논리력, 지구촌 의식을 키우면서 '모르는 사실(unknown acts)'에 도전하게 하고 있다. 뿐만 아니라 정답이 없거나 검증되지 않은 정보를 분석하여 여러 개의 가능성과 불확실성(probability & uncertainty)을 찾는 창의성을 키우는 데 초점을 두고 있다(김영길, 1998).

그런데 우리는 입시 위주의 교육, 암기 위주의 교육에 혈안이 되어 있다. 그것은 그 지식과 정보의 수명이 대단히 짧아서 3, 5년 만에 지식의 정보량은 배로 증가하고 2020년에는 75일 만에 배가(倍加)된다는 그 단명한 지식의 편린(片鱗)에 매달리고 있는 현실이다(김흥규, 2002, 교총신보).

열 번째, 자율·다양성의 발달이 중요하다.

지금 우리사회는 지도계층과 주도 그룹이 인정하든 안하든 간에 총체적인 위기(total crisis), 총체적 비난(total condemnation), 총체적 불만(total complaint), 총체적 갈등(total conflict)에 함몰되어 있다.

이제는 고교생들이 촛불시위를 하면서 서로서로를 인정하지 않고 타도의 대상으로 생각하고 있다. 그 결과 우리사회의 도처에서 지겹도록 목격되는 승자와 패자가 분명한 '제로-섬 게임 (zero-sum game)'만을 연출하면서, 자기들 뜻대로 안되면 신분초월, 성별초월, 학력무시, 명예불문, 시공(時空)초월, 연령불문하고 탈법적·탈선적·공격적 행태를 자행하고 있다. 정부와 국회에서, 사회도처 삶의 현장에서, 학교현장과 공무원사회에서, 온라인·오프라인 현장에서 마치 'O. K목장의 결투'를 연상케 하는 비극적 참극이 끊이질 않고 있다.

뿐만 아니라 '코드와 배짱(색깔)'이 맞는 자들끼리 끼리들만의 근친결혼적(?) 짝짓기를 시대정신인양 착각·각색(脚色)하여 정책적 기형아를 양산하고 사회 통합을 외면하며 성원들을 단절화(斷絶化)·단층화(斷層化)·분절화(分節化)시켜 사회해체의 길로 고속질주 하는 것 같은 인상을 받게 된다.

그리고 '외모가 경쟁력'이라며 모두들 수술실을 찾고, 방학이면 기다렸다는 듯이 청소년·소녀들이 성형 예약의 전쟁을 방불케 함은 물론이고 효도, 자녀입학 및 축하 선물로 성형수술 예약권이 인기를 끌고 있는 현실이다. 모두가 따라하기 모방경쟁의 파고에 휩쓸리고 있다. 자율 다양성을 사장시키는 사회이기 때문이다.

도대체 국가관, 대통령 평가관, 역사관, 국가 근대화에 대한 견해 등 모두 자기들 입맛대로이다. 어떻게 역사, 인물, 사회 발전 현상이 개인 사유물인가? 4·19와 5·16 근대화와 산업화, 사북사태와 부마사태, 그리고 5·18 민주화와 두 김씨 등의 평가에 있어 어느 특정 집단의 입맛과 재단에 의해 강요되고 획일화되어지는 모습은 성숙한 개인과 사회의 모습은 아니다.

(2) 청소년의 사회적 성숙

첫째, 대인관계, 인간관계 능력의 발달이 중요하다.

인간은 만남의 존재이며 인생은 너와 나의 조우요, 해후이다. 그래서 작가 Hans Korossa는 "인생은 만남이다(Life is encounter)"(안병욱, 1953)라고 했다.

이 인간관계의 성격에 따라 개인의 성격, 삶의 태도와 가치관, 진로와 직업, 삶의 질까지 결정하게 된다.

특히 나카타니 아키히로(中谷彰宏, 1997)는 "20대의 만남이 인생을 좌우한다. 20대에 누구를 만났느냐에 따라 당신의 인생이 결정되므로 재미있는 사람도 만나고 이상한 사람도 만나며, 위험한 사람도 만나자. 나를 인정해 주는 스승이 소중한 만남이지만, 나를 과소평가 하는 사람도 소중한 사람이므로 만나야 한다. 장점보다는 단점을 지적하고, 부족한 면을 정확히 지적해 주는 사람을 만나야 한다(이선희 옮김, 1997)라고 강조한다.

둘째, 사회 친화력의 발달이 중요하다.

사회 안에서 인간은 더불어 살아가는 공존적 존재이다. 사회적 생활이란 선하고 아름다운 인간관계에서 이루어지는 것이며, 예의범절을 통해 행동에 옮겨지며 선한 생활의 기본 질서가 존속되는 것이다(김형석, 1993).

서로 다름을 인정하면서 친화적인 인가관계를 맺는 것은 대단히 중요한 덕목이다.

개인의 발달과 성장에 중요한 요인으로서의 친화적인 인간관계는 Schutz(1996)의 지적대로 자기를 자신 있게 개방하면서 타인의 입장을 긍정적으로 수용하는 태도와 인간관계의 기법이 발달하는 것이다.

셋째, 건전한 가치관과 국가의식이 중요하다.

한 개인의 성공과 실패는 어떤 인생관, 가치관, 직업과 국가관을 가지고 어떠한 정신자세와 생활태도로 살아가느냐가 결정적인 관건이 된다. 실제로 가치관의 문제는 이렇게 중요한데, 우리사회의 현실은 비논리가 논리를 이기고, 억지와 광신적 이데올로기가 합리적 사고와 건전한 민주적 태도를 압도하며 전 분야에서 주연노릇을 하고 있다(김흥규, 2003).

많은 사람들의 건전치 못한 가치관과 비합리적인 의식을 가지게 됨으로 인해 논리성이 결여된 행동을 보이며, 아무런 가책과 거리낌 없이 일상생활에서 다음과 같은 오류와 착각을 반복하고 있다(김영진, 2000)

비합리적 사고와 논리적 일관성을 혼동할 때가 많다. 나쁜 의미의 고집을 도덕적 용기로, 비합리적·비윤리적 행태인데도 민주화의 베일(Veil)로 위장하고 파렴치하게 날뛰는데도 평가해 주어야 할 소신과 신념으로 잘못 인식하기도 한다.

넷째, 규범 감각과 공동체 의식의 발달이 중요하다.

규범과 준법정신, 법과 질서가 엄정하게 확립된 사회가 되기 위해서는 기성세대, 지도계층의 사람들부터 솔선수범해서 모범을 보여주고 관련된 덕목을 일깨워 주어야 한다.

최근 횡행하고 있는 각종 범죄, 악성투기나 불량의약품, 부정 식품 문제, 불량건축과 공사비리 등은 모두 한탕주의의 상징적 산물인 것이다. 무질서와 무분별, 탈법과 한탕주의, 건축비리와 공사부정, 불량의약품과 식품공해가 보편화되어 있고 규범의식과 준법정신이 해이될 대로 해이해진 이 같은 사회에서 누가 착실히 공부하거나 성실히 살아가려 할 것이며 때를 가리키면서 법을 지키려 할 것이며, 어느 누가 문화인이 되려 하겠는가?

다섯째, 건전한 문화인으로서의 자질을 함양·발달시키는 것이 중요하다.

'문화인이다', '교양인이다', '윤리·도덕적으로 수준높은 양식을 갖춘 인간이다.' 라는 것이 저절로 방목해서 키워지는 것들인가? 부모, 교사 등 기성세대는 원천적으로 젊은 세대들이 비판하고 요구하며 제시하는 것을 주목해야 하고, 그들이 주장하는 내용에 귀를 기울여야 한다. 그렇다고 무조건 젊은이들에게 무한정의 자유를 보장해야 하는 것은 아니며, 그들의 의견을 전적으로 받아들일 필요가 있는 것은 더욱 아닌 것이다.

여기서 어느 정도의 교육적인 통제행위가 필수적으로 요구된다. 통제는 어떤 목적을 달성하기 위해서 정해진 규정과 원칙에 따라 상황을 규제·조정하는 행위인 까닭에 특정 행동을 억제하는 면도 있으나, 다른 어떤 행동은 고무하는 경우가 있기 때문에 억압이라는 말과는 분명히 다른 개념이다.

민주사회에서의 통제는 힘과 권력의 뒷받침 없이는 적절히 행사될 수 없으며, 그 힘은 정당성에 입각하지 않으면 안 되고, 권위는 높은 수준의 전문적 소양과 도덕성에 기초하지 않으면 안 된다.

여섯째, 의사소통능력과 세련된 태도로서의 품위 있는 설득력이 중요하다.

다른 사람과 접촉하면서 감정, 태도, 생각, 신념들을 전달하는 과정으로서 의사소통 기술(communication skill)은 매우 중요한 덕목이다.

연구결과에 의하면, 일상에서 얼굴표정, 몸짓 등과 같은 비언어적 수단의 의사소통(unverbal communication)이 전체 의사소통의 50~70%를 차지한다고 한다(이재창, 전게논문: 157).

의사소통의 자질과 능력은 어릴 때 가정에서의 훈련과 체험이 중요하다. 그래서 三好京三(1980)은 그의 저서 『아버지의 三分 교육』에서 '자녀훈계에는 타이밍이 있다. 아이가 집중하고 있는 때를 놓치지 말고 의외성(意外性) 있는 말을 던져라. 훈계할 때는 아버지의 방(자리)으로 불러라. 효과적인 훈계는 3분간, 하루에 3분, 아이들을 진지하게 대하라. 말을 듣지 않을 때도 칭찬을 하라'(김선양 역, 1981)고 하여 자녀와의 대화 시 장소, 시간, 자세, 방법 등을 제시하고 있다.

전영우도 말은 사회생활의 출발이며 이해의 기술이고 당사자 개인의 인격의 상징이라고 했다(전영우, 1982).

오늘날 우리사회의 정치, 언론, 노사현장, 학원, 식당, 목욕탕 등 사람들이 모인 곳에서 가장 심각한 것이 진정한 대화 상실의 문제이며, 대화와 토론이 대화답지 못한 고성(高聲)과 아귀다툼으로 일관하고 있다는 점이다.

그들은 각각 자기가 옳다는 주장만을 내세울 뿐 상대방의 얘기는 전혀 들으려 하지 않고 상대방이 말할 때 딴청을 부리거나 비웃듯이 히죽히죽 웃는 자세를 취하는 것을 흔히 목격하게 된다.

들을 줄 모르고 말할 줄만 아는 것, 이것이 싸움을 일으키는 도화선이 되며, 이런 싸움은 결국 욕설과 폭력으로 진전되게 마련이다.

대화야말로 요긴한 생활수단이므로 어떻게 하면 대화와 토론할 때의 품위 있는 매너(manner), 에티켓(etiquette)에서 벗어나지 않으며, 선의(善意)의 인간관계를 유지하며 효과적인 화법(話法)을 쓰게 가르칠 것이냐가 시대적 과제이다.

일곱째, 위트와 유머감각의 발달이 중요하다.

유머 없는 스피치는 새 없는 정원과 같다고 한다. 모든 스피치에는 상대방과 청중을 웃기는 자극으로서 유머와 위트는 필수적이다. 진지한 일을 재미있게 표현하거나 우스꽝스러운 일을 사뭇 진지하게 나타낸다면 소위 해학(諧謔)이라는 유머가 발생하게 된다.

대화나 스피치 할 때, '뜻을 바꾸거나 역설(逆說), 동문서답, 속어(俗語)의 사용 등은 유머를 일으키고 무지(無知), 허영의 우연의 일치, 이랬다저랬다 하는 것, 부주의, 우직스러움, 극단(極端)·철저 등의 만화적인 표현과 가치를 바꾸고, 부조화의 표현' 등은 모두 웃음을 자아낸다.

따라서 유머는 말의 생기와 분위기에 활력을 부어준다(전영우, 1982).

이제는 세계의 어느 누구와도 언제나 만날 수 있는 국제화의 시대이다. 따라서 품위있는 언행과 우아하고 세련된 태도로서의 'Elegance', 타인의 맘을 움직일 수 있는 설득력과 능변으로서의 'Eloquence', 매우 돋보인다는 점에서의 우수·탁월성인 'Excellence'의 '3E'의 자질을 함양시켜야 한다.

여덟째, 사회적 유능감과 사회적 효능감, 미래지향적인 진취성을 함양·발달시키는 것이 중요하다.

일찍이 윤태림(1968)은 '우리는 민주주의보다 더 급한 것이 인간교육인 것 같다'면서 다음과 같은 세 가지 사항을 지적 하였다.

① 도대체, 이 나라에 법률가가 없어서, 지도자나 국회에, 행정부에 법률 모르는 사람만 모여서 국민이 이해할 수 없는 사건과 사태가 양산(量産)되고 있는가?
② 우리나라에 그렇게도 경제학자가 없어서 빈익빈, 부익부 현상의 극대화, 지하경제의 대형화(大型化), 농어촌이 피폐화(疲弊化)되는가?
③ 그렇게도 우리나라에 문화인이 없어서 문화부재의 국민, 문화부재의 국가가 되어가고 있다고 생각하는가?라고 자탄한 바 있다(윤태림, 1963).

즉, 각 분야별 유능하고 사회적으로 품격있는 자질을 갖추는 것이 필요하다는 얘기이다.

아홉째, 건전하고 합리적인 역사인식, 국제 감각, 미래 지향적 자질의 함양·발달이 중요하다.

지금 세계 각국은 '기술과 과학의 전쟁, 교육과 문화의 전쟁, 무역과 경제의 전쟁, 창의력과 다양성의 전쟁, 지식과 정보의 전쟁, 해양과 우주항공의 전쟁'이라 불리는 '21세기의 파고'에 어떻게 하면 떠밀리지 않고 생존·번영할 수 있을 것인가에 주안점을 두고 경쟁을 하고 있다.

예컨대, "한국현대사가 옳은 것인가, 그른 것인가, 얼마나 옳고 얼마나 그른가, 무엇이 성취됐고 무엇이 좌절됐는가, 우리는 무엇을 취하고 무엇을 버려야 하는가 그리고 역대 대통령을 포함한 지난 현대사를 어떻게 보고 있는가, 너무 과(過)에 기울면서 공(功)을 놓친 것은 아닌지"(월간 중앙, 2004. 10).

일부의 과(過)로 엄청난 공(功)을 덮는 어리석은 운신을 하는 건 아닌지. 청소년기 또는 학생 운동권 시기에 가졌던 편협한 시각과 가치관, 프레임에 갇혀 변화와 성숙을 못하는 현실이 안타깝다. 자기들이 싫다고 그가 잘한 것을 모두 깎아 내리려는 것은 가치관의 문제를 넘어 인격의 문제이다.

제 3 장

특수교육에 대한 이해

1절 인간은 모두 특수아이다

특수교육을 이해하기 위해서는 그 교육의 대상인 특수아에 대한 의미부터 파악하는 것이 순서일 것이다.

이 '특수아'란 용어는 논자의 시각과 강조점에 따라 다양하게 활용된다.

즉, 정상아에 대한 특별배려의 개념으로, 보통아에 대한 상대적인 개념으로 또는 광의(廣義)로 해석할 것이냐 아니면 협의(狹義)로 볼 것이냐에 따라 특수아동(exceptional children), 특별아동(special children), 장애아동(handicapped children), 영재아동(gifted children) 등으로 활용되는 것이 그것이다.

'활용교육대사전'에서는 특수아동(exceptional child)이란 "신체적인 또는 정신적인 어떤 장해가 있어 교육적으로는 보통 아동과 함께 다룰 수 없는 아동, 즉 특수교육의 대상이 되는 아동이란 의미에서 특수아동이란 말을 사용하게 되었다. 교육상·생활상 장해를 가지고 있고, 여러 가지 문제를 가지고 있다는 의미에서 장애아(Handicapped child)라고 불린다"(김성일 외 편, 1972)고 정의하였다.

'교육학용어사전'에서는 "신체적·정신적으로 이상(異常)이 있는 아동"(이돈희 외편, 1981: 575)이라고 정의함으로써 정상아에 대한 상대적 개념으로서의 이상아(abnormal children), 장애아동(handicapped children)으로 간주하고 있다.

일본의 야마구티도 "특수아동이란 이상아(異常兒), 심신장애아(心身障碍兒)로 일컫는다"고 하였다(山口 薰, 1983).

이에 반해 넓은 의미로 특수아를 보는 견해가 있다.

다른 '교육학용어사전'에서는 특수아동(special children)이란 "심신장애를 가진 아동과 영재아를 말하며, 심신장애 아동은 정신지체, 시각장애, 청각장애, 지체장애, 정서장애, 자폐증, 학습장애 아동으로 구분하고 있다"(서울대 교육연구소 편, 1994).

김승국도 특수아를 '특수교육 요구 아동'으로 규정한 다음, 이 개념 속에 장애아동과 우수아동(영재아동 포함)으로 대별(大別)·포함시키고 있다(김승국, 2001).

박원희 등은 미국 장애인 교육법(IDEA, 1997)에 의거하여 "신체적·정신적·지적장애를 가진 아동에 덧붙여 특별한 재능이나 지적인 우수성을 나타내는 영재(giftedness and talentedness)까지도 특수교육을 필요로 하는 특수아로 포함시키고 있다"(박원희 외, 2003).

이소현과 박은혜 등은 "장애를 지닌 학생이나 뛰어나게 우수한 학생들은 다양성의 측면에서 범위가 넓기 때문에 일반적인 방법의 교육으로는 적절한 교육을 받을 수가 없다. 따라서 특별히 고안된 특수교육을 필요로 하는 장애 및 뛰어나게 우수한 자(영재)를 특수아동"으로 정의하고 있다(이소현, 박은혜, 2007).

Hallahan과 Kauffman은 "특수아(exceptional children)는 자신의 인간적 잠재력을 최대한 성취하기 위해 특수교육 및 특수교육 관련의 서비스(도움)를 필요로 하는 아동"으로 요약하였다.

왜냐하면 그들은 정신적 장애(mentally retarded), 영재아(gifted), 학습장애(learning-disabled), 정서장애(emotionally disturbed), 신체적 장애(physically handicapped), 언어장애(disordered speech or language), 시청각 장애(impaired hearing or impaired sight) 중에서 한 가지 이상이 대부분의 아이들과는 현저하게 다르기 때문에 특수교육이 필요하다는 것이다(Hallahan & Kauffman, 1978).

Kirk와 Gallagher 역시 아동 중 일부는 "정신적 특징(mental characteristics), 감각 능력(sensory abilities), 신경운동 및 신체적 특성(neuromotor or physical characteristics), 사회적 행동(social behavior), 의사표현 및 대화능력(Communication abilities), 중복장애(multiple handicaps)로 인해 그들의 잠재력을 최대한 발달시키는 데 있어, 학생들의 다양한 요구에 맞추어, 일상적인 학교의 교육적 업무를 수정・확대하거나 특수교육과 관련한 서비스를 필요로 할 정도로 정상(평균 또는 보통)으로부터 이탈되어 있다"고 하면서 "특수아(exceptional child)란 말은 일반적으로 이들 장애자와 영재아를 포함하는 용어로 쓰이고 있다"(Kirk & Gallagher, 1979)고 했다.

Heward는 "특수아는 학습과 행동상의 문제(learning and/or behavior problems), 신체적 능력의 상실・장애(physically disabilities), 감각손상・장애(sensory impairments), 지적 우수(intellectually gifted), 특수재능(special talent)을 가진 아동들을 포함한 포괄적인 용어(inclusive term)"라고 규정하였다(Heward, 2006).

모든 아동들은 키가 작거나 힘이 센 것과 같은 신체적 특질(physical attributes)에 따라 차이를 드러내고, 어떤 아동들은 빨리 배우고 기억할 수 있으며 새로운 상황에서 무엇인가 배워 활용하는 데서 차이를 나타낸다. 그러나 다른 아동들은 반복적인 연습이 필요하고 새로운 지식과 스킬을 유지하고 현실화시키는 데 어려움을 나타내는 경우가 있다. 그 같은 차이가 대부분의 아동들 간에 비교적 적으면 '일반교육 프로그램'을 통해 도움과 이익을 받을 수 있지만, "신체적 특질과 학습능력 때문에 특수아동이라고 지칭되는 아동들은 평균적 기준과 학력에서 낮거나 높기 때문에 '특수교육의 개별화된 프로그램'이 요구되고 특수교육 관련의 교육적 서비스를 통해 충분한 교육적 도움을 받을 수 있도록 확대되어야 한다"는 것이다(Heward, 2006).

Vaughn 등도 특수교육의 대상인 '학습장애(Learning Disabilities), 주의결핍 및 과잉행동 장애(Attention Deficit/ Hyperactivity Disorders), 의사소통장애(Communication Disorders), 정서 및 행동장애(Emotional and Behavioral Disorders), 자폐성 장애/ 광범위한 발달장애(autism Spectrum Disorders/Pervasive Developmental Disorders), 치우(痴愚: Severe), 백치(白痴:Profound) 같은 정신박약(Mental Retardation), 시청각 장애 등 이중 감각장애(Dual Sensory Impairment), 중복장애(Multiple Disabilities), 신체장애(Physical Disabilities), 치명적 뇌손상(Traumatic Brain injury), 영재 및 재능아(Gifted and Talented) 등을 특수아로 보고 있다(Vaughn, Bos, & Schumm, 2007).

Turnbull 등은 특수교육의 대상인 '특수아는 무능력하거나 능력이 상실된 자와 영재 및 특수재능을 가진 자'(Turnbull et al., 2007)를 말한다고 하였다.

그리고 보통 무능력자의 유형 속에는 다음과 같은 13가지를 지적하고 있다. 즉, 특수학습장애(Specific learning disabilities), 언어장애(Speech or Language impairments), 정신지체(Mental retardation), 정서장애(Emotional disturbance), 중복장애(Multiple disabilities), 청각장애(Hearing impairments), 정형외과적 장애(Orthopedic impairments), 기타 건강장애(other health impairments), 자폐증(Autism), 시각장애(Visual impairments), 치명적 뇌상해(Traumatic brain injury), 발달지체(Developmental delay), 시・청각 장애(Deaf-blindness) 등이다(U. S. Department of Education, 2004; Turnbull, Turnbull, & Wehmeyer, 2007).

그리고 위에서 제시한 정서장애(Emotional disturbance)에 대해 Turnbull 등은 불안장애(Anxiety disorder), 기분장애(Mood disorder: 정서・동기・신체적 웰빙, 생각), 적대적 반항적 장애(Oppositional defiant disorder), 품행장애(Conduct disorder), 정신분열증(Schizophrenia)를 포함시키면서 다음과 같은 특징을 보인다고 하였다.

① 지적・감각적으로 분명하게 설명하지 못하거나 건강요인 때문에 학습에 장애(무능력)를 나타낸다.

② 친구 및 교사와의 인간관계를 맺고 만족스럽게 유지하는 데 장애(무능력)가 있다.

③ 정상적인 상황 이하의 행동이나 느낌을 나타내는 부적절한 타입(Inappropriate type)이다.

④ 불행감과 우울감이 일상화된 상태(general pervasive mood)를 보인다.

⑤ 개인적 또는 학교 문제들과의 관계가 공포나 신체적 증상으로 악화되는 성향을 보인다(Turnbull et al., 2007).

이상의 고찰을 통해서 볼 때 특수아동에 대한 몇 가지 공통점을 발견할 수 있다.

첫째, 특수아의 범주에는 장애자와 영재 및 특별 재능을 가진 아동도 포함된다는 점

둘째, 특수아나 장애자라는 용어 대신 특수교육 요구 아동이나 특수교육 및 특수교육 관련 서비스를 필요로 하는 아동으로 표현된다는 점

셋째, 장애의 표현에 있어 손상, 능력 상실, 핸디캡을 혼용하고 있다는 점 등이다.

장애의 표현과 관련하여 WHO(1993)에서는 다음과 같이 정리해 주고 있다.

즉, 비록 손상(impairment), 능력 상실(disability), 불리한 조건・신체장애(handicap)란 말을 때때로 상호 교환적으로 사용하고 있지만 그들은 동의어(Synonymous)가 아니다(WHO, 1993).

결국 인간은 모두 정도 차이만 있을 뿐 특수교육 및 특수교육 관련 서비스를 필요로 하는 존재이다. 특히 끊임없이 발생하는 대형 사고와 어처구니 없는 후진국형 대형참사가 발생할 때마다 '예고된 인재(人災)', '모든 관련자들이 부정・부패로 상호 연계된 합작품', '원시적 참사', '상식 밖의 어처구니 없는 참사'라는 보도와 함께 '사고 공화국', '안전 불감증 사회'로 매스컴이 떠드는 대로 자학하며 살았다(김홍규, 2015).

문제는 그 많은 사건과 사고로 인해 장해인 발생의 대부분(90%)이 후천적으로 출현한다는 점이다. 그래서 우리 모두는 특수교육, 장애인 복지에 좀 더 관심을 가져야 한다.

표 3-1 장애를 지칭하는 용어들의 차이

용어 \ 구분	정의	예	비고
장애(impairment): 손상 · 상실과 비정상	• 심리적 · 생리적 · 해부학적 구조와 기능에서 무엇인가의 상실 또는 비정상 상태 • 신체나 어떤 특정부위가 상실되거나 그 기능이 감소된 상태	수족상실 시각장애 청각장애 감각장애 정신장애 건강장애	2008년 1월 19일 인터넷에서 '무'(舞)라는 제목의 Ballet를 감상했다. 'she without arm, he without leg'란 부제가 상징하듯이 여자 주인공은 오른손이 어깨부터 없는 장애자였고, 남자 주인공은 왼쪽 다리가 둔부 밑 대퇴부부터 없어서 한쪽 목발을 짚고 등장했다. 각각 한쪽 팔과 다리가 없다는 점에서는 손상 · 상실의 장애(impairment)요 무능력자(disability)일 수 있다. 그러나 그들은 4분 47초 동안 정상인과 똑같은 무용극을 연출해 감동을 주었다. 더 이상 그들 무용수들은 장애(불이익)가 아닐 수 있다고 느꼈다. 그러나 이들 손상장애자 무용수들이 정상적인 무용수들과 어울려 연출을 한다면 불이익을 경험할 수 있으므로 장애가 된다.
장애(disability): 능력의 제한과 결핍 무능력, 능력상실	• 손상(impairment)으로 인하여 정상인과 같은 태도, 활동, 이행능력이 제한(restriction)받거나 결핍된(lack) 상태 • 손상으로 인하여 정상인들이 보편적으로 수행하는 방법으로 행동하기 어려운 상태	특수학습장애 언어장애 정신지체 정서장애 청각장애 정형외과적 장애 건강장애 자폐증 시각장애 치명적 뇌 상해 발달지체 중복장애	
장애(handicap): 불이익 · 역할의 한계	• 손상(impairment)이나 무능력(disability)으로 인하여 역할수행에 불이익을 경험하게 된 상태 • 손상이나 능력상실(disability)로 인해 정상인과 같은 역할 수행 및 성취에 문제나 불이익, 방해를 받게 되는 상태	손상과 능력의 상실에 따라 문제에 직면, 역할 수행의 한계 봉착, 불이익을 당함	

※ 용어 및 정의 자료: World Health Organization(1993). International classification of impairments, disabilities, and handicaps. Geneva, switzerland: 27–29.

1) Vaughn, S. V., Bos, C. S., & Schumm(2007). Teaching students who are Exceptional, Diverse, and at Risk in The General Education Classroom. Fourth ed., Boston: Ailyn & Bacon. 197–204.

2절 특수아의 유형 분류

특수교육을 필요로 하는 아동을 어떤 용어로 표현하며, 그 유형에 대한 분류가 어떤 변화를 거치었는지를 통해 특수아에 대한 이해를 하는 것이 순서일 것이다.

특수아동을 'exceptional children', 'special children', 'handicapped children'으로 표현하기도 하고, '심신장애자', '장해자', '이상아(異常兒)', '특수아' 등으로 표현하기도 하는데, 그 내용과 범위에 있어 국가 간, 시대 간, 논자 간에 약간의 차이를 발견하게 된다.

우선 사전적 분류를 고찰하면 다음과 같다.

전술한 바와 같이 '활용교육대사전'에서는 "신체적인 또는 정신적인 어떤 장해가 있어 보통아동과 함께 다룰 수가 없어 특수교육의 대상이 된다"는 점에서 특수아동(exceptional children)이라고 정의하였다. 그리고 "교육상, 생활상 무거운 짐을 지고 있다는 의미에서 'Handicapped child'라 불리고, 다루는 데 있어 여러 가지 문제를 가지고 있다는 의미에서는 'problem child'라 불린다고 하였다(김성일 외 편, 1972).

그러면서 특수아동의 유형으로 시각장애자(맹아 및 약시자), 청각장애자(농아 및 난청자), 이상성격자, 정신박약아, 언어장해자, 지체부자유자, 신체허약자 등 일곱 가지 유형을 교육상 특별한 배려가 요구되는 최저 한도의 유형으로 지적하였다. 그러면서 다른 입장에서 특수아동으로 당연히 포함시켜야 될 아동이 천재아・영재아(英材兒)라고 하였다.

그러나 서울대학교 교육연구소에서 펴낸 『교육학 용어사전』에서는 특수교육의 대상인 특수아동을 special children으로 표기하면서 "심신의 장애를 가진 아동과 영재아"로 규정하고 있다.

즉, 심신의 장애아동으로는 정신지체, 시각장애, 청각장애, 지체장애, 정서장애, 자폐증, 학습장애아로 분류하고 있다.

그리고 표준화된 개인 지능검사를 통해 평균보다 +2 표준편차 이상의 높은 지능을 갖고 학업이나 특정 분야에서 최우수한 능력을 나타내는 아동은 영재아로 분류되지만, 평균보다 −2 표준편차 이하의 지능을 갖고 적응행동은 표준화검사에서

−1 표준편차 이하인 아동을 정신지체아로 분류하였다.

시각, 청각 및 지체장애는 각각 해당부위의 신체적 손상으로 인해 일반교육에 어려움을 갖는 아동이며, 정서장애아 및 학습장애아는 지적, 신체적 이상이 없이 각각 정서 또는 정보처리 과정상의 문제로 학업수행이 부진한 아동으로 정의하였고, 자폐아는 발달장애 증후군으로서 언어, 인지, 대인관계, 사물처리 능력에 결함이 있는 아동으로 규정하고 있다(서울대학교 교육연구소 편, 1994).

결국 특수교육의 대상이 되는 아동들을 'exceptional children'과 'special children'로 각기 표현했지만, 내용상에서는 장애아동과 영재아동을 모두 포괄하고 있음을 알 수 있다.

다음, 야마구치 구웅(山口 薰)은 특수교육의 대상이 되는 아동을 심신장애아로 표현한 다음, 시각장해아(맹아, 약시아), 청각장해아(농아, 난청아), 정신박약아, 지체부자유아, 병약아(신체허약아), 언어장해아, 정서장해아(자폐아 포함)로 분류하였다(山口 薰, 1983).

김승국은 "아동 중에는 지적·사회적·감각적·신체적·의사소통 기능 중에서 한 가지 이상이 정상(일반, 보통 또는 대다수)으로부터 이탈되어 있는 아동이 있다. 이들의 학습과 적응을 돕기 위해서는 일반교육에서 제공하는 지원 이상의 지원이 요구되는데, 이들을 특수교육대상자라면서 장애아동과 우수아동(영재아동)으로 대별"하였다(김승국, 2001)

그러나 특수교육을 더욱 증진하기 위하여 기존의 '특수교육진흥법'(1977년도 재정)을 개정한 '개정 특수교육진흥법'(1994년)에서는 특수교육의 대상자 속에 시각장애, 청각장애, 정신지체, 지체부자유, 정서장애(자폐증 포함), 언어장애, 학습장애, 기타 장애(교육부령이 정하는 아동)로 유형화함으로써 장애를 가진 아동만을 특수교육 요구 아동으로 한정하고 있다.

박원희(2003) 등은 "현재 세계적인 추세는 특수교육을 필요로 하는 장애 영역을 세분하거나 확대시키는 방향으로 나아가는 추세라면서 미국장애인교육법(IDEA, 1997)에서 분류하고 있는 13가지 실 예를 든 다음, 이 열세 가지 영역에 덧붙여 특별한 재능이나 지적인 우수성을 나타내는 영재(giftedness and talentedness)도 특수교육 대상 영역에 포함시키고 있다"고 하였다(박원희 외 2003).

그러나 우리나라의 특수교육진흥법(2001) 제10조 1항에서는 특수교육을 필요로 하는 장애 영역을 시각장애, 청각장애, 정신지체, 지체부자유, 정서장애(자폐성 장애 포함), 언어장애, 학습장애 등 일곱 가지로 분류하고 있다.

이효자(2005) 등은 특수교육 대상자를 시각장애아, 청각장애아, 정신지체아, 지체부자유아, 언어장애아, 정서·행동 장애아, 학습장애아, 우수아, 중도·중복장애아로 분류하고 있다(이효자 외, 2005).

이소현과 박은혜(2007)는 특수아동을 정신지체, 학습장애, 정서 및 행동장애, 의사소통장애, 청각장애, 시각장애, 지체 및 건강장애, 자폐 범주성 장애, 우수아 등으로 분류함으로써 이효자 등과 같이 아홉 가지로 구분하고 있다(이소현, 박은혜, 2007).

그렇다면, 미국 등은 특수교육 대상자의 분류를 어떻게 하고 있는가?

Kirk와 Gallagher는 우수 영재아, 저능아, 정신박약아, 청각장애아, 시각장애아, 특수학습 장애, 치료·교정이 요구되는 학습장애아, 의사소통 장애아, 행동 및 정서장애, 중복 및 중도장애아 등으로 구분하였다(Kirk & Gallagher, 1972).

Hallahan과 Kauffman은 정신박약, 학습장애, 정서장애, 언어장애, 청각장애, 시각장애, 신체장애, 영재아 등으로 분류하였다(Hallahan & Kauffman, 1978).

Kirk, Gallagher 그리고 Anastasiow 등은 우수·재능 아동, 정신지체아동 및 발달장애아동, 학습장애아동, 정서 및 행동장애아동, 의사소통장애아동, 자폐성아동, 청각장애(농·난청)아동, 시각장애아동, 중복 및 중증장애아동, 신체장애 및 건강손실 아동으로 분류하였다(Kirk, Gallagher, & Anastasiow, 2003).

그러나 Bryant는 자신의 저서 『장애인을 위한 보조 공학』에서 신체적 손상, 의사소통 장애, 정보접근과 원격통신(컴퓨터 활용), 학교수업에서의 보조공학의 활용, 영화나 비디오를 통한 교수법 적용, 자립생활 능력향상을 위한 보조공학 장치들을 소개함으로써 신체적 장애, 언어장애, 학습장애, 행동장애, 적응장애자들을 대상으로 그들의 능력향상과 자활 및 적응능력 신장에 주목한 것 같다(Bryant, 2002).

Heward는 특수교육의 대상이 되는 아동을 정신지체, 학습장애, 정서 및 행동장애, 자폐 스펙트럼 장애, 의사소통장애, 청각장애, 시각장애, 신체장애와 건강장애 및 주의력 결핍 과잉행동 장애, 저출현 장애: 중도/중복장애, 농-맹과 외상성 뇌손상, 영재아 및 우수아로 분류하였다(Heward, 2006).

Vaughn, Bos와 Schumm은 학습장애 및 주의력 결핍 활동과잉 장애 학생, 의사소통 장애 학생, 정서적 행동적 장애를 가진 학생, 자폐 스펙트럼 장애 및 출생 또는 신경 발달상 외상에 의한 것과 같은 뚜렷한 이유 없이 사회관계 및 의사소통과 행동발달 면에서 명백한 발달지체를 보이는 장애학생, 정신지체·중증장애(중복장애 및 이중감각 장애)와 같은 발달장애를 지닌 학생, 시각장애 및 청각 손실, 신체적 장애, 건강장애, 외상성 뇌손상의 학생, 문화적·언어적으로 다양한 학생, 장차 장애를 보일 가능성이 높은 위험 학생(Students at Risk)[1]과 영재 및 우수학생으로 분류하였다(Vaughn, Bos, & Schumm, 2007).

끝으로 Turnbull, Turbull과 Wehmeyer 등은 특수교육 대상자를 학습장애, 언어장애, 정서적·행동적 장애, 주의력 결핍 과잉행동 장애, 정신지체, 중복장애, 자폐증, 신체적 장애 및 건강장애, 외상성 뇌손상, 청각손실, 시각장애, 영재아 및 우수재능을 가진 학생으로 분류하고 있다(Turnbull, Turnbull, & Wehmeyer, 2007).

그렇다면, 특수교육 관련 법규에서는 특수교육을 필요로 하는 아동·학생들을 어떻게 분류하고 있는지를 살펴보기로 하자.

공법(P.L.) 95-56인 영재아교육법(the Gifted and Talented children's Education Act, 1978)은 주정부나 지역의 교육기관이 영재아를 위한 교육 프로그램을 개발할 경우 장려금(Financial incentives)을 지급하도록 규정하고 있다. 즉, 영재아를 판별(identification)하고 현직교사들에게 연수교육을 제공하며, 영재아의 불리한 여건을 확인·교육시키는 절차를 포함하여 그들의 교육적 필요를 충족시키기 위한 프로젝트와 연구에 대해 자금을 지원한다는 것이다.

또한 국회는 1988년에 초중등교육법안(the Elementary and secondary Education Bill)의 한 부분으로 Jacob K. Javits 영재학생교육법(Gifted and Talented Student Education Act(P. L. 100-297)을 통과시켰다.

이 자비츠 법(Javits Act, P. L. 100-297)은 최초로 영재교육에 관심을 가지고 경제적으로 빈곤한 가정의 영재아동, 타문화권 출신이거나 신체장애를 지닌 영재아동을 위한 연구지원과 모델 프로그램을 위해 소규모의 자금을 지원한 뉴욕 상원의원 제이콥 자비츠의 이름을 따서 만들어진 것이다.

1) 현재 장애아동으로 진단되지는 않았으나 4학년이면서도 독해능력이 없고 유치원 수준에 해당되며, 스스로 멍청한 두뇌를 가져서 자포자기 상태에 직면해 있거나 매사에 의욕이 없으며, 표준 이하의 기능 때문에 치료가 요구되고 그냥 방치하면 탈락(퇴학)될 가능성이 높은 학생을 말한다(Heward, 2007: 11; Vaughn, Bos, & Schumm, 2007: 294–295).

이 같은 영재교육 프로그램에 대한 새로운 지원의 배경은, 세계 14개 국가의 15,000개 학교를 대상으로 제3차 국제수학과 과학의 성취도 연구(TIMSS, 1988)결과 보고서에서 참가국 중 중등학교 수준에서는 두 과목 모두 미국학생들이 평균 이하의 성적을 나타냈고, 12학년의 학생 성적 결과는 비교된 20개 국가 중에서 거의 하위권으로 나타난 것에 대한 미국 전체의 반성과 각성 때문으로 이해된다(강창욱 외 공역, 2005).

때문에 이 법은 영재아의 교육과 관련하여 전국적인 연구기관(national research center) 등에 연방정부의 자금(Federal money)을 지원하고, 미국교육부(U. S. Department of Education)로 하여금 영재아 교육의 책임을 지도록 하고 있다.

그 결과 물론 연방법(federal law)이 장애아동을 위한 것과 같은 정도의 영재아에 대한 특수교육을 의무화(mandate)하지는 않지만, 2001~2002학년도를 기준으로 할 때, 43개주가 유치원부터 고등학교 3학년에 다니고 있는 2·3백만 명 이상의 학생들에게 영재아를 위한 프로그램을 운영했다고 보고하였다(council of state Directors of Programs for the Gifted, 2003; Heward, 2006).

다음, 장애인 관련 법규로는 1963년 존 F·케네디 대통령의 강력한 추진의지에 영향을 받은 법률인 공법(Public Law) 88-164를 비롯하여 재활법(the Rehabilitation Act, 1973년), 그리고 공법(P.L.) 94－142인 전 장애학생교육법(the Education of All Handicapped Students Act, 1975)의 국회제정(Turnbull, Turnbull, & Wehmeyer, 2007)으로 장애교육 관련의 기초적 법규가 마련되었다고 본다.

왜냐하면 공법 88－164에서는 장애자 관련 전문가 양성과 연구 및 시범을 위한 사업에 재정 지원을 규정하고 있으며, 공법 94－142에서는 모든 장애아동이 그들의 독특한 요구에 부합되는 특수교육과 특수교육 관련 서비스를 받을 수 있도록 보장하기 위해 장애인교육 관련 6가지 원리(IDEA, six Principles)를 제시하였는데 이것은 그 후 수차례 장애인 교육법을 개정하면서도 변하지 않고 적용되고 있는 미국 장애인 교육의 6가지 원칙이라고 하겠다(Turnbull & Cilley, 1999; Turnbull & Turnbull, 2000; Turnbull et al., 2000).

그 구체적 내용은 다음과 같다(Heward, 2006; Turnbull, Turnbul,l & Wehmeyer, 2007; Vaughn, Bos, & Schumm, 2007).

첫째, 장애아동 완전수용 및 배제금지(The zero reject principle)이다.

학교는 모든 장애자들이 무상의 적절한 공교육을 받을 수 있도록 아무도 배제하지 않고 모두 수용해서 교육해야 한다는 것이다. 즉, 합법적・민주적인 아동발견체계(child find system)를 의미한다.

둘째, 비차별적 검증 및 평가(Nondiscriminatory Evaluation or Nondiscriminatory Identification and Evaluation)이다.

장애자 각 개인이 적절한 특수교육 및 관련 서비스 프로그램을 받기 위한 정당한 평가를 보장한다는 것이다. 즉, 평가절차상의 보호(protection in evaluation procedures)이다. 이를 위해 전체 학생을 대상으로 스크린(선발심사)하고 예비조회(Prereferral)와 전문가 면접(Referral)을 거쳐 특수교육 및 관련 서비스가 필요한 학생인가의 정당한 평가절차를 거치는 '깔때기형 과정(A funneling Process)'을 밟는다(그림 3-1 참조).

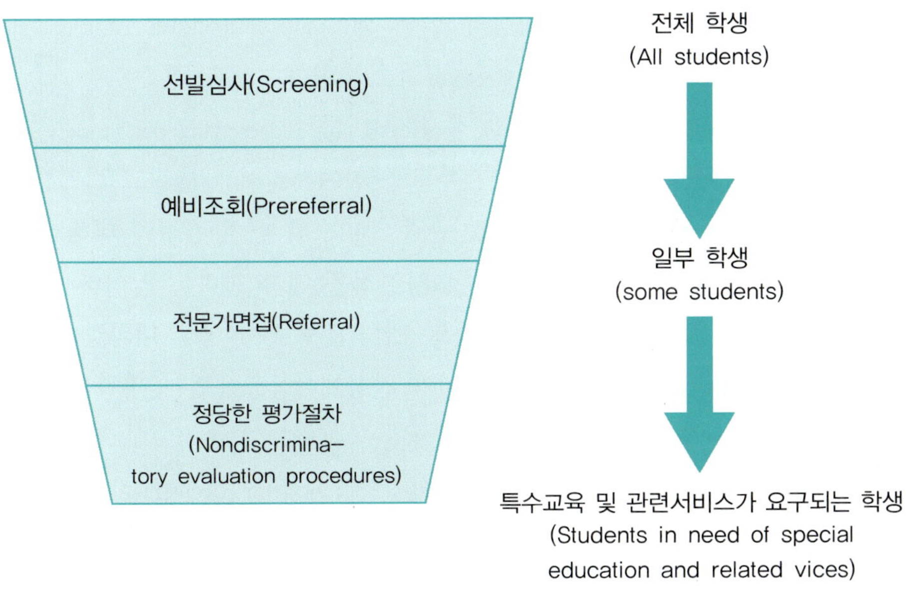

그림 3-1 정당한 평가: 깔때기형 과정(Nondiscriminatory evaluation: A funneling process)

※ 자료: Turnbull, Turnbull, & Wehmeyer, op. cit., 14.

셋째, 무상의 적절한 공교육 혜택(Appropriate Education or Free, Appropriate Public Education: FAPE)이다.

모든 장애아동들은 장애의 유형과 정도에 상관없이 무상의 적절한 공교육(free,

appropriate public education)과 각 장애아동들의 독특한 교육적 요구에 알맞은 개별화 교육 프로그램(individualized education program: IEP) 혜택을 받아야 한다는 것이다.

넷째, 장애아동들은 가능한 한 비장애 학생들과 함께 최소제한 환경(Least Restrictive Environment: LRE)에서 교육받아야 한다.

장애의 특성이나 심각성 정도(nature or severity of their disabilities) 때문에 불가피하게 분리시켜야 되는 경우를 제외하고는, 가능한 한 비장애 학생들과 함께 최소제한 환경에서 교육을 받을 수 있도록 해야 한다는 것이다.

다섯째, 적법 절차에 의한 보호(Procedural due process/ Due process Safeguards)이다.

학교는 장애아동과 그들 부모들의 권리를 보호하기 위해 특수교육에 관련된 진단(평가)과 배치에 대해 부모의 동의를 받아야 하며, 아동의 장애에 대한 모든 정보(all records)는 비밀로 하되 부모에게는 모두 알려야 한다는 것이다.

여섯째, 부모와 학생의 참가를 통한 공동의 의사결정(Parental and Student Participation/ Parent and Student Participation and shared Decision Making)이다.

학교가 특수교육 프로그램을 계획하고 실시(designing and carrying out/ design and implementation) 할 때는 반드시 장애학생과 부모를 참여시켜서 개별화교육 프로그램의 목적과 목표(IEP goals and objectives) 및 관련 서비스와 배치 결정에 대해 의사를 표현할 수 있도록 하고, 같이 숙고하고 의사결정을 해야 한다는 것이다.

이 같은 6가지 원칙은 개정한 전장애아동교육법(P.L. 99-457, 1986), 미국장애인법(Americans with Diabilities Act, 1990; P.L. 101-336)과 전장애아동교육법의 명칭을 바꾼 장애인교육법(The Individuals with Disabilities Education Act: IDEA, 1990, 1997) 그리고 이를 장애인교육진흥법(The Individuals with Disabilities Education Improvement Act, 2004)으로 재인준되었다.

이상의 고찰을 통해서 볼 때, 미국의 특수교육에 대해 두 가지의 특징을 발견할 수 있다.

하나는, 영재아에 대한 특수교육은 의무화하지는 않았지만 43개주에서 영재아를 위한 프로그램을 운영하고 있다는 점이며, 또 다른 하나인 장애아동을 위한 특수교육은, 모든 장애아동들이 그들의 독특한 요구에 맞는 특수교육과 특수교육 관련 서비스를 무상의 적절한 공교육을 통해 받음으로써 고용 및 독립적 생활을 준비할 수 있게 완전한 법적 보장을 한다는 점이다.

그리고 미국의 장애인교육법(Individuals with Disabilities Education Act: IDEA)에서 특수교육 대상 아동을 ① 자폐증(autism), ② 농(聾)-맹(盲)(deaf-blind), ③ 농(deafness) ④ 정서장애(emotional disturbance), ⑤ 청각장애(hearing impairment), ⑥ 정신지체(mental retardation), ⑦ 중복장애(multiple disabilities), ⑧ 지체장애(orthopedic impairment), ⑨ 기타 건강장애(other health impairment), ⑩ 특수학습장애(specific learning disability), ⑪ 언어장애(speech or language impairment), ⑫ 외상성 뇌손상(traumatic brain injury), ⑬ 시각장애(visual impairment)로 분류하고 있다.

이 같은 법정신에 따라 2003~2004학년도의 경우, 장애를 가지고 있는 3세부터 21세까지의 아동과 청소년 630만 명 이상이 특수교육을 받았으며(미국 교육부, 2004), 동년(2003~2004년) 연방정부에서 6~21세의 장애학생 596만 3,129명이 특수교육 관련 서비스를 받은 것으로 집계되었다.

그리고 그들 장애학생들의 유형별 분포는 특수학습 장애(47.2%), 언어장애(18.8%), 정신지체(9.6%), 정서장애(8.1%) 기타 건강장애(7.5%), 자폐증(2.3%), 중복장애(2.2%), 청각장애(1.2%), 지체장애(1.1%), 발달지체(1.1%), 시각장애(0.4%), 외상성 뇌손상(0.4%), 농-맹(0.1%) 등의 순이다(Heward, op. cit.: 12).

그 밖의 주요 외국에서는 특수교육 대상자를 어떻게 유형화하고 있는지 고찰해 보면 다음과 같다.

특수교육이 가장 앞섰다는 스웨덴의 경우, 아동들이 장애를 가졌다고 해서 이들을 특수아, 장애아 등으로 명명(命名)하거나 특수하게 다루는 것을 금지함은 물론, 장애아동의 수가 얼마인지를 파악하는 것도 어렵게 되어 있다.

따라서 농아(聾啞)학교, 정신지체 학교, 중복장애 학교들이 각각 몇 개가 있으므로 청각장애, 언어장애, 정신장애, 중복장애자만을 위한 특수학교에 수용·교육시키고 나머지 장애자들은 일반학교 일반학급에 배치되어 모두 교육 및 특수교육 관련 서비스를 받는 것으로 이해된다.

스위스의 경우는, 중앙에 교육을 전담하는 주무기관(교육부)이 없을 뿐만 아니라 일관된 교육체제도 없다. 그러나 26개주(州: canton)가 있고 각 주에는 주 교육청이 있어서 일반학급(ordinary classes)과 특수학급(special classes)에 대한 행·재정적 책임을 지고 있다. 특히 특수학교는 '연방장애자 기금(Federal Disability Insurance)에 의해 지원을 받고 있는데 특기할 것은 두 가지이다.

하나는, 주에 따라 교육은 매우 다양하다는 점과

다른 하나는, 모든 주가 공통적인 사항은 정상적이든 장애를 가졌든 간에 7세부터 15~16세에 해당하는 아동 학생들은 의무적으로 학교에 다녀야 한다는 점이다.

특수교육의 대상 학생들 중 언어장애아, 시각장애아, 청각장애아, 지체장애아, 중복장애아, 중도행동장애아, 정신지체아들은 기숙제 특수학교에서 교육을 받고 학습장애아, 행동장애아, 일부 언어장애아(모국어가 스위스어가 아닌 학생) 등은 일반학교의 일반학급 또는 특수학급에서 교육하고 있다.

프랑스의 특수교육제도는 교육부 관할에 속한 교육기관들과 사회보건부 관할에 속하는 교육기관들로 나누어지며 대단히 복잡한 구조로 조직되어 있지만, 양부처의 전문적 접근 및 노력으로 예방적 차원, 교육적 차원, 치료적 차원에서 주목할 만한 성과를 거두는 것으로 이해된다.

교육부관할의 교육기관으로 초등부와 중등부로 나누어진다.

초등학교 과정에서는 비정상적인 지체현상을 보이는 아동의 조기 발견 → 부적응현상의 개별화 → 조기에 치료함으로써 예방에 비중을 두고, 장애현상이 심각하고 계속적인 치료를 필요로 하는 경우는 특수학교의 특수반에서 교육을 받도록 하고 있다.

중학교 과정으로는 '장애아 특수교육 부문(SES)'과 '장애아 적응을 위한 일반교양 및 직업교육 부문(segpa)'이 있고, 고등학교로는 '장애자 적응교육 고등학교(LEA)'가 있다.

그리고 사회보건부 관할 특수교육기관으로는 사회교육학교, 의료교육학교, 보건학교로 구분되고 있는데, 이들 특수학교들은 성격장애, 행동장애, 다양한 이유로 인해 가족과 함께 살 수 없는 아동, 정신장애(중간 또는 심각), 뇌운동 장애, 감각장애, 인간관계 문제아동, 운동장애아, 신체장애아, 장기적 병질환자, 규칙적 치료를 받아야 하는 아동을 특수교육 대상(유형)으로 삼고 있음을 알 수 있다.

일찍부터 특수교육을 체계화시킨 영국의 특수교육(장애자 교육) 형태는 통합교류교육 형태이며, 과거 지방분권적 교육과정에 익숙한 나머지 지역에 따라 특수교육에 대한 태도 역시 다양하다(edu.gnue.ac.kr).

오래전 교육법(1944년)에서 특수교육의 영역을 10개 범주로 분화시켰으나 시각장애, 청각장애, 간질, 지체장애, 언어장애 등은 특수학교에서 교육을 받도록 하고,

그 밖의 다른 장애아동들은 적절한 시설이 있으면 일반학교에 다닐 수 있도록 하였다.

그러나 1981년 교육법을 개정하면서, 그간 지속되어온 장애의 범주를 없애고 '특수교육적 요구'(special educational needs)의 개념을 도입하여, 일반학교에서의 장애아동에 대한 적절한 교육과 함께 일반아동들과 함께 학교활동에 참여할 수 있도록 규정하고 있다.

따라서 영국에서의 지배적인 장애자 교육은 통합교류교육 형태이며, 모든 유형의 장애자들이 교육적 혜택을 받고 있다고 할 수 있다.

일본의 특수교육은 '직업재활 및 고용조약' 비준(1983), '장애자 기본법'의 시행(1993), '장애자 대책에 관한 신 장기계획'의 책정(1993), '통급에 의한 지도교실 설치・운영의 제도화'(1993), '아동의 권리에 관한 조약' 비준(1994), '장애자 계획'(정상화 7개년 전략, 1995)이 책정되어 「장애를 가진 사람이라 할지라도 보통사람과 같이 생활이 가능한 지역사회 속으로」라고 하는 '노말리제이션(Normalization)'의 이념이 침투되어 장벽이 없는(barrier free) 사회의 실현에 박차를 가하고 있다. 2000년대에 들어와 '지방분권 일괄법'의 시행(2000), '인정취학제 제도'(2002) 등을 통해 종합적인 장애자 정책을 수립・시행해 왔다.

뿐만 아니라 1998년 문부과학성의 '특수교육의 금후 과제'에 대한 연구를 시작으로 '21세기 특수교육의 발전 방향'(문부과학성, 2001), 그리고 10여 년간 지속적으로 연구되어 온 '특별지원교육'이 2007년 4월부터 본격적으로 시행되기에 이른 것이다.

그에 따라 일본의 특수교육은 다음과 같이 요약될 수 있겠다.

첫째, 일본의 특수교육은 2007년 4월부터 '특별지원교육'이란 명칭과 체제로 탈바꿈 되었다.

둘째, 일본의 '특별지원교육'은 '지역화'를 지향한다는 측면에서 정상화 이념에 바탕을 두고 있다.

셋째, 총 47개의 지방자치단체(都道府縣)에서는 특별지원교육의 구체화를 위해 지자체별로 여러 가지 시책을 전개하고 있다.

넷째, 특수교육지원센터는 도도부현에 설치되어 있는 교육위원회 내에 '특별지원교육부'가 있어서 특수교육을 지원하는 종합센터(특수교육지원센터) 역할과 기능을 수행하고, 도도부현별 행정단위인 구나 시의 교육위원회 산하에도 '발달교육지원센터', '특별지원교육센터'가 설치되어 특수지원센터의 역할을 수행하고 있다.

다섯째, 특수학교도 특별지원교육센터의 기능을 하도록 학교 교육법에 규정(2006. 3)되어 있기 때문에 전국 '현(縣)' 아래의 맹(盲)·농(聾)·양호학교에서 지역센타적 기능을 전개하고 있다.

여섯째, 2007년 4월 이후 일본 전 지역 특수학교 명칭이 양호학교 등에서 '특별지원학교'로 바뀌어 가고 있는 중이다.

일곱째, 특수교사를 대상으로 한 교원 연수의 프로그램을 검토해 볼 때 일본의 특수교육 대상아의 범주는 '시각장애, 언어장애, 자폐증, 중도·중복장애, 고기능 자폐증·아스퍼거증후군, 발달장애, 청각장애' 등으로 나누어짐을 알 수 있다(남상석, 2007).

그 밖에 OECD가 미국·독일·스위스·네덜란드·일본 등 주요국가의 '특수교육 요구 아동의 출현율'을 제시한 표(OECD, 1997)에 의하면, 시각장애, 청각장애, 지체장애, 정서장애, 언어장애, 학습장애, 기타 등으로 분류하였다.

우리나라의 경우 특수교육을 필요로 하는 아동·학생(성인)들의 권리를 보장하는 법률로는 교육기본법(제8조 2항, 제18조), 초·중등교육법(제12, 55, 57, 59조), 장애인복지법(1999, 2007년 개정), 장애인 고용촉진 및 직업 재활법(2000, 2005년 개정), 특수교육진흥법(2001년, 제10조 1항; 2008년 5월 폐지 예정), 장애인 차별금지 및 권리구제에 관한 법률의 국회통과(2007. 2) 장애인 등에 대한 특수교육법(제2, 3, 9, 15조; 2008년 5월 시행) 등이 있다.

이에 따라 법규정면에서는 어느 선진국에도 뒤지지 않을 정도로 충분히 갖추었다고 생각된다.

특히, 장애인과 장애인 학부모들이 법률초안의 작성과 제정에 직·간접으로 참여하여 기존의 '특수교육진흥법'이 담지 못했던 한계를 대폭 보완하고 장애인의 교육기회 확대와 교육의 질 제고를 위해 제정된 '장애인 등에 대한 특수교육법'의 국회통과(2007. 4. 30)는 그 의미가 매우 크다고 하겠다.

왜냐하면 장애인에 대한 의무교육기간에 유치원과 고등학교를 포함시킴으로써 장애아동들은 유치원부터 고등학교까지 무상으로 교육을 받을 수 있게 되었으며, 만 3세 미만의 장애영아에게도 무상교육을 제공키로 했고, 초·중등교육을 받지 못한 성인 장애인을 위해서는 학교교육 형태의 교육내용을 제공하는 '장애인 평생교육시설'을 설치 운영할 것도 명시하고 있기 때문이다.

따라서 법률 제8483호로 신규제정(2007. 5. 25)된 '장애인 등에 대한 특수교육법' 제15조에서는 특수교육대상자로 시각장애, 청각장애, 정신지체, 지체장애, 정서·행동장애, 자폐성 장애(이와 관련된 장애 포함), 의사소통장애, 학습장애, 건강장애, 발달지체, 그리고 대통령령으로 정하는 장애 등 총 11가지 유형으로 구분하였다.

그 밖에 우리나라의 영재교육은 교육기본법 제12조와 제19조의 규정, 영재교육진흥법(2000. 1. 28) 및 영재교육진흥법 시행령(2002. 4. 18)으로 뒷받침 하고 있다.

즉, 교육기본법 제12조에는 '학생을 포함한 학습자의 기본적 인권은 학교교육 또는 사회교육의 과정에서 존중되고 보호되며, 학습자의 인격을 존중하고 개성을 중시하여 학습자의 능력이 최대한으로 발휘될 수 있도록 마련되어야 한다'고 규정하고 있으며, 동법 제19조에는 '국가와 지방자치단체는 학문·예술 또는 체육 등의 분야에서 재능이 특히 뛰어난 자의 교육에 필요한 시책을 수립·실시하여야 한다'고 명시하고 있다.

또한 영재교육진흥법 제5조에서는 '일반지능, 특수학문 적성, 창의적 사고능력, 예술적 재능, 신체적 재능, 그 밖에 특별한 재능' 등의 관련 항목 중에서 뛰어나며 잠재력이 우수한 자를 영재교육 대상자로 선정하게 되어 있으며, 영재교육진흥법 시행령(제12조)에서도 영재교육 대상자의 선정기준을 예시하고 있다.

이 같은 사항들을 고찰해 볼 때, 우리나라의 특수교육 대상자의 유형분류는 영재아를 포함하여 전술한 '장애인 등에 대한 특수교육법 대상자 11개 유형 등 총 12개 유형으로 분류할 수 있다.

이상과 같은 내용들을 종합적으로 정리해 볼 때, 특수아동의 전형적인 분류방법은 다음과 같은 여섯 가지 기준에서 접근해야 한다고 본다.

첫째, 지적 수준 차이이다.

지적으로 뛰어나면 영재아로, 지체되면 정신지체아로 분류된다.

둘째, 감각적 차이이다.

시각과 청각 어느 부분에 장애가 있느냐에 따라 시각장애와 청각장애로 분류한다.

셋째, 의사소통의 차이이다.

의사소통 장애와 그 차이에 따라 언어장애와 학습장애로 분류된다.

넷째, 행동 및 적응상의 차이 문제이다.

행동장애 및 사회적 적응문제에 따라 행동장애, 정서장애로 구분된다.

다섯째, 신체적 발달상의 문제이다.

신체적 건강 및 발달상의 문제나 장애에 따라 건강장애, 발달지체, 지체장애 등으로 분류된다.

여섯째, 중증 및 중복장애 문제이다.

여러 장애가 복합·중복된 경우로서 정신지체, 자폐성 장애, 뇌성마비, 농과 맹의 중복장애 등으로 분류된다.

3절 특수교육의 필요성

특수교육의 필요성과 중요성에 대해서는 논자의 시각과 강조점에 따라 다양하게 주장하고 있다.

김승국은 장애의 종류와 정도, 생활 정도 등에 따라 적절하고 보다 많은 양질의 교육·의료·직업훈련 등의 지원을 받게 해준다는 '교육에서의 아동의 개별성·다양성 존중'의 측면, 장애인의 잠재력을 최대한 회복시켜 '일반사회에 주류로서 참여하게 하는 사회통합'의 측면, 특수교육 요구 아동이 가지고 있는 '수월성(秀越性) 계발'의 측면, 모든 국민은 '인간으로서의 존엄성을 존중받아야 하며, 법률이 보장하는 교육받을 권리'의 측면에서 특수교육의 필요성을 주장한다(김승국, 2001).

박원희 등은 '장애아의 교육권 확보 측면, 심한 장애로 발전되는 것을 예방하는 측면, 장애로 인한 차별받음이 없이 통합된 지역사회에의 참여 측면, 현재 및 미래 환경에서 독립된 생활, 직업, 자기실현을 위한 자질의 함양과 기술의 습득 측면, 일반 사회인으로서 누릴 수 있는 행복권의 신장 측면' 등으로 초점을 맞추고 있다

(박원희 외, 2003).

Bundschuh는 여러 종류의 장애 및 그 원인과 관련해서 네 개의 패러다임을 제시한 Bleidick의 견해를 소개하면서 특수교육심리학의 중요성(필요성)을 강조하고 있다.

첫째, '장애는 의학적으로 이해할 수 있는 하나의 실상이다'라는 개인-이론적 패러다임(individual-theoretishes paradigma)의 측면,

둘째, '장애는 사회적인 기대를 개인에게 전가하면서 낙인을 찍어버리는 라벨링 접근법(labeling approach)'으로서의 상호작용이론적 패러다임(interaktions theoretishes paradigma)의 측면,

셋째, '장애는 학생 각자의 서로 다른 환경과 복잡·다양한 행위능력 등을 무시하고 제도 중심적인 단순화의 해결책에 의존함으로써 제도적 결과로서 발생(장애)한다'는 제도 이론적 패러다임(system theoretisches paradigma)의 측면,

넷째, '장애는 사회의 정치·경제적인 조건과 사회적 상황에 의해 조건화된 사회적 산물'로서 이해해야 한다는 사회이론적 패러다임(gesellschafts theoretisches paradigma)의 측면 등이다.

이렇듯 장애현상은 장애의 상대성과 개별성, 복합성, 다차원성을 갖기 때문에 장애발생의 원인분석과 해당아동 및 부모이해, 아동의 고유한 특성과 가능성, 긍정적 특징과 잠재력을 개발해 주고 지원해 줌으로써 장애아동의 성장을 돕고 그들이 자립적인 존재가 되도록 하기 위해 특수교육심리학의 필요성을 강조하였다. 따라서 특수교육심리학은 발달심리학, 교육심리학, 사회심리학(사회학), 특수교육학, 임상심리학(상담심리학), 교육학 등 제 학문의 수평적 연계하에 장애아들의 신체적·정신적·사회적 안녕을 추구한다는 것으로 요약된다(Bundschuh, 김성애, 홍은숙 역, 2004).

Kirk와 Gallagher는 '정신적 특성, 감각적 능력, 의사소통 능력, 행동 및 정서적 발달, 신체적 특성이 보통 혹은 정상으로부터 차이가 있는 특수 아동들의 독특한 능력개발을 위해서는 학교교육의 수정 또는 특별한 교육적 서비스가 요구된다'고 함으로써 특수교육의 필요성을 주장하였다(Kirk & Gallagher, 1979; 김창옥 외 공역, 2005).

특수교육의 필요성이나 의의에 대해 가장 체계적·종합적으로 정리한 이효자 등은 '인도주의적 측면, 근대정치적 측면, 예방 교육적 측면, 민주교육의 원리적 측면, 사회 연대적 측면, 인적자원 개발의 측면' 등 6가지 면에서 정리하고 있다(이효자 외 4인, 2005).

이소현과 박은혜는 모든 아동·학생들 간에는 학업수행 면이나 성격·행동적 특성, 사회적 관계 면에서 다양성을 나타낼 뿐만 아니라 개인의 내면적 면에서도 독특성과 개별적인 특성을 지니고 있다. 특히 장애를 지닌 학생이나 뛰어나게 우수한 학생이 있는 학급은 학생들의 다양성 측면에서 그 범위가 넓어지게 되는데 다양성의 범위가 커지게 되면 '일반적인 방법의 교육으로는 학급 구성원들 모두가 적절한 교육을 받을 수 없게 된다. 그러므로 이러한 학생들은 이들만을 위해서 특별히 고안된 특수교육을 필요로 하게 된다'고 하였다(이소현, 박은혜, 2007).

Heward는 한 사회에서 인종(race), 문화(culture), 언어(language), 성별(gender), 사회경제적 지위(socioeconomic status)가 다르거나 장애를 가진 아동이라고 해서 교육의 기회가 충분하면서도 공평하게 주어지지 않았다(Banks & Banks, 2004; Smith, 2004; Heward, 2006)고 하면서 특수아동교육에 대한 이같은 배타적인 과거(an exclusionary past)와 공정하지 못한 분리(separate is not equal) 교육으로 배척과 차별을 면치 못하였다는 것이다.

그러나 평등, 자유, 정의에 대한 개념이 확대되고 인권운동과 아동의 교육권 보호에 대한 법원의 판결, 평등성 보호 차원에서 특수교육 대상 아동들이 무상의 공교육을 받게 되었고, 특수학교의 배치(분리)보다는 일반학교의 배치가 바람직하다는 방향으로 영향을 미치게 되었다(Heward, Ibid)고 함으로써 민주주의 이념, 인권운동, 교육권 보호 등이 특수교육의 필요성과 의의라고 할 수 있겠다.

이상 여러 학자들의 견해를 고찰해 보았으나, 결국 특수교육의 필요성은 특수교육의 본질과 성격, 목적과 사명, 중요성과 가치에 비추어서 국가적 측면에서의 필요성과 시대적 측면에서의 필요성, 그리고 정치적 측면, 교육적 측면, 경제적 측면에서의 필요성으로 구분·접근하는 것이 합리적·포괄적이라고 생각한다.

1. 국가적 측면에서의 특수교육 필요성

국가적 측면에서 특수교육의 필요성, 중요성을 논하려면, 먼저 국가가 반드시 해야 될 기본적·핵심적 과제가 무엇이며, 우선적으로 고려할 사항이 어떤 것인지를 명확히 한 다음, 정치적 측면, 경제적 측면, 사회적 측면, 교육적 측면 등에서 그 필요성이 고찰되어야 한다.

첫째, 국민의 자유와 복리의 증진 및 모든 영역에서 각자의 기회균등 보장과 능력을 최고도로 발휘하도록 하기 위해 국가의 기본적·핵심과제로서 공교육과 함께 특수교육의 강화·확충이 요구된다.

대통령 당선자는 새 대통령으로 취임하면서 '대한민국헌법 제69조'에 따라 국민 앞에 손을 들고 "나는 헌법을 준수하고 국가를 보위(保衛)하며 조국의 평화적 통일과 국민의 자유와 복리(福利)의 증진 및 민족문화의 창달(暢達)에 노력하여 대통령으로서의 직책을 성실히 수행할 것을 국민 앞에 엄숙히 선서합니다"라고 약속한다.

선언문 내용 중 '헌법을 준수하고 국민의 자유와 복리를 증진한다'는 약속인데 이 점에서 상대적으로 불리하고 각별한 관심과 배려를 해야 할 국민이 누구인가?

두말할 필요 없이 장애를 가진 사람들이다.

그들은 신체적·정신적·언어적·행동적·정서적·학습적·사회적·경제적·가정적인 면에서 많은 제약과 부자유스러움 속에 고통을 당하고 있기 때문에 그 같은 문제로부터 보다 자유롭게 해주는 것이 국가가 해야 될 시급한 과제라고 생각한다.

또한 헌법 전문에 명시된 헌법정신도 주목해야 할 사항이다.

즉, 헌법전문에 명시된 헌법정신은 '유구(悠久)한 역사와 전통에 빛나는 우리 대한민국은 3·1운동으로 건립된 … 정치·경제·사회·문화의 모든 영역에 있어서 각인의 기회를 균등히 하고, 능력을 최고도로 발휘하게 하며, 자유와 권리에 따르는 책임과 의무를 완수하게 하여, 안으로는 국민생활의 균등한 향상을 기하고 … 우리들과 우리들의 자손의 안전과 자유와 행복을 영원히 확보할 것을 다짐하면서 … 8차에 걸쳐 개정된 헌법을 이제 국회의 의결을 거쳐 국민투표에 의하여 개정한다'는 것으로 되어 있다.

여기서 주목해야 할 것은 각자가 사회 모든 영역에서의 기회균등과 최대한의 능력발휘를 통한 국민생활의 균등한 향상, 그리고 안전과 자유와 행복을 확보해야 한다는 점이다.

'정치 · 경제 · 사회 · 문화 등 모든 영역에서 각자의 기회를 균등하게 하고 능력을 최고도로 발휘하게 하며 안전과 자유와 행복을 확보할 것'이라는 다짐인데, 그러자면 자연스럽게 장애자들에게 관심을 갖지 않으면 안 된다는 점이다.

통상적으로 장애인의 통계는 선진국의 경우, 전체인구의 3%, 중진국은 10%, 후진국은 13%로 생각해왔다.

세계보건기구(WHO)는 기존의 전체인구 중 10%의 출현율을 2010년부터 15%로 상향 추정하고 있다. 그에 따라 약 10억 명이 다양한 장애를 겪고 있는데, 이 중 약 2억 명이 중증 장애자이며, 장애 아동수는 약 9.500만 명(WHO, 2011)이라고 했다. 우리나라의 경우는 250만 1,112명의 장애인(남자 145만 3,606명, 58.1%; 여자 104만 7,506명, 41.9%)이 등록 · 집계되어 있다(보건복지부, 2014. 11. 11).

UN은 전 세계인구의 10% 수준으로 추산하고, OECD는 회원국(34개 국가)의 전체 평균율을 13.8%로 집계하고 있다. 즉 헝가리(22.1%), 덴마크(20.7%), 핀란드(20.5%), 포르투갈(18.7%), 스웨덴(18.1% 또는 20.6%), 영국(17.6% 또는 19.7%), 독일(17.5%, 8.4% 또는 10.2%), 네덜란드(16.8%), 노르웨이(16.3%), 벨기에(14.0%), 프랑스(13.2%), 캐나다(12.1%), 호주(12.0%), 미국(11.9%, 19.2% 또는 20.6%), 스페인(11.0%), 스위스(10.4%), 이탈리아(9.0% 또는 7.1%), 멕시코(7.2%), 일본(4.8%) 등의 출현율에 비해 우리나라는 약 4.88%(전체 인구 5,123만 579명 중 장애인이 250만 1,112명 집계)이다. 위의 장애인 출현율이 국가별로도 차이가 나고, 특정 국가의 통계수치가 여러 가지로 차이를 보이는 이유는 다음과 같다.

① WHO의 추정 출현율과 OECD 국가별 장애 출현율이 크게 차이가 나기 때문이다.

② 국가별 법정 장애범주가 다르기 때문이다.

③ 한 국가에서도 수치가 다른 것은 통계치 산출시기가 다르기 때문이다.

④ 장애인 수를 근로가능인구 중 장애인 출현율이냐, 특수교육 대상자 출현율이냐에 따라 산출 결과가 다르기 때문이다(머리말 참조).

‘1983년 UN총회에서 채택된 장애인에 관한 세계의 행동계획’이란 여섯 가지의 권고사항을 재음미해야 한다.

① 보도매체의 공정한 표현보도, 분별 있고 정확한 묘사를 해야 한다.
② 공공기관은 기관정보가 장애인을 포함한 모든 사람들에게 전달되도록 적절히 만들 책임이 있다(시민으로서의 권리와 의무에 해당).
③ 언론매체나 기타 정상적인 정보통신 수단은 장애를 가진 사람들도 이용하고 이해할 수 있는 특별자료를 준비해야 한다.
④ 각 회원국은 장애인과 그 가족 및 전문가들이 프로그램과 서비스, 법률, 제도, 전문적 견해, 보조기구 등에 대한 최신정보를 얻을 수 있도록 해야 한다.
⑤ 대중교육 당국은 장애의 실상과 그로 인한 결과, 예방·재활 및 장애인의 기회균등에 대한 체계적인 정보를 제공해야 한다.
⑥ 장애인과 장애인 단체는 대중정보를 다른 사람들과 똑같이 이용하고, 고용의 기회를 가지며, 관련 자료와 전문적 훈련을 받음으로써 정보매체를 통해 자유로이 의사소통을 하고 자신들의 의견과 경험을 일반 대중에게 전달할 수 있도록 하여야 한다.

둘째, 국민의 기본적 인권 보장 및 각종 권리를 보장하기 위해 특수교육이 정상화되고 강화·확충되어야 한다.

국가는 국민의 기본적 인권 보장, 평등권 보장, 능력에 따른 균등한 교육을 받을 권리 보장, 인간다운 생활을 할 권리 보장 등과 관련하여 법적·제도적 장치를 마련하고, 그에 따른 철저한 이행이 요구된다.

대한민국 헌법(제10조)에는 ‘모든 국민은 인간으로서의 존엄과 가치를 가지며, 행복을 추구할 가치를 가진다 … 국가는 개인의 기본적 인권을 확인하고 보장할 의무’가 있다고 명시되어 있다.

그리고 ‘모든 국민은 누구든지 성별·종교·사회적 신분에 의하여 정치적·경제적·사회적·문화적 생활의 모든 영역에서 차별을 받지 않고 법 앞에 평등하며’(헌법 제11조), ‘모든 국민은 능력에 따라 균등하게 교육을 받을 권리’(헌법 제31조)와 ‘인간다운 생활을 할 권리’(헌법 제34조 1항) 그리고 ‘신체장애·질병·노령, 기타의 사유로 생활능력이 없는 국민은 법률이 정하는 바에 의하여 국가의 보호를 받는다’

(헌법 제34조 3항)고 명문화되어 있다.

이 같은 헌법정신에 따라 교육 기본법에서는 교육에 관한 국민의 권리 · 의무 및 국가 · 지방자치단체의 책임을 규정하고 있는 바, '모든 국민은 평생에 걸쳐 학습하고, 능력과 적성에 따라 교육받을 권리'가 있다는 학습권의 보장(교육법 제3조)과 '성별, 종교, 신념, 인종, 사회적 신분, 경제적 지위 또는 신체적 조건 등을 이유로 교육에서 차별을 받지 않는다'는 교육의 기회균등보장(교육법 제4조), 그리고 '9년간의 의무교육을 받을 권리'(교육법 제8조)와 '학습자의 인격 존중과 개성을 중시하여 능력이 최대한 발휘할 수 있도록 교육내용 · 교육방법 · 교재 및 시설'을 갖출 것을 명시하고 있다(교육법 제12조 2항).

뿐만 아니라 '신체적 · 정신적 · 지적 장애 등으로 특별한 교육적 배려가 필요한 자를 위한 특수학교의 설립 · 경영 · 교육의 실시'(교육법 제18조)와 '학문 · 예술 또는 체육 등의 분야에서 재능이 특히 뛰어난 자를 위한 영재교육 실시'(교육법 제19조)에 대해 국가와 지방자치단체의 책임과 의무를 명문화하고 있다.

이상과 같은 헌법과 교육법의 규정에 따라 '초 · 중등교육법'(2007년 12월 4일 개정)에서는 '의무교육으로서 초등학교 및 중학교 과정의 특수학교를 설립 · 경영'(초 · 중등교육법 제12조)하여야 하며 '… 특수교육을 필요로 하는 자에게 초등학교 · 중학교 또는 고등학교에 준하는 교육과 실생활에 필요한 지식 · 기능 및 사회적응 교육을 하는 것이 목적인 특수학교'(초 · 중등교육법 제55조)와 '고등학교 이하의 각급학교에 관할청의 인가를 받아 특수교육을 필요로 하는 학생을 위한 특수학급을 둘 수 있고'(초 · 중등교육법 제57조), '특수교육을 필요로 하는 자가 초등학교 · 중학교 및 고등학교와 이에 준하는 각종 학교에서 교육을 받고자 하는 경우에는 별도의 입학절차, 교육과정 등을 마련하는 등 통합교육의 실시에 필요한 시책을 국가 및 지방자치단체는 강구해야 한다'(초 · 중등교육법 제59조)고 명문화되어 있다.

이렇듯 '모든 국민들은 사회생활의 모든 영역에서 차별을 받지 않고 능력에 따라 균등하게 교육을 받을 권리의 보장과 장애아를 위한 특수교육, 재능이 뛰어난 자를 위한 영재교육'에 대해 법적 · 형식적 조건을 갖추었다고 생각한다.

그러나 실제로 우리나라의 현실은, 62%의 장애 성인들이 중학교 졸업 이하의 학력을 가지고 있으며, 장애인의 45.2%가 초등학교 졸업 이하의 학력으로 조사되었다(보건복지부 2005).

이같은 조사결과는 교육과학부(기존의 교육부)를 비롯하여 전국의 지자체, 지역교육청의 무관심 속에 장애인들이 교육기회로부터 철저히 차별당하고 외면당해 왔음을 실증적으로 보여주는 것이다. 그리고 학교의 건물과 시설이 장애자를 위한 배려가 얼마나 되어 있으며, 시・청각 장애자를 위한 교육기자재가 충분히 준비된 학교가 어느 정도 되는지를 조사해 볼 때 비관적인 현실을 확인하게 된다.

법적・제도적 장치도 중요하지만 일선학교에서 장애자・영재아를 위한 실제적인 특수교육이 더욱 강화・확대해야 할 필요성이 절실하다는 것이 바로 이 때문이다.

셋째, 국가는 교원양성기관의 교직과목과 현직 연수과정, 교감・교장의 행정연수 과정에서 '특수교육론' 또는 '특수교육학'을 교직 필수과목으로 지정, 이수케 함으로써 교원들이 장애자 교육, 영재교육에 대한 전문적 자질과 소양을 갖추도록 해야 한다.

우리는 흔히 "교육의 질적 수준은 교사의 질적 수준을 넘지 못 한다"(홍성윤, 1976: 29)든지, "한 나라의 상태는 그 나라의 학교에서 어떤 교육이 실시되고 있는가를 보아 알 수 있을 것이다"(오천석, 1976)라는 말을 한다. 그리고 "한 나라의 장래는 그 나라의 학교에서 어떤 수준과 타입의 교사에 의해 어떤 교육이 이루어지는지를 보면 알 수 있다"(김흥규, 2006)라는 말을 하기도 한다.

이같은 말들이 시사・강조하고 있는 것은 '한 나라는 그가 가지고 있는 학교 이상의 것이 될 수 없고, 그 학교의 교육은 그 안에서 일하고 있는 교사 이상이 될 수 없으며, 국가의 장래 역시 교육수준 이상의 것이 될 수 없다'는 말을 함축(含蓄)하고 있다.

그래서 "누구를 스승으로 모셨느냐 혹은 누구의 제자(弟子)이냐"(이영덕, 1975)가 중요한 의미를 가지게 된다.

그것은 스승의 인격과 학식, 그리고 재능이 교육적인 능력으로 나타나고 그의 가르침을 받은 자가 스승을 닮게 되기 때문이다.

때문에 교사의 수준은 학교의 수준을 결정하고 그것은 다시 교육의 수준을 좌우하며 결과적으로 교육의 수준은 국가의 장래를 결정하는 관건(關鍵)이 된다는 것에 이론(異論)이 있을 수 없다. 뿐만 아니라 인간의 생명과 행복에 절대적인 영향을 미치는 대표적 직업을 두 가지를 선택하라고 한다면 서슴없이 의사와 교사를 추천하게 되리라고 생각한다.

왜냐하면 "의사와 교사는 마음만 먹으면 한 인간을 죽이거나 불행하게 만들 수 있으며, 비록 의도적인 것은 아니더라도 조그만 실수가 한 인간의 인생을 좌우할 만큼 커다란 상처를 입히게 되기 때문이다"(한국외국어대학교 교직과 교수 편, 1985).

그래서 케네디교육재단의 '어네스트 보이어' 이사장은 "서투른 외과의사는 한 번에 한 사람에게 상처를 주지만 서투른 교사는 130명에게 상처를 준다"고 하여 교사의 중요성을 강조한 바 있다.

결국 의사와 교사만큼 인간의 생사문제와 행·불행 문제에 직결되는 직업은 없다고 볼 때, 교육자들은 자신의 존재이유와 직업의식에 대해, 나의 위치와 이념에 대해, 나의 언행과 역사의식에 대해 냉엄하면서도 진실된 자기성찰이 요구된다.

그래서 학생들이 느낄 때, 교육자의 얼굴에서 항상 화기(和氣)가, 몸 전체에서는 온기(溫氣)가, 말에서는 자신감과 생기(生氣)가, 걸음걸이와 행동에서는 활기(活氣)가 넘쳐야 하며 학생들을 대할 때나 가르치고 생각하고 판단할 때 전문성과 덕기(德氣)가 풍기어서 학생들에게 꿈과 희망, 학교생활의 기쁨과 만족감을 느끼게 해주는 교육자가 되어야 한다(김홍규, 2006).

그러자면 교원양성 및 현직연수 과정에서 적용되고 있는 '교직과목 이수기준'을 전면 재검토해야 한다. 교직이론 영역, 교과교육 영역에서 덜 중요한 과목을 과감히 삭제하고 생활지도, 정신건강, 특수교육 관련 과목·장애교육 관련 과목·영재교육 관련 과목에 대한 교과목들이 신설·추가되어야 할 것이다.

전술한 바와 같이 대한민국 헌법이나 교육기본법, 초·중등교육법에서 특수교육과 영재교육, 장애자 교육에 대한 강조가 명문화되었으며, 초·중등학교 및 이에 준하는 각종학교에서 통합교육의 실시와 특수교육을 필요로 하는 학생을 위한 특수학급을 설치·운영토록 하고 있는데 교육자(일선교사 및 교육행정자)들이 특수교육·장애자 교육에 대한 전문적 소양을 갖추지 않는다는 것은 교직에 대한 직무포기라고 생각한다.

현직 교원이, 그리고 교육자가 되겠다는 사람들은 장애인을 위한 특수교육의 성격, 목표, 대상, 내용과 방법 등을 반드시 알아야 한다.

그러려면 1994년 7월 1일부터 시행해 오면서 6차례의 수정을 거듭해 온 특수교육진흥법(28개 조항)과 1999년 2월 8일 전면 개정(법률 제5931호)한 후 7차례의 개정을 거치며 시행중인 장애인복지법(89개 조항) 등을 읽어봄으로써 특수교육정책이 어떻게 추진되어 왔으며 장애인의 권리가 무엇이고(장애인복지법 제4조), 장애인 교육에 대한 국가와 지방자치단체의 책임과 의무(장애인복지법 제20조) 및 자녀교육비 지급(장애인복지법 제38조) 등에 대해 알 수 있게 될 것이다.

그리고 기존의 특수교육진흥법을 폐지하고 2007년 5월 25일 제정·공포(법률 제8485호, 신규 제정)되어 2008년 5월 26일부터 시행하게 될 '장애인 등에 대한 특수교육법'(38개 조항)은 각별한 관심을 가지고 읽어야 할 것이다.

부모로부터의 악성(惡性) 유전, 약물 중독, 각종 사고 및 전쟁에 의한 공상(公傷), 특수직업병, 정신·심리적 외상(外傷), 치료가능성의 실기(失機), 환경오염, 대기(大氣) 중의 미세(微細)먼지(하은희, 2008) 등에 의해 심신 장애자가 된다(김홍규, 1989).

전술한 바와 같이 장애자의 출현율이 세계보건기구(WHO)는 15%, UN은 10% 수준, OECD는 전체 회원국 평균 출현율 13.8%와 비교할 때, 우리나라의 출현율 4.88%는 설득력이 없다. 이유는 세계 제일의 사건공화국으로써 장애자 발생에 있어 사고 등 후천적 요인이 90% 이상이 되는 나라이기 때문이다.

이 같은 많은 장애자들 중 대부분이 가정의 무지(無知), 막대한 의료비용, 사회의 편견과 냉대, 국가의 제도적인 뒷받침이 미흡하여 이중(二重)으로 버림받으며 좌절감과 위축, 소외와 자학(自虐), 국가사회의 편견과 관심 밖에서 살고 있는 것이다. 물론 '2003~2007 특수교육 발전 종합계획안'이 마련되었지만 그 성과를 확인할 수는 없다.

마침 UN본부에서 장애인 인권보호를 위한 국제협약인 '장애인 권리협약'에 한국을 포함한 세계 81개국이 서명(2007. 3. 31)도 했으니, 우리의 경제력에 걸맞는 장애인의 복지대책과 특수교육의 진흥이 요구된다.

우선, 전교사를 대상으로 특수교육에 대한 연수를 실시하고, 특수교육 기자재 확보, 특수교육의 질적 제고와 행·재정적 지원, 그리고 모든 교육기관 건물의 계단 없애기 공사 등을 시행하여 장애자들의 학교생활 적응에 편의를 도모해야 한다.

2. 시대적 측면에서의 특수교육 필요성

첫째, 국가 경쟁력을 갖추기 위해 창의적인 고급 두뇌의 발굴과 육성으로서의 영재교육, 특수교육의 강화와 확대가 요구된다.

지금은 지식·정보를 기반으로 하는 지식 정보화 사회이며, 국제화·세계화의 급진전에 따른 전분야·전방위면에서의 경쟁력 전쟁시대이고 첨단과학기술을 어느 나라가 갖고 있느냐에 따라 국가 운명이 좌우되는 과학기술 중심시대이다.

뿐만 아니라 세계 각국이 '기술과 과학의 전쟁, 교육과 문화의 전쟁, 무역과 경제의 전쟁, 창의력과 다양성의 전쟁, 지식과 정보의 전쟁, 해양과 우주항공에서의 전쟁, 지원과 에너지의 전쟁'이라고 하는 '21세기의 파고'에 어떻게 하면 떠밀리지 않고 경쟁력 우위를 확보할 수 있을 것인가에 대해 오래 전부터 국가전략으로 채택하여 철저한 정책을 추진하고 있다(김흥규, 2003).

이런 현실에서 우리나라가 가야 할 길은 국가 경쟁력 강화이며 과학기술 강국이기 때문에 영재교육으로서의 특수교육이 강화되어야 한다.

90년대 중반까지만 하여도 '자연자원도 별로 없는 우리나라는 남·북으로 분단되고, 좁은 국토에 인구밀도 세계 2위인 우리가 내세울 것이라고는 인적자원밖에 없다'는 데 공감했다. 따라서 경쟁력 있는 양질(良質)의 인력을 양성·배출하는 것이 중요하다는 데 동의하였다.

그런데 이제는 상황이 달라졌다. 중국은 한 해 504만 명의 대학생을 모집하고 있고, 11만 8,000명의 해외 유학생을 분야별로 결정해서 내보내며, 3만 5,000명이 학위 취득 후 귀국하고 있다(2005년도 기준). 뿐만 아니라 미국 정보통신(IT) 산업의 요람인 켈리포니아주 실리콘벨리의 엔지니어 20%, CEO의 17%가 중국인이며, 이태리의 패션도시 프라토에 모여 사는 3만여 명의 중국인들은 재단기업 200여개와 의류공장 1,700여 개를 사들이면서 이태리 패션계의 최대 파워 인맥으로 등장했다.

그리고 미국 워싱턴·메릴랜드·버지니아 주 등 바이오벨리에도 '화인(華人) 바이오의약과기협회'에 400여 명이 회원으로 가입하여 활동 중에 있으며, 1990년대 이후 미국 뉴욕의 월스트리트에도 활발히 진출하여 스타급 금융 맨이 등장하였고 적극적으로 인재를 축적하는 단계이다. 게다가 중국 교육부는 '세계 100위권 이내에 드는 유명대학이나 연구기관에서 대가(大家)급 학자와 연구인재 1,000여 명을 스카웃하여 세계 일류급 대학 학과 100개를 만들겠다'는 목표로 '두뇌 유치 111작전'을 발표(2006. 9. 12)한 바 있다.

싱가포르의 국부(國父)로 불리는 리콴유(李光耀) 전 총리 겸 선임 장관도 "싱가포르를 향후 20년 이내 최고 선진국으로 만들겠다."며 선진국으로부터 인재와 자금을 적극 유치하기 위해 모든 제도적 뒷받침을 하겠다(2007. 2. 23)는 방침을 밝힌 바 있다. 뿐만 아니라 중국본토에 13억 5천만여 명, 홍콩에 595만여 명, 인도네시아에 620만여 명, 타이에 577만여 명, 말레이시아에 553만여 명, 베트남에 230만여 명, 싱가포르에 224만여 명, 필리핀에 130만여 명, 그 밖의 캄보디아(34만여 명), 마카오(34만여 명), 미얀마(13만 7천여 명), 인도(14만여 명), 일본(12만 3천여 명), 한국(2만 6천여 명) 등에 군거(群居)하는 중화인 군단(中華人群團)은 21세기의 핵이라고 할 수 있다(김흥규, 1998).

중국 본토와 이들 해외 화교와의 결속, 그에 따른 경제력과 기술보유 수준, WTO 가입에 따른 광활한 시장과 막강한 인력 자원 등은 21세기 세계경제의 주역으로 급부상할 것이 분명하다.

현재 우리나라의 2016년 국가 경쟁력은 세계경제포럼(WEF)의 평가 148개국 중 26위, 국제경영대학원(IMD) 평가는 60개국 중 29위, 산업정책연구원(IPS)은 세계 62개국 중 차별화지수 15위로 각각 평가하였는데 앞으로 점점 더 도전을 받아 고전할 것이 예상된다.

그렇다면, 우리의 활로는 무엇인가?

국가경쟁력위원회를 만들고, 국내 산업은 물론 세계시장으로 진출하는 데 필요한 인력자원계획을 밝혀야 한다. 그 계획에 입각하여 각급 학교와 대학에서는 창의성과 다양성을 갖춘 고급인력을 양성하여야 하며, 인도·러시아·중남미 그리고 풍부한 천연자원을 보유한 아프리카 지역(53개국) 등에 진출하는 데 필요한 영어 및 다중언어의 구사능력, 이해 등 국제 감각과 자질을 갖출 수 있도록 국가의 정책이 마련되어야 한다.

뿐만 아니라 전술한 바와 같이 첨단기술을 어느 나라가 갖고 있느냐에 따라 국가운명이 좌우되는 과학기술 중심시대이다.

그간 우리나라는 'G7 프로젝트'를 추진해 왔다. 2000년까지 '초고집적 반도체, 광대역 종합 정보통신망, 고선명 TV, 신 의약 및 농약, 첨단생산시스템, 정보·전자·에너지·첨단 소재, 차세대 자동차, 신기능 생물 소재, 환경공학, 신에너지, 차세대 원자로' 등 11개 분야에 중점 투자를 해서 선진 7개국(G7)에 들어가자는 소위 'HAN-Project'(Highly advanced national project)가 그것이다.

그 성과가 알려진 바는 없지만, 지금 우리는 고효율의 일본과 저비용의 중국 사이에 끼여서 꼼짝 못하게 되어가는 상황(샌드위치 코리아)이 되었다.

중국의 경제력, 국력은 급신장하여 미국의 독주를 견제하는 유일한 국가로 부상했으며, 산업기술면에서도 급격하게 발달하여 석유화학은 4년, 철강은 4년 8개월, 기계는 4년 4개월, 전자는 3년 3개월, 자동차는 5년 3개월, 조선은 5년 8개월 정도 우리가 앞서있는 형편(2006년 1월, 대한상공회의소가 275개 제조업체 조사결과)이며, 일본 기술력에 비해 우리나라 기술력 수준은, 석유화학 분야(93.8%), 철강 분야(91.7%), 기계 분야(89.7%), 전자 분야(91.8%), 자동차 분야(88.6%), 조선 분야(95.5%) 수준으로 밝혀졌다(2006년 4월 대한상공회의소가 234개 제조업체 조사결과).

이렇듯 중국은 몇 개 분야를 제외하고는 모두 한국의 경쟁력을 추월한 상태이다.

지금은 한가롭게 평등주의와 평준화 정책, 과거사 진상규명, 대통령 선거제도 문제로 시간을 낭비할 때가 아니다. 어떻게 첨단과학 기술을 발전시킬 것이며, 우수한 인재를 과학기술계로 유인하기 위한 대책이 무엇인지 고민해야 하고, 과학기술을 중시하는 국가사회적 분위기 조성, 과학기술 인력을 귀하게 대접하는 사회풍토를 조성하고 초·중고교 교육과정에서 수학·과학·물리·화학 등의 교육에 비중 두는 방안을 고민할 때이다.

과학기술 강국으로 발전하기 위해서는 청소년들이 과학·수학·공학 분야로 진출하도록 각급 학교의 교육시스템에서 충분한 자극과 동기부여를 해야 한다.

미국과학진흥협회(AAAS) 회장이면서 런셀러 공과대학의 총장인 잭슨(Shirley Ann Jackson)은 2004년 미국의 과학과 공학에 '소리 없는 위기(quiet crisis)'가 진행되고 있으며, 미국의 경제체질에 장기적 위협이 되는 또 다른 '대폭풍(perfect storm)'이 형성되고 있다고 하였다. 그 내용은,

① 달 착륙 경쟁 같은 것에 매혹되거나 수학·과학·공학 등에 매력을 느끼는 젊은이들이 점점 줄어들고 있다는 점

② 과학기술의 진흥과 교육투자를 담당하는 국립과학재단의 예산을 배로 증액해야 될 시점에서 정치적 고려만으로 삭감(2005 회계년도 하원의 예산심의)하였다는 점

③ 과학자와 엔지니어들의 숫자적 감소와 필요한 규모만큼 충원이 되고 있지 않다는 점. 즉, 미국과학자와 엔지니어들의 절반이 40세 이상이고, NASA직원

(18,146명) 중 40%가 50세 이상, 그 직원 중 22%가 55세 이상, 60세 이상의 NASA 직원과 30세 미만인 직원의 비율이 약 3대 1이다. 30세 미만의 NASA직원은 4%에 불과하다. 뿐만 아니라 수학 및 과학교사의 3분의 2가 2010년이면 정년퇴직으로 물러나게 된다(John Glenn, 2002). 그리고 '1960~1970년대에 이공계로 진출했던 사람들 대부분이 20년이 지나면 은퇴할 것인데, 그들 자녀들은 부모세대만큼 이공계를 선택하지 않는다'고 국립과학위원회(NSB)보고서는 지적했다.

④ 대학 강의실이나 직장에서 미국학생(기술자)들은 인도인이나 중국인 그리고 폴란드 젊은이들에 비해 공부에 대한 의욕, 창의성, 문제해결 능력, 배움에 대한 열정, 열심히 일하려는 의지, 필요하다면 희생하려는 의지, 변화하려는 의지가 부족하다(Friedman, 김상철, 이윤섭 옮김, 2005)는 점

⑤ 중국학생들은 수학이나 과학 공부에 엄청난 노력을 쏟고 있으며, 이공계 교육에 대한 중국의 열정적 리더십이 미국에는 없다는 점이다. 그 결과 해마다 인텔이 개최하는 국제과학기술경시대회(Intel International Science and Engineering Fair)에 전 세계 40여 개국이 지역예선을 거쳐 가장 우수한 학생을 출전시킨다. 미국에서는 6만 5천 명이 예선에 참가하지만, 중국은 전규모의 과학경시대회에 각 지방에서 예선에 출전시키는데 600만 명이 경쟁하고 거기서 선발되어 인텔에 출전시킨다. 중요한 것은 중국이 인텔경시대회에 출전한 학생들에게 대학입학시험을 면제해 주고, 중국 내 최고대학들 가운데 어느 대학이든 마음대로 선택해서 진학할 수 있게 해준다는 것이다. 그 결과 2004년도 인텔경시대회에서 35개 분야에 걸쳐 수상자를 냈고, 전체 최고상 수상자 3명 중에 1명이 있었다. 이는 학생들이 과학경시대회를 중요시 하게 되었고, 궁극적으로 중국의 과학기술을 빠르게 발달시켰다는 데 있다. 우리나라도 국내 수학·과학·물리의 학력경시대회 우승자, 인텔과학경시대회, 국제수학올림피아드, 국제물리올림피아드 수상자 및 출전자에 대한 특전을 획기적으로 마련해야 한다.

끝으로, 'BT혁명'의 상속을 선언한 인도를 주목할 필요가 있다.

'IT혁명'의 선두주자인 인도가 이번에는 'BT(생명공학) 혁명'에 나섰다. 값싼 노동력, 무한한 시장, 빼어난 영어 실력, 글로벌 연구능력으로 세계의 IT기업을

끌어들였던 인도의 흡인력이 이제 세계의 BT 기업들을 빨아들이고 있다. 인도는 화학 분야에서만 매년 11만 5,000명의 석사와 1만 2,000명의 박사를 배출한다. 이같은 인해전술은 생산비용을 엄청나게 끌어 내렸다. 정부의 전폭적인 지원은 폭발적인 산업 성장의 또 다른 비결이다. 인도정부는 제약업체에 대해 R & D 투자금액 대비 150%의 수입을 소득세에서 공제해 주고 있다. 인도 하이데라바드 부근에는 전 세계 바이오 기업들을 유치하기 위해 싱가포르 크기만 한 '게놈(genome)벨리'가 한창 조성되고 있다.

우리가 주목해야 할 일이다.

과학자나 고급기술자를 키우는 데 15년이 걸린다. 먼저 초등학교에서 과학과 수학에 재미를 느낄 수 있도록 해야 하고, 중·고교생들에게는 과학기술이 세계경쟁력의 핵심이고 우리의 생활수준을 높이는 것은 과학·수학·물리라는 것을 인식시켜야 하며, 과학기술만이 세상을 더 살기 좋은 곳으로 만들 수 있는 가치있는 일임을 심어 주어야 한다(Friedman, 김상철, 이윤섭 옮김, 2005).

요컨대, 교원양성기관과 교원들에게 영재의 특성 이해, 영재의 판별과 평가, 영재들을 위한 교과과정 및 교재 개발, 영재아 상담, 창의성의 이해와 그 개발에 대한 이론적·실천적 전문성, 영재교육 실습기회 제공 등을 통해 영재교육에 대한 전문적 소양을 높여 주어야 한다(서울대학교 영재교육센터 교사양성연수). 그리고 영어교육의 혁신적 개혁과 예·체능 영재의 강화도 요구된다.

둘째, 사회 전 분야에서의 삶의 질에 대한 관심 고조(高潮)에 따른 특수교육의 강화가 요구된다.

"20세기는 모더니즘시대로 산업과 시장, 과학과 기술의 비약적인 발달로 인류역사상 가장 많은 발전과 동시에 물질적 풍요를 주었지만, 모더니즘적 이성의 발전은 계몽주의적 사고와 함께 이데올로기의 대립에 따른 가공할 무기의 개발과 전쟁 등으로 인해 가장 잔인한 시대, 정신적 황폐를 체험하게 한 시대, 냉전논리에 의해 사회적 가치가 왜곡되고 인간적 삶이 유린되었던 시대이다. 이제 21세기는 더불어 잘사는 사회, 문화를 중시하는 사회, 삶의 질을 높이는 시대이다"(염재호, 2001).

지금 우리나라 사회 전 분야에서 삶의 질에 대한 관심의 고조(高潮)와 함께 '웰빙'이라는 말이 시대적·사회적 키워드가 되고 있다. 웰빙식단, 웰빙밥상, 웰빙식사,

웰빙아파트, 웰빙섬유 등 '웰빙'이라는 말이 넓게 활용되고 있다. 그래서 한국인들 모두가 웰빙을 추구하는 사람들인 양 인식될 정도이다.

이같은 현상은 우리나라가 비약적인 경제성장과 사회의 안정성, 국민생활과 의식수준 향상에 따라 사람들의 무게중심이 삶의 질 문제로 옮겨졌기 때문이다. 그것은 또한 '삶의 양(量)에 대한 관심'에서 '삶의 질(質)에 대한 관심'으로의 좌표이동이라고 할 수 있다. 왜냐하면 80년대까지의 삶의 관심이 '무병장수'(無病長壽)와 '부귀영화'(富貴榮華)에 집중되었다.

더 오래 살고, 더 많은 재화(財貨)를 모으고, 더 많은 업적을 남기는 것 등은 삶의 양에 대한 관심이라고 할 수 있다. 그러나 이제는 과학기술과 의학기술의 발달로 인해 오래 살고 싶은 사람들의 욕구가 어느 정도 충족되면서, 얼마나 오래 사느냐 보다는 '얼마나 잘 사느냐', '얼마나 사람답게 사느냐', '얼마나 가치 있게 사느냐', '얼마나 품위 있게 사느냐'의 문제 즉, 삶의 질 문제로 사회 인식의 무게중심이 이동했음을 의미한다.

이러한 삶의 질에 대한 논의는 전공학문에 따라 주안점이 다르고 정의도 차이가 있다(고승덕, 1995). 심리학자와 사회심리학자들을 삶의 초점이 정서적 요소와 인지적 요소에 주목(Abbey & Andrews, 1985)한 반면, 사회학자와 경제학자들은 수입, 교육, 주거, 건강복지 등과 같은 환경지수에서 산출되는 지표들에 관심이 있었다(Gyourko & Tracy, 1992; Power, 1980; Stover & Leven, 1992). 그리고 의학이나 간호학, 재활치료 분야에서는 건강관련 삶의 질(Health-Related Quality of Life: HRQOL) 관점에서 장애에 대한 치료성과를 건강과 관련한 다양한 행동측면에서 파악하고자 하였으며, 신체적 기능과 정서적 기능, 개인의 질병에 대한 태도, 안녕감, 성생활에 대한 주관적 만족감, 일상생활에 따른 만족감으로 정의하면서 단순히 의학적인 과정이 아닌 다차원적·종합적 과정에서 접근해야 한다고 하였다(Bekie & Hayduk, 1997).

Andrewes와 Robinson(1991)은 삶에 대한 주관적 안녕감을 검토하는 과정에서 기존의 검사들을 분석한 결과, 삶의 질이라는 용어로 삶의 만족도(life satisfaction), 행복감(sense of happiness), 사기(morale), 긍정적 또는 부정적 정서, 정서적 균형, 주관적 안녕(subjective well-being), 안녕감(sense of well-being), 심리적 안녕(psychological well-being), 지각된 안녕(perceived well-being), 주관적 복지(subjective welfare), 지각된 삶의 질(perceived quality of life) 등 다양한 용어들이 혼용되고 있음을 발견하였다(김양희, 1996).

이 같은 다양한 접근법과 용어의 혼용은 삶의 질을 평가할 때 객관적 요소와 주관적 요소 등 삶의 모든 측면을 포괄적으로 검토해야 한다는 것을 시사하는 것이다.

삶의 질을 구성하는 요인에 대해 김의철과 박영신(2006), 신체적 건강(Ng Woo, Kwan, & Chong, 2006; 김의철, 박영신, 2006), 경제력(Diemer & Oishi, 2000), 원만한 인간관계(한덕웅, 2006; 박영신, 김의철, 2006), 화목한 가족관계(박영신, 김의철, 2006), 그리고 정서적 지원, 자기효능감과 자기조절, 지적성취, 여가생활 등 8개 요인을 지적(김의철, 박영신, 2006)함으로써 주관적 삶의 질에 초점을 두었으며, 유현정은 가정영역, 교육영역, 경제·노동영역, 사회복지·보건영역, 안전·환경영역, 문화영역 등 6개 요인을 삶의 질에 영향을 주는 요인으로 제시(유현정, 2004)함으로써 주·객관적, 포괄적 접근을 시도하였다. 그 밖에 OECD(1982)의 사회지표체계나 UNDP(United Nations Development Programme)는 국가 간의 비교를 목적으로 했기 때문에 참고할 수준에 불과하다. 이들 요인 중 어떤 것이 가장 중요한가에 대한 판단은 당사자 개인의 주관적 처지와 판단에 의존할 수밖에 없다.

경제적인 요인이 가장 중요하다(Diener & Oishi, 2000; 한덕웅, 2000; 박영신, 김의철, 2006)고는 하지만, 시한부 인생을 사는 절박한 순간에 처한 환자에게 설득력이 없는 것이며, 신체적·정신적 건강을 잃었을 때 돈이 무슨 필요가 있겠는가? 물론 경제력이 있으면 빠른 치료와 회복에 도움이 되기 위해 모든 수단을 동원해 볼 수는 있을 것이다.

그래서 삶의 질을 논의할 때는 다양한 질문을 던지게 된다.

어떤 삶이 행복한가? 행복하면 반드시 질 높은 삶을 사는가? 어떤 삶이 가치 있는가? 가치 있는 삶이 높은 삶의 질로 나타나는가? 어떤 삶이 사람답게 사는 것인가? 사람답게 살면 그들은 만족과 행복감을 느끼는가? 어떤 삶이 품위 있게 사는 것인가? 품위 있게 살면 심리적·주관적 안녕감을 느끼는가? 어떤 삶이 좋은 것인가? 그렇다면 좋고 나쁨의 가치판단은 어디에 존재하는가? 이러한 제기된 문제의 답을 종합하여 단순화시킬 수 있을 때 삶의 질 평가는 바르게 제시될 수 있다(유현정, 2004).

때문에 삶의 질에 있어 '어떤 요인이 가장 중요한 것인가'를 알고 싶을 때는 반드시 신체적·정신적 건강이 전제된 상태에서 무엇이 삶의 질에 가장 중요한 것인지를 물어야 합리적인 접근이 된다.

그러므로 특수교육이나 특수교육 관련 교육적 서비스를 필요로 하는 아동·학생들의 건강복지 수준과 건강 관련 삶의 질, 가정생활과 학교생활에서의 주관적 만족감, 일상생활에서 느끼는 행복감과 삶의 질이 어느 정도인지를 정기적으로 진단해서 대처할 수 있도록 하는 특수교육의 확대·강화가 절실히 요구된다.

셋째, 디지털 사회, 유비쿼터스(Ubiquitous) 시대의 도래에 따른 특수교육의 강화가 요구된다.

인류 역사는 농업혁명, 도시혁명, 산업혁명, 정보혁명을 거쳐 유비쿼터스 혁명의 시대를 맞고 있다.

현대인은 이제 '언제(any time), 어디에서나(any where), 무엇이든(any device and any contents) 네트워크로부터 자신이 필요로 하는 정보를 얻을 수 있는 환경에 둘러싸여 살게 되었다(주경란, 2004).

물질과 정보흐름에 따른 시간과 거리의 한계를 극복한 도시혁명, 토지와 노동에 의존하던 공간에 에너지와 기계를 도입함으로써 공간이 갖는 생산력을 확대한 산업혁명, 이들 도시혁명과 산업혁명은 물리 공간을 토대로 전개된 인류문명의 핵심적인 양대 혁명이라 할 수 있다.

그 후 전자공간을 탄생시켜 전 세계 컴퓨터를 하나로 연결하는 인터넷과 웹(web)이 등장하면서 탈(脫)공간혁명이 본격화된 전자혁명은 원자(atom)에서 비트(bit)로, 유형자산에서 무형자산으로, 소유에서 접속으로의 전환을 가져왔다(황대준, 2004).

그리고 마지막으로 '서로 이질적인 물리공간에 전자공간을 연결해서 물리공간과 전자공간이 하나로 통합되고 진화하는 공간혁명인 유비쿼터스 혁명 시대가 도래한 것이다(최남희, 2003).

이제 언제, 어디서나 물질과 정보의 흐름을 통합할 수 있는 새로운 공간으로서의 유비쿼터스 환경이 구현됨에 따라 현대인은 언제, 어디서나 각자 자기 나름대로의 편리한 방식으로 지식과 정보에 접근할 수 있으며, 오프라인과 온라인이 통합된 교수학습 환경을 통해 각자가 원하는 학습을 하고 다양한 교육기회에 접근할 수 있는 시대가 되었다.

'더 많이, 더 좋게, 더 빨리'라는 구호가 시대적 화두(話頭)가 되고 정보는 해일(海溢)처럼 밀려드는 시대(장원준, 2000)이다.

개인들이 언제, 어디서나 휴대 전화기나 PDA로 인터넷에 접속하여 정보를 검색

한다든지 집과 사무실에 있는 가전제품이나 컴퓨터를 작동할 수 있는 환경인 '유비쿼터스(ubiquitous) 시대'이다(이철현, 2004). 그래서 디지털 정보로 무장한 유목민이 세상을 지배하는 디지털 노마드(nomad)시대이다.

"무릎에는 노트북, 호주머니에는 휴대전화, 귀에는 헤드셋, 가방에는 치약・치솔・면도기, 원한다면 언제든 연락이 가능하고 항상 어디론가 가고 있는 그들(McLuhan, 1995), 잡노마드(Jobnomaden)!" 인터넷으로 전 세계를 서핑하고, 모든 문화를 넘어서 채팅하며 사이버 공간을 제 집인양 편안하게 느낀다.

세계화・디지털화・개성화가 강조되면서 하나의 새로운 문화, 즉 속도의 문화가 등장했다.

오늘 세운 계획이 내일이면 변하고 눈 깜짝 할 사이에 관계를 맺고 다시 헤어진다. 증가되는 자영업자들은 한 가지 프로젝트가 끝나면 해산하고 다른 프로젝트로 모임을 갖게 된다. 철석같이 약속을 다지는 행동을 점점 기피한다. 왜냐하면 유동성과 유연성에 걸림돌이 되기 때문이다. 집을 사기보다 세 들어 살고 평생을 함께하기보다는 서로에게 자유롭기를 원하며 획일성과 단조로움보다는 다양성과 다원화를 선호한다.

직업을 자꾸 바꾸는 사람, 꾸준한 인간관계를 싫어하는 사람, 국경과 국가를 넘나드는 사람과 방랑자처럼 떠돌아 다니는 기질, 사이버 세계시민으로의 기질이 각광을 받게 된다.

이같은 현대적 의미의 유랑사회에서 현대인은 직업의 유랑자이고, 생활의 유랑자이며, 믿음과 인간관계의 유랑자들이다(군둘라 엥리슈, 이미옥 옮김, 2002).

그래서 현대는 '숨이 가쁠 정도로 빨리 돌아가지만 때로는 멍하게 기다려야 하는 매우 빠르면서 정지해 있는 시대'(Virilio, 1995), '불변성이 사라지는 시대이며 사람들이 정체성을 상실하고 있는 시대'(Sennett, 1998)로서 모든 것이 에피소드와 편린(片鱗)들 뿐이므로 각 개인은 항상 제로상태에서 새출발해야 하는 부담을 안게 되는 시대라는 것이다.

또한 '미래에는 드라마틱 할 정도로 중심축이 흔들리는 경제상황이 도래하여 지속적인 것과 비상업적인 것은 발붙일 곳이 없다'(Rifkin, 2000)며 유동성을 강조하는가 하면, '사회가 변화를 주도하는 사람(가담자), 변화에 적응하는 사람(감독의 대상이 되는 사람), 희망도 없고 비유동적인 사람(제외된 자) 등 사회가 세 가지 계층으로 분류될 것이라고 전망했다(Attali, 군둘라 엥리슈, 전게서: 9-10 재인용).

그런가 하면 "머지않아 소수의 비양심적인 지식인들이 자신의 이익을 위해서 지구를 장악하게 될 것이며, 이들을 제외한 어정쩡한 나머지 지구인들은 사는 곳에 묶여 가난과 노예상태에서 헤매게 되는 '새로운 미개인 시대'가 올 것이라는 비관적 전망"(Ian, 2000)을 하는가 하면, 정보 접근이 유리한 디지털 종사자는 '신흥귀족'이 되고, 소외계층은 '디지털 거지'로 전락하는 정보 불평등, 디지털 신계급사회가 온다고 예고하였으며(윤길주, 2000), 성, 지역, 계층 간 정보 접근기회가 차별화됨으로써 '정보부자'와 '정보빈자'로 신분이 분화되는 정보 불평등에 따른 양극화 현상(신승근, 신윤동욱, 2000)이 나타나게 된다는 것이다.

이같은 디지털시대는 인재양성 전략이 변화해야 되고, 핵심능력도 바꾸어야 한다는 것이다. 즉, 기존의 인재확보 방법은 일류대학 출신들을 훑어오는 '그물형 방식'에서 필요한 인재를 낚는 '낚시형 방식'이 유행했지만 이제는 필요한 인재를 조기(早期)에 발굴해 미리 미리 지원해 키우는 '작살형 전략'이 필요하며(공선표, 2001), '농업사회에서는 노홧(Know-what)이, 산업사회에서는 노하우(Know-How)가 생활 모토였다면 이제는 선택능력이 중요한 시대, 즉 노 휘치(Know-which)의 시대를 맞고 있다는 것이다(김용석, 2000).

이같은 고속적 사회변화의 흐름을 감지하지 못하면 '미래쇼크 환자'(Victims of Future shock)가 되어

① 거센 변화의 흐름(Turbulent flow of change)에 휩쓸려 지적인 당혹감(intellectual bewilderment)과 개인 가치관 차원에서의 방향감 상실(disorientation)을 느끼게 된다.

② 현실을 분명히 이해하지 못하고 명백하게 정의된 가치관과 우선순위도 갖고 있지 못한 상태에서의 급격한 사회변화는 더욱 심한 혼란감(deepening sense of confusion)과 불확실성을 느껴 개인의 행동(선택 반응)은 심한 시행착오와 불안정성을 나타내게 된다.

③ 변화의 속도(rate of change)가 빨라지고 새로움의 정도(level of novelty)와 선택의 범위(extent of choice)가 심화·확대되면서 자기회의(self-doubt), 불안(anxiety), 공포심(fear)이 가미된다. 결국 이들은 점점 더 긴장하고 쉽게 피곤해져 병에 걸리기도 한다.

④ 심리적 스트레스와 압력이 누적・가중되면 긴장은 신경과민(irritability), 분노(anger)로 변하다가 무분별한 폭력(senseless violence)으로 발전하게 된다.

뿐만 아니라 사소한 일들(little events)에 엄청난 반응(enormous response)을 보이는가 하면, 중요한 일들(large events)에는 부적절한 반응(inadequate response)을 보이게 된다(Toffler, 1970)는 것이다.

이같은 사회변화에 대한 적응력과 대응력을 함양시켜 주지 못해 장애우들이 '미래쇼크 환자', '소외계층', '디지털 거지', '정보 빈자(貧者)'로 차별화되어 정보 불평등에 대한 양극화 현상의 희생자가 될 수는 없는 것이다.

따라서 장애자들이 정보로부터 소외된 약자가 되지 않도록 이들에 대한 특수교육이 강화・확대되어야 한다.

돌이켜 보면 지난 '96년 김영삼 당시 대통령이 '정보통신 6대원칙'을 발표하면서 "누구나 필요한 정보에 접근해 쉽게 그것을 얻을 수 있도록 하자"는 소위 '보편적 서비스 개념'을 처음으로 언급한 바 있고, '99년 8월 15일 김대중 대통령이 '광복절 경축사'를 통해 "(모든 국민이) 컴퓨터를 가장 잘 쓰는 나라를 만들겠다"며 정보 불평등 해소 문제를 구체적 정책으로 밝히긴 했지만, 우리 장애우들에게는 아직도 정보의 사각지대가 존재하고 있다.

정부의 정보 소외 문제나 소외계층에 대한 정보 양극화 문제, 정보 불평등 문제를 해소하는 지름길은 특수교육의 확대와 이들에 대한 배려의 정책적 강화라고 생각한다.

3. 정치적 측면에서의 특수교육 필요성

한국의 대외적 이미지와 한국인의 모습은 많은 변화를 거듭해 왔다. 특히 외국인에 의한 한국과 한국인에 대한 평가는 그 정확성과 몰이해를 떠나 분노스럽기까지하다.

미국 제26대 대통령인 시어도어 루스벨트는 1905년 9월 포츠머스 회의에서 "우월하고 문명한 국가가 열등하고 미개한 나라를 지배하는 것은 당연하다"고 말함으로써 일본의 조선 지배를 인정하는 것 같은 망언을 하였고, 프랭크린 댈리노 루스벨트 미국 제32대 대통령 역시 "한국 국민들은 자치능력이 없으므로 일제가 패망한 뒤 수십 년에 걸쳐 연합국의 신탁통치를 받아 정부를 운영하는 능력을 수습해야 한다"는 모욕적 발언을 했다. 그는 실제로 1942년부터 한국의 신탁통치를 구상했고 그 기간을 40년 정도로 생각했다는 주장(cafe.daum.net/hoolis, 조선에 대한 외국인들의 무지)도 있다.

뿐만 아니라 나치 독일에 맞서 나라를 지켜낸 윈스턴 처칠 영국 수상조차 "한국인은 자치능력이 없으므로 '적당한 절차를 거쳐'(in due course) 독립해야 한다"고 언급함으로써 우리의 자존심에 상처를 주었다.

또한 당대의 최고 역사학자인 아놀드 토인비도 1944년 영국 외무부에 제출한 보고서에서 "코리안들은 자치능력이 없다. 항일독립운동을 이끄는 코리아의 지도자들 중에도 일제가 패망한 이후 자기 나라를 이끌어갈 인물이 없다. 일제가 패망한 뒤 코리아에 즉각적인 독립을 주는 것보다는 선진국의 고문들이 코리안들을 정치적으로 훈련시키면서 코리아를 통치하는 것이 바람직하다"고 했다.

특히 중국의 3명의 지도자 발언은 폭언의 극치를 실감케 한다.

쑨원(손문)은 "코리아는 중국이 지난날의 종주권을 되찾아야 할 나라다"라는 망언을 했고 모택동 역시 미국 언론인 에드가 스노와의 회견(1936)에서 "코리아는 중국이 되찾아야 할 식민지 중 하나다"라는 망언 … 그리고 윤봉길 의사의 의거를 적극 칭송하고 카이로회담에서 한국 독립을 문구에 넣자고 주장하고 한국광복군의 통제권을 김구 주석에게 넘겨준 장개석 국민당 정부 주석마저도 기본적으로 '한국을 중국의 속국 내지 아우의 나라'로 인식했다. 더욱이 한국 독립에 가장 일관된 지지를 보였던 소련의 레닌 역시 "조선공산주의자들은 자국의 민족주의적 목적에 봉사해서는 안 된다"고 언급했으니 경악을 금할 수 없다.

그렇다면, 영국 절대 왕정의 착취와 차별, 억압을 못 견뎌 독립전쟁을 일으켜 승리한 미국은 피압박 민족이면서도 자치능력과 독립된 국민으로서 자격이 충분했다는 것인가?

5,000년의 역사와 조선왕조 518년, 신라왕조 992년은 저절로 유지·발전되었다는 것인가라는 저항감이 생긴다.

결국 이상의 관점들은 우리나라 현대사의 파란만장한 비극적 모습을 극명하게 드러내는 것들임에 이의가 없다.

우리는 그 같은 가시밭길을 뚫고 노력한 결과 세계가 주목하는 국가로 경제적 발전을 했으며, 정치 분야에서도 제도적·절차적 민주주의를 정착시켰다. 국가발전 수준에 맞게 다음과 같은 점이 고려되기를 기대한다.

첫째, 정치지도자들은 정치적·전략적 타산주의에서 벗어나 국가사회적 발전을 위해 영재교육·장애자 교육문제는 국가가 책임지고 해결하겠다는 의지와 자세가 필요하다.

대통령들이 공명심과 한건주의 그리고 정치논리와 정략에 과잉 집착하다 보니 국가지도자로서의 처신에 문제가 발생하게 되었다. 고마워할 줄 모르는 '대북 일방적인 퍼주기 정책', '공적 자금 의혹 문제', '위원회 공화국 시비', '서울 평화상' 제정 등이 그것이다.

즉, '1988년 제24회 서울올림픽대회의 성과를 기념하고 평화로운 세계의 건설을 위해 노력한 개인과 집단을 격려'하기 위해 1989년 노태우 태통령이 제안, 1990년 2월에 공식 제정된 서울 평화상이 왜 필요한가.

2년마다 20만 달러씩 주는 돈도 문제지만, 앞에서 23회나 개최한 타국에서는 그 같은 '상'이 없는데 우리만 돈을 낭비하는가 말이다. 단일부문의 상으로는 종교계의 노벨상인 템플던상, 노벨상, 일본 국제상 다음으로 규모가 큰 것을 자랑할 것이 아니라 영재들을 위해, 특수교육을 위해 그 돈을 쓰는 것이 보람이 있는 일이다.

둘째, 특수교육, 장애자의 복지제도를 중시하는 정치지도자가 요구된다.

인간은 모두 어떤 의미에선 특수교육적 서비스가 필요한 존재이다. 더구나 한국은 사고 공화국으로서 장애인 발생에 있어 사고 등 후천적 요인이 90% 이상이 되는 나라이다.

특수교육을 요구하는 모든 학생들의 교육권과 학습권을 존중·보장하기 위해서 통합교육(inclusion education) 환경의 여건 개선, 교육환경 완비, 특수교육 전문성 강화에 대한 정치권의 지원 확대가 절실하다.

과거야 어찌 되었건 대다수 국민들의 우수성과 기업의 노력으로 이미 우리나라는 IMF가 인정하는 선진 경제국가들(Advanced Economics)에 포함되었으며(2000년 3월), 35개 선진국(Developed Countries: DCs) 중에서 한국보다 인구가 많은 선진국은 프랑스, 독일, 이태리, 일본, 멕시코, 터키, 영국, 미국 등 8개국 뿐이며, 한국보다 면적이 넓은 선진국은 오스트레일리아, 캐나다, 핀란드, 프랑스, 독일, 그리스, 아이슬랜드, 이탈리아, 일본, 멕시코, 뉴질랜드, 노르웨이, 포르트갈, 남아공화국, 스페인, 스웨덴, 터키, 영국, 미국 등 19개국이다.

국가 경쟁력도 국제경영개발원(IMD)은 주요국 60개국 중 29위(2016. 6. 5. 발표), 세계경제포럼(WEF)은 148개국 중 26위(2015. 9. 3), 산업정책연구원(IPS)은 주요국 62개국 중 차별화 순위 15위(2016. 1. 27)로 각각 평가하고 있다.

지금이라도 늦지 않았으니 국가 경쟁력에 걸맞게 정치지도자들은 특수교육에 대한 각별한 관심을 가지고, 'UN 아동권리선언'(10개 조항), '세계 인권선언'(30개 조항), UN의 '장애인에 관한 세계행동 계획(1983), 'UN 아동권리 협약'(45개 조항) 등을 면밀히 검토한 다음,

'대한민국의 어린이 헌장'(11개항)과 '대한민국의 청소년 헌장'(청소년의 권리 12개항, 청소년의 책임 9개항) 그리고 '장애인 고용촉진 및 직업재활법'(2000년 7월 1일 시행, 87개 조항)과 '장애인 차별 금지법'(2008년 4월 11일 시행, 50개 조항) 및 '장애인복지법'(2000년 1월 1일 시행, 수차례 개정, 89개 조항) 그리고 2008년 5월 26일부터 시행할 '장애인 등에 대한 특수교육법'(법률 제8483호, 2007년 5월 25일 신규제정, 38개항) 등을 선진외국의 특수교육정책과 비교·분석하여 우리의 특수교육이 보완할 점이 무엇이며 장애자 교육과 영재교육에서 시급히 해야 될 법적·제도적·행재정적 대책이 무엇인지 뒷받침해 주어야 할 것이다.

특히 법규정이나 제도를 마련하는 데 그치지 말고 '덩치는 작지만 국가 경쟁력이 강한 나라', '복지와 장애인에 대한 지원책이 다양하게 추진되고 있는 북유럽국가'인 노르웨이, 덴마크, 스웨덴, 핀란드, 그리고 스위스에서 교육적 시사점을 찾아야 할 것이다.

스웨덴처럼 중앙정부 차원에서 '신체기능상의 손상으로 나타나는 장애를 줄이고 가능한 한 정상기능을 회복시키기 위해서 장애보조장치에 대한 기술연구와 보조장치 개발에 주력하는 한편 지방정부(지방자치단체)는 중앙정부에서 개발한 장애인 보장구들을 장애인들에게 제공, 사용되어질 수 있도록 제도적인 장치를 마련'한다든지 '국가 차원의 장애연구소를 비롯, 청각장애인 센터, 시각장애인 센터와 같이 각 장애 종류에 따라 장애연구소를 설립하고 청각장애인을 위한 5개의 학교와 시

각장애인을 위한 1개교, 중복 장애아동과 청소년을 위한 장애자학교(3개교)와 정신지체 및 발달장애자를 위한 다양한 종류의 특수학교를 설립'하여 특수교육과 직업교육을 받을 수 있도록 해야 할 것이다(http://cafe.daum.net/hakwicom).

또한 세계에서 가장 먼저 실업자 · 병자 · 노인 · 장애인에 대한 사회보장을 법으로 규정 · 실시하여 EU 27개 회원국 중 '행복도 1위(97%), 생활수준 만족도 1위(95%), 삶의 질 3위(93%)인 덴마크'(유로바로미터. 2007. 2)[2]처럼 사회안전망으로서의 선진적 복지정책을 수립하고 무상교육, 무상의료서비스, 실업 · 노후 · 육아 · 장애에 대한 보조와 제도적 뒷받침을 가능하게 할 구체적인 대책이 요구된다.

교육열 세계 1위라고 자랑하면서도 경제 성장에 걸맞지 않게 혜택을 받지 못한 분야가 교육계이며 그 중에서도 음지(陰地)의 악조건에 방치해 놓았던 것이 특수교육 분야이다.

따라서 정치 분야에서부터 특수교육의 필요성, 장애자의 복지제도에 대한 중요성과 가치, 특수교육 전문성 강화가 절실히 요청된다고 하겠다.

셋째, 대통령의 취임사에서부터 영재교육, 장애자 교육의 필요성과 강화를 역설해야 한다.

역대 대통령 11명의 취임사는 우리나라의 광복(光復) 이후 현대사의 굴곡(屈曲)과 영욕(榮辱)을 웅변한다. 뿐만 아니라 취임사 자체는 지도자 입장에서는 국가와 민족의 번영을 위한 실증적 국책사업의 이정표를 제시하는 것이며, 사회적 상징이요, 규범으로서의 가치판단과 사리판단을 위한 단서로서의 역사이다.

따라서 단순한 왕조의 변천이나 지도자의 교체, 정권의 임무교대 차원이 아니다.

초대 이승만(李承晩) 대통령에서부터 18대 박근혜 대통령에 이르는 동안 "전쟁과 혁명을 거쳤고, 짧은 내각제를 체험했으며, 하야(下野)하거나 암살돼 중도하차한 대통령, 쿠데타로 집권한 대통령과 그로 인해 실권(失權)한 대통령을 두루 경험했다. 부정선거로 인해 당선무효가 된 대통령, 6개월 터울로 두 번 취임한 대통령도 있었다. 대통령 중엔 18년 넘게 집권한 이가 있고, 8개월 남짓 권좌에 머물렀던 이가 있었다"(박성희, 2008, http://blog.daum.net/_hdn/blank_article.html).

그리고 6번의 간접선거(1, 4, 8, 9, 10, 11대)와 11번의 직접선거(2, 3, 5, 6, 7, 13, 14,

---

2) 유로바로미터, 2007년 2월, EU 27개 회원국 총 2만 6,755명을 대상으로 한 여론조사 결과임.

15, 16, 17, 18대)를 거치는 동안 99.9%의 득표를 한 이가 있는가(朴正熙 · 全斗煥) 하면, 36.6%(盧泰愚, 1987년 13대)와 40.3%(金大中, 1997년, 15대)의 낮은 지지율(득표율)로 출발한 대통령도 있었다.

물론 취임사는 대통령 자신의 약점을 최대한 포장하고 보다 돋보이게 하기 위한 '레터릭(rhetoric)'적인 면과 국정을 이끌고 국민들에게 희망의 메시지를 전달하는 양면성을 나타내는 상징성을 가지게 된다.

아무리 대통령 자신이 아닌 전문가들에 의해 작성된 '대통령 취임사'이지만 그런 의미에서 한 개인의 메시지 차원을 넘어 한 시대를 마감하고 새 시대를 여는 역사적 의식이다. 그래서 국민 모두는 취임사를 통해 현시대의 문제점 진단과 앞으로의 정치여정 및 향로(向路)를 확인하게 되므로 모두가 주목하게 되는 역사적 이벤트이다.

4. 경제적 측면에서의 특수교육의 필요성

경제력에 걸맞게 우리의 특수교육(영재교육과 장애자교육)이 정상화되고 선진국 수준으로 발달하려면 다음과 같은 두 가지 면에서 그 필요성을 정리할 수 있겠다.

첫째, 과학기술의 발달 전망을 고려하여 특수교육의 방향과 내용 면의 검토가 필요하다.

세계과학기술의 발달과 한국과학기술의 발달, 세계 및 국내 의약학기술의 발달에 따라 사회변화를 예측하고, 사회의 예상되는 문제와 산업환경 및 직업세계의 변화, 그에 따른 시대가 요구하고 기대하는 인간상을 생각해서 특수교육의 '마스터플랜'을 짜야 한다.

세상을 바꿀 '21세기 10대 과학기술'에서는 나노과학, 유전자 치료와 유전자 형질전환 식품, 인공장기 및 인공지능, 초고속 정보통신과 휴먼로봇 등 21세기의 주요 성장엔진인 정보기술(IT), 생명공학(BT), 나노기술(NT) 등에 관해 골고루 지적한데 비해, TIME지의 '21세기 신세계 예측'은 과학기술의 발달에 초점을 맞추면서 해당 예상년도를 구체적으로 명시한 것이 특징이다(김홍규, 2006a).

둘째, 미래사회에서 예측되는 유망 직업과 직종에 따른 특수교육이 요구된다.

국내 주력산업의 변천과정은 1960년대 경공업(섬유, 합판, 가발)에서 1970년대 중화학공업(철강, 기계, 화학), 1980년대 조립가공(가전, 조선, 자동차), 1990년대 중반부터 IT산업(반도체·PC·통신)으로 발전했다.

그렇다면 앞으로 2020~30년대는 어떤 산업의 시대가 도래할 것이고, 직업세계의 변화는 또 어떠할 것인가?

유망 직업군은 무엇이며 어떤 직종이 경력에 유리한지, 어떤 직업 분야가 새롭게 부상할 것이며 소멸·사라지는 직업과 직종은 무엇인지, 어떤 기술 분야가 대량 해고되지 않고 어떤 직종이 다운사이징이나 아웃소싱 되지 않고 온전하게 살아남을 수 있는지를 예측하는 것이 중요하다. 직업의 예측 역시 트렌드의 변화를 읽어야 한다. 일반적으로 새로운 변화의 트렌드를 예측하기 위해서는 트렌드 변화의 기본적 변수와 사회적 영역(분야)을 주목해야 한다.

이미 저자는 인천학술진흥재단의 프로젝트로 '2020~30년대의 사회변화와 교사 및 학생의 삶의 질 연구'를 수행, 교육청에 보고한 바 있다(2007. 3). 국내·외 250여 종류의 다양한 미래사회 관련 문헌과 미국과 일본의 미래사회연구기관, 우리나라의 3대그룹 연구소 리포트의 분석을 통해 미래사회의 특성, 예상되는 문제, 산업 및 직업의 변화를 정리했고, 결론으로 정부의 교육정책 방향과 인천교육의 과제를 제시하였다(김홍규 외, 2007).

4절 특수교육의 성격과 목표

그간 우리나라의 학교교육은 국민의 높은 교육열에 힘입어 외형적으로는 발전과 성과를 이룩하였다고 하지만 질적인 면에서는 심각한 병폐에서 헤어나지 못하고 있다.

비정상적인 교육열, 입신양명의 수단으로 전락한 교육관(교육의식), 개인의 적성(개성)을 무시한 획일적 · 집단적 교육방법, 국가경제와 가정경제를 뒤흔드는 과열과외, 입시 위주의 교육과 이상비대한 입시산업, 열악한 교육환경이라는데 많은 사람들이 인식을 같이 하고 있다.

그래서 한국교육을 '병들 대로 병든 교육'이라고 진단하고 그러한 질병을 방치하고 있는 우리나라를 아예 "내일을 등지고 사는 나라"(정범모, 1991)라고 한탄한 바도 있었다.

그 후 황정규(1994) 등 역시 같은 맥락에서 학교교육의 위기상황에 대해 '한국교육의 병리현상'이라고 비판하면서 "왜곡된 교육의식, 개성을 무시한 획일적 교육, 입시 위주의 암기교육과 과열과외, 비인간적 교육환경"(황정규 외 4인, 1994)을 사례로 지적하였다.

김신일(2001)도 "한국 교육은 위기에 처해 있다. … 새로 들어서는 정권마다 교육개혁을 외쳤고, 교육문제 해결을 공약하고 그럴듯한 언설로 교육개혁의 완수를 역설했지만 기대했던 교육정상화는 실현되지 않고, 오히려 '학교붕괴', '교육이민', '교육파탄' 등 극단적 표현이 나도는 상황이다. 당국자가 무어라 변명해도 교육이 위기에 처해 있고, 학생과 학부모들이 공교육에 대한 신뢰를 잃었을 뿐만 아니라 교육자들은 교육적 열정을 잃었다. 공교육의 실패는 학생들을 학교 밖의 교육에 의존하도록 만들었고, 학교수업보다 학원과 개인 과외에 더 신경을 쓰고 있다"(김신일, 2001)고 교육의 위기를 지적하였다.

아예 이상주는 한국교육의 문제를 '인생낭비'로 규정하고, "그것은 근원적으로 과다한 교육(overeducation)과 부적합한 교육(miseducation)에 있다"고 하면서 "우리는 왜 온갖 희생과 고통을 감수하면서 자녀들을 학교에 보내야 하는가. 우리의 자녀들은 무엇을 위하여 날마다 무거운 책가방을 들고 '별을 보며 등교하고 별을 보며 귀가하는' 그런 고역을 치러야 하는가? 그리고 학부모들이 왜 매년 20조원이나 되는 사교육비를 지불해야 하는가? 학교교육은 그처럼 막대한 시간과 노력과 돈을 투자해야 할 만큼 가치 있는 일이며, 실제로 그만한 성과를 거두고 있는가. 초등학교 시절의 아마존강의 길이, 엠파이어스테이트 빌딩의 높이, 헝가리의 수도이름 등 별 가치 없는 단편적인 사실을 외우는 데 시간을 낭비하였다. 고교시절에 배운 미적분과 입체기하나 대학원 진학을 위해서 열심히 공부한 독일어는 불행하게도 나의 인생과 학문을 위해서 한 번도 이용해 본 적이 없다. 학교에서 실시되고 있는 평균인을 위한 교육은 천재들의 재능을 위축·사장시키고 학과 성적에 의한 한 줄 세우기는 다양한 재능과 개성을 가진 수많은 어린이들을 패배자로 낙인찍고 있다. 한국교육이 낭비적이고 소모적인 것은 교육이 개인과 사회에 대해 부적합하기 때문이기도 하다. 무엇보다도 지식 암기식 입시교육은 창의적 능력 대신 죽은 지식만을 주입하는 부적합한 교육이다. 자신의 적성이나 진로보다는 대학의 간판만을 보고 전공을 선택하는 경향은 부적합한 교육의 중요한 원인이다"(김흥규, 2005)라고 단정했다.

"어째서 과외공부가 성행하게 됐고 왜 법으로 금지했다가 풀어주면서 널뛰기를 하는가? 어째서 사교육에 대해 더 큰 신뢰를 하고 높은 시장가치로 평가한단 말인가?

입시 성적 위주의 학력사회 때문이며, 그에 따라 유치원 이전부터 '조기교육', '학원수강', '과외'다 하면서 끊임없이 아이들을 동분서주케 하고, 밑도 끝도 없는 학대의 길을 가게 하는 가정과 사회분위기 때문이다.

오직 시험 준비와 시험기술을 연마시켜 입시 동물을 사육하고 있는 부모요, 가정이며 기성세대가 아닌가?

출세와 실패를 출신교로 판가름하는 학벌주의 사회, 누구도 책임지지 않는 교육의 저질화와 교육의 품질관리!

입시 때마다 이성을 잃고 학벌주의를 부추기는 매스컴, 안보비용, 경제개발정책에 밀려 항상 음지에서 푸대접 받던 교육재정, 획일적 관료주의에 의해 통제만 받던 학교교육, 상급학교 입시 성적에 따라 학부모의 성화에 시달려야 하는 학교교육, 교사의 열악한 사회·경제적 지위, 그에 따른 교직사회의 사기 저하, 특수 목적고 설립취지의 변질과 입시학원화, 고사 직전에 처한 실업계 고교문제, 허울 좋은 특수교육 등이 공교육의 문제요, 불신받는 교육의 현주소이다(김흥규, 2005: 218).

돌이켜 보면, 우리가 IMF 위기를 맞이했을 때도 외국의 언론, 전문가들은 우리의 암기식 교육을 주목하였다.

즉, "한국이 'IMF 관리체제'라는 불행을 겪게 된 원인은 암기식 교육을 받으면서 성장한 사회지도층이 국가경영에서 능력상의 취약성을 드러낸 것"(Christian Science Monitor, 1998)이라 비판하였고, "한국이 'IMF관리체제'로부터 빨리 탈출하려면 관련

고위 공직자들을 모두 비행기에 태워 해외 추방하라. 그 이유는 세계경제의 동향이나 국가경제의 상황파악을 그들이 잘 못했거나 다른 문제에 정신이 팔려 자신들의 소임을 망각했다든지 대통령에게 거짓보고를 했거나 그 중 그 어느 것에 해당됐을 것이기 때문"(MIT대의 돈부시 교수 인터뷰)이라는 것이다.

그런가 하면 또 다른 미국의 석학은 "한국만이 가지고 있는 각종 고등고시제도를 시급히 폐지"(하버드대의 제프리 삭스 교수)할 것을 대책으로 조언하였다.

그동안 우리나라 사법·행정·외교 등 공직 분야의 고급두뇌(?)를 선발하고 배출한 통로로서 국가사회의 발전에 기여한 바가 큰 이 제도를 폐지하라고 권고한데는 그럴 만한 이유가 있을 것이다.

우선 몇 가지 배경(이유)이 추측된다.

첫째, 시대에 부적합한 능력, 암기력 위주의 선발이라는 점이다.

현대는 창의력과 탐구력, 다양성과 수월성, 사고력과 모험정신, 유연성과 개방성, 다원화와 다양성의 가치존중, 정보처리능력과 다문화적 소양, 논리력과 정신적 건강, 지구촌 의식과 영어 및 다문화적 언어 구사력, 정서적 감수성과 심리·사회적 성숙이 중요한 능력이요, 경쟁력 요소이다.

그래서 선진국들은 이 같은 능력을 키워서 '모르는 사실(unknown fact)'에 도전케 하고, 정답이 없거나 검증되지 않은 정보를 분석하여 여러 개의 '가능성과 불확실성(probability & uncertainty)'을 찾는 창의력에 초점을 두고 있다.

그러나 우리는 시험 맹신, 점수 맹신, 필답 맹신, 객관형 맹신의 획일적 학교교육을 통해 시험기술자를 길러 냈으며, 상급학교 입시 성적에 따라 학부모의 성화에 시달려야 했고 각종 시험 때마다 이성을 잃고 학벌주의를 부추기는 매스컴에 의해 이 같은 교육병리는 더욱 강화되었다. 이러한 학교교육과 사회분위기에서 키워진 암기력이 시대에 적합할리 없다는 것이 고려되었을 것이다.

둘째, 국가사회와 조직의 변화·발전에 걸림돌이 될 수 있다는 점이다.

인간은 각기 다른 성장과정과 교육 문화적 환경의 체험, 역사적 환경과 정치적 여건을 경험하면서 성장·발달·성숙하게 되면 '성장과정의 격차', '교육의 격차', '문화적 격차', '역사의식의 격차', '생활감각의 격차' 등으로 인해 상황인식과 가치관 그리고 시각에서의 심각한 단층(斷層)과 단절현상을 노출하게 된다.

특히 우리사회는 심각한 세대 갈등·지역 갈등·빈부 갈등·이념 갈등·학벌 갈등 · 노사 갈등 · 성별 갈등으로 인해 동질감(identification)과 이질감(alienation)의 충돌, 흑 · 백 갈등의 심화로 인해 사회적 양극화(polarization)가 한계점에 도달한 느낌이다.

시대적 측면에서나 국가사회적 현실에서 필요한 자질은 다양한 시각과 복합적 안목, 대량사고와 집단사고, 디지털 사고(思考)와 퓨전테크노로지, 신사고와 역발상적 접근, 차별화된 독창적 사고와 디지털 컨버전스(digital conversion), 유연성과 융통성의 능력이다.

이들 요인들의 자질이 어느 수준이냐에 따라 국가사회의 발전과 조직의 변화에 관건이 되는 것인데 현행 고등고시제도하에서는 기대할 수 없다는 것으로 이해된다.

셋째, 고등고시 출신자들의 특권의식이 문제가 될 수 있다는 점이다.

고등고시 출신자와 수재형 타입의 인간들이 빠지기 쉬운 함정인 특권의식이 문제라는 것이다.

'내가 누구인데 …'라는 특권의식은 자기들 출신자들끼리 붕당을 형성해 끈끈한 선후배 유착관계로 이질적인 사람들의 접근을 막고, 자기의 생각과 느낌, 자기 판단만이 정답일 뿐이다.

따라서 남의 의견에 귀를 기울이지 않고 독선과 아집에 빠져 흑백논리의 신봉자가 됨으로써 자기의견에 동조하지 않는 자는 '내 일을 방해하는 훼방꾼'이며 심지어 적으로 간주, 퇴출 · 타도의 대상으로 쉽게 낙인찍는다.

이렇듯 자기만의 아집과 독선으로 무장한 사람일수록 '꽉 막힌 가치관과 닫힌 마음'을 갖게 되는데 고등고시 출신자에게서 그러한 개연성(蓋然性)이 크다는 것으로 이해된다.

오죽하면 미국의 스티븐 해거드 교수가 서울에서 열린 '민주주의와 시장경제'(1999. 2. 28) 주제의 국제회의에서 "관료집단의 개혁이 절실하다"고 강조했겠는가?(김흥규, 월간 '지방행정', 1999년 2월호)

요컨대, "교육은 필연적으로 경치, 경제, 사회, 심리 이슈와 얽히게 되어 있고, 교육에 대한 논의는 보수, 진보 또는 평등, 경쟁 등 대립적이고 극단적인 이념 논쟁으로 전개되는 것 모두가 세계적으로 공통된 점이다. 한 가지 분명한 것은 경쟁과 분배, 경제성과 사회성, 평등과 수월성은 대립적인 관계이지만 비행기의 두 날개와 같은 동행자이기도 하다.

좌우 날개가 균형을 이루어야 비행기가 똑바로 날 수 있듯이 평등과 수월성이 교육의 좌우 날개 역할을 할 때 성장동력이 발휘될 것이다. 그런즉, '평준화 깨야 공교육 산다' 같은 이론적이며 상호 배타적인 흑백논리로서 해결책을 찾을 수 없다. "건설적인 논의로 논쟁의 평행점을 찾아야 하겠다"는 미국 미시간 공과대학의 조벽 교수의 주장(2007. 1. 18)을 경청할 필요가 있다.

그렇다. 일반 학교교육과 특수교육, 일반학생을 위한 교육과 장애인을 위한 교육의 발전이 밸런스를 유지해야 한다.

이상과 같은 점에 유념하면서 특수교육의 목적을 정리하면 다음과 같다.

① 타고난 잠재능력을 최대한 개발한다.

교육의 궁극적인 목적은 '능력에 따라 알맞는 교육을 시켜 잠재능력을 최대한 발휘하여 사회의 일원으로서 살아갈 수 있도록 조치'하는 것이다(이효자 외, 2005).

따라서 '각 개인으로 하여금 인간으로서의 자신의 존엄성과 가치를 드높이고, 그들이 보다 나은 배움과 보다 낳은 삶을 추구하고 성취하는 데 필요한 지식, 기술, 가치, 행동양식, 세계관을 찾아 길러주어야 할 것이다. 더 나아가 세계적 시야에서 서로 이해하고 협조하며 때로는 선의의 경쟁을 할 수 있는 능력과 품성을 길러주어야 하며, 지구생태계 속에서 모든 살아있는 생명체와 더불어 호흡하려는 환경 친화적 지식, 기술, 가치, 행동양식, 세계관을 찾아 길러주어야 할 것이다. 학교 학습기에는 이를 길러주고, 성인기에는 스스로 학습하며 추구할 수 있도록 교육해야 할 것이다"(박도순, 2007).

결국 일반학생이든 장애학생이든 간에 타고난 잠재력을 최대한 개발시켜 개인적인 자아실현을 하도록 이끌어 주는 것이 특수교육의 목적이다.

② 전문적 지도와 임상적 · 봉사적 상담을 통해 각 개인이 보다 건전하게 심리적 · 사회적 성숙, 성적 · 정신적 건강, 지적 발달을 도모한다.

장애자들은 일반적으로 '학업영역, 행동 통제 영역, 사회적 특성 영역, 신체적 영역'에서 도움을 필요로 한다(이소현, 박은혜, 2007)고 한다.

따라서 학교와 교육자들은 '장애학생들이 생각하는 문제, 느끼는 애로사항, 당면한 고민거리, 생각하고 있는 괴로운 사연, 불편해하고 스트레스 받는 일, 그들이 절박하게 필요로 하는 도움의 성격, 내용, 수준' 등에 대해 전문적 · 지속적으로 조사・연구하고 그 대책을 마련해 주어서 그들이 보다 건전하게 성장・성숙・발달하게 도와주어야 한다.

③ 예방적 참여 지원(Preventive Intervention)을 통해 장애요소의 제거, 위험요소의 감약 및 제거를 통한 장애의 영향을 최소화시킨다.

Heward(2006)는 특수교육의 정의를 논하면서 '참여지원으로서의 특수교육과 교수학습지도로서의 특수교육'으로 성격 규정을 하였다(Heward, 2006).

장애인이 학교생활과 사회생활에 성공적・적극적으로 참여하게 하기 위해서는 그들의 생활에 조기 참여하여 현존하고 있는 장애요소를 제거해주고, 위험요소가 발생하지 않도록 예방함은 물론 위험요소의 영향을 최소화시키고 그들로 하여금 어떤 악조건 상황에서도 이를 극복하면서 최대한 독립적으로 살도록 도와주는 것이다.

④ 사회의 일원으로서 원만한 인간관계, 성공적인 사회 적응능력을 함양한다.

학교에서의 학업문제, 학생들과의 교우관계, 친구들과의 협동학습관계, 행동통제를 위한 애로문제, 신체적 능력의 결함 또는 장애로 인해 많은 어려움을 겪고 있는 장애학생들에게 사회적 적응능력을 키워서 시민으로서의 성공적 생활을 향유토록 하는 것이 특수교육의 목표이다.

우리가 '시각장애아동을 교육한다는 것은 그들의 눈을 뜨게 하는 데 목적이 있는 것이 아니며, 청각장애아동을 교육하는 것 역시 귀가 들리게 하는 데 목적이 있는 것이 아니다"(이효자 외, 2005).

장애아동들이 신체적인 장애상태에서 자신을 정확히 이해하고, 학교와 교육자는 그들이 가지고 있는 잠재능력을 최대한 발휘할 수 있도록 개발・신장시켜 줌으로서 결과적으로 정상인들과 함께 생활하며 생활적응 능력이 발달하도록 하는 데 목적이 있다.

⑤ 특수교육적 진단의 바탕 위에 특별한 어려움과 욕구를 지닌 아동에게 개별적으로 계획된 목표와 교육적 프로그램을 제공함으로써 성취수준의 향상과 그로 인한 독립적 자립능력을 갖게 한다.

특수교육적 진단을 통해 각 장애아동들은 '특수하고도 전문적・집중적인 목표

지향적 교수'를 받게 된다.

일반적으로 특수교육의 차원으로는 '개별화된 특수교육(individually planned), 전문화(specialized), 집중·강화(Intensive), 목표 지향적(goal-directed), 연구에 기초한 교육방법(Research-based), 학생들의 성취에 따른 지도(guided by student performance)' 등 6개 차원의 특수하고도 집중적인 목표 지향적 교수를 받아 왔다(Heward, op. cit., 44).

이 같은 교육을 통해 장애 영향의 감소와 학업적 성취수준의 향상을 꾀하고 독립적인 자립능력을 기르는 것이 목표이다.

⑥ 소외계층에게 꿈과 희망을 주고 사회양극화를 극복하게 한다. "학교가 모든 지식을 모두 가르칠 수는 없다. 그렇다고 지식만을 가르치는 곳이 학교일 수도 없다" (강승규, 1995).

그러나 학생 개개인의 발달단계에 맞게 유아교육과 초등교육에서는 아동의 심리적 측면을 존중하면서 그 시기에 반드시 학습하지 않으면 안 될 부분, 가정이나 학교가 아니면 가르치기 어려운 기초생활능력과 기초학습능력을 철저히 가르쳐 익히도록 해야 하고, 중등교육에서는 한정된 기간 안에 백과전서파가 시도했던 것처럼 모든 것을 다 가르치고 익히려 하는 것은 더욱 불가능하다. 뿐만 아니라 "평준화를 깨야 공교육이 산다"느니 "수월성 교육은 비민주화 교육이니" 하는 논쟁을 떠나, 공교육과 특수교육, 수월성 교육과 평준화 교육의 공존 및 밸런스를 유지해야하고 소외계층에게 꿈과 희망을 주는 교육안전망으로서의 특수교육의 충실이 교육양극화와 사회양극화를 극복하는 유일의 길이다.

⑦ 특수교육을 하는 학생들이 인적·물적 환경이 충분히 갖추어진 학교환경에서 독특한 교육내용과 방법 및 특수교육 공학적 지원을 받아 교육성취와 자신감을 갖도록 하는 데 있다.

오래 전부터 특수교육의 효율성에 대해 통합교육과 분리교육 중 어떤 유형이 교육적이며 효과가 있는지에 대해 논란이 되어 왔다. 그러나 분리교육이 민주주의 교육이념에 위배될 뿐만 아니라 많은 비용의 소요에 비해 교육성과도 미흡하다는 비판(Odom & Mc Evoy, 1988)이 설득력을 얻고 있다.

이제 선진국의 특수교육에 대한 세계적 동향은 일반학생들과 특수교육 요구 학생들을 조기에 통합시키는 것이 바람직하다는 정신에 입각하여 학교에서부터 사회생활이나 학습활동에 같이 참여시키는 것이다.

그렇게 하려면 학교환경은 인적자원으로서의 소프트웨어 측면과 물리적 환경 측면에서의 하드웨어적 요소가 확충되어야 한다.

즉, 인적자원 확충 면에서 볼 때 학교장을 비롯한 모든 교육자들이 특수교육적 소양을 갖추어야 하며 "특수교사, 특별지도실 개별 지도교사, 순회교사, 언어문제 지도 전문가, 운동 및 작업치료사, 의사소통 전문가, 물리치료사, 청각 관련 전문가, 전문상담교사, 시각장애 관련 전문가, 특수체육교사, 재활관련 전문가(엔지니어)" (박원희 외, 2003: 17-19) 및 진로지도 전문가 등을 확충해야 한다.

또한 물리적 환경 면에서는 보조공학(Assistive Technology: AT)적 장치를 구비해야 하는데, "포지셔닝 장치, 휠체어, 스쿠터 보드, 전자 방향 찾기, 의족 이동성 도우미, 보완/대체의사 소통장치, 컴퓨터 접근 장치, 적응놀이와 게임시설, 장애자들이 일상활동을 수행할 수 있는 다양한 적응환경, 각종 수업 보조 장치(독서검색 및 독서교육용 프로그램)" 등을 확충해야 한다(Brgant, & Bryant, 권충훈, 김훈희 옮김, 2006).

제 4 장

고속적 변화에 따른 적응좌절증후군과 교육

미래학자 앨빈 토플러는 오래 전에 허라이즌(Horizon, 1965)지에 기고한 글에서"개개인은 너무나 짧은 기간 동안에 너무나 많은 변화에 처하게 됨으로써 유발하는 파멸적이고 충격인 스트레스(shattering stress)와 방향감각의 상실(disorientation)에 처하게 된다"며 이를 설명하기 위해 '미래 충격'(future shock)라는 용어를 사용하였음을 밝혔다(Alvin Toffler, 1970).

즉, 인간이 사회 전반과 개인문제에서 변화의 방향, 변화의 내용과 그 영향, 변화의 속도를 조절하는 방법을 전혀 터득하지 못한 상태에서 변화에 의해 압도당하여 적응에 실패하는 경우, 대대적인 적응파탄(massive adaptational breakdown)의 운명에 처할 수밖에 없다고 하였다(Ibid.). 이어서 그는 사회의 급변에 따른 미래쇼크는 이미 수많은 사람이 걸려 있는 실제의 질병(real sickness)임에도 불구하고, '변화를 위한 교육(educating for change)', '미래를 위한 인간의 대비(preparing people for the furture)' 및 '변화에 어떻게 대응해 나가야 할지의 방법(about how to do it)' 등에 대해 한심하고 비참할 정도로 무지한 상태(pitifully ignorant)라고 개탄했다.

이같은 점에 착안할 때, 후쿠이 야스유키가 말하는 쇠퇴증후군(福井康之, 1985: 129-131)이나 소외증후군(Ibid., 139), 이나무라 나오꼬의 사춘기좌절증후군・무기력증후군(稻村 朴, 1991), 성인아이증후군, Walters(1961)의 '에퍼시 신드롬(apathy syndrome)', 은둔형 외톨이인 '히키코모리(ひきこもり)', 감정소실증(anhedonia), 사회적 접촉 및 어떤 교육훈련도 참여하지 않는 의욕상실족(NEET족) 등이 넓은 의미의 적응좌절증후군이라 할 수 있다.

그러나 성장・발달과정에 있는 어린이와 중・고교생은 사춘기좌절증후군으로 부르는 것이 설득력이 있다.

왜냐하면 사회적인 이상과 성취수단 간의 괴리가 크고 과중한 입시경쟁은 청소년들에게 자존감의 상처와 열등감 체험, 욕구불만과 좌절감의 누적을 초래해서 조기 치유하지 않으면, 결과적으로 학교 부적응, 학교 불등교, 심신장애, 약물남용, 비행, 성적 탈선, 인격장애 등 바람직하지 못한 사회문제를 야기시킬 수 있기 때문이다.

후쿠이 야스유키(福井 康之)는 이러한 욕구좌절이 적절하게 해소, 발산되지 못하면 문제행동으로서의 다양한 부적응적 반응을 일으키게 된다고 하였다. 특히 현대사회에서 청소년들에게 생리적인 욕구보다는 애정, 소속, 존중, 승인과 같은 심리적 욕구가 충족되지 않는 것이 욕구불만의 핵심(Maslow, A. H., 1970)이 된다는 데 주목할 필요가 있다.

이러한 심리적 욕구불만은 일종의 결핍욕구(福井康之, 1985)로서 어떠한 형태로든 그것이 해소, 충족되지 않으면 언제까지나 욕구좌절에 압도되어 인간성이 개화되지 못하고 자아실현도 불가능하며 정신적인 혼란, 인생목표에 대한 회의, 애정획득 실패에 대한 슬픔과 분노, 용기의 상실, 장래에 대한 절망, 자기혐오, 희노애락의 단념 등으로 심신이 황폐해지고 건강치 못하게 된다는 점 때문이다.

물론 대부분의 청소년들이 발랄함과 성취의욕으로, 인내와 도전의식으로 이 같은 어려움을 잘 극복하고 있지만, 그 반대로 적지 않은 수의 청소년들은 심리, 정신적인 소외감과 좌절감을 극복하지 못하고 소위 좌절증후군(frustration syndrome), 또는 소외증후군(福井康之, 1985)으로 악화 양상을 보여주어 심각성을 더해 주고 있다.

예컨대, 우리나라 전체 학생의 약 75%가 자책감과 실패감, 좌절감을 안고 대학진학을 포기할 수밖에 없는 실정인가 하면, 입시 위주의 획일적 교육체제 속에서 '대학진학의 실패는 곧 인생의 실패'라고 생각하는 사회적 통념에 의해 많은 청소년들은 상처를 입고 고통을 겪고 있다(이혜영, 1995)는 지적이 이를 잘 대변해 주고 있는 것이다.

갈수록 더욱 심화되고 있는 젊은이들의 일탈행위의 양적 증가와 질적으로 악화되어 가는 청소년들의 비행과 문제행동 등에 대해 성급하게 '청소년 비행과 범죄'로 속단·단죄할 것이 아니라 그네들의 입장에서 좌절증후군으로 이해하여야 하고 예방과 선도 차원에서 접근하려는 시각과 자세가 요구된다.

1절 적응좌절증후군의 정의

1. 적응좌절증후군의 이해

일찍이 앨빈 토플러에 의해 '대대적인 적응 파탄자' 또는 '미래쇼크 환자(victims of future shock)'라고도 일컬어졌다.

토플러에 따르면, 고속변화에 대한 미래쇼크 환자의 반응은 다음과 같은 네 가지 유형이다(Alvin Toffler, 1970).

첫째, 고속변화(high-speed change)에 대한 전면적인 거부주의자(Denier)이다.

이들의 언행에서 나타나는 특징은 다음과 같다.

① '변해야 한다'는 현실이 마음에 들지 않기 때문에 그 현실을 저지(block out)하는 것이 그들의 전략이다.

② 아예 새로운 정보를 받아들이기를 거부한다.

③ 도저히 믿을 수 없다는 '불신'의 표정을 짓는다.

④ 실제로 달라진 것이 없으며, 모든 변화의 증거들은 표면적인 현상일 뿐이라고 생각한다.

⑤ 흔히 "젊은이들은 언제나 반항하기 마련이다", "지구상에 새로운 것이란 없다", "모든 것은 변할수록 엣 모습이다"라는 격언을 들먹인다.

결국 자기가 '미래쇼크 환자'라는 것을 알지 못하는 이들은 변화를 거부한 나머지 그가 마침내 적응해야만 되는 상황에 직면하면, 해결 가능한 문제가 아닌 '거대한 생활상의 위기'(massive life crisis)로 찾아와 결국은 자기파국(personal catastrophe)을 맞게 된다.

둘째, 미래쇼크 환자의 두 번째 유형은 전문가(Specialist)이다.

그들의 전략은 전문가로서의 전문주의(specialism)이다. 그 특징은 다음과 같다.

① 그들은 새로운 관념(novel ideas)이나 정보를 '모두' 거부하지는 않지만, 변화의 속도에 보조를 맞추어 가려고 열심히 노력은 한다.

② 그러나 다만 노력의 범위를 생활의 전문적인 좁은 분야(specific narrow sector)에 국한시킨다.

③ 자기 분야(의사, 금융인 등)에서는 최신의 혁신(latest innovations)를 활용하면서도 사회적 · 정치적 · 경제적 혁신을 위한 제안에 대해서는 엄격하게 폐쇄적(rigidly closed) 입장을 고수한다.

④ 이들은 대학가가 항의의 격동에 휩쓸릴수록, 주변이 어려움에 처할수록 세상을 내다보는 시야를 더욱더 좁혀가기만 한다.

⑤ 얼핏 보기에 현명하게 대응해 나가는 것 같지만, 그 역시 스스로 화를 자초하고 있다.

어느 날 갑자기 자기 시야 밖에서 일어난 폭발적인 사건들에 의해 자신의 전문 분야가 뒤떨어져 있는 것을 알게 될 것이다.

셋째, 미래쇼크 환자의 세 번째 유형은 복고주의자(Reversionist)이며, 그들의 특징은 다음과 같다.

① 전에는 성공했지만 이제는 시효가 지나 부적절하고 알맞지 않은(irrelevant and inappropriate) 적응 관행인데 그것에 집착한다.

② 종전에 프로그램된 결정과 습관에 독단적으로 매달린다.

③ 밖으로부터의 변화 위협이 커질수록 과거의 행동양식들을 더욱더 되풀이 한다.

④ 미래의 도래로 인한 충격 때문에 별로 중요하지도 않은 기존체제조차도 신경질적으로 지지한다.

⑤ 사회적 시야(social outlook)는 회귀적이어서 이런 저런 구실을 붙여 어떻게든 지난날의 영광(glories of yesteryear)으로 되돌아 가기를 원한다.

⑥ 낡은 일상적 관행이 적합했던 느린 속도의 사회적 환경을 갈망한다.

⑦ 낡은 사회체제의 부활을 꿈꾸고, 목가적 낭만주의(bucolic romanticism), 지난날의 여러 시대들을 모방한 액세서리를 선호하고 이념들을 다시 떠올린다.

넷째, 미래쇼크 환자의 네 번째 유형은 초단순주의자(Super Simplifier)이다. 그들의 특징은 다음과 같다.

① 모든 복잡하고 새로운 것을 일거에 해결해 줄 '산뜻한 공식(single neat equation)'을 찾는다.

② 변덕스럽게 여러 가지 이념을 잡으려고 하면서 일시적으로 참된 신봉자(true believer)가 된다.

③ 공부와 사교육의 부담에 시달리거나, 진로 및 취업문제, 가치관 문제로 당혹감에 사로잡힌 학생들은 자신의 존재를 단순화시켜 줄 방법을 맹렬히 찾는 데 그것이 마약에 의존하려는 범법행위를 저지르게 된다.

이같은 변혁, 혁신, 유동성, 복합 도전, 대 격동의 시대를 맞이했는데, 일반적으로 인간은 변화에 거부감을 갖는다.

말(언어)의 시대에는 문자의 출현에, 산업혁명 초기에는 기계의 출현에, 라디오의 시대에는 TV출현에, 주판은 계산기 출현에, 계산기는 컴퓨터 출현에, 책과 신문의 시대에는 인터넷의 출현에 각기 저항하였다.

그러나 삼성전자의 이건희 회장은 시대의 변화에 주목하고 슬기롭게 대응했다. '마누라 자식만 빼고 다 바꾸라'고 혁신적 태도를 강조했고, 급기야 1993년도 '신경영 구상'을 발표했다. 그 무렵 삼성그룹 연수원에 강의차 갔더니 연수원 건물 앞쪽 벽에 'speed, efficiency, innovation'이란 슬로건이 부착되어 있었다. 이 슬로건을 내걸고 스스로 변화 혁신의 모델이 되어 리더십을 발휘한 결과 오늘의 세계 제일의 기업으로 우뚝 선 것이다.

그런데, 변화의 물결에 압도당해 시대적 병인 '적응파탄장애'에 걸린 미래쇼크 환자가 너무나 많다. 그들은 사회 각 분야에서 직업, 연령, 성별, 학벌에 관계없이

① 거센 변화의 흐름((turbulent flow of change)에 휩쓸려 지적인 당혹감(intellectual bewilderment)과 가치관 면에서의 방향감 상실상태에 처해 있다.

② 급변하는 현실을 정확히 이해하지 못하고, 명백하게 정의된 가치관과 우선순위도 알고 있지 못한 상태에서 급격한 사회변화로 인해 더욱 심한 혼란감(deepening sense of confusion)과 불확실성을 느껴 개인의 행동은 심한 시행착오와 불안정성을 나타낸다.

③ 변화의 속도가 빨라지고 새로움의 정도(level of novelty), 선택의 범위(extent

of choice)가 심화·확대되면서 자기 회의(self-doubt), 불안(anxiety), 공포심(fear)이 가미된다. 결국 점점 더 긴장하고 쉽게 피곤해져 병에 걸리기도 한다.

④ 사회 급변으로 인한 심리적 스트레스의 압력이 누적·가중되면 긴장은 신경과민(irritability), 분노로 변하다가 무분별한 폭력(senseless violence)으로 폭발하게 된다. 저급한 자들이 시위하다 폭력을 구사하는 것들은 이같은 미래쇼크 환자, 시대적 병에 걸린 자들의 임상적 증상으로 이해하면 된다.

⑤ 사소한 일들(little events)에 대해서는 엄청난 반응(enormous responses)을 보이면서도 정작 중요한 일들에는 침묵하거나 부적절한 반응(unadequate response)을 보이는 것이 이들 환자들의 모습이다.

2. 청소년좌절증후군의 정의

청소년좌절증후군과 관련된 회피자폐증후, 에퍼시 신드롬, 사춘기좌절증후군에 대한 기존의 학자들의 견해부터 고찰하는 것이 도움이 된다.

1) 회피자폐증후에 대한 견해

(1) 다나까는 회피자폐증후인 히키코모리(ひきこもり)에 대해 '자기 존재에 대한 기본적이고도 안정된 토대가 없이, 자신감이 부족하며, 상처받기 쉬운 특성, 대등하게 타인가 상호관계를 형성하는 능력이 결손되어 있는 것'(田中, 1996)으로 정의했다.

(2) 사이토우 타마키는 '회피자폐증후 청소년에게서 보이는 깊은 갈등감과 초조감은 인격발달 면의 미성숙에 의해 발생되는 문제다. 불등교(不登校), 가정내 폭력, 강박성향, 대인공포증과 깊이 연관된 증상으로 그들의 내면에는 자기애적 구조가 발견된다'(齊藤 環, 1997)고 하였다(狩野九八 郎, 近藤直司, 2000).

2) 에퍼시 신드롬(Apathy syndrome)에 대한 견해

에퍼시는 신경증보다 가벼우나 정상인 평균에 비하면 퇴각증 혹은 퇴각증 양상을 보인다. 에퍼시 청년이 보이는 퇴각은 생육과정 중 불안과 갈등을 처리하는 기술을 발전시킨 형태로 볼 수 있다. 따라서 에퍼시는 현실 회피 혹은 퇴행적 방법으로 에너지 비축을 시도하려는 일종의 보더라인 기능의 하나로 간주할 수 있다(笠原 嘉, 1984). 여기서 보더라인이란 유아기 이후 모친과의 관계형성에서 발생된 불안을 적절하게 처리하지 못하고 지속적으로 갈등을 겪다가 현실 회피 방향으로 발달된 경우를 의미한다. 여러 학자들의 에퍼시 증후군에 대한 견해를 살펴보면 다음과 같다.

(1) Walters는 '정서적 움직임의 감퇴, 지적 무력감, 육체적 무력감, 공허감, 정서적 은둔(隱遁), 사회참여의 결여, 예측되는 패배의식, 굴욕상황에 대한 심리적 공포감을 회피하려는 행동' 등을 학생에퍼시(Student Apathy)로 정의하였다(Walters, 1961).

(2) 가사하라 요미시는 '학생 에퍼시는 아이덴티티 갈등과 진로 상실감, 언헤드니어(anhedonia)가 엿보인다. 학업에서 부분적으로 철수하려는 음성적 움직임이 반복된다. 병전(病前) 성격으로는 강박 성향, 회피성격, 승부 과민증이 보이고, 가벼운 경우 편집망상(paranoia)군에 속하며, 중증인 경우, 경계선(borderline)군에 속한다'(笠原 嘉, 1976, 1977, 1978, 1983)고 했다.

(3) 山田 和夫는 '선택적 퇴각과 완전 퇴각의 연속선 상에 존재하는 것이 에퍼시 증후'라고 전제하면서 '주도형 모친의 영향을 받아온 수재들에게서 보여지는 아이덴티티 좌절감이 자기불확실감을 발생시키는 것'으로 보았다(山田 和夫, 1987, 1989, 1990). 즉, 모성사회 일본에서 지적되는 '속이 텅빈 집과 모성의 부정적 측면, 그로 인한 등교거부증과 학교공포증의 급증현상이 교육에 경종을 울리고 있다는 가와이 하야호(河合 準雄, 1997)의 주장과 맥을 같이 한다.

(4) 土川은 에퍼시 신드롬을 수동회피형(1형)과 자기애형(2형)으로 구분 설명한다.

- **수동회피형**(1형): ① 만성적이며 쉽게 회복하기 어려운 유형이다. ② 학생생활 중 학업상 사사로운 좌절감이 계기가 되어 학업에서 철수현상 나타난다(부분적 퇴각, 무기력). ③ 현실 검토수준이 낮고 장래 진로에 대한 인지력도 매우 모호하다. ④ 2형(자기애형)보다 중증이며, 모자(母子) 밀착형이 많다. ⑤ 성공과 실패에 대한 체험이 적고, 그로 인한 자기 주장이나 주체성을 유지하기가 어렵다. ⑥ 행동에 자신감이 떨어지고 행동에 대해 책임지기도 어렵다. ⑦ 성격 특성은 수동적이며, 회피성과 강박적 성향이 보인다. ⑧ 부인(Denial), 분열 등의 방어기제에 의존하는 측면을 고려할 때 인격장애의 범위에 포함된다(土川隆史, 1989, 1990).
- **자기애형**(2형): ① 전체적 퇴각과 부분적 퇴각을 유동적으로 보인다. ② 학생생활 전 영역에 걸쳐 무기력을 보인다. ③ 현실 대응 능력은 전형 1형에 비해 떨어진다. ④ 대인관계는 의존적이거나 도구적이다. ⑤ 성격 특성은 자기애성 혹은 강박성향이 보인다. ⑥ 가족 중 모친의 인격에 왜곡이 엿보이는 경우가 많다(土川隆史. 1989, 1990).

(5) 下山은 Student Apathy에 대해 ① 비판이 예상되는 상황에 대한 선택적 회피, ② 문제해결 행동을 약속했음에도 불구하고 장면을 회피하고 일관성 없는 행동을 반복, ③ 자신의 내적 욕구를 의식하지 못하고, 주위의 기대에 맞추어 자신을 보호하려는 성향이 강하다. ④ 시간 감각이 부족하다. ⑤ 타인의 기분을 이해하는 데 우수한 반면, 자신의 욕구에 충실하지 못하다(谷中千榮, 1996).

끝으로, 에퍼시증후군 청년의 병전 특성을 요약 정리함으로써 이의 이해 및 정의에 도움이 되고자 한다.

첫째, 거의 예외없이 인정되는 이들의 공통된 성격 특성은 지나치게 꼼꼼하고, 성실하며 완벽주의적 성격 특성을 가지고 있다.

강박성향이나 강박적 성격도 엿보인다. 소심하고 어른스러우며, 섬세하고 타인에게 말을 걸지 못하며 폐를 끼치지 않으려는 성향이 있다.

둘째, 성공/실패에 지나치게 민감하고 자신의 본업인 학업으로부터 퇴각하는 점이 특징이다.

너무 강박적인 흑백사고, 이분법적 인생관의 연장선상에서 탈피하지 못하고, 우승/패배 장면에 민감하다. 실패자・패배자로서 굴욕적 장면을 이겨내지 못한다. 따라서 실패가 예상되는 장면을 미리 회피하는 특성이 있다. 성공 실패의 판정을 피할 수 있는 방법은 우열 판정이 존재하지 않는 세계로 회피하는 것 뿐이다. 그래서 졸업 전에 유급을 반복하고, 본업(취직) 대신 부업(가정교사) 또는 취미활동, 아르바이트에 몰두한다.

셋째, 아이덴티티 갈등과 진로 상실(진로 갈등) 문제를 겪는 것이 또 다른 특징이다. '나는 어떤 존재인가', '내게 맞는 일은 무엇인가', '세상은 내게 무엇을 원하고 있는가', '어디로 갈 것인가' 이러한 내적 고민의 뿌리는 아이덴티티 혼란 문제이다. 진로 선택, 학과 선택 결정에서 계속적으로 갈등을 겪는 것은 그 때문이다.

넷째, 치료를 위해 타인의 도움을 구하지 않기 때문에 무기력함의 발견이 늦어지고, 상담 치유의 실기(失機)도 있게 된다.

경계형 분열환자에게서 보이는 심각한 고민은 발견되지 않고, 자아 친화형 증상을 보이는 것도 이들의 문제를 가볍게 보게 되는 것이다(笠原 嘉, 1984).

3) 사춘기좌절증후군에 대한 견해

이나무라 나오꼬는 '사춘기좌절증후군은 좌절을 계기로 하여 사춘기에 나타나며(發症), 증상은 심신증 → 사고장애 → 일탈행동 → 의욕장애 → 퇴행이 주된 특징'이다. 즉,

① 증상은 위의 순서대로 진행되는 경우가 많다.
② 사고장애(思考障碍)의 경우, 피해 염려, 관계 염려, 집중력 저하가 주 증상이다.
③ 일탈행동이란 가정 내 폭력, 등교 거부, 비행, 자살 시도가 병행된다.
④ 일탈행동이 가라앉을 즈음, 무기력, 은둔 등 의욕장애에 빠진다.
⑤ 이어서 모친에 밀착하거나 흥미나 관심의 퇴행이 눈에 띄게 나타난다(稻村 朴, 1980)고 하였다.

또한 현대사회에서 청소년들이 생리적 욕구보다는 애정, 소속, 존중, 인정, 승인 같은 심리적 욕구가 충족되지 않는 것이 욕구불만의 핵심이다. 이러한 욕구불만은

일종의 결핍욕구(福井康之, 1985)로서 어떤 형태로든 해소·충족되어야 한다. 그렇지 않으면 욕구불만에 압도되어 다양한 부적응적 행동을 일으키게 된다. 인생목표에 대한 회의, 자아실현에 대한 자신감 상실, 용기의 상실, 장래에 대한 부정적 사고, 사소한 실패 좌절에도 슬픔과 분노감정, 자기혐오, 희노애락 감정의 실종 등 심신이 황폐해지고 건강치 못하게 된다(김홍규, 안병주, 2000). 즉, 청소년좌절증후군이 된다.

결국 좌절증후군이란, 어릴 때 성장과정에서의 상처(사랑, 인정, 안정감, 편견, 왜곡 등), 학력과 학벌주의에 따른 병리적 사회분위기, 왜곡된 경쟁주의와 획일적 입시준비 교육체제로 인해 상위권 일부 학생(5%)에게는 보람을 느끼게 하지만 대부분(95%)의 학생에게 열등감, 좌절감을 맛보게 하고, 학생, 학부모, 교사 모두를 탈진하게 만들면서 대부분의 학생을 도태시키는 파괴적 교육제도(이면우, 2004) 때문에 문제행동으로 나타난 증후라고 정의된다.

이같은 현상 때문에 청소년들은 좌절감과 욕구불만, 증오심과 공격성, 시기와 분노, 자기 혐오와 낮은 자존감 형성, 불신감과 소외감, 피해의식과 억울감정, 과민성과 내성결핍(耐性缺乏)의 성격 등이 상호 연계·상승작용을 해서 문제행동으로 표출된 것이 좌절증후군이라고 정의된다(김홍규, 이호정, 2009).

결론적으로 청소년좌절증후군을 보는 입장을 정리하면 다음과 같다.

첫째, 정신의학적 측면에서 일종의 신경증적 증상으로 보는 견해이다.

신경증적으로 복통을 일으킨다든지, 두통과 불쾌한 기분, 발열(發熱), 심장이 울렁거리고(動悸), 가슴의 통증 등의 증후가 그것이다. 그리고 억울증상으로서의 기분의 침체와 비애감에 젖는다든지, 의욕과 호기심이 없어지고 절망감에 사로잡힌다든지 인내성이 결여된 증상을 나타낸다.

특히 청년기에 걸리기 쉬우며 어떤 좌절을 계기로 인하여 발생하는 경우가 많다. 증상은 신경증과 정신분열병의 중간적인 병태(病態)를 나타내는데, 정신과 영역에서 진단하는 경계선 예와 유사한 증상을 보인다(稻村 博, 1994).

둘째, 사회병리현상이요, 시대적 질병이고 현대병으로 보는 견해이다.

원인과 동기가 어찌되었건 적지 않은 수의 청소년·학생들이 부적응 상태에 있고 비행과 탈선 그리고 불량교우관계, 비행집단의 조직 또는 참여, 자살과 폭력 등의 문제와 연계되어 있다는 것은 가볍게 간과할 문제는 아니며, 그 원인이 어느 한 가지만으로는 해석·접근할 수 없는 사회 전반의 병리적 분위기가 문제라는 점이다.

성인세대 역시 급변하는 21세기 변화에 적응을 못하고 지적 당혹감과 방향감 상실상태에서 심신의 균형을 잃은 '미래쇼크' 환자가 양산되었다는 점이다.

이들 요인들이 서로 복합·연계됨으로써 결과적으로 나타난 사회병리현상이 청소년의 좌절증후군이요, 성인들의 적응좌절증후이다. 그래서 이와이 히로아(岩井弘融)는 범죄, 소년비행, 자살, 정서불안, 정신장애, 성적 병리(매춘), 이혼, 가출, 약물중독, 빈곤, 공해 등을 사회병리로 보고 있으며(岩井弘融, 1973), 니시가타 히사오(西方壽雄) 등은 폭력이나 정신적 학대가 가족생활의 병리현상인 이혼, 가출 등의 주된 동기나 원인이 된다고 함으로써, 가정폭력이 사회병리임을 강조(西方壽雄 외, 1985)했고 사회문제는 잘못된 가치가 학습된 결과요, 사회화의 실패가 궁극적 원인이라고 파악한 고영복의 지적(1972: 31)을 주목하게 되는 것이다.

때문에 원인과 증상이 한 가지가 아니라 복합적인 원인이 연계되어 있고, 몇 가지 증상의 집합체로서의 일종의 현대적 사회병리현상이 청소년좌절증후군이라는 것이다. 때문에 이나무라 나오꼬(稻村 博)는 청소년좌절증후군을 '현대의 국민병'이라고 명명하면서 일탈행동의 내용에는 교칙을 위반하고 사회 제 규범을 무시한다든지, 복장과 두발이 지저분하고 반항적이며 건전치 못한 생활태도, 가정 내 폭력과 가출, 자살기도, 폭주족, 불순한 이성교제 등을 포함시키고 있다(稻村 博, 1982: 19-34).

그래서 초기에는 단순한 반항이나 태만으로 보이기도 하나 자세히 관찰하면 복잡한 병리를 띠고 있으며 원인이 의외로 심각하다. 그러나 초기에 적절한 치료를 하면 비교적 빨리 개선되나, 자칫 대응을 그르치면 심각하게 진전되어 본래의 능력을 발휘할 수 없고 건전한 사회생활도 할 수 없게 된다. 그 때문에 본인은 물론 가족 전체가 마치 병리집단 같은 오해를 불러일으킬 수도 있다.

셋째, 역기능 가정(disfunctional families)에서 성장한 성인 아이(adult chidren)로서 이해할 수 있다.

건전하고도 충분한 사랑과 지도, 적절한 양육을 잘 받고 자란 사람들은 5~20% 정도가 될 것이라는 지적이다(Whitefield, 1994).

이 말은 80~90%에 이르는 대부분의 사람들은 성장과정에서 충분한 사랑과 적절한 지도와 양육을 받지 못했기 때문에 다른 사람들과 지속적으로 친밀한 관계를 맺고 살거나 자신과 자신이 하는 일에 대해 좋은 느낌을 유지하면서 살 수 없다는 것을 시사한다고 본다.

즉, 알코올중독, 도박중독, 약물중독, 섹스중독(음란물 중독, 성폭행 범죄, 성적 어린이 학대, 난잡한 성탐닉), 무질서한 습관(거식증, 폭식증), 광신적 종교 중독 등 각종 중독 증세를 지닌 역기능 가정의 부모로부터 상처를 받고 자라난 사람이라는 점이다.

사랑에 대한 상처, 인정에 대한 상처, 그리고 안전의 위협을 많이 받고 자랐다든지, 용서에 대한 상처를 많이 받고 자랐기 때문에 부모-자식 간의 관계가 애정보다는 증오로, 이해보다는 몰이해와 갈등으로, 인정보다는 멸시와 천대의 시선을, 의지보다는 반목과 배척으로 일관하는 대접을 받게 됨으로써 성격형성에 결정적 악영향을 받았을 것이라는 점이다(김홍규, 1994).

그 결과 정서적 결핍, 수치심, 분노, 낮은 자존감, 완전주의 성향 등의 문제를 갖게 됨은 물론 각종 중독증의 증후를 갖게 되거나 강박관념에 사로잡혀서 사회생활 및 대인관계에서 문제를 일으키게 된다는 것이다(Sledge, 1994).

넷째, 청소년좌절증후군은 그들 부모가 미래쇼크 환자(victims of future shock)였기 때문에 피해를 본 장본인들일 수 있다는 시각이다.

Toffler는 『Future Shock』(1970)라는 그의 저서에서 고속변화를 미리 예견하고 적절하게 대응하지 못하는 네 종류의 유형을 이미 30여년 전에 지적한 바 있다. 그리고 그들의 특성도 앞에서 이미 고찰하였다.

이들 미래쇼크 환자들이 부모로서, 교육자로서, 사회인으로서의 병리적 환경이 되어 어린이와 청소년의 성장과정에 악영향을 주게 되고 그 결과로 배출·양산된 것이 청소년좌절증후군이라고 이해하고자 한다.

다섯째, 사춘기좌절증후군은 사고장애와 의욕장애, 그리고 퇴행행위를 보이는 청소년이라는 시각이다.

피해의식과 타벌적 경향(他罰的 傾向)에 젖어 등교를 거부하고 시험 전날 폭력행위를 보인다든지 주야의 일과가 뒤바뀌고 집중력·판단력이 저하되어 학교성적이 급속히 떨어져 최하위가 되고, 자기의 문제를 남에게 책임전가(교사와 학급학생에게) 시킨다.

전반적으로 의욕이 저하되어 무기력과 무위도식하려는 자세를 보이며, 주야간의 생활이 뒤바뀌고 병식(病識)과 자성(自省)의 자세가 결여됨은 물론 퇴행징후 등이 나타나는데 이것들이 청소년좌절증후군이다. 요컨대,

① 자아정체감이 형성되지를 못하고, 도덕성이 없는 청소년들
② 성역할 정체감의 혼란현상을 겪는 청소년들
③ 흡연, 음주, 음란물 접촉, 유해업소 출입 등의 일탈행동을 하는 청소년들
④ 폭력행위, 가출, 자살, 약물 오·남용, 비행 등의 위험에 처한 청소년들
⑤ 성적 탈선과 윤락, 성폭행, 미혼모, 성적 욕구의 왜곡 등 성과 관련된 문제를 야기시키는 청소년(한국청소년개발원 편, 1993) 등은 모두 이상과 같은 복합적 요인들의 상호작용에 의해 양산·배출된 청소년좌절증후군들이라고 할 수 있겠다.

2절 좌절증후군의 발생원인

이들 청소년좌절증후군이 해당자의 능력이나 성격 및 정신건강 문제와 관련되었다는 점에서 볼 때는 개인병리(個人病理)에 속하는 문제이나, 가정의 문제(역기능 가정)로 인해 표출된 사건으로 볼 때는 가정병리(家庭病理)의 문제이기도 하다.

그런가 하면, 교육제도와 관련한 파행적(跛行的) 학교교육에의 부적응 문제와 관련된다는 점에서 볼 때는 사회구조적 문제(社會構造的 問題)이고, 좌절증후군인 본인이 가출 등의 문제행동적 전력(前歷)을 갖고 있을 때는 가족해체(家族解體), 가정결손(家庭缺損)의 해체적 사회문제(解體的 社會問題)이며, 각종 문제행동, 비행, 약물남용, 범죄행위로의 이행(移行), 출발로서의 가능성이 우려된다는 측면에서는 탈선적 문제(脫線的 問題)로서의 성격을 나타내는 것이다(김홍규, 1999).

청소년좌절증후군의 발생원인에 대해 이나무라 나오꼬(稻村 博)는

첫째, 좌절이 발증(發症)의 계기가 된다는 것이다.

학업과 관련해서 좌절을 체험했다든지, 진로와 수험, 교우관계와 실연, 취직과 급격한 환경변화에서 좌절을 체험·누적하게 되는 것이 문제라는 점이다.

둘째, 당사자의 성격이 문제가 된다는 것이다.

내성(耐性) 결핍과 발달상의 장해, 민감하고 과민한 성격, 결벽증이 있고, 욕구수준이 높으면서 융통성이 없고, 항상 불안과 초조감에 젖어 있는 성격특성이 좌절증후군을 발증(發症)시킨다.

셋째, 가정환경과 양육태도가 문제이다.

양친의 과잉대응과 부성결여(父性缺如), 편친부모 가정, 방임가정, 아버지의 주벽, 정서불안정, 겉으로는 평온하나 내면적으로는 증오하는 분위기가 좌절증후군을 발생시키는 요인이 된다.

그래서 이나무라 나오꼬(稻村 朴)는 이 같은 가정환경은 자녀로 하여금 자립성의 형성이나 대인관계의 훈련 등 사회화의 미흡으로 발달과제가 제대로 이행되지 못하고 좌절증후군을 양산하게 된다고 보았다(稻村 博, 1982).

이제 좌절증후군의 원인을 개인적·사회적 측면에서 고찰해 보기로 하자.

1. 개인적 측면의 원인

첫째, 좌절증후군은 개인적으로 갖고 있는 신체적, 지적, 정신적, 심리적 결손과 결함이 원인이다.

인간은 누구나 자신과 타인을 비교하려는 본질적 속성이 있는 것인데, 자신의 조건, 환경, 능력 등이 타인에 비해 부족·결핍·열등하다고 느끼면 일단 열등감의 상처를 받는다. 그리고 그 열등감의 누적은 자기 존중감과 자기 효능감, 자아 정체감, 자기 유능감, 사회적 친화력, 사회적 효능감, 사회적 유능감에 이르기까지 치명적인 악영향을 미치게 된다(김흥규, 2005). 결국 우울증, 정신건강 문제 등 다양한 개인적·사회적 문제로 악화될 수 있는 것이다.

선행 연구를 통해서도 청소년 학생들의 열등감 상처는 신분에 따라 다른 영향이 밝혀졌다(김형수, 김흥규, 2006). 즉,

초등학생들의 가정적 열등감은 질병적 성격과 편집증 증후에 영향을 주고, 사회적 열등감은 성격장애와 상관이 있으며, 신체적 열등감은 울화병 증후와 관련이

있는 것으로 밝혀졌다.

중학생들의 신체적 열등감은 불안장애, 울화병 증후, 편집증 증후에 영향을 미치고, 사회적 열등감은 성격장애와 관련이 있으며, 가정적 열등감은 분노·폭발형 증후와 편집증 증후에 영향을 주는 것으로 밝혀졌다.

고등학생들의 신체적 열등감은 질병형 성격에, 가정적 열등감은 불안장애와 울화병 증후와 편집증 증후에, 학업적 열등감은 성격장애에 각각 영향을 주는 것으로 확인되었다. 그리고 대학생의 경우도 신체적 열등감은 질병형 성격과 관련이 있으며, 사회적 열등감은 성격장애에, 학업적 열등감은 편집증 증후에 각각 영향을 주는 것으로 밝혀졌다. 결국 열등감이 성격장애와 정신건강에 직결된다는 얘기가 된다(김형수, 김홍규, 2006).

둘째, 좌절증후군은 본인의 능력과 인격에 문제와 원인이 있다.

그들 문제의 청소년들은 개인적으로 심각한 정서불안자, 높은 열등감(지적 열등)의 소유자로서 각종 성격장애(편집·망상적 성격자, 강박적 성격자, 분열적 성격자, 반사회적 성격자, 염세적 성격자, 히스테리 성격자, 폭발적·충동성 성격장애자)와 적응장애(품행장애, 불안·우울상태, 감정장애 등) 그리고 사고장애로서의 피해의식, 타벌적 경향, 집중력과 판단력 저하, 책임전가, 억울감정과 의욕 저하, 퇴행경향 등을 가지고 있을 가능성이 있다는 점이다.

셋째, 좌절증후군은 인간화, 사회화 과정에 문제와 원인이 있다.

인간으로서 지녀야 될 기본적 자질을 몸에 익히는 데 소홀했고, 올바른 가치관 형성을 위한 교육에 무관심 했다는 것이다. 그 결과 올바른 의사소통의 품격, 대인관계의 예절, 바른 생활습관의 형성에 결손이 있고, 가치관 교육을 외면한 관계로 가치판단의 문제, 행동처신의 문제, 어떤 사상과 이념에 대한 평가의 문제, 역사인식의 문제에서 오류와 독선을 거리낌없이 자행한다. 공부와 시험성적에만 올인해서 어릴 때 인간으로서 반드시 성취해야 될 심리적 성숙과 사회적 성숙이 안 되었기 때문에 대인관계와 사회생활에서 쉽게 실례·비례·결례·무례를 범하면서 '못할 짓이 없는 무뢰한(無頼漢)'으로, '똑똑한 고학력 몰상식자'로, '인간성 상실의 국가대표급 시험선수'가 되어 사회병리현상의 주범이요, 공동 정범으로 지탄을 받고 있다.

넷째, 식사문화가 그네들의 성격을 산성화시켰다고 본다.

왜냐하면 '광폭해지는 것은 칼슘이 부족한 산성식품의 폐해 때문'이라는 것이 영양학자들의 주장이기 때문이다. 몸속에 칼슘농도가 떨어지면 자극을 전달하는 신경세포에 악영향을 주어 자율신경이 실조되고 작은 자극에 대해서도 쉽게 흥분하게 된다. 실제로 사육동물의 경우도 푸른 야채를 충분히 주고 칼슘분을 넉넉히 공급해 주면 순하게 행동하지만 인공사료에 치우쳐 칼슘결핍 현상이 생기면 광폭해진다는 것이다. 그래서 '청소년들을 가장 효과적으로 폭도화시키려면 수용시설에 가두어 놓고 칼슘이 부족한 산성식품인 인스턴트 라면만 먹이면 된다'는 일본 적군파의 경험담이 그 단적인 예가 된다.

또한 최근 미국 홀스트라대학의 미첼 세어 박사의 실험연구에 의하면 콜라, 초콜릿, 아이스크림 등을 통해 카페인을 과다 섭취하게 되면 주의력 결핍, 과잉행동 등의 행동장애를 나타낸다는 것이다. 그는 실제로 행동장애아로 분류 진단된 150여명의 아이 부모들에게 확인한 결과 '반 이상의 어린이가 매일 카페인의 과잉섭취가 확인되었다'고 함으로써 주목된다.

하여간 요즘 청소년들은 육식중심의 산성식품을, 그것도 오븐에서 데우기만 하면 되는 이른바 인스턴트 식품을 즐겨 먹는데서 칼슘부족현상을 초래하게 되며 인내심 결핍, 충동·즉흥적 성향, 높은 수준의 불안정성, 주의력 감소, 평가력의 저하 등 고등정신기능상의 문제가 생기는 바, 이는 인스턴트식품이 주범인데 학원폭력의 주인공들이 이 범주에 속하리라고 본다(김홍규, 1998).

다섯째, 좌절증후군의 청소년들은 어릴 때부터 가족으로부터 심리·정신적으로 심한 상처를 받았을 것으로 생각된다.

인정에 대한 상처, 사랑에 대한 상처, 안정에 대한 상처, 용서와 이해에 대한 상처를 받았으므로 인내심과 포용력, 긍정적 시각과 건설적인 자세가 부족하게 되어 갑작스런 분노·발작을 보인다든지 공격적이 되며 대인관계에서 문제가 발생하게 되고 부적응 상태에 빠질 수 있는 것이다.

또한 자신감이 없어 거부당할 것을 예견하고 두려워한다든지, 대화로 풀어 보려는 자세가 부족하고 부정적 비판의식이 강하며 무책임할 뿐만 아니라 남에게만 책임전가하려는 자세도 예상해 볼 수 있다.

이상과 같은 요인들이 특정 개인에게 좌절감을 누적시켰고 내성결핍을 조장하여 좌절증후군으로 만들어졌다고 본다.

우선 좌절의 경우는 부적응의 증상과 유사한 것으로 학업이나 진학에 따른 부적응 문제, 친구관계, 이성관계, 서클활동, 진로문제, 질병으로 인한 부적응 문제 등 모든 면에서 좌절감이 누적될 것이다.

다음, 내성결핍의 경우는, 물질적으로 풍부해지는 것과 반비례적으로 가족수와 자녀수가 줄어들게 됨에 따라서 자기중심적이고 이기적인 사람으로 자랄 수밖에 없게 되는 것이다. 이 같은 사회적 여건은 좌절이나 시련이 있어도 이를 오래 참고 이겨내는 인내심이 부족하고 가족 간의 협동심도 부족하다(박성수, 1996)는 것이다.

참고 기다리지 못한다는 것은 청소년으로서의 역할 수행에 치명적인 장애이다. 따라서 문제를 보는 시각이나 판단기준도 흐려질 수밖에 없다. 신중성이 없고 조급하다. 인내심이 없기에 끈기도 없다. 쉽게 좌절하고 포기한다. 과민성 성격과 신경질적이고 인색하며 욕구수준이 높은 반면에 인내성이 약한 사람이 좌절에 직면하게 되면 쉽게 취약성을 드러낸다. 그렇지 않아도 청소년기에는 좌절에 직면할 기회가 일반적으로 많다는 데 그 심각성이 있다.

2. 가정환경적 측면의 원인

우리나라의 청소년은 우리나라만의 특수한 여건과 환경 속에서 청소년기를 맞아 자기역량의 배양에 성공적인 젊은이들이 있는가 하면, 저질 · 저속의 사회문화 병리에 오염되어 일부의 청소년들은 부적응과 실패를 맞고 있다.

먼저 가정환경적 측면의 원인은 논자의 시각과 주안점에 따라 다양하게 지적될 것이다.

첫째, 가정환경, 부모에게 원인과 책임이 있다.

원초적 교육세력(정범모, 2000)으로서의 부모의 역할과 책임감은 막중하다. 기존 육아 서적들의 매뉴얼이 "딱 들어맞는 사람은 20%, 대충 맞는 사람은 60%, 전혀 맞지 않는 사람은 20%이어서 '2 · 6 · 2법칙'이 있다"(池川 明, 2003)고도 한 만큼 특정 이론에 편향되지 말고 다음과 같은 일곱 가지의 '건강하고 성숙한 가정환경'(김홍규, 이만표, 2013)의 조성에 최선을 다해야 한다. 이 7가지 특성에 미흡하면 자녀를 좌절증후군으로 키우게 된다고 생각한다.

둘째, 윤리 도덕의식을 깨우치고 철저히 가르치는 가정환경이어야 하는데 이를 외면하였다.

인간은 사회적 존재인 동시에 문화적, 윤리적, 종교적, 예술적, 철학적, 경제적, 정치적 존재이다. 모든 생활영역에서 인격은 중요하며, 그 인격은 어릴 때의 품성(품격)에 의해 좌우된다. 그리고 그 품성(인품)의 뿌리는 어릴 때의 올바른 습관 형성이고, 그 인격·인성·품격 요인 중 으뜸이 되는 것이 윤리 도덕성·도덕지능이며, 대인관계에서 서로가 지켜야 될 행동질서가 예의(예절)이고 윤리의식이다.

이 인간으로서의 인성, 인격, 품격, 도덕지능을 키우지 못해서 '심리적·사회적 성숙'이 전혀 안 된 인간들을 우리는 쉽게 목격하게 된다.

제 주장 관철한답시고 총장실을 점거하고 기물을 손괴(損壞)하면서도 창피해 하기는커녕 '학원 민주화 투쟁'이라며 합리화하고, 국회 의사당에서 상상을 초월한 폭력적 행패를 자행하면서도 부끄러워 하기는커녕 '정의의 투사'인양 착각하며, 선동·동원된 중우(衆愚)들이 법질서와 공권력에 대해 폭력과 난동·파괴를 자행하고, 무고한 시민들에게 심각한 위해(危害)와 피해를 입히면서도 전혀 죄의식이 없다. 뿐만 아니라 입만 열면 더러운 구취(口臭)를 풍기는 악담과 독설을 해대는 고슴도치형 인간들이 사회 도처에서 출몰한다. 모두가 가정환경의 소산이고 가치관과 의식수준의 문제이며 인간으로서 발달, 성숙하지 못한 품격·인성·인격수준의 표출이다.

지금 "우리는 경쟁이 점점 격화되는 글로벌 시대에 살고 있다. 점점 더 목적이 수단을 정당화시키고 있다. 그로 인해 현대인들은 종종 도덕적 잣대(가치관의 준거)를 상실한다. 도덕적 잣대를 지켜 나가는 것이 옳은 일일 뿐만 아니라 최고의 기업도 만들고, 최고의 성과도 거두는 길"(Fribourg, 2006)이며, "도덕적 결정이 전략적으로 가장 스마트한 결정"(Doug & Fred, 2006)이라며 수많은 비즈니스 사례들을 제시한 딕 해링턴(Harrington, 2006)의 지적에 주목한다.

또한 "혼돈의 시대, 가치 부재의 시대, 온갖 유혹과 위험이 난무하는 이 시대를 살아가는 우리의 자녀들에게 가장 먼저 키워야 할 능력, 그것이 도덕지능이다. 그리고 훌륭한 인격과 사회적 성숙의 핵심 덕목"(Borba, 2004)이다.

따라서 "도덕적 능력은 생존의 문제이며, 전 분야에서의 도덕적 리더십이 주목받고 있는 것은 그 때문이다"(Doug & Fred, 2006).

"왜 민주사회에서 도덕적 갈증을 느끼고 있는가? 도덕성이 살아야 정의도 살 수 있고, 무너진 원칙도 다시 바로 세울 수 있다"는 샌들(Sandel, 2010)의 주장은 우리사회의 현실을 관통하는 키워드이다.

가정과 학교, 그리고 사회가 모두 교과서의 암기력과 주어진 문제풀이의 반복연습, 국가대표급 시험선수 양성에 골몰하는데 윤리 도덕성, 심리적 성숙과 사회적 성숙, 인성과 인격이 무슨 관심을 끌겠는가.

그 결과 요즘 우리사회 도처에서 그리고 전 분야에서 전에는 상상도 못했던 사건들이 신분 초월, 연령 초월, 학벌 초월, 성별 초월해서 저질러지는 것은 예측했던 일이며 우리 모두가 자초한 사태이다.

"예의바른 아이로 키우려면 적어도 꾸준히 교육을 시키는 데 20년, 그리고 지켜보는 데 10년은 걸린다"(Borba, 2004)는 주장은 자녀 교육이 얼마나 힘든 일인지 일깨워 준다.

즉, 부모가 어릴 때 기초적인 윤리 도덕성을 함양시켜 주고, 사회는 어린이 청소년 학생들이 제대로 된 인격과 도덕성을 갖추게 할 만한 사회적 인프라를 충분히 마련해 주어야 하며, 인격적 모델이 될 만한 존경스런 기성 세대, 믿음직하고 본받을 만한 정치지도자들, 균형잡히고 다양성에 맞게 배려된 교육시스템의 확충 등이 절실히 요구된다.

부모는 자녀로 하여금 가정환경의 성장과정에서, 사회생활에서 예절을 망각하는 데서 나타나는 실례(失禮)를 해서는 안 된다는 것을 가르쳐야 하며, 윤리가 결여된 데서 야기되는 결례(缺禮)는 없을수록 좋고, 도덕의식이 없는데서 표출되는 무례(無禮)함도 나타나지 말아야 한다는 것을 철저히 가르쳐야 하고, 예의에 벗어나는 행동으로 비난과 빈축을 사게 되는 비례(非禮)도 철저히 배격하도록 가르쳐야 한다.

다 큰 자식들을 따라다니며 일일이 챙기고, 사사건건 '헬리콥터 맘(helicopter mom)'처럼 감시할 수 없는 일이다. 아이가 어릴 때 옳고 그름을 슬기롭게 판단하고, 스스로 부정적인 일로 빠지지 않도록 자신을 지켜 낼 수 있는 자질인 윤리 도덕성을 키워 주는 것이 중요하다.

그런데 현실의 가정과 부모의 태도는 매우 우려스럽다. 오래된 자녀교육 지침서에서부터 최근의 관련서적 내용을 보더라도 너무 거리감이 크다.

김재은의 『아이는 이렇게 키워라』(1980), 김종상의 『개성화시대의 어린이, 어린이 문화』(1994), 문화일보 국제부 기획팀의 『미래를 조각하는 아이들』(1994), 김재은의 『미래를 위한 자녀 교육』(1995), 유리 브론펜브레너의 『미국과 소련의 아이들』(1995), 육상희의 『개성있게 노는 아이, 색깔있게 크는 천재』(프랑스 유치원교육, 1996), 박숙현의 『일등국민으로 자라는 아이들』(일본, 1997), 손문희의 『미국학교 이야기, 한국학교 이야기』(1998), 류태영의 『유태인의 가정교육법』(2001), 이시형의 『자녀를 크게 멀리 보고 키워라』(2004), 후쿠다 세이지(福田誠治)의 『핀란드 교육의 성공』(2008), 엘리자베스 버거의 『품격있는 아이로 키워라』(2008), 고재학의 『부모라면 유태인처럼』(2010), 이시형의 『아빠, 그렇게 키워선 안 됩니다』(2014), 『엄마, 그렇게 키워선 안 됩니다』(2014)라는 책 등에서 지적하는 좋은 내용과는 거리가 먼 반면에 텍사스주 휴스턴 경찰국에서 발표한 『자녀를 타락의 길로 들어서게 하는 10가지 조건』(김흥규, 이만표, 2014)에 부합되는 내용이 많다는 데 놀랍다.

어릴 때 가정에서부터 반교양, 반질서, 반문화, 비윤리, 부도덕, 반문화적인 요인은 철저히 바로 잡아야 한다는 점 등이다.

셋째, 가정환경의 급변에 따른 가정의 건강성 문제가 좌절증후군을 양산한다.

우선 건강하다는 의미는 가족들의 신체적 건강, 윤리 도덕적 건강, 사회적 건강, 정신적 건강, 철학적 건강(가치관 및 이념), 화목한 가정 분위기, 건전·건강한 부모-자녀관계, 활성화되고 개방된 가족들의 의사소통, 높은 수준의 심리적 삶의 질 추구, 가족에 대한 만족도(김흥규 외, 2006) 등을 모두 포괄한 개념이다.

획기적인 경제발전과 국민생활 수준의 급격한 향상, 그로 인한 국민의식 및 가치관의 변화와 정치·경제·사회·문화·교육 등 제반 환경의 변화는 가정 건강성 문제를 제기하고 있다.

가정의 건강성 문제와 함께 가족의 응집성 문제가 대두되었다. 변화 준비가 덜 된 노인과 남성, 그 상황에서 제대로 인간화·사회화·문화화 훈련을 못 받은 자녀세대가 좌절증후군으로서의 신분 변화를 맛보게 되었다.

넷째, 가족들 중 성인들의 의식과 가치관이 새롭게 보완되고, 건전하게 균형감각을 유지해야 하는데 그렇지 못했다.

특정 이념이나 지역 감정에 맹목적으로 동조하거나 또는 학벌이나 종교에 편향되어 있을 경우, 그들을 건전하고 정상적이라고 할 수 없다. 더구나 쓰나미(津波)처럼 밀려오는 새로운 지식과 정보, 짧은 수명의 지식 반감기를 맞아 일주일에 책 한 권 안 읽으면서 수십 년 전의 '대학 졸업'을 들먹일 수는 없다.

지금 한국사회의 문제가 무엇인가? 많이 배운 사람들, 성공한 사람들, 권력과 부(富)를 거머쥔 사람들, 나이 든 사람들, 국가대표급 시험선수 출신들, 지도자급과 부유층들이 모두 문제를 일으키고 있다는 점이다. 하기야 한두 사람 빼고 대부분의 대통령과 그 가족들이 부정 부패에 연루되었으니 한국사회에서 특히 젊은이들이 정부와 지도층, 그리고 기성세대를 믿고 따를 수 없는 것은 당연한 일이다. 대통령들이 그러니 다른 지도층들이 높은 사회적 신분에 상응하는 도덕적 의무로서의 노블레스 오블리주(Noblesse Oblige)를 의식할 리 없고, 부유층들이 사회적 책임인 리세스 오블리주(Richesse Oblige)에 대해 콧방귀 끼며 조소(嘲笑)와 냉소(冷笑)의 주먹질로 일관할 수밖에 없는 것이다.

그 원인은 무엇인가. 수단 방법을 가리지 않는 성공지상주의, 시험과 성적을 위한 암기와 주어진 문제풀이의 반복 연습, 국가대표급 시험선수들의 등용문이요, 기능올림픽인 '수능고사'와 각종 '고시제도'가 받쳐주는 학력주의 사회인 대한민국호가 순항할 것이라고 예상한 것 자체가 무리다.

왜냐하면 가정, 사회, 직장, 국가가 윤리 도덕성을 무시했고, 심리적 성숙이나 사회적 성숙문제는 아예 외면했으며, 인격·품격·인품은 철지난 유교사상 쯤으로 간주하고 학벌주의만을 고창(高唱)했기 때문이다. 윤리·도덕성, 심리적·사회적 성숙, 인품·품격·인격을 폐기·사장(死藏)시킨 '폐기사회(disposal society)'에서 장미꽃이 피기를 기대할 건가.

오늘날 생존해 있는 50대 이상의 교육학 교수들은 정범모(鄭範謨) 교수의 직접 제자이거나 그 분의 저서 및 번역서로 대학생활 공부를 한 간접적 제자들이다. 그 정도로 한국교육의 개척자요, 누구나 존경하는 교육학계의 태두(泰斗)이다. 선생님은 줄기차게 "한국사람들의 높은 교육열은 '내 아이 교육에만 관심'을 갖는 사적(私的) 교육열이다. '내' 아이 교육이지 '우리' 아이 교육에는 별로 관심이 없다"(정범모, 1998)고 개탄하면서 "혹독하고 집요하고 백해무익인 입시준비교육, 입시준비교육은 이 나라 교육병폐의 '원흉', 학교 밖에서도 각종 '과외'에 시달리고, 학교에서마저 '자율학습', '보충학습'이란 이름으로 시달리어 학생들은 아침도, 방과후도, 밤도, 방학도 없이 공부하기만을 강요당하는 '이런 잔인한 학교는 세계에 없다'. 학부모의 교육열이 높다고 하지만 그것은 교육열이 아니라 '출세열'이요, '기복사상'의 연장이다"(정범모, 2000)라고 한탄한지 오래 되었다.

이제 교과 위주의 학교중심 교육관, 공부만 잘 하면 그만이라는 학력 위주 교육관, 유치원과 학원 보내는 것으로 부모책임 다한다는 왜곡된 자녀교육관에서 과감하게 탈피하여 사회지능, 도덕지능, 정서지능을 중시하고 인성과 인격교육을 강조하는 자세로 전환되어야 한다. 입시와 진학과 각종 고시만을 위한 암기식 교육과 지식은 일회용 문화와 일회성 인간(수시형, 정시형 인간; 시험선수형 인간)으로 키우기 때문이다. 태어나면서부터 가정에서 일회용 분위기에 젖고 → 교과중심의 암기 및 주어진 문제의 반복적 풀이 → 일회용 지식정보(throw-away knowledge) → 일회용 문화(throw-away culture) → 일회용 정신상태(throw-away mentality)에 빠져 결국 모두가 일회용 사회의 일회용 인간이 되는 것을 멈춰야 한다. 왜냐하면 '모든 것을 재빨리 사용하고 폐기하는, 마치 한 번 사용하고는 가차없이 내버리는(ruthlessly eliminated) 종이 웨딩드레스(Alvin Toffler, 1970)처럼 인간을 키울 수는 없기 때문이다.

3. 사회환경적 측면의 원인

첫째, 성공과 부(富)를 위해서 수단·방법을 가리지 않는 병리적 사회분위기가 좌절증후군을 양산한다.

1980년대부터 문화인으로서의 품격, 지성인으로서의 자질, 성숙인으로서의 덕목이 전무한 운동권 출신들이 특별한 아이콘(icon)으로 분장을 하고 시류(時流)를 탄 고성능 화장품(시대적 키워드: 민주화)으로 성형시술을 거쳐 정체성을 확립한 후 각종 이벤트에 무리를 이루어 참여하여 '동가숙 서가식(東家宿 西家食)' 좌충우돌하며 스펙을 쌓았다.

그리고 시대와 조류에 맞는 페르소나(persona: 가면)를 쓰고 구강 근육(口腔筋肉)과 싸움꾼 기질을 무기로 신명나게 좌판을 넓혀 나갔다. 사회 각 분야에 활기와 생기를 불어넣는 듯 기대도 있었다.

1990년대에 접어들어 존재감을 부각시키면서 정치계, 언론계, 경제계, 산업계, 학원가, 종교계, 문화예술계 등 전 분야에 주연으로 자리매김하는 발빠른 자들도 나타나더니 소음 공해를 파종(播種)하는 역기능을 낳기 시작했다. 그래서 식자들 간에 '자질들이 부족한데다 준비가 안 된 아마추어'란 말을 듣는 경지에까지 이르게 되었다.

솔직하게 말해서 그들의 행태는 거위떼 행진(gaggle march)이요, 토룡(土龍)·와명선조(蛙鳴蟬噪)들의 장기자랑 같은 소음공해 인상을 피할 수 없었다. 왜냐하면 마치 소달구지 몰 때의 기분으로 자동차를 운전하고 있으며, 자전거를 탈 때의 책임감으로 오토바이를 질주시키고 있는 꼴이다. 마찬가지로 자치기를 할 때의 매너로 프로야구나 골프를 즐기고 가르치며 지도·감독하는 것 같다. 또한 돈이 좀 있다고 어릴 때의 '땅 따먹기 소꿉놀이'식의 언행과 처신으로 여기 저기 이재(理財)에 눈을 떠 탁월한 수완을 발휘하기도 했고, 주막집에서 술에 취해 시비·주정(酒酊)·욕설·난동을 부리는 자세로 정치를 하면서도 정의의 투사, 민주화의 선두주자인양 왜곡한다. 이들을 모델로 착각하여 따라 하다가 본분을 망각하게 되고, 이것도 저것도 안닌 부적응 인간이 되어 좌절증후군으로 추락한 경우가 많았다.

둘째, 저질의 정치문화가 사회 각 분야의 권위를 실추시키고 좌절증후군을 양산하였다.

정치는 국민에게 희망과 보람을 느끼게 하고, 국가의 미래 비전의 제시와 국민의 삶의 질 향상, 도덕의 지표와 가치의 기준을 제시하고 스스로 모델이 되어 그것을 입증해 주어야 하는데, 우리의 역대 집권정당은 정권의 자리에서 물러나게 되면, 어제의 정의와 양심의 정당에서 하루 아침에 대죄(大罪)를 지은 정당으로 단죄(斷罪)되었다. 자유당, 민주당, 공화당, 민정당, 민자당, 신한국당, 국민회의, 열우당이 모두 그러 했으니 국민이 믿고 따라갈 '심벌'로서의 지도자와 가치가 있을리 없다.

우리의 지도자와 사회가 크게 잘못한 것은 권위와 권위주의를 혼동했고, 민주화와 방종(放縱), 자율과 무질서, 민주주의와 무분별을 동일시했다는 점이다. 때문에 권위의 빛이 바래지면서 필수적인 윤리·도덕적인 가치관이 실추되었고, 국민들은 정치적 받침대를 잃고 방황하는 꼴이 되어 버렸다. 그 결과 가정에서의 조부모와 부모의 합리적인 권위가 사라졌고, 학교에서의 교권, 법정에서의 사법권의 권위, 사회에서의 연장자·원로의 권위가 실종(失踪)되었다. 어디를 가나 위·아래도 없고, 질서도 없는 뒤죽박죽인 사회로 되어 버렸다.

그래서 '민주화 · 자율화'의 시장이 개방된 1980년대부터 유행하던 말은 '경제는 금메달, 사회는 은메달, 정치는 동메달'이라는 말과 함께 '정치는 목메달', '정치는 노메달'이란 말이 넓게 구전(口傳) · 회자(膾炙)되었다. 그 배경은 두 가지다.

하나는. 정치를 하지 않아야 할 사람들이 정치를 하면서 순수하게 민주화 운동을 하는 사람들과는 달리 권력을 잡으려는 마음으로 동참, 대권 쟁취를 위해 동상이몽(同床異夢), 또는 오월동주(吳越同舟)의 상태(이영희, 1997)에서 끊임없는 권력 투쟁과 파벌 싸움, 당권 갈등과 낯 뜨거운 정쟁(政爭) 등을 연출한 결과 정치문화에 '권력주의, 당리당략주의, 대결주의, 맹주(보스)주의, 지역주의, 금권주의'(이영희, 1995) 등의 병폐가 파종(播種)되었고, 결과적으로 '비민주적 붕당의 정치, 계보 · 연줄의 정치, 보스(두목)에 맹종하는 정치, 권위주의적 정치 리더십, 독선적 리더십, 지역감정 이용의 정치'(이영희, 1997)문화가 배양되었다.

당리 · 당략을 위해 문제를 만들고, 국민을 분열시키기를 즐겨 반복함으로써 '갈등조장의 정치', '여야 극한대결의 정치'를 연출했고, 지방색을 타파하여야 한다면서도 실제는 이를 더욱 부추기는 처신을 특기인양 구사하여 '지역 패거리 정치' '지역갈등 선동의 정치'를 구사하였고, 자신에게 유리할 때는 양심, 불리할 때는 공작(工作)이요, 음모 및 정치 탄압이라고 주장함으로써 결과적으로 법 질서 경시와 정부의 권위 실추 및 공권력 약화의 후유증을 초래하였다. 그리고 자신들의 집권 야욕에 따라 정당을 해체 · 결성하는가 하면, 국회를 자기들 입맛대로 좌지우지 했다. 그 결과 오늘날 우리사회의 고질적 병리현상인 '극한대결의 정치 갈등, 첨예화된 노사 갈등, 집단적 히스테리 증상의 노선 갈등, 상식과 양식을 잃은 지역 갈등, 도덕성 부재의 학원 갈등, 분별력과 정체성을 잃은 이념 갈등, 흑백사고식의 세대 갈등' 현상은 이들 건전치 못한 정치리더십과 정치문화와 관련이 깊다.

다른 하나는, 미국의 '헤리티지 재단'이나 하버드대학의 '케네디 스쿨', 일본의 '정경의숙' 같은 명품인재 양성하는 곳이 전무(全無)하다 보니, 명품인재가 길러지지 않은 상황에서 80년대에 정치 민주화가 되었고, 정치시장이 갑자기 확대되었다.

이때 몇 사람의 정치지도자들의 눈에는 같이 '정치 투쟁'을 하면서 저돌성과 투쟁성이 돋보이는 사람을 주목하게 되고, 이들을 정치에 끌어들이게 되는데, 이는 한국의 정치풍토에 씻을 수 없는 문제점(풍토병)을 태생적으로 갖게 되었다고 본다.

즉, 민주화 투쟁과정에서 보여준 탈법적 저돌성과 폭력적 언행을 '정치인의 자질'로 착각했다는 점에서 지도자로서의 안목과 자질에 결정적 하자가 있다는 것이다. 그 결과 우리 정치문화에 '패널티 킥(자책 골) 정치'가 토착화되어 정치적으로는 제도적 민주화가 되었지만, 거기서 한 발자욱도 나가지 못해 수준높은 '정치문화적 민주화, 정당 구조적 민주화, 국회 운영의 선진화, 정치인의 자질향상의 선진화, 정치인의 의식 선진화, 정치인 언행의 품위 향상' 문제는 영원한 과제로 남았다.

이러한 정치환경은 건전치 못한 사회분위기로 파급되었다. 그 결과는 인간화·사회화 과정에 문제가 있는 청소년, 내성(耐性) 결핍과 과민한 성격, 요구수준이 높으면서 융통성이 없고, 충동성 수준이 높으면서 자제력이 부족한 청소년, 능력과 성격문제로 학업에 대한 좌절과 학교 부적응문제의 체험, 낮은 자존감과 자기 효능감 때문에 열등감을 갖고 있는 청소년들이 탈선·비행화될 수 있는 토양이 되어 좌절증후군이 양산되었다.

셋째, 성공과 실패를 교과성적과 출신학교로 예단·판가름하는 학력중심의 문화와 학벌주의 사회가 좌절증후군을 양산한다.

청소년기는 그들 세대 특유의 생물학적, 심리적·사회적 욕구 증가로 인해 필연적으로 욕구불만을 유발·직면하게 되고, 열등감과 좌절감을 체험하게 되는 세대이다. 그런데다 우리나라 특유의 교육열 때문에 성적에 대한 부담감과 시험에 대한 압박감, 그로 인한 좌절을 느끼게 된다(이길홍, 1990). 즉, 청소년들은 지적·정의적·사회적·신체적·성적 영역에서의 발달과제 등 막중한 발달과업을 수행해야 한다. 이 같은 과업을 어느 정도 성공적으로 수행하는 데도 힘이 들어 부적응과 좌절을 겪게 되는데, 설상가상으로 학력과 학벌주의의 가정환경과 병리적 사회 분위기, 적성과 재능을 무시한 채 유치원 이전부터 '조기교육', '학원 수강,' '특기교육' 등의 과외를 시키면서 끊임없이 학대하고 있다. 뿐만 아니라 누구도 책임지지 않는 학교교육의 비정상화와 공교육의 품질관리, 입시 때마다 이성을 잃고 학벌을 부추기면서 학원이 만든 '대입 배치표'를 전면 게재하며 본분을 망각한 채 부화뇌동(附和雷同)·선동하는 매스컴에 의해 심리적·정신적으로 불안과 스트레스, 압박감과 부담감, 긴장과 초조감에 젖게 된다. 이같은 체험들은 학업 성취에 성공한 극소수 청소년을 제외한 대부분을 좌절증후군, 소외증후군(福田康之, 1985), 무기력증후군으로 만들게 된다.

넷째, 세대가 바뀌어 자녀·청소년들의 사고(思考) 및 의식성향이 변하면 부모와 교사, 사회인과 CEO 역시 달라져야 하는데, 변할 줄 모르는 기성세대가 좌절 청소년을 양산한다.

"한국은 1950년대 초·중반 1차 베이비 붐(Baby Boom), 1970년대 초 2차에 걸쳐 베이비 붐 시대를 거치며, 이 기간 동안 약 1천 789만여 명의 인구를 배출하였다"(신인철, 2012). 1차 베이비 붐 시기는 3년간의 북한 남침전쟁으로 인해 전 국토가 폐허가 되었고 국민 모두가 전후 복구와 끼니 걱정을 해야 하는 초비상 기아상태였기 때문에 급증한 많은 인구를 한 명씩 배려할 만한 여력이 없었고, 2차 베이비 붐 시기 역시 산업화·도시화·대중사회로의 진행이 이루어지기 시작한 1970년대 초와 산업화사회·도시사회·대중사회의 구조적 성격을 갖추게 된 1970년대 후반에는 모두가 '바쁘다 바빠!'라는 구호 속에 동분서주한 까닭에 풍요한 물질문명의 혜택을 누렸으나 그 많은 인구 한 명씩 배려할 만한 여유가 없었다(김흥규, 2015).

그러나 "1980년대 이후 태어난 세대들은 그 상황이 180도 달라졌다. 그들은 이른바 '베이비 버스트(Baby burst)'세대로 한 집에서 하나 아니면 두 명 중 하나로 태어난 '극히 귀한' 아들, 딸들이었다. 1960년대는 매년 1백만 5천 명(1969년)이 태어나던 것이 불과 40년 만에 44만 5천 명(2009년)으로 절반 이상 줄었다"(신인철, 2012).

이들이 태어난 시기는 국가경제가 비약적으로 발전한 1970년대 말의 분위기에 따라 '단군 이래 최대 호황'이라 할 정도로 경제 번영이 급속히 이루어졌다. 이들 세대가 어릴 때는 '88하계 서울올림픽 개최'로 세계를 향해 국위(國威) 선양을 했으며, 초등학교를 거쳐 중·고등학교를 다니던 시절은 미국·일본·EC 다음가는 선진 공업국가로서 확고한 위치를 다지던 시기였다. 그래서 이들 세대들은 국가경제의 성장 과실을 가장 먼저 따먹고, 가정적으로는 부모의 피땀어린 노력의 결실을 아무런 어려움 없이 과잉보호 속에 수혜를 받은 복 많은 세대라 할 수 있다(김흥규, 2015).

이렇듯 지금의 청소년 세대들은 경제성장에 따른 국가적 자신감과 국민적 자존심이 극대화된 시기에 출생·성장·발달·성숙했지만 '왕자병', '공주병'이란 신조어가 말해주듯 과잉보호 속에 키워져 한국인 특유의 인내심과 강인한 의지력이 키워지지 못했다. 왜냐하면 어릴 때부터 '기(氣) 죽이지 마라', '마마 보이'란 말이 자녀 양육의 시대적 '키워드(key word)'가 된 환경에서 방목(放牧)된 세대이기 때문이다. 그 결과 사소한 난관에 봉착하면 쉽게 좌절 · 포기하고, 작은 불만과 좌절에도 쉽게 분노하기 때문에 좌절의 세대요, 분노의 세대라고 일컫는다(김흥규, 2015).

원인과 이유는 논자의 시각과 강조점에 따라 다양하게 진단하겠지만, 인간발달 과정에서 온갖 귀여움과 사랑을 독차지하면서 신체적 성장은 되었는데 제대로의 발달과 성숙이 안 되었기 때문이다. 즉, 교과 성적과 시험선수로서의 자질만 강조하고, 심리적 성숙과 사회적 성숙, 성적 건강과 정신적 건강 면을 외면하여 제대로의 발달 · 성숙이 안 되었기 때문이다.

이 점에 대해 '각종 심약증(心弱症)에 걸린 아이와 어른을 주변에서 자주 본다'는 정범모 교수의 지적은 정곡(正鵠)을 찌른다. 이 분의 지적은 아주 설득력 있다.

"몸집 허우대는 크지만 조금만 힘든 일엔 맥없이 주저앉아 버리는 신체적 심약증, 공부하다가 조금만 어려운 문제를 만나면 끝까지 혼자 풀어볼 생각은 하지 않고, 곧 답부터 뒤지거나 선생님부터 찾는 지적 심약증, 조금만 화나면 노발대발하고, 조금만 슬프면 대성통곡하는 정(서)적 심약증, 혼자 있으면 쓸쓸해 못 견디고, 반대로 무리 속에서는 수줍어 하는 사회적 심약증, 조금만 욕심이 나도 참지 못하고 조금만 유혹이 있으면 금방 넘어가는 도덕적 심약증, 그리고 조금만 솔깃하게 천당가게 해준다면 홀딱 빠져드는 종교적 심약증 …"(鄭範謨, 2000).

즉, 각종의 좌절증후군을 양산하고 있다는 지적으로 이해된다.

다섯째, 정치권(국회)을 비롯한 사회 각 분야의 저급한 행태와 적전 분열현상이 좌절증후군을 양산하고 국민건강을 위태롭게 한다.

1990년대 중반 이후 성공을 위해 수단 방법을 가리지 않는 성공지상주의가 문제임을 밝힌 바 있다. 이러한 사회병리현상은 정치권과 밀접한 관련이 있다. 대통령 선거에서 '진검승부(眞劍勝負)', '정도(正道) 승부'가 아닌 깜짝 야합으로 승리하거나, 상식 이하의 공약과 포퓰리즘으로 덕을 보았고, 특히 허무맹랑한 조작과 모함으로 예상 외의 득표(목적 달성)를 얻은 경우도 있었다. 그런가 하면, 도시 게릴라 같은 무법천지의 폭력이 민주투쟁이란 명분으로, 조악(粗惡) · 저질의 발언이 정치지도자나 당대표의 발언으로, 조폭수준의 잡소리가 정당 대변인의 성명이란 이름으로, 과거 군사정부에 저항했던 일부 운동권 학생들이 민주화 투쟁이었다는 사실로 인정

받아 반정부 시위는 언제나 정당한 것인양 착각하는 군상들이 급증하고 있다.

국정의 모든 사안에 끼어들고, 대소 사건의 이해관계 문제의 현장(농성장)에 찾아가 분쟁화 시켜 '가는 데까지 가자'는 식의 브링크맨십(brinkmanship)으로 일관하여 문제를 악화시킨다. 이게 정치이며 금뱃지의 할 짓이고, 정치선진화의 길인가.

제3자인 이념이 개입하면 필연적으로 좌파와 우파, 갈등파와 건전 보수, 분배 강조와 경제 성장주의의 입장으로 갈리게 된다. 그리고 정파가 개입하면, 여당과 야당, 정부와 반정부 투쟁으로 악화된다. 모든 사회적 갈등문제와 대소 이해관계 문제에 이념・정파・종교 등 제3자가 끼어들어 전혀 다른 '이슈'로 악화되게 만들면서 '결사 반대'를 외치게 하고 결국은 '분쟁화・대결화・비타협화・강경화・투쟁화'로 악화시킨다.

사회적 문제를 국회로 끌어들여 문제의 성격에 대한 진지한 성찰과 원인 규명, 법정신하에 제도적으로 해결하겠다는 자세를 망각하고 제 구실을 못하다 보니 각 분야별로 사법정치인, 언론정치인, 교사정치인, 종교정치인, 노동정치인, 경찰정치인, 학부모정치인, 심지어 대학생정치인까지 등장해서 모든 문제를 정치논리, 이념논리, 진영논리, 정치연습논리로 좌충우돌 하며 스팩을 쌓아 정치에 입문할 준비를 한다.

때문에 한국인들은 북한의 핵과 미사일 위협과 정치적(국회), 사회적(시위・데모), 경제적(노조), 교육적(이념), 문화적(편협・왜곡)인 악성 스트레스의 범람으로 인해 정신적・심리적・신체적 건강에 빨간 불이 켜져 있다고 할 수 있다.

악성의 스트레스는 '만병의 근원'이 된다는 것은 의학계의 정설이다. 현대병의 50~75% 이상이 스트레스와 관련되고((Quick & Guick, 1984), 심장병의 75%가 스트레스 때문이며(Brenner, 1978) 모든 의학적 병의 50% 이상이 스트레스와 관련이 크다는 점에 착안할 때, 우리 사회에 급증하는 7대 질환(감염성 질환, 순환기 질환, 소화기 질환, 내분비 질환, 피부 질환, 비뇨기 질환, 산부인과 질환)은 위와 같은 한국만의 스트레스 때문이라는 생각이 정확한 진단이며, 오래 전 미국의 시사주간지 Newsweek의 '스트레스 특집'(1999. 6. 28) 내용을 재음미하게 된다.

여섯째, 1990년대 이후 사회분위기로 확산되고 있는 '나쁜 사람 전성시대' 신드롬(syndrome)이 좌절증후군을 양산한다.

소위 민주화 투쟁과 정권 투쟁 과정에서 반문화적 언행과 탈법적 폭력이 미화・합리화되고, 좌절증후군들이 기회를 만난 듯이 사회 각 분야의 민주화 투쟁에 주도적으로 참여했다.

비도덕적, 반윤리적, 몰상식적 행태의 학원 폭력이 학생회 활동이란 이름으로, 도시 게릴라 같은 반정부, 반체제활동가들의 탈법적 집단행동이 민주투쟁이란 명분으로, 욕구불만과 소외감(福田康之, 1985), 저항적이고 건전치 못한 생활태도(稻村朴, 1982), 잘못된 학습의 결과에 따른 가치관의 문제들이 모두 민주화란 용기 속에 보호를 받는 긴 세월이 있었다.

또한 요즘 TV를 시청하거나 인터넷 포털 사이트를 서핑하면서, 그리고 방송매체가 활성화・다양화된 후 구강(口腔) 근육만 발달한 수다쟁이들이 세상 만난 듯 뱉아내는 장면을 접하면서 감동을 받거나 새로운 양질의 정보를 받기보다는 고개를 젓거나 눈살을 찌푸리고 혀를 찰 때가 많다. 심지어 오락 예능 프로그램마저도 남을 배려하는 모습보다는 시선을 끌기 위한 속물 근성, 수단 방법을 가리지 않는 성공지상주의, 독선과 철학적 병에 걸려 구취(口臭)와 악취를 풍기는 정치권, 많이 배우고 암기력의 국가대표급 시험선수들이 강력한 권력을 쥔 후 보여주는 온갖 추태, 교육을 장악한 정치꾼 무리들, 기업과 산업계를 장악한 선동꾼 집단들, 본분에서 벗어난 종교계, 정상적 기능과는 거리가 먼 일부 매스컴 등 모두 청소년들의 건강한 성장・발달・성숙에는 독(毒)이 되고 마약이 되어 다양한 후유증(중독증)을 유발할 것만 같다.

특히 출판, 영화, 공연, 드라마에서 만화에 이르기까지 '나쁜 사람'이란 용어가 만연되었다.

책 제목만 보더라도, 『나쁜 여자가 성공한다』(1996), 『나쁜 영화』(1997), 『나쁜 녀석들』(1999), 『나쁜 아이로 키워라』(2000), 『나쁜 여자 보고서』(2006), 『나쁜 남자 12종』(2006), 『나쁜 녀석들』(2010)이란 책들이 많이 팔렸다.

영화의 경우는 '나쁜 녀석들'(1995 개봉), '나쁜 영화'(1997 개봉), '나쁜 남자'(2002 개봉)와 공연은 뮤지컬 '나쁜 녀석들'과 만화는 이재학의 '나쁜 녀석들'(1~17권)과 김기혜의 '나쁜 녀석들'(1~7권)이 있다.

'90년대 이후의 TV드라마에서 '나쁜 여인', '표독한 여자', '음흉하고 섬뜩한 여인상'은 거의 주종으로 자리매김하였다.

이렇듯 '나쁜', '악한', '독한', '강한', '팜므 파탈(femme fatale)' 같은 말이 득세하는 현실에서, 그리고 경쟁이 치열하고 인간관계가 강퍅한 현실에서 '착하다', '얌전하다', '윤리 도덕성이 남 다르다'는 자질로는 경쟁력이 없고 곤란하다는 것을 의미한다. 그러니 모든 부모들, 특히 광적 사교육열이 왕성한 부모세대들은 환경의 영향을 받아 더욱 '당차고 화끈'하며, 더욱 '도전적 · 성취 지향적 · 이기적' 시험선수(인간상) 양성으로 자식을 채찍질 하고 있다(김흥규, 2015).

인간성을 상실한 시험선수, 윤리 도덕성이 받쳐주지 않는 정치인, 심리적 · 사회적 성숙이 안 된 의료인 · 교수 · 종교지도자 · 판검사와 변호인이 과연 양질의 인재인가?

인간성을 상실한 과학기술과 윤리 도덕성이 없는 기업인, 상식과 양식, 원칙과 철학이 없는 언론인, 정서지능 · 도덕지능 · 사회지능이 실격 처리된 국가대표급 시험선수를 키워 어쩌자는 것인가. 이들은 모두 인간 쓰레기인데 …

"어느 나라, 어느 민족이든 인구의 5%는 통제 불능인 바, 이를 단속할 해법은 엄한 정치와 격리 수용밖에 없다는 결론이다"라는 싱가포르 전 리콴유 수상의 말(Lee Kuan Yew, The Singapore story)이 자꾸 떠오른다.

일곱째, UCC, Podcast, 시사 콘텐츠, SNS의 역기능이 좌절증후군을 양산한다.

① UCC : 좌절증후군과 건전치 못한 사람들에 의한 반말 · 악풀과 인신 공격, 폭언과 한풀이 등이 문제이다.

② Podcast : 라디오 방송 형식의 프로그램으로 유익한 점이 많지만, 검열없는 대안 미디어의 역기능(프로그램의 질)도 적지 않다.

③ 시사 콘텐츠 : 대통령과 정권 및 올바르고 건전한 주장을 하는 논객을 왜곡하면서 헐뜯고 깎아 내리며, 희화화(戱畵化), 막말과 조롱, 사실의 왜곡과 편 가르기, 갈등의 조장 등이 문제이다.

④ SNS(Social Network Service) : 버디버디는 서비스가 종료되었고, 싸이월드 역시 일부 서비스를 종료했다. 요즘은 페이스북과 인스타그램이 활성화되고 있다. 문제는 개인정보 유출과 정보의 신뢰성 수준, 댓글의 질 문제 등이다. 특히 일부 좌절증후군, 사회에 대한 불만과 저항감이 있는 사람들이 자신들의 생각을 표현했는데, 댓글을 통해 공감과 지지를 받고, 유사한 사람들에 의해 확산이 되어 여론인 양 포장된다면 그 후유증은 심각하다. 특히 분단된 상황에서 북한의 대남 전술이 그냥 있을리 없다.

여덟째, 지금 우리나라는 단일민족이라고는 하지만 다양한 특성을 지닌 사람들로 구성된 복합・다양한 사회의 면모를 나타내고 있기 때문에 갈등과 부적응 청소년을 많이 배출할 수 있는 상황이다.

① 80대 이상 : 전쟁으로 폐허가 된 국가・사회의 재건과 가정을 위해 자기희생을 한 '순교자 세대'라는 의식이 강하다.
② 70대(1936~1945년생) : 근대화 세대, '한강의 기적'을 이룬 세대라는 자부심이 크다.
③ 60대(1946~1955년생) : 국가발전과 경제 성장을 '도약시킨 세대'로서 자부심이 높다.
④ 50대(1956~1965년생) : 유교문화의 마지막 세대요, 민주화 쟁취를 위한 '투쟁의 제1세대'라는 긍지를 가지고 있다.
⑤ 40대(1966~1975년생) : 민주화・자율화・개성화 성취의 '신인류 세대'라는 자기 정체성이 뚜렷하다.
⑥ 30대(1976~1985년생) : 디지털기기로 무장한 세대, 자기 표현이 강한 세대, '야생(野生)의 세대'라는 호칭을 좋아하는 세대이다.
⑦ 10~20세대(1986년 이후 출생) : 최신형 스마트폰을 들고 태어나 세계 제1의 '모바일 네이티브 코리아'로 바꾸겠다는 '자랑스러운 신세대' 한국인으로 느껴지는 세대이다.

이렇듯 이들 한국인들은 각기 다른 성장과정과 사회・문화적 환경의 체험, 새로운 교육 및 역사적 환경, 정치・경제적 여건을 경험하면서 성장・발달・성숙했기 때문에 '체험의 격차' '성장과정의 격차', '교육의 격차', '문화의 격차', '역사의식의 격차', '생활의 격차' 등으로 인해 상황인식과 가치관 그리고 역사의식과 시각에서의 심각한 단층(斷層)과 단절(斷絶) 현상을 노정(露呈)하고 있는 것이다.

그 결과 세대 간, 지역 간, 성별 간, 계층 간, 노사 간, 정당 간에 갈등과 괴리감이 심화되었고, 단절・단층의 골이 너무나 깊어서 '세대단절(age segregation)과 심각한 가치관 차를 실감케 한다(김홍규, 1999).

이 환경에의 적응에 부적응과 좌절을 맛보는 어린이・청소년・성인들이 나타나게 마련이다.

아홉째, 새터민 및 다문화가정은 전문적·종합적 대책이 제대로 시행되지 않으면 좌절증후군이 발생할 수 있는 취약 영역이다.

한국은 세계의 그 어느 나라도 비교가 안 될 정도로 국제화·세계화·다문화 감수성이 뛰어난 민족이다. 조선 말기 서양의 신부와 선교사를 통한 다문화 상황 경험, 6·25의 16개 참전국 접촉, 파독 광부와 간호사, 월남전 파병과 해외 근로자 파견, 다양하고 광범한 해외 관광, 170개 국에 2만 6,677명의 해외 선교사 파송, 그리고 중·고교 때 부터의 외국어 공부, 70% 이상의 외국 유학 교수들의 강의들을 들으며 성장했기에 세계 그 어느 나라보다도 더 세계에 대한 안목과 세계화 의식, 다문화 감수성을 갖추고 있다. 특히 전 세계 255개 국가에 750만여 명의 교포가 흩어져 살고 있고(화교는 130여 개국에, 유태인은 100여 개국에 살고 있다), 우리나라에도 160만 명 이상의 외국인이 거주하고 있으며, 다문화가정(1만 6,000가구)에 인구 수가 120만여 명(2011년 기준), 외국인 근로자 53만 8,587명이 경제활동을 하고 있고, 다문화가정 자녀 수가 20만 4,204명(행정자치부, 2014. 11)이나 된다.

여기에 북한을 탈출한 새터민까지 포함한다면 그 수는 많다.

이들은 한국생활의 적응과 학교생활에서 여러 가지 적응상의 문제가 예상되므로 철저한 대책이 필요하다.

3절 좌절증후군에 대한 시각과 논점

청소년의 비행과 탈선, 대학생들의 현실참여와 정치투쟁에 대한 지도 대책에 부심하고 있을 때, 미국, 일본 등 선진국들의 학자들은 '청소년 및 대학생들의 좌절증후군'과 '학생들의 무기력 증후군'이란 학술적 용어를 써가며 그 원인 규명과 지도대책 연구에 힘을 쏟았다.

따라서 이 분야의 연구에 관한 한 미국, 일본에 학문적 축적이 많을 것은 당연하다.

그동안 일본에서 연구되어 온 청소년기 무기력 경향에 대한 논점과 김흥규의 '청소년좌절증후군의 발생원인 및 실태와 그 대책'의 연구내용을 중심으로 고찰하고자 한다.

1. 사회문화적 환경의 관점

1) 사교육 열풍과 획일화된 경쟁주의

현대사회의 청소년 심리를 이해하는 데 있어 경쟁주의는 무엇보다도 중요한 요인이다. 더욱이 유치원 이전부터 극성을 부리는 사교육 열풍은 심화되는 경쟁주의의 산물이다. '왜?', '어째서?' 그렇게 해야 되는지도 모른채 부모의 이기심과 경쟁의식이 자녀들의 삶에 방향타가 되면서 경쟁을 위한 경쟁으로 치닫고 있다. 그 결과 청소년들은 자신의 삶의 목표를 제대로 의식하고 정립하는 일에는 관심을 가질 수 없었다.

예를 들어 청소년의 현실적인 과제인, '대입진학', 혹은 '수험'은 청소년 개인의 인생목표와 원대한 야망, 다양한 적성이나 흥미 등은 고려·존중되지 않고 획일화되어 있는 경우가 대부분이기 때문에, 그와 같은 상황 속에서 청소년이 명확한 목적의식을 지니기를 기대하기 어렵다. 단지 학력(學力) 신장에만 편협한 관심이 쏠려, 왜곡된 진로지도가 일반화된 상태다. 그러한 경향은 학교뿐 아니라 부모들에게도 엿보여, 단순히 지명도가 높은 일부 명문대학만을 선호하고 특정 인기있는 전공쪽에만 편중되어 있다.

이와 같은 왜곡된 경쟁주의와 진로지도 체제는 결국, 소수(5%)의 상위권 일부학생에게는 보람을 느끼게 하겠지만, 대다수 학생들(95%)에게는 좌절과 열등감을 느끼게 할 뿐이다(이면우, 2004).

2) 가정환경의 변화에 따른 사회화의 결손

전술한 바와 같이 현대 가정환경의 여덟 가지 변화에 따른 가정 건강성의 문제와 가족 응집성 문제는 전술한 바 있다.

① 가정환경의 구조적 변화로 노인·연장자의 권위 실종과 손자녀의 사회화·인간화 과정에 결손을 초래하였다. 즉, 핵가족화에 따라 할아버지의 구수한 옛 이야기와 할머니의 따스한 치마폭으로 상징되는 조부모의 사랑이 실종되었다.

② 가정환경의 기능적 변화로 가정에서의 자녀 양육 및 교육기능(인간화·사회화·문화화) 기능이 약화되었다.
국가와 지자체의 보육정책 확대에 따라 어린 자녀의 양육(보육)마저 어린이집에 아웃 소싱(outsourcing: 위탁)하는 현실이기 때문이다.

③ 갈등과 이혼 등 가정해체 급증으로 어린이·청소년 자녀의 피해가 심각하다. 즉, 성장과정에서의 심각한 상처는 건강한 청소년으로 성장·발달하는 데 부담으로 작용하게 된다.

④ 가정의 민주화 요구는 매사에 순기능과 역기능이 있듯이, 누가 가정에서의 리더인지 리더십 문제의 실종과 함께 가정의 질서도 와해되어 사회화 문제로 파급될 수 있다.

⑤ 가정의 인구사회학적 변화는 핵가족과 소가족의 문제와 다양한 형태의 가족(동거 부부, 한부모가정, 손자녀가정 등) 등장으로 다양한 인간관계의 체험이 곤란해졌다는 점이다.

⑥ 가족 가치관인 결혼관, 이혼관, 자녀관, 효도−봉양관이 급변함에 따라 가치관 차, 다양한 갈등문제의 표출로 자녀들의 사회화에 악영향을 미치고 있다.

⑦ 가정권력의 이동에 따른 가정관리 및 경영권의 주역 교체는 조부모와 아버지의 자녀교육 영향력을 감소·약화·실종시키는 결과를 초래하였다.

⑧ 호주제 폐지(2004. 12. 27. 여야 국회합의)와 신분등록제 시행(2008. 1. 1)으로 가정의 중심축과 가정 권력이 여성쪽으로 이동하여 부계혈연(父系血緣)이 실종되었다. 결국 아동, 청소년의 인간화·사회화·문화화에서 좌우 양날개 중 한쪽 동부전선이 무너진 꼴이 된 것이다.

또한 가정환경의 변화에 따른 문제점으로 다른 견해도 있다. 즉, 급증하는 이혼에 따른 가족해체 현상의 보편화, 맞벌이 부부의 증가, 그리고 출산자녀 수의 감소 등 가족체제 및 가족구조의 변화는 부모-자녀간 뿐만 아니라 아동의 또래 간 대인접촉 기회마저 감소시키는 결과를 낳았다. 특히 모두 학원을 순회하는 처지이고 보니 같이 어울리며 놀 수 있는 대인접촉 기회의 부족이 아동들에게 미치는 영향은 심각하다.

예를 들어, 아동이나 청소년들에게 있어 '놀이'는 생활이고 문화인데, 방과 후이든, 공휴일이든, 방학이든 이웃 또래들끼리 어울릴 수 있는 기회가 없다. 왜냐하면 사교육 열풍으로 학교와 아파트 놀이터는 텅텅 비어 있다.

놀이의 장점이요 특징이 무엇인가? 김정운은 다음의 5가지를 주장한다.

① 놀이는 아이들에게 새로운 차원의 상징적 세계를 넓혀 준다.

② 자기 스스로의 행동 유발로 만족과 내적 동기화가 강화된다.

③ 놀이를 통해 유연한 사고력이 확대·신장된다.

④ 스스로의 자유·선택에 따른 지각된 자유감(perceived freedom)의 만끽과 집중력이 함양된다.

⑤ 즐거움을 만끽한다.

그는 이 다섯 가지 특징들은 아이들이 추구하는 '현재 행복의 내용인 동시에 우리들이 추구하는 행복의 내용일 수 있다'고 하면서 아동 및 청소년들이 놀이를 통해 '창의력 신장, 의사소통 능력 함양, 대인관계 능력의 발달, 심리적·사회적 성숙, 다양한 또래들과의 풍요한 정서 교류 증진' 등 21세기의 필수가치가 키워진다고 주장한다(김정운, 2006).

이같은 장점들을 부모와 사회환경이 빼앗고 있다. 공부 이외에 자신이 흥미를 느끼는 세계와의 접촉도, 관심도 갖지 말라는 것이다. 게다가, 컴퓨터 보급의 증가는, 아동의 놀이 형태에 커다란 변화를 초래시켜 고립화 양상은 더욱 심화되고 있는 실정이다. 컴퓨터를 위시하여 기계와의 접촉이 증가할수록 대인 접촉 기회는 상대적으로 감소된다. 이 점은 대인관계에서 요구되는 적절한 스킬의 획득에 결손을 초래하기 쉽다.

특히 컴퓨터란, 이미 구조화된 지시에 따르기만 하면, 인간관계에서처럼 상대에게 특별한 신경을 쓰지 않아도 되는 것이 특징이다. 따라서 상대의 생각을 체득하는 능력이나 상대를 배려하는 태도, 그 밖에 상대방에게 자기의 주장을 펼치는 능력 등 대인관계를 통해서만이 획득될 수 있는 인격적 성숙에 결손을 낳는다. 컴퓨터와의 교류가 지나친 수준으로 지속될 경우, 타인과 교류할 수 있는 집단에 소속되더라도, 공동체 감각을 지니고 적응하는 데 상당한 곤란에 직면하게 되며, 자기중심적 혹은 지나친 자기애적 태도를 보이기 쉽다.

한편, 아동의 고립화에는 부모의 양육태도 또한 영향을 미친다. 특히, 최근 젊은 모친들 중에는 아동에 대해 기계적이며 동시에 일방적 · 통제적 · 지시적 태도를 보이는 경우가 흔히 발견되고 있다. 이와 같은 모친의 양육태도하에서 성장된 아동은, 비활동적 혹은 비의욕적 · 무기력적인 태도를 보이기 쉽다(宮田, 1991).

청소년이 보이는 무감동, 무관심, 무위 등의 무기력 경향은 이러한 현대의 고립화 경향을 초래하는 환경과 바람직하지 못한 대상경험이 밀접히 관련되고 있다.

3) 물질적 풍요 속의 삶의 의미 상실과 실존적 공허감

최근의 청소년은 물질적 풍요 속에 성장한 세대이다. 선배세대들의 피나는 노력의 결과 경이적인 경제성장을 이룩했고, 그 경제의 성장과실을 가장 먼저 따먹고, 가정적으로는 부모의 피땀어린 노력의 댓가를 하나의 어려움 없이 수혜받은 세대인데다 귀여움을 독차지하면서 성장하다 보니 아무 세대에게도 크게 영향받지 않고 과잉 보호, 방임시켜서 독자적인 의식구조를 형성해 온 '방목의 세대'이다(김홍규, 1998).

그로 인해 어떤 일을 위해 노력하거나 애쓰는 것에 선뜻 '의미'를 부여하지 못한다.

예를 들어 부모는 자녀에게 많은 것을 요청하고, 자녀는 비록 그 기대에 부응하려고 하지만, 내면적으로 "진정한 의미에서 자신이 부모와 사회로부터 어떻게 기대되는 존재인가?"라는 질문에 적절히 대답하지 못하는 자녀가 증가하고 있다. 즉, 사명감에 근거한 정신이 결여되어 있다(諸富, 1997)는 것이다.

프랭클은 청년들에게 '의미'를 실감시키는 것의 중요성을 강조한 바 있다. 즉, 정신적으로 황폐하고, 정서적 불안, 비인간화, 반인륜, 반문화, 소외와 심각한 스트레스 상황 등 이른바 노이로제를 유발시킬 요인이 만연된 현실 속에서, 생의 의미를 탐색하는 것에 대한 개인의 책임을 강조하고 있다. 또 그는 '무의미, 무목적, 무의도, 공허감 등의 증상은 실존적 좌절의 주된 표현이고, 그 원인은 현대의 자연과학이 초래한 과학적 환원주의에서 비롯되며, 언뜻 현대인이 과학의 혜택을 누리게 된 것처럼 보이지만, 정신적으로는 만족하진 못하고 있으며, 실존적 공허로 인해 심리적 혼란에 빠지고 있다'고 지적하였다. 이러한 경향은 현대의 아동 및 청소년들에게도 보이고 있다.

실존적 공허감은 '무엇을 해도 흥미를 느낄 수 없다', '어떤 일에도 관여할 수 없다', '왠지 허전하고 소외감을 느낀다', '매사가 귀찮다' 등의 호소로 나타난다.

더욱 심층적으로는 '나는 무엇을 위해 살아가고 있는 것인가', '진정한 나는 누구인가', '나는 무엇이며, 지금 어디를 향해 가고 있는가' 등 자기존재에 대한 의문이 자리 잡고 있다.

최근의 고교생들에게 신체적인 피로감과 함께 막연한 스트레스감, 허무감 등을 호소하는 경우가 증가하고 있다는 결과가 그 양상을 실증해 준다(諸富, 1997).

이상 현대의 청소년들이 처한 사회문화적 환경의 주된 특징은 사교육 열풍과 획일화된 경쟁주의, 가정환경의 변화에 따른 사회화의 결손, 물질적 풍요 속의 삶의 의미 상실과 실존적 공허감으로 정리될 수 있으며, 이러한 요인들이 청소년기 무기력 경향과 밀접히 관련되고 있다고 하겠다.

2. 청소년의 발달심리학적 관점

앞에서 논한 바 있지만, 청소년기는 그들 세대의 특유한 생물학적, 사회적, 심리적 욕구 증가로 인해 필연적으로 성취와 경쟁욕구를 유발하고, 그에 따른 결과에 의해 좌절을 체험하고 열등감·소외감·무력감·무능감을 누적시키게 되는 세대이다. 게다가 우리나라 특유의 왜곡된 교육열(출세열: 정범모, 2000) 때문에 성적에 대한 부담감과 입시에 대한 압박감, 그로 인한 스트레스와 긴장은 심리적 안정, 정신적 건강을 위태롭게 하고 있는 현실이다.

1) 일반적 발달과제의 결손

청소년들은 지적 영역에서의 발달과제, 정의적 영역에서의 발달과제, 사회적 영역에서의 발달과제, 신체적 영역에서의 발달과제, 도덕적 영역에서의 발달과제, 종교적 영역에서의 발달과제, 문화적 영역에서의 발달과제, 언어적 영역에서의 발달과제 등 막중한 과업을 수행해야 한다.

이같은 과업을 수행하기 위해 다양한 교육과정을 부과하고 있는 것이다. 그런데 입시를 위해 몇 개 교과에 편중된 교육을 받고 있으므로 오늘의 청소년들에게서 전인(全人)으로서의 자질과 안목을 기대한다는 것은 무리이다.

성장과정에서의 다양한 상처(사랑의 상처, 인정의 상처, 안전·안정감의 상처, 자신감·자존심의 상처, 피해·박탈의식의 상처, 소외·따돌림의 상처, 불행의 상처 등)가 그들의 심리적 무력감(허무주의, 의욕상실, 자신감 결여, 자아존중감 결여, 진로문제 갈등, 대인관계 갈등, 수업 기피, 무감동, 무기력, 소극적·수동적 행동, 자기 부전감)에 크게 큰 영향을 미치며, 정신건강(질병형 성격, 불안장애, 울화병 징후, 분노폭발 성향, 편집증 성향 등)에 결정적 영향을 미치게 된다(원애경, 2005).

예컨대, 무기력 상태에서 흔히 볼 수 있는 행동특성 중의 하나로 퇴행을 지적할 수 있다. 일반적으로 퇴행은 자신이 체험한 심리적 외상(trauma) 이전의 상태로 되돌아 가고자 하는 욕구를 표출하기 위한 수단적 심리기제다. 그와 같은 관점에서 볼 때, 무기력의 청소년들이 보이는 퇴각 혹은 회피성향은 현재의 상황 이전의 단계로 회귀하고자 하는 퇴행적 욕구의 표출로 이해될 수 있다.

예를 들어, 무기력 증상을 보이는 대학생의 입장에서 볼 때, 가장 급격한 환경변화라 할 수 있는 대학환경에 대한 회피욕구가 그것이다. 그래서 이전단계인 직전의 고교시기가 될 수도 있으나, 그 훨씬 이전단계인 유아기 등으로의 회귀욕구가 잠재되어 있을 가능성도 배제할 수 없다.

무기력은 정도에 따라 중증의 무기력인 경우, 무관심, 무감동으로 인해 자신의 방에서 두문불출 하며, 극단적으로 대인 접촉을 끊는 증상을 보인다. 무기력 상태에 빠진 사람에게 자신의 '방'이 갖는 의미는 심리적으로 모친의 태내와 같은 의미를 지닌다(稻村 博, 1991).

따라서 무기력의 청소년에게는 모친의 태내로부터 분리 독립할 최초의 시기에 느끼는 불안이나 혹은 유아기의 분리개체화 시기에 발생되는 불안과 유사한 심리적 메커니즘이 내재되어 있을 가능성이 추측된다. 즉, 발달단계에 따라 위기를 극복하지 못하고, 모친의 태내와 같은 상징적 장소를 도피, 두문불출함으로써 심리적 안정과 균형을 되찾고자 하는 퇴행적 심리하고 하겠다.

이러한 퇴행은 개인의 자연스러운 욕구 표출을 방해한다는 면을 문제점으로 지적할 수 있다. 예를 들어 무기력상태의 청소년들이 보이는 언헤드니어, 회피성, 소극 수동성(Walters, 1961; 笠原, 1984) 등은 퇴행적 성향으로 인해 청소년들의 내면으로부터 표출되어야 할 욕구, 적극성 등 긍정적 행동성이 방해받은 결과로 이해할 수 있다.

2) 정신병리학적 관점

정신병리학적 관점에서 무기력 증상은 불안 및 우울 다음으로 주목받고 있다.

일반적으로 무기력은 우울과 유사한 주관적 체험을 지닌다. 그러나 우울은 본질적으로 죽음의 이미지와 연결되고 있는 데 비해, 무기력 증상은 그와는 질적으로 다르다. 또 우울증의 사람은 그 증상과 기분이 비록 가볍더라도 정신과의사를 방문하는 일을 주저하지 않으나, 무기력의 경우는 의사나 카운슬러를 방문하는 사례가 드물다.

무기력 증상은 대표적인 정신장애라 할 분열증의 경과 중에도 보인다. 대학시기 전후로 다발한다는 특성으로 인해 대학생에게 보이는 무기력 증상이 분열적 성격장애에 의한 증상으로 인식되는 경우가 있다. 특히, 청년기의 분열증 환자는 그 시기에 기대되는 대인관계수준에 도달하고 있지 못하다는 특징을 지니므로, 일견 무기력 증상의 청년이 나타내는 퇴각반응이나 회피적 태도는 정신분열증의 증상으로 인식되기 쉽다(이상란, 2001).

그러나 무기력의 청소년들이 보이는 퇴각반응이나 회피적 태도는 일상생활의 전반에 걸친 것이 아니며, 선택적이라는 점에서 분열병과 구별된다(笠原, 1983). 아울러 우승·패배에 과민하며, 예기되는 실패나 거절 등 자신의 판단에 의한 부정적 장면으로부터, 미리 퇴각하는 행동패턴을 보이며 그와 같은 방식을 통해 자신을 지키고자 하는 바, 그 같은 측면은 오히려 회피성 성격장애의 양상에 가깝다.

무기력의 퇴각반응을 자아친화형 노이로제로 간주하는 것은 어느 정도 설득력을 지닌다. 노이로제란, 스스로 인격의 분단이나 해리를 예감한 상태로 불안감이나 신체적 위화감으로 인해, 스스로 병원이나 카운슬러를 찾아가지만 무기력의 경우는 높은 방어심리가 작용하고 있어 스스로 치료를 구하는 경우는 좀처럼 보기 드물다. 그렇다고 해서 퇴학을 결심하는 것도 아니며, 단지 유급을 반복하는 이면에는 자신의 인생에 대한 비전(Vision) 상실감이 존재한다. 자기 자신의 장래에 대한 명확한 비전이 존재하지 않을 뿐만 아니라 뚜렷한 방향성을 지닌 행동도 불가능하다. 최근 이러한 현상은 '아이덴티티' 장애로 불리우기도 한다.

청소년은 일정 시기, '자아 존재감'과 관련한 '아이덴티티 탐구'에 충분히 집중해야 할 시간이 필요하다. 그러나 현대 청소년의 대부분은 자신의 의지와는 무관하게 사회문화적 환경이나 상황으로 인해 청소년 초기 혹은 중기의 중요한 발달과제인 '자기 탐구'를 타의적으로 지연당하는 경험을 하고 있다. 대학입학 후에 비로소 '아이덴티티'에 접근할 기회가 주어진다 하더라도, 대부분 목적의식이 도외시된 진학으로 인해 자기 탐색에 방해를 받는 경우가 허다하다. 즉, 막연한 혼란감을 느낄 뿐 적절한 방향을 찾지 못하는 경우를 각 대학 학생상담기관의 보고사례를 통해 흔히 볼 수 있다. 최근 이러한 증상은 대학생뿐만이 아니라 대학졸업 후의 젊은 샐러리맨들에게도 엿보이며, 앞으로 모든 연령에서 더욱 확산될 것이 예측되고 있다(이상란, 2001).

청소년기 무기력 증후를 일종의 '동기부여 장애'로 간주하기도 한다. 일반적으로 동기란, 목표나 만족을 획득하기 위해 노력하는 경향으로 정의될 수 있다. 따라서 동기부여 장애란, 목표를 설정하거나 만족감을 획득하려는 것에 대한 의미부여에 장애가 엿보이고, 새로운 장면에 대한 동기 저하, 혹은 동기 상실이 야기되는 현상을 의미한다.

이처럼 동기가 저하된 사람은 그 어떤 상황과 장면에서도 정서적 반응을 보이지 않으며, 흥미의 범위가 좁아지고 소극적일 뿐만 아니라 동시에 자기애적 경향을 띤다(宮田, 1991).

앞서 무기력 증상이 우울증상과 유사한 측면을 지니고 있음을 지적한 바와 같이 무쾌락, 무감동 등의 정서반응은 우울기분이 동반되는 것으로 이해된다. 또 퇴각증에서 보여지는 학습태만은 '행위장애'로 지적될 수 있는 바, 청소년기의 무기력

증후는 자칫 적응장애로 이해될 수 있다.

그러나 다카하시 등(高橋 他)은 그들이 보이는 무감동, 무쾌락 등의 감정, 학습에 대한 태만 등에서 스트레스 인자가 명확하지 않고, 또 주위의 예측을 넘어선 고통이 등반되지 않으므로, 적응장애의 조건을 충분히 만족시킨다고는 볼 수 없다(高橋 他, 1995)고 하였다.

무기력 증상자에게 보이는 삼무(三無)주의, 즉 무감동, 무흥미, 무위, 그리고 목표 및 진로상실 등은 그들의 입장에서 볼 때 고통이 동반되는 자아이질적인 체험이 아닌, 자아친화적 체험이기 때문이다. 그들은 무엇을 하더라도 유쾌한 체험이 드물지만, 자신의 상태에 대해 특별히 고민하거나 고통스러워하는 태도도 나타내지 않는다(笠原, 1983).

그 외에 무기력 증상자에게 보이는 소외감(Walters, 1961; 笠原, 1977)은 경계성 장애자에게 보이는 공허감과 비교할 필요가 있다.

공허감이란, 적적(寂寂)한 감정과 대극의 위치에 놓인다. 적적함이란 인간관계를 향한 강한 욕구가 내포되어 있는 반면, 공허감은 인간과계의 구성이 전제되어 있지 않은 채 타인의 심정에 공감하는 능력이 결여된 상태를 말한다(笠原, 1983). 무기력증상자가 대인관계에서 느끼는 소외감에는 이러한 공감능력의 빈곤함이 기저에 존재한다.

타인에 대한 공감능력이 빈곤한 자는 높은 자기애성을 보이는 경우가 많으며, 병적 자기애 상태에서 아이덴티티 확산을 경험하기 쉽다(笠原, 1983). 따라서 무기력증상자는 아이덴티티 확산(笠原, 1973, 馬場, 1976; 鐵島, 1993)뿐만 아니라 자기애적 관점에서 관찰할 필요가 있다.

3) 부모-자녀관계, 특히 모친의 영향력의 관점

가정환경 중에서도 모친의 중요성은 아무리 강조해도 지나치지 않다.

그래서 프로이트는 모친이란 개인에게 있어서 최초의 애정대상이며, 생애를 통해 어떤 것과도 비유할 수 없는 독자적 대상이라 하였다(馬場, 1984). 그만큼 모친과의 사이에 있어서 얼마나 바람직한 관계성을 경험하는냐는 아동 및 청소년들에게 매우 중요한 의미를 지닌다.

공격적인 행동을 보이는 청소년의 내면에 남성적이며 강한 증오·적대감의 남성적 요소인 아니무스(animus)적인 모친 이미지가 위치하고 있다는 연구결과(山田, 1987)를 통해 청소년의 성격발달에 미치는 모친의 양육태도의 영향을 재음미하게 된다.

최근 점차 아니무스화하는 모친의 태도는 가정 내의 모친 역할이 부성(父性)원리화하는 현상, 또는 부성적 윤리관과 모성적 윤리관의 혼란을 반영한다(河合, 1976)고 한다. 특히 에로스가 결여된 아니무스적 모친의 태도는 청소년이 보이는 무기력 증상에 관련되고 있음이(山田, 1990) 입증된 바 있다.

Kanner에 의하면, 부모의 아동에 대한 양육태도는 최적의 정서적 상태(optimum emotional climate), 마이너스적 편향(deviation toward minus side), 플러스적 편향(diviation toward plus side), 완벽주의(perfectionism) 등으로 분류했다.

그 중 특히 완벽주의(perfectionism)는 체면을 유지하려는 부모의 원망(願望)이 내포된 아니무스적인 반응으로 간주될 수 있다.

부모의 완벽주의적인 양육태도에 대해 자녀는 무조건 복종, 퇴각, 반항 등 세 가지 형태 중 한 가지 반응을 보인다(牧田, 1980). 그 중 무조건 복종 혹은 퇴각반응은 아동이 환경에 적응하고자 하는 일차적 통제감(宮田, 1991)이 결여된 상태임을 반영하는 결과로 무기력 발생에 관련될 것으로 이해된다.

4) 성격장애 면에서 접근 관점

미국정신의학협회(APA)의 '정신질환의 진단 및 통계 편람'에서 인격장애를 분류하면서 성격장애에서 회피성 성격장애와 의존적 성격장애는 취급하였고, '염세적 성격장애, 무기력 성격장애, 우울성 성격장애'는 별도로 분류하지 않았다(DSM-5, 2013). 물론 의학적 상태로 인한 성격변화라든지, 성격장애의 진단분류에 속한 장애 중 어느 것에도 완전한 기준을 만족하지 않는 혼합형 성격양상(mixed personality features) 같은 경우, 또는 특정 성격장애의 기준에 맞지 않아서 명시하지 않은 성격장애가 있음을 밝혔지만(DSM-5: 682-684), 염세적, 무기력, 우울성 성격장애 면에서 무기력 증후를 접근할 필요가 있다고 생각한다. 이는 원인진단과 상담 및 치유의 입장에서 더욱 가치가 있다고 생각한다.

염세적 성격장애와 우울성 성격장애는 우울장애(5장)에서 취급될 것이다. 또한 무기력 성격자들은 의지결여자, 정성(情性)결여자로서 신경증에서 포괄적으로 다룰 수 있다(김흥규, 원애경, 2012).

하여간 학업을 중단하고 학교를 떠나는 학생이 2011년(7만 6,589명), 2012년(7만 4,815명), 2013년(6만 8,188명), 2014년 5만 1,906명(초등 1만 4,886명, 중학 1만 1,702명, 고등 2만 5,318명: 교육부, 2015. 9. 7. 2014년 학업중단학생현황 발표) 등 학교부적응 학생 5만 2천여 명에 육박하는 현실을 주목해야 한다. 이같은 현상은 학력중시 학벌사회, 입시위주의 병리적 학교교육이라는 사회문화적 배경이 핵심요인(이상란, 2000a, 2000b, 2001)이며, 일본에서도 친자관계에서의 모친의 지배적・지시적 양육태도, 모성사회의 병리와도 관련되고 있음이 밝혀졌다(河合隼雄, 1997).

결국 치열한 학벌중심의 경쟁사회에서 '적당히 똑똑해서는 살아 남을 수 없다'는 386세대 엄마들의 과열교육이 '헬리콥터 맘' '알파 걸'이란 신조어를 만들어 내면서 사교육 과열의 주도세력이 되어 자기 자녀를 '국가 대표급 시험선수' '멀티 플레이어' '알파 걸'로 키우기 위해 광분(狂奔)하였고, 그 후유증으로 양산된 것이 청소년 좌절증후군이라고 할 수 있다(김흥규, 2015).

3. 국가별 무기력 증후의 특성 면에서의 관점

최초 무기력 증후는 미국의 대학생들에게 보이기 시작하였다. 그들은 성공이 가능한 장면에서조차 미리 자신의 능력을 포기할 뿐만 아니라 명확한 목적을 지닌 행동을 의도적으로 회피한다. 그들은 경쟁의 무대를 멀리하고자 하며, 그들이 나타내는 정서적 특징은 공허감, 절망감 등으로 표현되었다(Walters, 1961).

한편, 일본의 청년들에게서 보이는 무기력 증상의 특징은, 학습장면을 중심으로 한 선택적 퇴각과 대인관계 및 위기장면에서의 회피 등을 들 수 있다. 아울러 그들의 퍼스낼리티상의 특성은 강박적이며 완벽주의 성향을 보일 뿐만 아니라 우승・패배에 민감한 반응을 보이는 점 등을 들 수 있다(笠原, 1977).

그러나 우리나라 대학에서는 민주화와 자율화의 투쟁 열기가 한창일 때 두 가지 형태로 나타났다.

하나는, 취업해서 고생하며 받는 월급보다 자유스럽게 가정교사 하며 받는 수입이 많아 졸업을 회피하는 소수의 학생이 있는가 하면, 다른 부류는 소위 운동권 학생으로 학업을 등한히 해서 배운 것도 없고, 졸업에 필요한 학점도 취득하지 못했으며, 취업이 안 될 것은 확실한데 데모나 주도하며 정치권과 연계해 보려는 '신분만 학생'인 소위 운동권 학생들이다.

이와 같이 미국과 일본의 청년기 무기력 증상은 우리나라와는 달라서, 성공장면으로부터의 회피, 발달단계상의 위기장면으로부터의 회피라는 '회피성'에서 공통점을 지닌다.

그 외에 일본의 청소년은 '관리된 예기적 사회화' 과정으로 표현되는 진학시스템에 따른 특수한 발달적 배경을 지닌다. 따라서 대학 입학 후 비로소 현실화되는 무기력 증상의 상당부분은 유예된 발달과제, 즉 아이덴티티 확립문제와 밀접히 관련되어 왔다. 그러나 최근 청소년들에게는 그러한 내면의 혼란상태를 겉으로 나타내지 않으려는 경향으로 반전되고 있으며, 그러한 증후는 소위 위기로서의 평온상태라 지적되기도 한다(下山, 1997).

한편 앞서 거론된 바와 같이 청소년들에게서 보여지는 무기력을 '풍요 속의 실존적 좌절'로 간주하기도 한다. 물질적 풍요를 이루어 낸 반면, 인간적 내적 결손이 심화되는 현대사회의 문제점이 드러나고 있다는 것이다. 즉, 가정이나 가까운 이웃과의 인간관계가 단절·소원해지고 있음을 경험하는 현실 속에서 청소년들은 해소되지 않는 실존적 공허감으로 인한 좌절을 경험한다. 그와 같은 실존적 좌절이 최근 더욱 저연령화되고 있는 점이 주목되고 있다.

이상 무기력은 본래의 정신병리학적 의미로는 매우 무거운 증상을 나타내는 개념이다. Walters(1961)가 대학생을 중심으로 보이는 무기력에 주목하기 시작하면서, 대학생만의 독특한 증후를 나타내는 의미로 변용되어온 측면을 배제할 수 없다.

현재, 일본의 현실은 무기력 증후가 대학생뿐 아니라 전반적인 연령층을 대상으로 하는 이상상태를 의미하는 용어로 확대·인식되고 있는 추세다.

사회 전반적으로 무기력 증상을 포괄하는 사회적 내폐증(ひきこもり)이 그 심각성을 더해가고 있다. 이는 종래의 무기력은 청소년들이 보이는 부분적, 혹은 선택적 두문불출(杜門不出)에 비해 보다 심각한 두문불출 상태를 보이는 것으로 신경증

적 장애로 인정되고 있다. 또 그러한 사회적 내폐증은 무기력 증후에서 시작하여 진행되는 사례가 증가하고 있어, 청소년기 무기력은 사회적 내폐증의 한 형태로 간주되기도 한다(狩野九八 郎・近藤直司 編, 2000; 齊藤, 1997).

사회적 내폐증상은 무기력 증후와 동일하게, 강한 회피성향으로 특징지워지는 만큼, 곤란한 상황에 처해도 자발적 내담(來談)이 드물다는 점이 문제의 심각성을 더한다. 그러한 무기력, 혹은 사회적 내폐증의 이면에는 단순한 부적응의 수준을 넘어선 실존적 좌절, 의미에 대한 의지(will to meaning)의 좌절이 잠재되어 있는 가능성이 추측되고 있다(諸富, 1997).

4. 변화의 가속화에 따른 적응 파탄의 관점

오래 전 미래학자 앨빈 토플러는 저서 『미래 쇼크』(Future Shock, 1970)에서 인간이 변화의 가속화에 압도당해 현대는 변화의 가속화, 특히 디지털사회, 유비쿼터스(Ubiquitous) 혁명시대를 맞아 일반 성인, 대학생, 청소년들은 각각 그들 나름으로 해일(海溢)처럼 밀려오는 지식・정보를 선별・처리해야 하고, 자신이 필요로 하는 지식과 정보를 네트워크로부터 얻어야 하는 바쁜 일정에 휩싸여 있다. 뿐만 아니라 '지식의 반감기'(Arbesman, 2013)를 맞아 '모모세대'(김경훈, 2014)들처럼 디지털 기기・모바일 기기를 능수능란하게 조작하지 못하면 적응 실패자로 전락할 우려도 있다.

4절 좌절증후군에 대한 예방

청소년기에 있어서 어떤 개인이 좌절증후군이냐 또는 쇠퇴증후군(衰退症候群)이냐의 문제는 당사자나 그 부모 및 가정에 있어서 심각한 문제이다. 또한 성인이 시대 변화를 미리 읽고 대응을 하지 못해서 급격한 변화의 해일(海溢)에 휩쓸려 지식정보적 당혹감과 가치관의 혼란 및 방향감 상실감에서 허우적거리며 복합적 적응좌절장애의 상태에 빠져 있는 것도 불행한 일이다.

특히 좌절증후군은 성장과정과 생활장면에서 누적된 좌절감과 욕구불만, 증오심과 공격행동, 과민성과 내성결핍(耐性缺乏)의 성격, 사랑과 인정 그리고 안전과 실패에 대한 깊은 상처, 분노와 자기혐오, 불신감과 소외감, 박탈·피해의식과 억울감정이 상호연계·상승작용을 해서 문제행동으로 표출된다는 점에서 그 심각성이 있다.

이들 요인들에 의해 정신건강상의 문제와 인격장애가 생겼으며 그 결과 성폭력범죄, 가출과 풍기문란 행동, 폭력행위, 약물 오·남용, 성규범 해이와 윤락, 자살 및 자살기도 등의 병리적 사회현상에 관련이 되는 좌절증후군이 되기 때문이다.

후쿠이 야스유키(福井康之)는 쇠퇴증후군은 좌절증후군에 비해 타인에게 미치는 파급효과는 상대적으로 적다고 할 수 있다. 즉, 성장발달단계에 따른 발달과업을 정상적으로 수행하고 가족원을 비롯한 이웃과 이방인에 대해 정상적인 관심과 원만한 대인관계의 유지, 어머니와의 고착(固着)으로부터 독립과 자유를 추구하려고 한다면 정상적인 성장증후군이라고 할 수 있지만, 나이에 걸맞지 않게 정상의 단계에서 항문적 성격으로 퇴행하고 자기도취와 자기애(自己愛)에 빠지고 근친상간(近親相姦)적인 공생(共生)과 어머니에게 지나치게 고착되는 퇴행현상을 보일 때 쇠퇴증후군(福井康之: 129-131)으로 간주하기 때문에 이들의 행동은 타인에게 피해를 주기보다는 가족과 자기 자신에게 관련된 퇴행현상인 것이다.

그렇다면 '현대의 병'이라고 일컬어지는 청소년좌절증후군에 대한 예방대책과 사후대책은 무엇인가?

개인의 성격 형성, 가치관 형성, 사회적 성격 형성 그리고 국민들의 국민성이나 민족성은 크게 부모의 양육태도를 포함한 환경적 요인, 생리적 조건 등의 생물학적 요인, 사회구조적 요인 등이 결정적 역할을 한다. 때문에 그 예방대책도 다양하게 거론될 수 있지만 공통적으로 예비 부모교육, 건강한 가정환경의 조성과 철저한 자녀교육, 건전한 사회분위기 조성 등 세 가지 요인을 생각해 볼 수 있겠다.

첫째, 결혼예비교실의 운영을 통한 예비 부모교육을 실시해야 한다.

아동·청소년 문제의 원천적인 책임은 가정이요, 부모에게서 찾아야 한다는 사회학적인 접근태도가 보편화된 지는 오래이다.

'문제아의 배후에는 문제의 어머니가 있다'느니, '문제아는 문제의 가정과 문제의 부모로 키워진다' 또는 '자녀는 부모라는 필터(filter)와 가정이라는 렌즈(lenz)를 통해 사회를 보고 자기화 한다'는 등의 말은 한결같이 부모 역할의 중요성을 강조한 것이다.

비록 암컷 원숭이를 이용한 오래된 실험연구이지만, '새끼를 여러 번 낳음에 따라 어미로서의 질이 향상되는 반면, 어미 노릇하는 것을 보지 못하게 격리시키고 어미를 흉내 낼 기회를 제공하지 않았더니 후일에 졸렬한 어미가 된다'는 연구보고(Seay et al., 1964)나, '인간에 대한 마더링(mothering)은 습득된 속성으로서 어머니 노릇하는 것을 배워야 한다'는 주장(Stiles, 1969) 등은 시사하는 바가 크다. 자동차와 오토바이 운전도 면허증을 취득하기 위해 철저한 사전교육과 평가를 받는데, 결혼과 부모의 역할에 대해 우리는 너무 준비없이 무책임하게 임하는 것 같다. 건강한 부모상, 건전한 가정분위기와 바람직한 자녀양육태도 등 광범위한 분야에 걸쳐 부모교육을 실시해야 할 때이다.

둘째, 건전한 가정환경의 조성과 철저한 자녀교육이 이루어져야 한다.

'유전과 환경이 어떻게 상호작용하여 발달적 변화를 야기하는가를 추구해야 한다(Anastasi, 1958)고 오래전에 주창했지만, 유전과 환경 중 어느 것이 더 인간에게 중요한지는 학자들의 오랜 연구과제였다.

즉, '아동의 인격형성은 어릴 때의 가정에서 92%가 이루어진다'는 아동심리학자 테일러를 비롯해서 '100% 유전과 100%의 환경에 의해 인간의 행동이 결정된다'(Hebb, 1980)는 주장이 있는가 하면, '화가 났을 때 접시를 던지거나 문을 난폭하게 닫는 경향은 40%가 유전적이며, 고함을 지르는 경향은 28%만이 유전된다는 것을 발견했다'는 펜실베니아대의 앨리게니대학의 연구(1995. 5. 뉴스위크, NWK 특별호 1호: 52)가 있다.

그런가 하면 '어린이가 자라나면서 겪는 사회적 경험으로 타고난 성격의 90%가 바뀌기 때문에 성인이 되면 영아기 때의 성격 중 유지하는 것은 고작 10%에 지나지 않는다'고 주장한 뉴저지대의 아동발달연구 소장인 마이클 루이스, 그리고 '일반적으로 영유아기 때 안정적인 아이들이 올바로 자란다는 것은 옳은 말이다. 그러나 한 살 때 보인 현상이 앞으로의 삶을 결정한다고 결론을 내리는 것은 잘못'이라는 벨스키의 주장(1995. 5. 뉴스위크, NWK특별호 1호: 53-58), 또한 정신과 의사이며 『마음의 성장』의 저자인 스탠리 그린스펀은 '성격 형성에 있어 유전과 환경은 한 쌍의 댄서와 같다. 어느 한쪽이 너무 빨리 스텝을 밟으면 둘 다 넘어진다. 그런 식으로 유전은 환경에 영향을 미치고 다시 환경은 유전에 영향을 미친다'(1995. 5. 뉴스위크, NWK특별호. 1. 1999: 50)는 주장 등은 부모입장에서 경청해야 될 주장들이다.

따라서 동일한 유전인자도 환경이 다르면 다른 행동을 나타내듯이, 동일한 환경도 유전인자가 다른 사람에게는 다르게 영향을 줄 수 있다는 점(이수원 외, 1986)에 유의하면서 부모들은 자녀들에게 양질의 가정환경을 마련해 주어야 한다.

가해자의 울분과 증오, 공격성과 비인간화가 문제이기 때문에 이들 요인이 어릴 때부터 키워지지 않도록 가정환경의 교육적 기능 강화가 요구된다.

각종 상처(사랑, 안전, 인정 …)를 받지 않고 정상적으로 성장·발달·성숙해서 반문화·비윤리·부도덕성이 어려서부터 발아(發芽)·누적되지 않게 해야 한다.

셋째, 국가적·개인적으로 미래사회의 도래에 따른 준비, 당면할 미래사회의 다양한 사회문제에 대한 시각과 소양을 갖추도록 교육을 강화해야 한다.

UR협상의 타결(1986. 9)로 인해 국제화·개방화 시대는 각 분야에서 국경을 허물었고, 국가와 민족 간의 무국적화를 가속화시켰다.

GATT 체제의 종료(1948-1994)에 이어 WTO(1995. 1. 1) 체제의 출범, 블루 라운드(Blue Round: 근로조건 개선, 1994~), 그린라운드(Green Round: 환경기준 적합, 1995~), 경쟁라운드(Competition Round: 불공정한 제도와 관행을 제거해 수입상품의 경쟁력 증진, 1995~), 기술라운드(Technology Round: 개발도상국의 기술개발 정책을 효과적으로 막기 위한 선진국들의 통제, 1995~) 등의 등장에 우리 기업들은 발빠르게 대응했다.

삼성그룹 이건희 회장이 '신경영'(1993)을 선언하면서 '우리 모두 바꾸자'고 변화를 강조했고, 새로운 슬로건으로 Speed, Efficiency, Innovation을 결정, 변화의 방향을 제시했다.

럭키금성그룹 구자경 당시 회장은 WTO출범을 계기로, 우리보다 국제화 체제에 발빠르게 대응한 대만시장을 체크하기 위해 조사단을 파견했다. 이들의 귀국 보고를 듣고, 그룹 명칭을 '럭키금성'에서 'LG그룹'으로 명칭 변경을 한 후, 1996년 초에 '정도를 걸어가는 깨끗한 기업이 되겠다'는 기치 아래 '정도(正道) 경영'을 선언하고, '도약 2005'를 발표하면서, 구본무 회장에게 바톤 터치(baton touch) 하고 2선(명예회장)으로 물러난다. 특히 LG그룹은 인간존중의 정신을 경영이념으로 삼고, 4대 활동지침(Challenge, Speed, Simplicity, Boundaryless)을 발표, 방향을 제시했다.

같은 시기, 대우그룹 역시 '위기의식의 공감대 형성을 위한 철저한 의식개혁, 그에 따른 관리혁명' 운동을 그룹 차원에서 전개하는 한편, 경영철학으로 '연어경영'을 더욱 강화하였고, 전자쪽에서는 탱크주의, 자동차 쪽에서는 '신뢰와 서비스 개선'을 외치며 관련회사 CEO가 스스로 화면에 출연, 제창하기까지 했다. 특히 '세계경영전략'의 결과 1996년 11월 말 100억불 수출탑과 금탑산업훈장을 수상하게 된다. 대우의 연어경영 전략은 타 그룹에 영향을 미쳐서, 삼성・LG・현대 등 대기업그룹에 회장직속의 '대우그룹 경영철학 연구팀' '경영 혁신팀'이 만들어진다. 즉,

① 대우의 폴란드 FSO社 인수의 Know-How와 파이낸싱 비결이 어떤 것인가?
② 대우의 세계화 전략은 어떤 것이며, 성공배경은 무엇인가?
③ 김우중 회장의 경영스타일에 대한 종합적 분석 연구
④ 삼성그룹 사장단의 인사방식의 특성 분석과 경험있는 최고 경영층의 해외 파견의 실과 허, 공과를 철저히 분석
⑤ 대우가 절묘한 '파인낸싱'으로 해외 거점(생산 거점) 확보에 성공한 이유와 배경 등을 각 그룹에 따라 특성 있게 추진하였다.

현대그룹 역시 이미 1991년도를 21세기를 대비한 '경영 내실화 및 기업문화 정착의 해'로 정하고 경영전략 목표를 기술 자립, 노사 안정, 인재 양성, 생산성 증대로 확정했지만, 강성노조 등 마이너스적 요인은 고질화되었다. 어쨌거나 1996년 1월 정몽구 회장 취임을 계기로 '가치 경영'을 선포하고, 미래의 Vision 등 네 가지 항을 제시했다.

쌍용그룹은 '기술 휴머니스트', 코오롱은 '으뜸 경영', 다른 그룹은 변하는 시대에 맞추어 새로운 슬로건을 내걸고 그룹 이미지 혁신에 총력을 경주했다(김흥규, 2005).

저자는 80년대 말부터 30대 그룹 연수원, 경영자협회, 표준협회 등의 초청강의에서 '21세기 정보사회 도래에 따른 준비'를 강조했다. 특강 대상은 신입사원을 비롯해 중간관리자 과정, 고위경영자그룹에 이르기까지 다양했으며, 강의 제목은 '미래사회에 대비하자', '사회변화의 안목을 갖자', '우리는 변해야 한다', '21세기 도래와 기업문화', '변화에 따른 페러다임의 혁신', '정보사회와 기업문화', '기업의 경쟁력과 기업문화', '사회변화에 따른 경영 혁신', '사회변화를 읽어야 한다' 등 다양한 주제였다.

그러나 교사나 교감과 교장단을 대상으로 교육청이나 교원연수기관에서 이같은 내용을 체계 있게 취급했다는 기억은 없다. 그러니 청소년의 좌절증후군의 양산은 예상된 결과라고 보는 것이 타당하다.

5절 좌절증후군에 대한 대책

미래사회의 주역인 아동 · 청소년들은 건강하고 성숙한 부모와 건전한 가정환경, 바람직하고 교육적인 학교환경, 그리고 건강 · 성숙 · 건전한 사회에서 교육과 긍정적인 자극을 받으며 안전과 행복, 꿈과 희망, 도전과 자아실현을 위해 바람직하게 성장 · 발달 · 성숙할 권리가 있다.

때문에 부모와 교육자, 가정과 학교, 국가와 사회는 이들 청소년들이 발랄함과 행복감을 만끽하면서 인생과 미래를 설계하고, 자신의 목표 성취를 위해 자기 역량의 연마에 몰두할 수 있도록 보호 · 육성 · 선도할 책임이 있다. 따라서 그들의 이같은 권리를 존중하고, 자신들의 책임을 통감하면서 청소년들을 바람직하게 보호 · 육성 · 선도하기 위해 그들이 처한 현실을 정확히 이해하고 해결하게 해주는 것이 선결과제이다.

1. 다양한 계층을 대상으로 사회변화에 대한 안목과 미래사회 도래에 대한 소양교육이 강화되어야 한다.

청소년과 대학생, 그리고 평생교육기관에서의 성인을 대상으로 도래할 미래사회의 특징, 한국사회의 미래상과 요구되는 인간상, 국내외 과학기술과 의・약학 기술의 발달, 미래사회에서 예상되는 문제, 각종 갈등과 사회 구조적・해체적・탈선적 문제, 사라질 직업과 부상할 직업, 국가 경쟁력과 인간의 삶의 질 등에 대해 교육이 강화되어야 한다.

2. 특수아에 대한 대책

신체적 결손과 지적 결함 및 정신적 장애로 인해 성장과정에서 심한 상처를 받았고, 실생활장면에서 많은 제한과 병고로 인해 심각한 좌절감과 불행감에 휩싸인 장애자들은 대부분 좌절증후군으로서의 임상적인 문제에 봉착해 있다고 본다.

장애등급에 따라 전반적 지원, 확대적 지원, 제한적 지원, 간헐적 지원을 제도적으로 해준다고는 하지만 미흡한 실정이고, 비싼 의료비 부담도 큰 문제이다. 더욱이 낮은 자존감과 자기 효능감, 우울감과 비관적 자학, 정신건강 문제로의 악화 가능성을 고려하여 전문적 상담과 치료 혜택의 확대, 특수교육 및 직업진로교육 프로그램의 적용이 절실하다. 일하지 않는 국회의원과 지자체 의원의 수를 50% 감축해서 이 분야에 투자하는 것이 현명한 대책이다.

3. 건강한 가정환경과 가족의 건강성 및 응집성 강화를 위한 대책이 필요하다.

저자의 연구결과에 따르면, 전체 표집 대상자(인천 초·중·고생 2,717명) 중 1.0%, 생활수준이 낮은 집단의 학생의 2.9%, 학업성적 하위권 학생의 2.2%가 열등감을 갖고 있고, 전체 표집대상학생의 72.2%, 생활수준 상위권 학생의 80.6%, 학업성적 상위권 학생의 80.8%가 성장과정에서 상처를 받았다고 응답하였다(김홍규, 2006).

이같은 연구결과는 가정환경과 부모에게 교육적 문제점이 있음을 시사해 준다. 왜냐하면 청소년 문제는 당사자의 문제이기 전에 가정과 부모에게서 원천적인 원인을 찾아야 하기 때문이다.

첫째, 대학의 교양필수 과목에 '여성학'이 아니라 '가족사회학'이 들어가야 한다.

지금 우리의 가정환경은 변화의 급류에 휩쓸리어 방향감을 상실하고 있는 상황이다. 가정환경의 구조적 변화, 기능적 변화, 가정의 해체적·탈선적 문제의 급증, 가정의 민주화 요구, 가정의 인구사회학적 변화, 가족 가치관의 변화, 가정 권력의 이동 등 많은 문제가 한꺼번에 들이닥쳐 소용돌이를 치고 있는 것 같다. 가정환경의 건강성, 건강한 부모-자녀관계, 민주시민의 기본적 소양과 인격 형성의 제1교실로서의 역할을 하도록 가르쳐야 한다.

둘째, 결혼 전에 '신랑신부 예비교실'을, 평생교육 차원에서 '부모교실' 수강을 제도화 해야 한다.

결혼하면 모두 훌륭한 부모가 되고, 모범적인 가풍 속에 양질의 가정교육은 저절로 이루어지는 것인가? 사회도, 개인도 급변했으며 세대 격차가 너무 다르고, 남성도, 여성도 모두 종자 개량한 것처럼 별종인데, 배우지 않고 노력하지 않는데 저절로 사랑의 안식처가 되고 가족의 응집성이 강화될 수 있는 문제인가. 언제까지 부모는 자식들을 위해 희생해야 될 순교자 세대여야 하는가.

남편과 아내의 본분과 책임감, 사위와 출가한 딸의 도리와 사명감, 가족윤리와 사회윤리, 건강한 신랑과 신부의 조건, 건전한 결혼문화와 건강한 자녀 출산, 부모가 가정에서 반드시 가르쳐야 될 덕목과 발달과제 등에 대해 철저하게 가르치고,

수료증이 있는 자에게 모종의 혜택(결혼 비용 감액)을 주는 방안이 있어야 한다.

4. 청소년의 심리적 욕구불만, 정서적 상처에 대한 관심과 치유대책이 필요하다.

청소년들에게 생리적 욕구보다는 심리적 욕구가 충족되지 않는 것이 욕구불만의 핵심이 되고, 이 같은 심리적 욕구불만은 일종의 결핍(缺乏)욕구로서 이것이 제대로 해소·충족·발산·승화되지 않으면 낮은 자존감과 자아 효능감, 의연성과 의지력의 약화, 낮은 사회적 친화력과 사회적 효능감으로 이어지며, 인간성의 미성숙, 자아실현의 불가능, 정신적 혼란, 인생과 미래에 대한 회의(懷疑)와 비관적 사고로 이어지게 된다. 결국 성취·실현·획득의 실패에 따른 분노, 용기와 의욕의 상실, 삶과 존재에 대한 절망과 자기 혐오, 희·노·애·락 등 감정기능의 상실(anhedonia) 등으로 심신이 황폐해지고, 건강하지 못하게 된다(김흥규, 2006). 이같은 심리적 열등감과 욕구불만, 심리·정신적인 소외감과 좌절감을 극복하지 못하게 되면 전술한 바와 같이 일종의 신경증적 증상으로서의 청소년좌절증후군(稻村 朴, 1994), 또는 소외증후군(福井康之, 1985)으로 악화되기 때문에 그 심각성은 크다.

비뚤어진 교육관과 왜곡된 공교육으로 나라 전체가 시험 맹신·성적 맹신의 광기(狂氣)에 함몰되어 학교의 학원화, 학원의 학교화로 변질된 가운데 정상적인 교육기능이 실종된지 오래 되었고, 청소년좌절증후군만 양산한 결과가 되었다.

실제로 우리나라 전체 학생의 약 75%가 자책감과 실패감, 좌절감을 가지고 대학진학을 포기해야 하며, '대학 진학의 실패는 곧 인생의 실패'라는 사회적 통념이 많은 청소년들에게 고통을 주고 있다(김흥규, 안병주, 2000)는 연구결과가 대변한다.

국가 전 분화의 혁신이 절실하지만, 최소한 네 가지만이라도 시행되었으면 좋겠다.

첫째는 대학 입시제도의 혁신이다. 수학능력시험제도를 자격시험제도로 바꾸고, 각 대학의 자율에 의해 다양한 방법으로 선발제도를 바꿔야 한다.

둘째, 가족치료의 관점에서 각 가정은 부모-자녀 간의 충분한 대화와 소통의 활성화를 위한 대책을 세워야 한다.

셋째, 학교에서는 전 교사의 '상담교사화 제도'의 정착과 생활지도의 전문성 수준 향상을 위해 전 교육자의 재교육이 절실하다.

넷째, 중·고교 교육과정 운영에서 필수교과를 대폭 줄이고, 대부분의 교육과정을 학생들의 선택에 맡기는 것을 검토해야 한다.

이는 다양한 능력, 남다른 적성, 뛰어난 자질, 다양성과 창의적 사고력을 키워주기 위한 것인 동시에 대학입시제도의 변화에 기여할 것이다. 각 교과의 과목이기주의와 암기 위주의 병리적 풍토에서 벗어나서 '학교급별에 따라 개인차를 고려하고 있는 핀란드 교육', '교실도 학교도 패밀리, 교육은 복지의 일환'으로 생각하는 핀란드 교육을 주목할 때이다(김홍규, 이호정, 2009; 福田誠治, 2008).

5. 가정과 부모, 학교와 교사는 청소년·자녀들에게 가하는 잔인한 공격행동을 멈춰야 한다.

왜 사교육비 부담 때문에 부모가 한숨을 쉬어야 하며, 아이들이 학원 때문에 동분서주(東奔西走), 좌충우돌 해야 하는가? 어째서 1,000만 명의 청소년들을 한 줄 세우기로 학대를 하는가? 이건 교육열도 아니고 청소년의 인권을 침해하는 잔인한 범죄행위이다. 그래서 한국 교육계의 태두이신 정범모 박사의 한탄이 더욱 마음을 아프게 한다.

> "혹독하고 집요하고 백해 무익인 입시준비 교육, 너무 많고 너무 어렵고 너무 피상적인 교과과정, 입시준비 교육은 이 나라 교육 병폐의 원흉, 시험과 숙제가 많기로 세계 제일, 학교 밖에서도 각종 '과외'에 시달리고, 학교에서마저 '자율학습', '보충학습'이란 이름으로 시달리어, 학생들은 아침도, 방과후도, 밤도, 방학도 없이 공부하기를 강요당하는 '이런 잔인한 학교는 세계에 없다.' 학부모의 교육열이 높다고 하지만, 그것은 교육열이 아니라 '출세열'이요 '기복사상'의 연장이다"(鄭範謨, 2000).

뿐만 아니라 이면우 교수의 비판은 한국교육의 병리를 예리하게 파헤친다.

즉, "다양한 능력, 남다른 적성, 뛰어난 자질은 무시한 채 오직 책과 참고서의 내용을 철저히 암기하고 있는가로 모든 것을 판정하는 우리 교육은 '학생, 학부모, 교사 모두를 탈진하게 만들고, 결국 대부분의 학생을 도태시키는 파괴적 교육제도로 운영되고 있다. 우리의 중학교 1학년은 월드컵 국가대표 축구선수단의 6배에 이르는 강훈련을 받고 있다. 국가대표 선수들도 감당 못할 고된 일과에 묶여 지낸다. 좁은 공간에 모아 놓고 학부모, 교사, 학원강사가 번갈아가며 몰아 붙인다"(이면우, 2004).

이런 상황에서 심리적 성숙, 사회적 성숙, 정신 건강한 청소년이 키워질 수 있는가. 문제 청소년이 양산될 수 있는 교육적 토양인 셈이다.

6. 각종 중독증에 대한 예방대책이 필요하다.

"행복이 성적순으로 되는 이 세상, 공부만 잘하면 인간입니까? 저희들은 새 장속에 갇혀 있는 새가 아닙니다."

이는 오래 전(1989. 11. 8)에 공부를 못 한다고 비관한 한 여학생이 남긴 유서(遺書) 내용이다. 이 유서는 '공부를 잘 해야' 귀여워해 주는 우리사회의 부모와 인정해 주는 교사들에 대한 항변(抗辯)이요, 공부를 못하면 '인생의 낙오자'로 낙인찍는 사회에 대한 '울분(鬱憤)의 몸부림'이라고 생각한다. 분명한 것은 학교의 성적은 '출세의 티켓'이 아니며, 대학 입학이 인생의 전부는 아니다. 영화 '마이 웨이'(my way)에서 메독스 가(家)의 비극, 부모의 일등주의의 말로(末路)가 무엇인지를 아무리 감명깊게 감상했으면 무얼 하나? 가정・학교・사회・매스컴・종교가 달라진 게 없는데 …

공부와 성적 때문에 가정과 학교에서 상처받고, 좌절과 낮은 자존감, 비관적 자학(自虐), 사회에 대한 저항감과 부정적 의식을 가진 좌절증후군들이 빠지기 쉬운 함정이 중독증이다. 특히 우리 생활 주변은 인터넷, 스마트폰, 로또, 도박, 스포츠 복권, 경마, 알코올, 흡연 등 중독증 유발의 블랙홀(black hole)로 둘러싸여 있다.

특히 중독증의 발생 원인 다섯 가지(김흥규, 이호정, 2009)를 생각할 때 그 우려는 더욱 커진다.

① 중독증은 생물학적 요인이 원인이다.

부모에게서 물려받은 소인(素因)이나 후천적인 뇌신경 질환으로 충동 조절이 안 되는 문제이다.

② 중독증 요인에 심리적 요인이 크다.

지속적인 스트레스로 인하여 도피할 탈출구를 찾은 것이 중독현상으로 나타나게 되고, 심리적 갈등과 불안, 우울과 초조 등의 정서적 불안정, 사회적 상황이나 대인관계에서의 감정과 욕구불만의 누적, 우울증 등이 원인이 될 수 있다. 뿐만 아니라 자신의 부정적 현실에 대해 남(부모, 교사, 교육정책)을 탓하고 충동적인 행동성향과 신체적·심리적·지적·정신적 열등감이 중독증에 눈을 돌리게 된다는 것이다.

③ 환경적 요인과 성격요인이 중독증을 가져온다.

정보화 사회, 디지털 사회, 유비쿼터스 환경에 둘러싸여 온갖 잡다한 지식 정보의 쓰나미에 휩쓸리고 있다. 특히 놀이를 즐기는 동물(homo ludens)로서의 인간은 놀이를 통해 '잉여 에너지의 발산, 충족되지 못한 동경(憧憬)의 보상, 생명력, 모방본능, 긴장 완화, 지배, 경쟁, 충동, 소망 실현에 대한 욕구와 발산, 충족'을 맛본다(Johan Huizinga, 2010). 그래서 놀이에 빠져 열광, 광분, 몰입, 긴장, 즐거움, 재미 등을 맛본다. 또한 스마트폰의 보급 확대, 세계를 주도하는 한국의 게임산업에 따른 역기능도 있다.

게임백서에 따르면 2008년 국내 게임시장은 5조 6,047억원, 수출은 10억 9,000만 달러, 수입 3억 8,692만 달러로 무역수지 흑자가 7억 달러가 넘었다(문화체육관광부, 2009 대한민국 게임백서).

2008년 2월 4일 현재 도박중독자가 320만여 명으로 7~10명 중 1명에 해당된다는 보도도 있었으며, 2009년 9월 KAIST에서 온라인 게임에 열중하는 학생들 때문에 오전 2~7시 사이에 '일부 게임 사이트 접속을 차단하겠다'고 공지한 일도 있었다. 실제로 게임중독으로 학사 경고를 받는 학생이 학부생 3,000명 가운데 50명으로, 학사 경고를 세 번 받아 제적됐다가 재입학을 신청한 학생들의 3분의 2가 게임중독에 따른 학업부진으로 분석되었다(김정기, 중앙일보, 2010. 3. 18).

특히 신체적 불만, 지적 · 학업적 상처를 받은 사람일수록 신체추형장애(신체이형장애)에 빠져 외모 집착과 외모지상주의 중독 성향에 빠지게 된다.

④ 잘못된 습관이 중독증으로 악화된다.

도박을 포함한 중독증은 과거엔 '윤리 도덕의 문제'로 보고 접근했다. 그 후에는 '나쁜 습관'의 문제로 보았고, 이제는 '뇌 질환'으로 간주한다.

실험을 통해 밝혀진 바로는, 뇌의 '보상회로' 시스템에 영향을 주는 신경전달물질인 도파민(dopamine)과 세로토닌(serotonine)의 활동에 영향을 미친다는 것이다. 세로토닌은 쾌락 시스템에 작용하며, 도파민은 뇌의 인지(認知)나 운동 등 여러 가지 활동에 깊이 관여한다. 그래서 한 번 즐거움을 맛보면 그것을 잊지 못하고 다시 찾게끔 하는 보상회로를 만드는 것이다. 처음 한 번은 호기심에 참여한다. 그러다가 쾌감을 맛보게 되고, 이들 쾌락이 뇌에 자극을 가해 '보상회로' 체계를 구성하면 지속적으로 그 자극과 쾌감을 추구하게 된다. 그래서 중독자가 되고 만다.

'패를 쪼는' 순간의 스릴, 슬롯머신의 손잡이를 당기면서 '잭팟(jackpot)'이 터질 것이라는 환상과 그 황홀경에서 헤어나지 못한다. 이를 발자크(Balzac)는 '도박 정신(spirit of gaming)'이라 했고, 도박꾼을 현대의 탄탈로스(Tantalos), 즉 영원히 충족되지 않는 욕구에 사로잡힌 일종의 '미치광이'로 묘사했다. 낭비 중독증에 걸려 빚의 늪에서 허우적 거린 발자크, 그래서 그는 빚과 궁핍에서 벗어나기 위해 엄청난 글(작품)을 쓰지 않을 수 없었기 때문에 서머셋 모옴(Somerset Maugham)처럼 돈 때문에 글을 쓴 작가(?)라는 딱지가 붙었다.

그리고 22살의 연령차이인 도스토예프스키는 발자크의 작품을 좋아했고 발자크에게 매료되었다. 도스토예프스키도 낭비벽의 도박자였으며 '룰렛(Roulette)'을 너무나 좋아했다. 회전판을 돌려 그것이 정지했을 때 공이 어디에 있는가를 '미리 정하고 돈을 거는 도박 게임'으로 결국 모든 것을 탕진하고 빚 독촉에 시달렸다. 그도 발자크처럼 빚 때문에 글(작품)을 써대기 시작하였다.

영국의 거다 리스 교수는 자신의 저서 『도박』에서 "21세기의 인간은 도박적 인간(homo aleator)이다. 우리가 살고 있는 세계 자체가 도박적이다"(Gerda Reith, 2006)라고 했는데 공감이 가는 주장이다. 현대인들이 모두 정도의 차이만 있을 뿐 우연과 확률을 쫓아 몸의 반쪽은 '도박꾼들의 오류(gamblers fallacy)'로, 다른 반쪽은 '통제의 착각(illusion of control)' 속에 허우적거리는 모습, 그래서 사회는 카지노요, 도박판 같은 느낌이다. 모든 중독이 다 문제지만, 도박 중독의 심각성은 많은 곳에서 지적되어 왔다.

작가 성석제는 소설 『홀림』에서 주인공이자 최고 도박사인 피스톨 송을 통해 '노름 10계명'을 설파하면서 〈계명 1번〉에 '노름꾼이 걸면 안 되는 것은 식구・집・쌀・조국'을 거명하였다. 즉, 도박에 미치면 이것들도 쉽게 잡히게 된다는 것을 함축하고 있다. 허영만의 만화 '타짜'의 노름꾼들은 손가락을 잘리고도 남은 손가락으로 기필코 화투장을 쥐고야 만다. 일본 만화 '도박묵시록 카이지(賭博默示錄 カイジ)'에서도 시사받게 되듯이 도박꾼들의 뇌는 보통의 자극으로는 발동이 걸리지 않기 때문에 정신을 잃을 정도의 쾌감을 체험키 위해서는 '정상을 벗어나야만 맛볼 수 있다'고 믿는 것이다.

⑤ 중독증은 성격요인과 관련이 깊다.

책임감이 없고, 도덕의식이 희박하며, 좌절감을 극복할 줄 모르고, 충동적으로 행동을 하는 반사회적 성격자, 책임 전가를 잘하고, 충동적으로 자해적(自害的)인 행동을 잘하며, 자제력이 부족한 경계선적 성격자, 기분의 변화와 동요가 심해서 한 가지 일에 몰두하지 못하고, 이 일 저 일에 손을 대었다가 아무런 이익도 얻지 못하면 우울과 자학에 빠져, 쉽게 도박과 알코올을 접하는 순환적 성격자, 원만한 대인관계를 맺고자 여러 가지 가능한 적응방법을 시도해 보지만, 심리적・사회적 미성숙으로 인해 실패하게 되는 경우, 쉽게 내재하고 있는 불안과 불만을 없애려고 약물이나 알코올에 접근하는 폭풍적 성격자, 극히 사소한 계기와 작은 일로 인해 격앙되고 분노한 나머지 폭력, 상해, 파괴, 살인, 방화 등의 문제행동을 많이 저지르는 충동조절장애자에게서 중독증과 성격과의 관련성을 인정하게 된다(김홍규, 이호정, 2009).

7. 성 건강 문제에 대한 대책

성폭력이 급증 · 흉포악화 하고 있다.

그 대책으로는 다음과 같은 방안을 생각해 볼 수 있다.

첫째, 폐쇄적 · 피상적 · 전근대적인 성교육에서 벗어나 현실적이고 실제적인 성교육을 실시해야 한다.

전술했듯이 하루에 887건, 2분에 1번꼴로 강간사건이 발생하는 우리사회이다. 미혼모에 의한 출산이 매년 1만 명을 넘는다는 추정이며, 10대 미혼모가 전체 미혼모의 60% 이상을 차지하는 한국사회이다.

더 이상 순결만을 강조하거나 강요할 수 없는 시대에 살고 있다(이윤배, 2000. 10. 23)

날로 증가하는 10대 미혼모를 줄이기 위해 학교 성교육의 초점을 '안전한 섹스(safe sex)'에 맞추고 있는 미국의 교육적 노력에 주목할 필요가 있다.

성은 왜 아름답고 고귀한 것인지, 그 아름다움과 가치를 유지하기 위해 어떤 노력과 대가를 치러야 하는지, 인간의 욕구 · 본능 · 충동 · 호기심 등은 왜 시기와 장소, 대상과 여건에 따라 자제 · 절제 · 조절해야 되는지에 대해 교육이 철저하게 이루어져야 한다.

둘째, 성폭력, 강간범죄에 대해 과학적 태도로 접근하되 범법자에게는 강력한 중벌주의(重罰主義)를 적용해야 한다.

여성학이라는 이데올로기적으로 접근해서 '성폭력은 여성에 대한 남성의 지배욕구와 여성을 성적 도구로만 보는 남성의 고정관념, 그리고 성(性)마저 상품화시키려는 자본주의 사회 자체의 모순에 근원적인 원인이 있다'는 식의 태도는 이 문제의 해결에 근본적인 도움은 되지 못한다.

성폭력 가해자는 성적장애자(sexual disorder)요, 충동조절장애자(impulse control disorder)인 동시에 성격장애자(personalty disorder)로서의 반사회 성격자라는 점을 주목할 때 심리학적, 정신의학적인 접근이 요구되는 범죄이다.

왜냐하면 거짓말을 잘하고 울분과 잔인한 가학적 충동, 스릴과 흥분의 추구, 죄의식과 양심의 가책이 없는 등의 반사회적 성격자이기 때문이다. 따라서 이유와 원인이 어디 있든지 간에 성범죄자들은 피해당사자들에게 정신적 · 심리적으로 치명적인 상해를 입힌다는 점에서 간접살인이며, 정신적 황폐화를 야기시키는 범죄행위이므로 중죄로 단죄해야 한다.

셋째, 성폭력범의 재판과정에서 피해자에 대한 보호와 인격존중의 방향으로 실정법 체계가 보완되어야 한다.

강간을 입증할 수 있는 '증거우선의 원칙' 때문에 가해자의 정액이나, 체모, 진단서 등을 반드시 확보해야 하는데 정신적 · 신체적 고통으로 인해 그 같은 물적 증거를 어떻게 확보해야 할지 몰라 당황하는 경우가 대부분이다. 설사 진단서를 떼려고 해도 병원관계자들의 인식 부족과 비협조로 많은 어려움을 겪고 있는 것이 현실이다.

또한 재판과정에서 가해자의 강제(협박)가 있었음을 입증할 수 있는 정황증거로서 '피해자의 최대한의 저항(목숨 건 저항)' 여부에 초점을 맞추는 실정법 체계가 문제이다. 그리고 원인 제공론에 입각한 수사태도나 신문과정, 판사의 성 편견, 순결이데올로기나 정조관념에 길들여져 있는 편견 등이 패해자가 보호받아야 될 재판정에서조차 피해를 보고 있다. 따라서 성폭력 사건은 은폐될 가능성이 많기 때문에 피해자의 진술에 비중을 두는 것이 바람직하다.

넷째, 성폭력 피해자를 보호 · 치유할 수 있는 '성폭력위기센터'가 지자체별, 지역별로 설치 운영되어야 한다.

성폭력 범죄는 '일시적 충동', '아는 사람에 의해 저질러지거나 계획된 행위', '다른 범죄를 은폐(신고기피)시키기 위한 부수적 제고범죄', '섹스가 목적이 아닌 울분과 분노, 잔인한 자기존재 과시와 가학적 충동' 등이 표출된 사건이라는 시각이 있다.

시각이 어떠하건 부녀자 인신매매, 강간, 어린이 성추행 등 각종 성폭력 사건이 급증해서 피해자들이 양산되고 있는데 이들만의 문제로 외면, 은폐하기에는 이미 심각한 수준의 사회문제라는 데 주목해야 한다.

경찰 · 병원 · 법조계 · 학의학계 등의 유관기관이 서로 협력하는 지원망을 구축하고 24시간 피해신고를 접수해서 호송, 응급처치와 함께 보호를 해주고 상담 · 심리치료 및 법적 처리까지 맡아서 24시간 움직이는 구조기관으로서의 '성폭력 위기센터'가 설립 · 운영되어야 한다. 심리적 상담치료가 필요한 피해자를 위해 의사 · 심리학자 · 정신과 의사 등 전문가가 상주하여 위기상담과 응급치료 및 법적 증거

자료를 확보토록 조력해야 한다.

8. 청소년 폭력과 범죄에 대한 대책

첫째, 학교에서 인성교육과 정신교육을 강화해야 한다.

일본에서 청소년 범죄(살인)는 '특별한 동기가 없는 이유 없는 살인'이며 자신보다 '약한 노인과 어린이 대상'으로 하고 있는 살인을 하고도 달아나지 않는다는 점이다.

"어느 정도의 타격으로 사람이 죽는지 알고 싶었다"라고 살인동기를 태연스럽게 말하는 아이치(愛知)현 도요카와(農川)市의 17세 고교생 범인, "그냥 살인을 해보고 싶었다"는 니가타(新潟)현 오지야(小千谷)市의 고교 3년생(18세) 범인의 말이 그를 입증한다.

프랑스는 1999년 2학기 중학교에서만 2만 여건의 폭력행위(학교폭력)가 신고되었고 프랑스와 영국 공히 원치 않는 10대의 여학생 임신이 매년 1만여 명에 달한다.

미국에서는 매년 4천명 이상이 총에 의해 사살되는데 가해자의 약 10%가 청소년이다.

이에 일본을 비롯한 각국이 인성교육과 정신교육을 강화하고 있는 추세인데 우리 역시 학교 프로그램에 정규적인 인성교육과 성교육, 약물 오남용 관련 교육을 포함시켜야 한다.

둘째, 학교의 엄격한 학칙준수와 철저한 감독기능, 위기개입 시스템과 정신건강 프로그램 등을 마련·실시하는 등 학교교육이 혁신되어야 한다.

학교환경이 학생으로 하여금 자존심이 손상되지 않도록 되어야 하며 공부 이외에도 무엇인가 잘하는 것이 있도록 도와주고 자신의 정체감을 찾는 데 있어 다양하게 선택할 수 있는 기회가 주어져서 행복감과 보람을 느끼도록 되어야 한다.

자존심이 상처를 입고 좌절을 맛보게 되는 청소년들은 폭력행동으로 발산하게 되고 자존심을 유지하는 방법으로 자신을 대접하는 비행집단에 들어가고 폭력행동에 연류되게 된다(곽영숙, 1996). 그러므로 권리와 책임에 대한 분명한 규정으로서의 학칙, 철저한 감독기능과 위기개입 시스템, 상담과 정신건강 프로그램 등이 학교의 구조화 속에 정착되어 폭력 및 각종 문제행동을 묵인하거나 방임하지 않고 교육적 차원에서 철저한 예방과 지도가 이루어져야 한다.

셋째, 전문적인 상담치료적 체제를 갖추어야 한다.

문제 학생을 무조건 범죄시하거나 피해학생을 '이유 있다'며 희생양으로 보는 것은 교육기관의 본연의 자세는 아니다.

때문에 문제행동을 하는 개인과 가정만의 문제가 아니라 지도적 차원에서, 학교 어느 부서에선가 누군가에 의해 전문적 프로그램을 계획하고 실천하는 시스템적 접근이 요구된다.

① 청소년 문제에 대한 예방 및 계몽의 중요성을 인식하고 건강한 부모-자식관계, 건강한 스승제자 관계를 확립하도록 프로그램을 실시한다.

② 문제가 발생하면 전문상담 교사에 의해 집단치료 프로그램을 적용, 지도한다.

③ 지역사회 내의 전문인력과 유기적 연대하에 청소년 문제의 해결을 도모한다.

④ 피해자와 가해자, 그리고 특히 부모에게 문제가 있다고 판단될 경우, 해당자 모두를 지역교육청이 인정하는 전문기관에 의뢰, 최소한 10회 내외의 상담치료(부모치료 병행)를 받도록 제도화되어야 한다.

⑤ 결손가정의 경우, 대리 학부모 제도의 활용도 검토해야 한다.

넷째, 학원폭력에 대한 대책 및 지도 방법은 면밀 주도한 계획하에 종합적인 정보를 수집하고 시스템 어프로치를 해야 한다.

폭력학생들에게 피해를 당한 학생들이 주로 느끼는 감정은 '공포심'과 '굴욕감'이다. '맞는 아이'와 '때리는 아이'는 폭력이 낳은 두 얼굴이다.

청소년 폭력은 학교 안에서 잉태하여 학교 밖에서 배양되고 다시 학교로 돌아오는 '회귀성'을 지니고 있다. 학교는 이 사회의 못자리(苗板)이고 모델이고 축소판이다.

평범한 학생들이 폭력서클에 빠져들 때는 심약한 피해자, 튀는 용모, 헤픈 씀씀이, 주체할 수 없는 외로움, 그릇된 교우관계가 동기로 작용한다. 일단 폭력서클의 문턱을 밟게 되면 빠져 나오기란 불가능할 정도이다. 폭력의 맛에 길들여지면, 마약처럼 끊기 힘든 마력에 빠져 '양심의 마비'와 '인간적 품위'를 상실한 채 횡적·종적으로 맺어진 인간관계 속에서 '의리'라는 미명과 '명령'이라는 굴레에 갇혀 폭력의 도구가 되어 버린다.

교사나 부모입장에서 학생(자녀)들이 비행·폭력서클에 빠져든 것이 확인되면 전쟁을 하는 심정으로 작전계획과 전략을 수립하고 문제에 대처해야 한다.

폭력을 행사하는 아이들이 무서워하는 아킬레스건을 먼저 찾아야 한다.

그들이 두려워 하는 것은

① 자신의 행위로 인해 그네들이 속한 조직으로부터 가해를 받는 것이다.

② 자신을 자퇴시키거나 소년원에 보낼 수도 있는 피해자의 진술서, 물증, 고발서 등이다.

③ 자신의 잘못 때문에 부모가 소환되어 곤욕을 치르게 되는 상황이다(김대유, 1996).

그렇다면, 지도방법과 절차는

① 폭력서클을 지도할 때 전술한 세 가지를 적절히 이용한다.

② 최대한의 정확한 정보(연락처, 명단, 핸드폰 번호, 암호)와 물샐틈없는 감시망, 폭력서클 와해시키기 등은 종합적이고 전문적인 정보를 바탕으로 이루어져야 한다.

③ 피해자의 자술서 등 물증을 제시하면서 원하는 방향으로 아이를 조정한다.

④ 서클 아이들을 이간·분파시킨다.

⑤ 서클 조직원 전체의 명단, 그들의 연락처(페이퍼, 전화번호), 암호 등을 파악한 후, 외곽부터 먼저 공격하는 접근법을 통해 소극적인 아이들을 회유하고 주동자급 아이를 고립시키는 전략을 쓴다.

⑥ 부모와 연락, 부모의 협조를 구한 후 감시체제를 가동시키면 아이들의 활동이 위축되는 동시에 재범 및 보복의지를 상실하게 된다.

⑦ 이어서 서클 해체 작업에 들어가 서클아이들을 따뜻하게 감싸주고 학교의 처벌로부터도 보호해주는 아량을 보여야 효과를 거둘 수 있다.

지도과정에서 특히 유념해야 될 것은, 처벌(전학, 퇴학)을 받을수록 서클에서 위치가 강화되고 대접을 받게 되는 관행 때문에 아이들은 더욱 의기양양해지고 조직의 응집력은 공고화되며 또다시 피해학생은 보복의 공포에 시달리는 등 악순환이 반복된다는 점이다.

다섯째, 문제청소년들을 집단 수용·교화시키는 '교화캠프'를 생각해 볼 때이다.

미국에서 1949년 이후 발생한 총기난사범 100여건을 분석한 결과 절반이 정신질환의 징후를 보였다는 데 주목해야 한다.

뿐만 아니라 사건을 저지르기 전에 폭력적인 행동을 하겠다는 위협을 말로 표현했으며, 실직과 이혼 그리고 실연이 문제행동의 계기가 되었고, 범죄를 저지른 후 전혀 도망치려는 시도를 보이지 않았다. 그리고 범죄 후에 자살한 경우도 있지만, "나는 내 자신을 가장 미워했고 자신을 죽이고 싶었으며 이제 누군가 다른 사람이 나를 죽여주도록 해야 했다"며 범행동기를 진술한 것을 보면 정신건강에 문제가 있음을 알 수 있다(동아일보. 2000. 4. 26).

그러므로 심각한 병리를 지닌 청소년들을 지도하기 위한 기숙제 교화학교가 세워져야 한다.

다른 학생들에게 피해가 크고 학교의 질서유지와 교육적 기능 행사에 크게 악영향을 미치는 청소년들은 1년 이상 집단수용을 해서 교육과 훈련, 상담과 치유를 병행하도록 제도화되어야 한다.

미국에서는 영리기관에서 운용하는 교화캠프가 있다.

종교적 방법으로 교화를 하거나 군대식 훈련방법으로 철저한 규칙훈련과 육체적·정신적 고통을 체험하게 하고 있다.

산속훈련은 일명 지옥훈련이며 하루에도 수십 번 산길을 오르락 내리락하게 하고 겨울에는 사막으로 훈련지역을 이동해서 1~3개월 동안 고된 산악캠프를 하게 한다.

우리나라도 가정과 학교에서 지도·선도하는 데 한계를 느끼는 청소년들에게 교화캠프를 고려해 볼 때이다.

여섯째, 청소년의 탈선과 범죄행위에 대해 부모에게도 책임을 물어야 한다.

미국은 청소년 범죄가 점점 흉악화되자 청소년 야간통행금지법을 시행하는 도시가 증가하고 있다. 내용인즉 청소년들은 주중에는 밤 10시, 주말에는 밤 11시 이후 통행을 금지한다는 것이다. 적발되면 최초 적발 시 해당 청소년은 25시간 거리청소나 지역봉사활동을 해야 하고 부모는 75달러의 벌금을 내야 한다.

계속 위반(적발)하면 50시간의 봉사활동과 부모는 250달러의 벌금을 내게 된다.

불란서는 '99년 말 4개월간 학교를 무단결석한 한 중학생의 어머니에게 징역 2개월의 집행유예를 선고했으며, 자녀의 비행 감시를 소홀히 하거나 묵인하면 부모에게 벌금 또는 2년 이하의 징역에 처하는 법이 통과되었다.

미국 '사우스 캐롤라이나주'의 법정에서는 딸(토냐: 15세)의 비행 때문에 어머니(데보라 하터)가 '딸과 함께 60cm 길이의 쇠사슬 수갑을 1개월간 같이 차고 행동하라'는 법원의 판결을 받기도 했다.

우리도 '위험지역' 학교주변의 등하교 시간에 경찰관을 배치함은 물론 부모에게 책임을 묻는 문제도 적극적으로 검토해야 한다.

일곱째, 매스컴의 교육적 기능을 강화해야 한다.

청소년에게 지대한 영향을 미치는 것이 매스컴이다. 따라서 매스컴의 역기능과 부작용도 매우 심각하다.

우선 폭력과 잔인성을 소재로 한 내용이 문제이다.

저속한 쇼 프로그램이나 가치 없는 토크쇼도 문제이며 천박한 외래문화의 무비판적 수용·송출(방송) 문제도 심각하다.

TV를 포함한 언론의 선정적 보도 행태가 청소년의 탈선과 비행, 성범죄의 증가와 무관하지 않다고 본다.

온가족이 TV앞에 함께 모이는 주요시간대(prime time)의 대부분이 20대 청소년 연예인들이 그룹으로 출연하거나 선정적·폭력적인 내용이 주류를 이루고 있는 것은 문제이다.

매스컴 스스로 공공성과 공익성, 그리고 교육적 기능을 중시하는 방향으로의 전환이 요구된다.

제 5 장

우울장애와 교육

1절 우울장애(우울증)의 정의

미국정신의학협회에서 발간하는 '정신질환의 진단 및 통계편람'인 DSM-Ⅲ-R(1988)과 DSM-Ⅳ(1994)에서는 정동장애(Mood disorders) 안에 양극성 장애와 우울장애를 포함시켰는데, DSM-5에서는 우울장애를 양극성 및 관련 장애와 분리하여 주요우울장애, 기분저하증(Dysthymia), 생리전불쾌감장애, 물질약물치료로 유발된 우울장애 등으로 구분하고 있다(APA, 2013).

우울한 기분 또는 흥미나 즐거움의 상실을 주증상으로 보일 때를 주요우울장애(APA, 2013)로 규정하면서 그 진단기준에 9개 항목 중 최소한 5가지 이상의 증후가 2주 지속될 때를 주요우울장애로 진단한다. 즉,

① 거의 매일 하루 중 대부분이 우울한 기분의 지속(슬픔, 공허감, 절망감, 눈물 흘림).
② 모든 일상활동에 흥미나 즐거움의 현저한 저하
③ 1개월 동안 5% 이상의 체중 변화와 식욕의 감소 또는 증가
④ 거의 매일 불면이나 과다 수면
⑤ 거의 매일 나타나는 초조나 정신적 지연
⑥ 거의 매일 나타나는 피로나 활력의 상실
⑦ 거의 매일 나타나는 무가치감, 과도하고 부적절한 죄책감
⑧ 거의 매일 나타나는 사고력이나 집중력의 감소
⑨ 반복적인 죽음에 대한 생각과 자살 시도 등이다.

이 같은 점에 유의하면서 우울장애를 이해하자면 일반적인 우울증과 성격적 우울증으로 접근, 고찰하는 것이 바람직하다.

1. 일반적 우울증

이는 신경정신과의 임상에서 가장 흔히 볼 수 있는 증상 중의 하나로서 기분이 나쁘고 침울한 상태이며 상실이나 실망 등의 환경에서의 영향에 대한 반응으로 생기는 현상이다. 다시 말해서, 우울한 성격의 소유자인 개인이 충격적인 경험(상처)을 했을 때 생기는 임상증세가 곧 우울증이라고 할 수 있다.

일반적으로 우울감정을 '멜랑콜리아(melancholia)'라고 일컫는데, 어원적으로 고찰한다면 이 말은 희랍어의 'melas(검다)'와 'chole(담즙)'의 합성어로서 이는 황갈색인 쓸개물이 흑색으로 변하는 것을 원인으로 생각한데서 붙여진 병명이다(김성태 외, 1967). 결국 모든 사상(事象)을 회색 또는 까맣게만 보기 일쑤인 우울증 환자의 우울감정을 상징한 것으로 이해된다.

살다보면 때때로 기분이 극도로 우울하고 무기력해지며 삶의 의미를 상실한 듯한 느낌을 경험하게 된다. 그래서 흔히 정신질환에서의 '감기'(Davison & Neale, 1978) 정도로 비유되는 우울증상은 여성의 10%와 남성의 5% 정도가 일생 동안 최소한 한 번 정도는 경험하게 된다고 한다(이수원 외, 1986).

인간은 부모 또는 가족의 사망, 애인과의 이별, 부부간의 사별, 학업・취업・사업의 실패 등 어떤 현실적인 손실로 인해 마음의 상처를 받을 때 하나의 정서반응으로서 비애를 체험한다. 이 같은 비애감은 시간의 경과에 따라 약화되거나 망각되는 것이 통례다. 그런데 우울증 환자들은 어떤 일을 계기로 하여 슬픔의 정도와 우울의 감정이 더욱 심해져서 급기야는 절망감, 염세감에 사로잡혀 이른바 자기파괴 상태로 악화되기까지 하는 것이다. 즉, 우울감정이 상식적인 범위를 넘어 너무 오래 지속되거나 그 증세의 정도가 심할 때 이를 비정상으로서의 우울장애라고 칭하게 되는 것이다.

이 우울증은 크게 나누어 정신병적 우울증(major depression)과 신경증적 우울증(depressive neurosis), 성격적 우울증(염세적 성격, 무기력 성격)으로 분류하여 접근 하는 것이 이해에 도움이 된다.

2. 성격적 우울증(염세적 성격과 무기력 성격)

염세적 성격을 이해하려면 우선 우울증부터 알아야 한다. 인간은 예외적인 충격을 받으면 누구나 우울해진다. 그러나 슬픈 감정의 정도가 심하고 지속적이며, 끝내 그런 감정을 극복할 만한 한계를 넘어 병적일 때 우리는 우울증이라고 부른다. 이때 사람에 따라서는 자기 스스로 "기분이 나쁘다", "한없이 슬프다"라고 말하는 경우도 있으나, 그런 표현을 하지 않고 속으로 쌓아 두는 경우가 많다. 이런 현상이 계속 누적되면 끝내는 항상 기분이 나쁘고 침울한 상태, 귀중한 것을 상실하고 실망해 있는 인상을 풍기는 소위 신경증적인 우울증(neurotic depression, depressive neurosis)으로 발전된다.

이는 일명 반응적 우울증(reactive depression)으로서, 기운이 없고 정신집중이 안 되며, 쉽게 피로해져서(피로감) 신경쇠약의 증세를 보이는 한편, 매사에 흥미와 재미를 상실하고 여기저기 아프며, 변비가 발생하고 정력·체중의 감퇴와 여성의 경우 생리불순 현상도 병발한다. 또한 수면불량, 악몽에 시달리고 건강에 지나친 염려를 한 나머지 건강염려증(hypochondria)의 증후도 보이게 된다.

이 우울증에 대한 정신역동적 접근을 해보자. 우울증의 내담자는 자기에게 중요한 대상에 대해서 강한 의존감정을 갖고 있는 동시에 그 같은 의존대상에 대해서 무의식적으로 공격충동을 느끼고 있다는 것이다. 이 양가감정으로 인해 그들은 강한 갈등을 갖고 있는 것이다. 이 같은 대상을 상실하거나 또는 상실할 위험이 있는 상태 하에서는 먼저 우울반응이 일어나고, 그 다음 그런 상실을 초래하게 만든 대상에 대해 공격충동이 가중된다. 그렇게 되면 무의식적 죄책감이 증가되고 결과적으로는 이 공격을 자신에게 되돌리게 된다. 왜냐하면 두 가지 이유 때문인데, 하나는 그 공격충동을 통제하기 위해서이고, 다른 하나는 그 대상에 대한 자기의 애착과 유대를 보존하기 위해서다.

또한 이같이 대상을 상실하거나 상실할지도 모르는 상황에 처하게 되면 내담자 자신은 자기의 의존요구나 의존욕망이 충족되지 않은 데 대해서 어찌할 바를 모르는 무력감을 실감하게 되고, 그 무력감이 내담자로 하여금 앞으로 상실할지도 모르는 대상에 대해서 더욱더 의존하게 만들게 되는 것이다. 그리하여 일종의 악순환이 형성되고 내담자의 증후는 계속 악화·가중된다는 것을 알아야 한다(김기석, 1978).

우울증은 상담실이나 신경정신과에서 가장 흔한 케이스인데, 대개는 급격한 환경의 변화로 일어나는 일이 가장 많고, 그 다음이 우울증을 일으킬 만한 상태의 누적으로 유발되는 것이다. 아무튼 급격한 충격은 허무와 실망, 그리고 좌절을 낳게 하고, 그것은 다시 슬픔과 비관으로 발전되며, 이 양자의 계속적인 반복·누적으로 우울증에 빠지게 되고, 끝내 염세적 성격자가 되는 것이다.

이들은 세상을 부정적으로 보고 비관함으로써 감상에 젖는 일이 많다. 이런 성격의 소유자는 대개 소심하고 비굴하며, 퇴행적·도피적이고 걱정과 탄식, 우울증과 공포심, 우유부단(indetermination)하다는 것이 특징이다. 원인은 전술했듯이 일종의 우울증(depressive type)에서 오는 것으로, 같은 현상을 보고 느낄 때에도 염세적인 성격자는 비관적이고 불쾌한 감정을 갖게 되는 것이다.

이런 스타일의 사람과 누가 친구관계를 맺으려 접근할 리 없고, 자신 역시 '친구와 사회가 자기를 따돌린다'고 비관하며, '모든 일을 실패할 것이다'라는 자학 속에 급기야 '살아서 무엇하랴'라는 식의 부정적인 인생관을 형성하게 된다. 그리하여 끝내는 자위행위로 자살이 아니면 향락에 몰입하는가 하면, 중등학생의 경우 무단결석·도벽·가출, 나쁜 친구와의 교제, 거짓말을 많이 하며, 체포 경력이 생기고, 충동성이 증가하며 병적인 사기성, 성생활 문란, 방랑 등의 반사회적 행동을 하게 되는 것이다.

자살의 경우, 미국에서는 크리스마스, 연말연초의 분주한 일정이 끝나고 1월 하순이나 2월 초에 가장 많이 발생하기 때문에 '성탄절의 모순'이라고 부르고 있으며, 일본에서는 벚꽃이 만발한 봄과 단풍이 물드는 가을에 자살이 많고, 그 대부분의 원인이 염세적 성격, 우울증에 기인한다는 것이다.

미국의 경우 연평균 5~7만 명의 자살자 중 50% 이상이 우울증에서 비롯되며, 정상인 8명 중 2명꼴이 의사의 진료를 필요로 할 정도로 우울증에 시달리므로, 우울증은 당뇨병·백혈병 다음가는 난치병으로 간주되고 있다(Newsweek, 1973).

우울증, 염세적 성격이 특정 시기에 발현하는 것은 미국의 경우 크리스마스, 연말연시의 행사가 인간의 정신 밑바닥에 깊게 도사리고 있는 추억과 상처를 크게 자극하기 때문이라고 본다. 그래서 희망의 스케줄이 실망을 초래하는 후회의 스케

줄로 끝나는 모순을 낳게 된다. 뿐만 아니라 그것은 '현실과 이상의 급격한 변화'에 현대인은 약하다는 것을 실감하게 하는 산 증거다. 그러므로 일본인들의 이 같은 현상은 그들의 심미적인 안목이 계절에 민감한 반응을 보여 결국 사회문제를 유발한다고 볼 수 있다.

어떻든 염세적 우울증 등의 증세를 가진 사람에겐 복잡한 현대사회가 1년 내내 발병과 직결됨은 물론 가치관의 붕괴, 비인간화 경향, 부모의 우울증, 염세적·비관적 가치관, 환각제의 남용 등도 선진국에서는 발병이유 중 큰 비중을 차지한다는 데 주목하게 된다.

끝으로 무기력 성격은 한 마디로 말해 허약하고 쇠약한 성격의 소유자를 의미한다. 모든 심신의 욕구나 사회적인 요구에 대해서 눈에 띄는 반응을 보이지 않는 취약한 성격형을 말한다. 그래서 Davison과 Neale은 이 무기력 성격자들의 특징을 다음과 같이 지적하고 있다(Davison & Neale, 1978).

① 원기가 없다(low energy level), ② 곧 피로함을 느낀다(fatigability), ③ 육체적·정서적인 스트레스에 과도하게 민감하다(oversensitivity to physical and emotional stress), ④ 일상생활의 아무것에 대해서도 즐기거나 열광하는 데 있어 무능한 것처럼 보인다(a seeming incapacity to enjoy or become enthusiastic about anything in life). 그래서 혹자는 무기력 성격자를 신경쇠약증(neurasthenic neurosis)고 유사하다고 보는 것이다.

우리는 여기서 무기력 성격(asthenic personality)과 관련하여 이상인격의 범주에 포함시키고 있는 '의지결여자(willen-lose)'와 '무력자(無力者)'를 참고할 필요가 있다고 본다.

의지결여자는 모든 환경에 영향을 받으며 유혹되기 쉬운 인격이다. 자신의 의사에 따라서 지속적으로 행동하는 능력이 없고 쉽게 싫증을 내며, 직장 옮기기를 잘 할 뿐만 아니라 경박한 스타일을 취하며 마침내는 떠돌이 신세가 된다. 유혹에 넘어가기 쉬우므로 간단한 범죄와 범법행위를 반복한다. 앞에서 고찰한 바 있는 정신결여자와 함께 범죄자가 될 수 있는 중요한 특징을 갖고 있는데, 재산범 누범자는 대부분 이 형이고, 기벽자(嗜癖者) 또한 이 유형에 해당된다.

또한 무력자는 신경질자와 대체로 같은 뜻으로 취급한다(홍린원 편, 1969: 382) 자기를 정신적으로 불완전하다고 느끼는 사람으로서 작업력 감퇴, 주의집중 불능, 기억력 감퇴 등을 항상 호소하며 쓸데없는 생각에 잠기는 사람이 제1유형이며 이인

신경증(離人神経症)은 이 유형에서 나온다. 제2유형은 성격적 근거에서부터 신체적 장애를 일으키기 쉬운 사람으로서 두통, 현기증, 등굽기, 심계, 수면장애 등 소위 심기적인 호소를 잘하는 사람이다. 대수롭지 않은 신체적인 불쾌, 부조화를 과대하게 생각・염려하며 주의를 하기 때문에 심인성 장애의 증상으로 곧잘 확대된다. 그래서 많은 신경증, 히스테리 등의 기초가 되는 성격으로서 중요시 되는 것이다.

2절 우울장애(우울증)의 원인과 진단기준

1. 우울장애(우울증)의 원인

우울증의 원인을 고찰하기 전에 우리는 두 가지의 주장에 대해 주목할 필요가 있다. 그 하나는 "일상생활 중 어떤 상실이나 실망 등의 환경에서의 영향에 대한 반응으로 생기는 현상으로서 기분이 나쁘고 침울한 상태를 일컬어 신경증적인 우울증(neurotic depression, depressive neurosis)"이라고 정의한 것이고, 다른 하나는 "우울증은 그들이 평소에 지니고 있든가, 아니면 급하게 지니게 되는 무의식의 증오감이나 적의를 외부대상으로 발산하지 못하고 자기에게로 내공, 역류함으로써 우울한 정서상태를 계속 유지하게 되는 것이다"라고 정의한 견해다(김성태 외, 1967).

이 두 주장에서 어느 정도 우울증의 원인에 대한 시사를 받게 된다.

일반적으로 우울증의 원인은 다음과 같다.

첫째, 가정환경적 요인이다. 바람직하지 못한 부모와 역기능 가정에서 욕구좌절, 실의와 불행감의 누적, 실패와 우울감의 누적, 심리적 상처와 열등감, 손상된 자기존중감, 무력감의 학습.

둘째, 생물학적 원인이다. 유전적 소인(素因)과 신경전달물질, 대사장애, 뇌의 건강문제 등이다.

셋째, 성격적 요인이다. 우울증에 걸리기 쉬운 성격으로 크레치머(Kretschmer)는 '순환적 성격'을, 독일의 테렌바하(Tellenbach)는 '멜랑콜리 친화형 성격'을, 일본의 시모다는 '집착성격'을 각각 지적하였다. 즉, 이들 성격의 공통점은 ① 강한 책임감, ② 철저함, ③ 꼼꼼함, ④ 질서 중요시, ⑤ 높은 의리와 배려감, ⑥ 부탁하면 거절 못하는 성격 등이다. 그 밖에 성격적 특성으로 소심한 성격, 우울한 성격, 염세적 성격, 강박적 성격, 회피적 성격 등이 우울증에 취약하다(김흥규, 2015).

넷째, 사회적 요인이다. 가정환경과 사회적 환경의 급변에 따른 다양한 적응장애가 원인이다.

다섯째, 신체적 질환이 원인이다. 간염, 만성질환(폐결핵, 암 등), 내분비 대사 질환, 중추신경질환, 류머티즘성 관절 질환, 혈액 인공 투석 등이 우울상태를 일으키기 쉬운 질환이다(와타나베 쇼스케, 2000).

여섯째, 뇌혈관의 문제가 우울증을 유발한다. 감정전달 역할을 하는 영역의 모세혈관이 막혔을 때 우울증상이 나타난다(신용욱, 조선일보, 2013. 7. 24).

일곱째, 약물로 인한 우울증도 주목해야 한다. 강압제(降壓劑), 항정신병약, 경구피임약, 궤양치료제, 항결핵제, 악성 종양제, 진통제, 향히스타민제 등이다(와다나베 쇼스케, 2000: 91-96).

여덟째, 정신의학계와 약물업체의 마케팅 전략이 우울증을 만들었다는 지적이다.

2. 우울장애의 진단기준

DSM-5(2013: 155-188)에서는 우울장애(depressive disorder)를 DSM-Ⅳ와 달리 '양극성 및 관련장애'에서 분리하여 '파괴적 기분조절부전장애, 주요우울장애, 지속성우울장애' 외에 다섯 가지(명시되지 않은 우울장애 포함)를 더 소개하고 있다.

이들 우울장애의 공통 양상은 '슬프고(sad), 공허하거나(empty) 과민 또는 화를 잘 내는 기분(irritable mood)이 있고, 신체적 · 인지적 변화(somatic and cognitive changes)에 따른 개인의 기능 수행 능력의 영향(저하)'을 초래한다는 점이다(DSM-5: 155).

파괴적 기분조절부전장애 진단기준 : (DSM-5: 156).

① 고도의 재발성 분노발작이 언어적(폭언), 행동적(물리적 공격성)으로 나타나며, 그 강도(强度)나 지속시간이 극도로 비정상적이다.

② 분노발작이 평균 일주일에 3회 이상 발생한다.

③ 분노발작 사이의 기분이 지속적으로 과민하거나 하루 중 대부분이 화가 나 있다.

주요우울장애 진단기준 : 다음 중 다섯 가지 이상 증상이 2주 연속 지속될 경우 (DSM-5: 160-161).

① 하루 중 대부분(거의 매일) 우울 기분(슬픔, 공허감, 절망감)

② 모든 일상활동에 흥미, 즐거움이 현저하게 저하

③ 의미있는 체중 감소나 식욕 감소

④ 거의 매일 불면이나 과다 수면

⑤ 정신운동 초조(좌불안석)나 지연

⑥ 거의 매일 피로나 활력의 상실

⑦ 거의 매일 무가치감이나 부적절한 죄책감을 느낌

⑧ 사고력이나 집중력 감소 또는 우유부단

⑨ 반복적인 죽음에 대한 생각(자살 사고, 자살 시도)

지속적 우울장애(기분저하증) **진단기준** : 다음 2가지 이상 증상 해당(DSM-5: 168). 적어도 2년 동안 하루의 대부분 우울한 기분이 있다.

① 식욕부진 또는 과식

② 불면 또는 과다 수면

③ 기력의 저하 또는 피로감

④ 자존감 저하

⑤ 집중력 감소 또는 우유부단

⑥ 절망감

3절 우울장애(우울증)의 증상

우울증의 증세에는 어떤 것들이 있는가? 우울증의 증상은 일시적인 낙담, 불행감, 가벼운 좌절 및 염세감, 매사를 무관심의 감정상태로 대하는 소위 가벼운 정도의 우울증에서부터 심한 절망상태에 빠져 자살까지 하게 되는 극심한 병적 우울증에 이르기까지 다양하다.

이제 3가지 측면(정신면, 태도 및 신체적 면, 성격적 특징면)에서 임상적 증상을 살펴보기로 한다.

1. 정신적 증상

① 모든 일을 귀찮아 하고 생각하기 싫어한다.
② 사람과 만나는 것조차 기피한다.
③ 모든 일에 대해 야심과 흥미를 상실한다.
④ 희망도, 자신감도 없어진다.
⑤ 인생이 허무하고 사는 것 자체가 부담이 되고 괴롭게 느껴진다.
⑥ 기운이 없고 정신집중이 안 되는 등의 신경쇠약 같은 증세를 보인다.
⑦ 잠을 잘 이루지 못하고 악몽에 시달리는 수가 많다.
⑧ 자기 삶의 가치성에 대한 회의와 그로 인한 무자비한 자아비판을 한다.
⑨ 자기반성에 몰두한 나머지 자기멸시와 비난 등으로 자책감을 가진다.
⑩ 내가 한 일은 다 잘못이고 죄 많은 인간이며 살 가치도 없는 무능한 인간이라는 등의 죄책감이나 비애감에 빠진다.
⑪ 정신이완을 느끼게 된다.

2. 태도 및 신체적 증상

① 얼굴 표정이 늘 어둡고 무겁다.
② 슬픔이 뚜렷한 이유 없이 지속된다. 우울해야 될 뚜렷한 원인을 외적 대상에서 찾을 수 없는데도, 사소한 일에 불과한데도, 그 정도 했으면 슬픔이 해소됐을 법한데도 이유 없이 슬픔이 지속된다.
③ 언행이 아주 느리고 움직이려 들지 않는 인상을 나타낸다.
④ 반대로 초조해서 잠시도 느긋하게 한자리에 앉아 있지 못하고 서성거리기도 한다.
⑤ 성욕, 식욕이 감퇴되고 매사에 재미를 붙이지 못한다.
⑥ 여기저기 아프다(소화불량, 두통, 머리의 긴장감, 근육통)고 호소하며, 건강에 대해 병적으로 염려한다.
⑦ 변비가 생긴다.
⑧ 정력, 체중, 생리가 줄어든다.
⑨ 초저녁에만 잠시 눈을 붙이게 되는 불면증에 시달린다.
⑩ 인상은 아래눈꺼풀(하안검)이 축 늘어지고 앞이마에 깊은 주름이 잡히고 구각(口角)이 밑으로 처지고 눈은 아래로 향한다.
⑪ 목이나 동체, 사지가 굴곡위를 나타내고 있을 경우가 많다.

이상의 신체증상들이 병적인 감정변동과 망상과 결부되어 악화되면 허무망상(신체망상), 죄악망상, 피해망상 등을 갖게 된다. 그래서 우울증 환자가 중증이 되면 “제발 잘못했으니 용서해 달라”고 근거 없는 호소를 하는 것 등은 바로 대표적인 예이기도 하다.

4절 우울장애(우울증)의 성격적 특징

① 어려서부터 회피적인 성격이고 뒤로 잘 뺀다.

② 요구가 많고 쉽게 화를 낸다.

③ 매사에 지나치게 신중하고 심각하다.

④ 지나치게 양심적이다.

⑤ 잔걱정이 많다.

⑥ 세상의 모든 역경과 고초를 혼자 떠맡은 순교자적 생활을 하기가 일쑤다.

⑦ 하찮은 일로 실망하고 지나치게 상심한다.

⑧ 거부를 당하든가, 뜻대로 안 되면 지나치게 심리적 고통을 받기 쉽다.

⑨ 겉으로는 겸손, 복종적이며 남의 말에 잘 추종하고 자기주장을 내세우지 못하고 점잖은 편이다.

⑩ 강박적 성격경향이 있다. 예컨대, 너무 세심하고 융통성이 없으며 성격이 꼬장꼬장하다든가, 사소한 일도 소홀히 하지 않고, 완벽·완전을 기한다든지 하는 것이 그것이다.

⑪ 진실한 자기발견이 불가능하여서 항상 삶의 공허와 허무를 느끼게 마련이다.

⑫ 자기애의 과잉요구로 인해 타인과의 인간관계가 원만히 진행되지 못한다. 즉, 우울증 환자의 병전성격은 매우 구강적이어서 자기애적 경향이 강렬하고 따라서 자기본위적인 욕심도 상대적으로 많은 것이 특징인 관계로 대인관계에 문제가 있다는 것이다.

⑬ 만능감에 젖어 있어서 주위로부터 칭찬과 사랑을 독차지하고 싶어 하고 상을 받는 등 정신적인 영양공급을 받으려 애쓴다는 것이다. 그래서 그의 머릿속에서는 "내가 제일이다. 모두가 나를 위해 주고 사랑해 주어야 한다"는 식의 태도를 취한다.

5절 우울장애(우울증)의 상담 · 지도(치유)

1. 우울장애(우울증)의 상담

첫째, 비관과 염세, 그리고 심한 우울에 처해 있는 환자에게 친절한 태도로 "시간이 다소 경과됨에 따라 나으리라"는 말을 계속 반복해 줌으로써 환자를 항상 안심시켜 준다는 것이 무엇보다 중요하다. 아울러 우울증인 당사자가 처해 있는 여건과 환경 등을 소재로 삼아서 대화를 나눔으로써 환자 자신은 자기의 문제를 이해함과 동시에 치료자는 우울증의 원인을 파악할 수 있게 되는 것이다.

둘째, 우울증후가 있는 내담자를 대할 때는 밝은 표정과 긍정적 언행이 중요하다.

설사 우울증 진단이 나왔더라도 카운슬러는 밝은 표정과 정감어린 목소리로 "심리적 감기가 드셨군요. 왜 건강한 사람도 1년에 한 번쯤은 감기가 들잖아요." "아, 참! 왜 프로 스포츠 선수들도 느닷없이 슬럼프(slump) 상황에 빠지면, 2군에 가서 재활훈련하고 복귀하잖아요. 그 경우라고 생각하고 감기 고칩시다." "새벽 한 때의 안개라고 생각하세요. 태양이 떠오르면 자연스럽게 없어지는 일시적 현상이죠. 마음속에 밝은 생각, 자신감의 태양을 떠오르게 하면 다 해결됩니다. 자, 우리함께 마음의 태양을 띄워 봅시다"하며 상담자 자신이 얼굴에서 미소와 화기(和氣)를, 말이나 몸 전체에서 생기(生氣)와 활기(活氣)를 풍겨야 한다.

셋째, 우울증의 근원이 되고 있는 공격적인 적의나 증오감의 배출구를 마련해 주어야 한다. 앞에서 지적했듯이 자기 스스로 운동경기를 하게 한다든가, 아니면 운동경기를 관람하도록 하는 것이 좋다. 그것도 레슬링이나 권투, 태권도 같이 치고받는 스포츠가 더 효과적이다. 왜냐하면 자기의 공격적인 적의나 증오감을 상대방 선수에게 발산할 수가 있기 때문이다.

넷째, 웃을 수 있는 코믹 프로를 보면서 긍정적인 생각, 희망적인 말을 하는 훈련을 해야 한다.

왜냐하면 불안한 마음은 머리를 무겁게 하고, 우울한 마음은 잠을 쫓고, 공포의 마음은 피로를 몰고오며, 초조한 마음은 입맛을 앗아가기 때문이다. 그리고 분노와 미움은 불면증과 소화장애와 위장병, 혈압에 영향을 주어 심장질환, 두통, 출혈, 현기증, 면역력 저하를 가져온다.

다섯째, 생각이나 감정을 적절히 표현하는 노력과 스트레스는 그때그때 풀어야 한다. 가족이나 친구와의 불화와 갈등문제가 있으면, 좋은 추억을 떠올리면서 부정적 감정을 약화시켜야 한다.

여섯째, 종교적인 귀의나 깊은 신앙심을 갖게 하는 것도 치료에 도움이 된다.

일곱째, 우울증이 심한 사람은 충분한 휴식이 절대 필요하므로 잠을 충분히 재워야 한다.

여덟째, 항울제는 우울증 초기에 사용하되 점차 줄이고 안정제를 낮에 써서 밤에는 스스로 잠들게 하는 것이 바람직하다. 특히 유의하여야 될 사항은 ① 그렇지 않아도 우울과 비탄에 빠져 있는 당사자에게 "병이 생긴 것이나 완치되는 것은 전적으로 환자인 네 책임이다"라는 식의 말은 절대로 해서는 안 된다. ② "정신을 차려라", "얼굴 표정이 왜 그리 어두우냐, 그래 가지고는 될 일도 안 된다", "그까짓 것을 가지고 걱정을 하느냐" 등의 말도 증세의 호전이나 병의 치료에 전혀 도움이 안 되므로 해서는 안 된다.

2. 우울장애의 지도(치유)

우울장애자의 지도(치유)는 염세 성격자의 지도와 우울증의 치유로 나누어 정리한다.

첫째, 염세적 성격자들을 어떻게 지도 및 치료할 것인가? 우선 권하고 싶은 방법이 지지치료(支持治療)이다.

이들 성격자들은 대상관계를 매우 민감하게 갖는 또 자신들의 의존요구가 충족되지 않을 때는 어찌할 줄 모르는 무력감을 느끼는 경향이 있다는 것에 주목해야 하는 동시에 '누가 나에게 관심을 갖고 보살펴 주었으면' 하고 바라는 심리가 있음에 착안하여

① 충분한 상담과 지도, 그리고 자주 치료시간을 가져야 한다.

② 상담·치료자에게 의지해서 소위 의존욕구를 충족할 수 있게끔 하여야 한다. 다시 말해서 전이관계(transference)에 있어서 내담자로 하여금 상담·치료자에게 기댈 수 있게 할 뿐만 아니라 외부관계에서 충족하지 못하는 의존욕구까지도 상담·치료자한테서 충족할 수 있도록 최선의 배려를 해야 한다.

③ 상담·치료자는 자신이 내담자에 의해 이용되는 것에 대하여 사전에 준비태세를 갖추어야 한다.

④ 상담·치료자는 내담자를 위해 허용하고, 적극적으로 자기 자신을 준다는 정신으로 임해야 한다. 어떤 따뜻한 말이나 인정하는 태도, 생각해 주고 시간을 할애해 주는 것 등이 그것이다.

⑤ 이들 성격자들은 상실과 이별의 가능성에 대해서 상당히 민감한 감수성을 갖고 있다는 점을 유의하고 그 점에 대해 주의를 게을리하지 말아야 한다. 그러자면 구체적으로 상담·치료자가 일방적으로 상담시간(치료시간)을 연기·취소한다든지, 장소를 갑자기 변경한다는 것 등은 삼가야 하며 불가피한 경우에는 그것을 대신할 좋은 방안을 제시하고 의논하려는 자세를 취하는 것이 좋다. 또 상담·치료자가 출장이나 휴가를 가게 될 경우, 적임자를 주선·인계하고 잘 보살피도록 부탁하여야 한다.

⑥ 언제나 상담·치료자와 내담자가 면대면의 관계(face to face relationship)나 유선상을 통해서 쉽게 접촉할 수 있다는 것은 환자로 하여금 무력감이나 소외감을 덜 경험케 하는 것이다.

⑦ 그들을 대할 때는 내담자의 부정적 전이감정을 야기시키지 않도록 조심해야 하며, 만약 그 같은 감정이 일어난 경우에는 가급적 빨리 그것을 가라앉히기 위해 개입하여야 한다.

⑧ 이들 성격자들은 양가감정의 대상에 대해서 무의식적으로 적개심과 공격충동을 느끼고 있다는 것은 전술한 바 있다. 때문에 그 같은 적개심을 조장·촉진시키는 일은 삼가고 내담자가 치료자를 하나의 대치대상으로 느낄 수 있을 만큼 상호 간 긍정적 관계가 조성되도록 힘써야 한다.

둘째, 우울증의 치유는 다음과 같은 사항을 생각해 볼 수 있겠다.

① 다양한 스트레스 해소방안을 활용토록 한다.
그릇된 일에 관심을 끊고 지극히 현실적이 되도록 한다. 화가 난 일에 대해 자꾸 고착되지 않게 유의해서 대화의 방향을 이끌어야 한다. 스트레스 상황을 노트에 적으면서 긍정적인 '자기 속말'을 하도록 한다.
② 클라이언트 스스로 자기를 추스르는 방법(자기를 돕는 방법)을 통해 극복하게 한다. 일의 우선순위 결정, 과잉기대 금물, 적극적 대인관계, 운동 및 취미활동, 자기학대 및 부정적 사고 회피 등
③ 가족과 친구들이 돕는 다양한 방법을 시행한다.
이해와 인내, 공감과 격려의 말, 대화하고 경청하기, 산책 및 영화 관람, 취미와 운동 및 신앙생활, 정확한 진단과 치료를 받도록 하는 등 다양한 방법을 실시한다.
④ 정신치료, 인지치료, 행동치료, 대인관계 치료 등 다양한 기법으로 치유케 한다.
⑤ 우울증의 근본이 되고 있는 공격적인 적의(敵意)나 증오감의 배출구를 마련해 주어야 한다. 운동을 하거나 공격적인 스포츠 경기를 관람토록 하는 게 효과가 있다.

셋째, 통찰치료를 생각해 볼 수 있다.
① 내담자의 증상이 악화되지 않을 범위 내에서, 또 내담자가 그것을 참을 수 있는 한도 내에서 전이좌절을 경험하게끔 그 정도를 조정해서 과해야 한다.
② 치료자와 내담자 사이에 확고한 긍정적 치료관계가 맺어지기 전까지는 내담자의 공격적 공상이나 공격적 욕구를 파헤쳐서 들추어 내거나 표현케 하는 것을 피해야 한다.
③ 설사 긍정적 관계가 형성된 뒤라도 client의 공격문제에 접근할 때는 매우 조심스럽게, 또 지혜와 기지(機智)를 가지고 살펴 가면서 접근해야 한다.
④ 단번에 전체를 파헤치려 하지 말고 조금씩 여러 번 취급하면서 차츰 그것을 증가해 가는 식으로 접근하도록 조심해야 한다.
⑤ 자살의 위험성을 항상 예견하고 있어야 한다. 즉, 자살행동이나 자살공상이 격화될 수도 있다는 것을 계산에 넣고 그런 위험성을 미리 알면서 치료해 나가야 한다.

제 6 장

시각장애와 교육

1절 시각장애의 정의

시각장애자(visual impairment)란 시력의 상실이나 시기능(視機能)의 장애가 있는 자라고 정의할 수 있다. 맹을 포함한 시각장애에 대한 교육적 정의(IDEA)는 '교정을 해도 시력이 교육적 수행에 불리한 영향을 주는 것'으로 정의하고, 학습을 위해 시각 및 촉각적 수단을 사용하는 정도에 따라 전맹(totally blind), 기능적 맹(functionally blind), 약시(low vision)로 구분(Heward, 2006)한다. 다시 말해서 시력이 없거나 시력을 교정한 후에도 시력의 제한 때문에 학업을 성취하는 데 있어서 특수한 교수방법과 자료를 요하는 자를 일컫는다. 이 같은 시력장애자들의 임상적 분류는 일반적으로 시각의 명료성과 예민성에 의하여 이루어지지만, 일상적 용어로는 시력의 상실 유무와 그 정도를 가지고 맹(盲)이냐, 준맹(準盲)이냐, 약시(弱視)냐로 구분하고 있는데, 일반적으로 준맹을 맹 속에 포함시켜서 맹(blindness)과 약시(partially seeing)로 대별하고 있다.

그런데 이들 맹과 약시에 대한 개념 규정이나 표현방법이 국가와 관점에 따라 그 해석을 달리하고 있기 때문에 그들 주장에 대한 고찰을 통해 개념 파악을 명확히 하기로 한다.

1. 맹의 정의

우선 맹에 대한 법률적 정의는 시력(visual acuity)과 시야(field of vision)에 근거를 두고 판정한다(Heward, 2006). 미국에 있어서의 맹에 대한 정의는 3가지로 생각해 볼 수 있다.

첫째, "시력 또는 시력예민도(visual acuity가 20/200 또는 교정시력이 그 이하의 시력예민도를 가졌거나 시계각(시야의 범위)이 20°보다 작을 경우"라고 정의되고 있다(Heward, 2006; Gallagher, 1979; Daniel & James 1978). 여기에서의 시력 예민도 20/200이란 정상인이 200피트(60.96m)에서 볼 수 있는 것을 20피트(6.096m)에서라야 볼 수 있는 시력 예민도의 수준을 일컫는다(Kirk, Gallagher & Anastasiow, 2003; 2005).

둘째, 시력이 보통 정상아의 20/70에서 20/200 이하인 자 또는 시력의 상실로 독립된 생계를 영위할 수 없는 자이다.

셋째, 교육을 위해서 눈을 사용할 수 없는 자라고 백악관 회의에서 결론 내린 바 있다. 좀 더 살펴본다면, 주마다 자율성과 재량권을 최대한으로 보장하고 있는 미국은 주에 따라서 그 기준과 표현상에 다양성을 나타내고 있는데, "시력의 소실(상실)로써 독립된 생계를 영위할 수 없는 자"(캘리포니아를 비롯한 네바다, 뉴햄프셔, 오하이오 주 등)로 규정하는가 하면, "안경을 끼고서도 일상생활에 불편을 느끼거나 특히 필요 불가결한 일에 종사할 수 없을 만큼 시력이 불충분한 자"(미네소타주), 또는 "어린이의 경우, 보통 정상인 시력의 1/10 이상에 이르는 자" 등으로 표현되고 있다.

다음 독일의 경우, 프레스타우대학 안과교실의 해석에 의하면 "시야의 결손이 극심하여 시력 1m 지수 이하인 자"라고 규정하고 있다.

영국에서는 맹인에 대한 두 가지 법 규정이 있는 바, 교육령상에는 "맹아란 정안(正眼) 아동의 교과서를 읽을 수 없을 만큼 맹증이 심한 자"라고 되어 있는 데 비해 맹인법에는 "3/60 이하를 맹이라 한다"고 되어 있다.

일본의 경우는 4가지 입장에서 그 정의를 살펴볼 수 있다.

첫째, 문부성 판정기준에 의하면 "맹인은 안경을 사용해도 그 교정시력이 양안(兩眼)으로 0.02에 미달자, 준맹(準盲)은 안경을 사용해도 그 교정시력이 양안으로 0.02 이상 0.04에 미달자"라고 한 다음 "이들은 보통 아동의 교과서에 의한 교육이 부적당하여 점자에 의한 교육이 필요하다고 인정된다"고 규정하고 있다(교사양성연구회 특수교육부회 편, 1970; 학교교육전서기획위원회, 1965).

둘째, 학교교육법시행령 제22조의 2항에 의하면 "양안의 시력이 0.1 미만인 자와 양안의 시력이 0.1 이상 0.3 미만인 자 또는 시력 이외의 시기능(視機能) 장애가 심하여 점자에 의한 교육을 필요로 하는 자"라고 규정되어 있다(山口 薰, 1984).

셋째, 의학적으로는 양안지수 1m 이상의 것을 판별하지 못하는 자

넷째, 일본의 중앙맹인복지회에서 1m 지수 미만을 맹, 2m 지수 미만을 준맹이라 정의하고 있다.

우리나라에서의 정의는 “양안(兩眼) 교정시력이 0.1 미만인 것을 맹학교 교육대상으로 하고 또 시력 이외의 시기능장애가 고도하여 점자에 의한 교육을 필요로 하는 자를 맹”이라 정의(김정권 외, 1973)하고 있는 바, 이는 전술한 일본의 학교교육법시행령 제22조의 2항을 그대로 참고한 것으로 생각된다.

하여간 시력의 정도에 따라 맹, 준맹, 약시로 분류하는 안과학에서의 일반적인 견해는 “1/3m 이상에서 안전지수(眼前指數: finger count)를 판별하지 못하는 경우에 맹이라 하고 교정시력이 양안 0.02 이상 0.04 미만일 경우에 준맹이라 한다”라고 정의하고 있다. 특수교육의 입장에서는 “시력의 제한 때문에 점자를 읽기의 매체로 사용해야 하는 자를 맹”이라고 정의하고 있다(이상욱, 김재호, 1978).

우리나라의 ‘특수교육진흥법(1994) 시행규칙’ 중 ‘특수교육대상자 판별기준’에서는 맹의 정의로 3가지를 제시하고 있다.

첫째, 두 눈의 교정시력이 0.04 미만으로 점자(點字)에 의한 교육이 필요한 자

둘째, 시력 이외의 시기능 장애가 고도하여 점자에 의한 교육을 필요로 하는 자

셋째, 양안의 교정시력이 0.02 미달자로 장래 점자에 의해서만 교육이 필요하다고 생각되는 자

2. 약시의 정의

우선 의학적인 측면에서 약시에 대한 정의는 각자의 입장과 관점에 따라 다르다. “건전시력 1.2m 미달되는 경우”를 포괄적으로 모두 약시라고 간주한다는 측이 있는가 하면, “시력저하의 원인을 알 수 없는 경우, 즉 시력저하의 원인에 대해 진단불명인 모든 경우”를 약시로 생각하는 측도 있으며, “치료에 의해 시력향상의 가능성이 있는 것”을 의미하기도 한다. 그러나 안과 영역에서 최근에 논하는 약시의 개념은 제일 마지막의 정의인 ‘시력향상 가능성’을 의미한다.

범위를 좁혀 안과학에서는 약시를 3가지 종류로 구분하고 있는데 교정시력이 0.04~0.1일 경우는 고도약시(高度弱視), 0.1~0.3일 경우는 중등도(中等度)약시, 0.3~0.8일 경우는 경도(輕度)약시라 한다(이상욱, 김재호, 1978).

다음 교육적인 입장에서 칭하는 약시란 "양안의 교정시력이 0.04 이상 0.3 미만으로서 보통 교과서에 의한 교육이 상당히 곤란하지만 점자에 의한 교육을 필요로 하지 않을 정도의 시력"을 일컫고 있다(안태윤, 1972). 일본 문부성의 판정기준도 같은 입장을 취하고 있는 바, "약시는 안경을 사용해도 양안의 교정시력이 0.04 이상 0.3에 미달한 자"로 판정하고 있다(교사양성연구회 특수교육부회 편, 1970; 학교교육전서기획위원회, 1965). 미국은 시력예민도가 20/20(0.1) 이상이거나 교정시력이 20/70(0.3) 이하일 때를 말함으로써 0.1~0.3 미만을 법적으로 약시라고 함을 알 수 있다(Kirk & Gallaher, 1979). 따라서 약시의 경우는 정상적인 아동용 교과서를 사용해서 교육하는 것이 부적당하고 맹교육 이외의 특수한 방법이 필요하다고 인정되는 자라고 이해할 수 있다. 다시 말해서 점자에 의한 교육이 불필요하나 보통의 아동용 교과서에서 활자가 작은 때에는 문자를 확대하든지 특별한 안경을 사용케 해서 지도하는 것이 필요한 자라고 할 수 있다.

이렇듯 약시에 대한 개념은 관점에 따라 또는 학문의 성격에 따라 약간의 표현상 거리가 있는데, 이는 의학측에서의 약시가 'amblyopia'인데 대해 교육적 견지에서의 약시는 'partially sighted' 또는 'partially seeing'이라는 데서 야기된 때문이 아닌가 한다. 그 명확한 의미를 구태여 구별한다면, 'amblyopia'는 안구 등에 별 이상이 없으나 시력이 낮아 좀 더 시력이 좋아질 것같이 생각되는 경우를 일컫고, 'partially sighted'는 안구 등의 시력에 관계된 부위의 파손, 시신경 위축, 우안(牛眼: buphthalmos) 등과 같이 이상이 생겨 잘 보이지 않는 것을 말한다. 따라서 양자는 서로 별개의 것이라고 주장한다(이태영, 1968).

요컨대, 약시자란 두 눈의 교정시력이 0.04 이상 0.3에 미달된 자로서 아직 학습을 위해 시력을 주로 사용하는 자라고 할 수 있다.

이상과 같은 주장을 참고로 하여 최근 미국의 시력장애에 대한 정의를 고찰하고 우리나라의 진단기준을 결론으로 제시하고자 한다.

최근 미국은 시력장애에 대한 정의를 크게 법적 정의(Legal Definition)와 교육적 정의(Educational Definition)로 구분한다.

이들 모두 의학적 진단과 정의 및 분류와 관련이 있다.

시력장애의 정의 및 유형분류에서는 시력(visual acuity)과 시야의 범위(field of vision or visual field)에 의해 법률적 정의로는 전맹(total blindness, totally blind), 부분시력

(partial sight, partially sighted), 터널시야(tunnel vision), 약시(low vision) 등으로 구분하고 있다(Heward, 2006; Turnbull et al., 2007; Vaughn, Bos, & Schumm, 2007).

즉, 미국에서는 교정 후 잘 보이는 눈의 시력이 20/200이거나, 시야가 20° 이하인 자를 법적인 맹(legally blind)으로 간주한다(social security administration, 2000). 그리고 교정 후 잘 보이는 눈의 시력이 20/70이면 법률적 및 행정적 목적을 위해 부분 시력(Partially sight)을 가진 것으로 생각한다.

맹을 포함한 시각장애에 대한 IDEA의 정의는 '교정을 해도 시력이 아동의 교육적 수행(educational performance)에 불리한 영향(adversely affects)을 주는 것'에 주목함으로써 시력과 학습의 관계를 강조한다.

따라서 교육적 측면에서의 시력장애에 대한 정의는 학습을 위해 시각 · 청각 · 촉각적(vision/auditory/tactile) 수단을 사용하는 정도와 필요성에 근거하여 전맹, 기능적 맹, 약시로 분류하고 있다(Bishop, 1986; Lewis & Allman, 2000; Corn & Koenig, 2002; Hallahan & Kauffmann, 2003).

- 전맹(totally blind): 시각으로는 유용한 정보를 얻을 수 없고 모든 학습을 위해 촉각과 청각을 활용해야만 되는 상태
- 기능적 맹(functionally blind): 교실을 옮겨 다니는 정도의 제한된 시력을 보조적으로 활용할 수 있지만, 시력이 거의 없기 때문에 주로 다른 감각을 이용해 학습하게 되는 상태
- 약시(low vision): 학습의 주된 수단으로 시력을 이용하지만, 촉각이나 청각적인 투입으로 시력 정보를 보완하게 되는 상태(Heward, 2006)

현재 우리나라에서 사용 중인 진단기준은 시각장애인 규정(특수교육진흥법 제10조, 1994. 1. 7)에 의거 동시행령(1994. 10. 4)에 명시된 다음 4가지 사항이다.

① 두 눈의 교정시력이 각각 0.04 미만인 자

② 시력의 손상이 심하여 시력에 의하여 학습과제를 수행할 수 없고, 촉각이나 청각을 학습의 주요 수단으로 사용하는 자

③ 두 눈의 교정시력은 각각 0.04 이상이나 특정의 학습매체 또는 과제의 수정을 통해서도 시각적 과제수행이 어려운 자

④ 특정의 광학기구·학습매체 또는 설비를 통하여서만 시각적 과제수행을 할 수 있는 자

그러나 특수교육에서는 일반적으로 시력장애아동을 맹아동과 저시력 아동(약시아)으로 대별한다. 주로 촉각이나 청각으로 학습할 수밖에 없을 정도로 시력의 장애가 심한 아동을 맹아동이라 하고, 시력을 교정하더라도 심한 시력장애를 보이지만 시력보조기기나 비시력보조기기를 사용함으로써 시기능을 보완·증대할 수 있는 아동을 저시력 아동이라 한다.

특수교육에서 맹아동과 저시력 아동을 시력으로 정의하지 않는 이유는 중심시력은 저시력에 속하나 점자를 읽기의 매체로 사용할 수밖에 없는 사람이 있는가 하면, 시력은 맹에 속해도 확대된 묵자나 시각보조기기를 사용함으로써 묵자 읽기를 할 수 있는 아동도 있기 때문이다(Jones, 1961; 김승국, 2001).

2절 시각장애의 원인

우선 시각장애는 어떤 원인에 의해 발생되는가를 먼저 살펴본 다음 맹자와 약시자에 대한 원인을 구체적으로 고찰하는 것이 순서일 것이다.

시력장애의 원인은 질병과 결함으로 대별하여 생각할 수 있다. 시력의 질병은 질환의 악화로 시력이 장애되는 것으로서 자연적이든 또는 의료에 의해서든 회복될 수도 있고 그렇지 않을 수도 있다. 그러나 결함은 그 원인이 질병이나 외상에 의해서 건강에 결과적으로 회복이 곤란한 장애를 일컫는 것으로서 일단 치료와 의학의 대상이 되지 않는 경우를 지칭하고 있다. 예컨대, 시신경(視神經) 염증이나 시신경의 고갈로 인한 시신경(視神經) 위축 등은 시력장애(결함상태)가 되어 회복되기 어려우며, 출생 시부터 안구가 특히 작은 소안구병(小眼球病)은 의료를 가해서 치료

가 곤란한 결함으로 간주되어 오고 있다.

따라서 질병이 치료·의술의 대상이 된다면 결함은 특수교육의 대상이 된다고 할 수 있는데, 시력결함은 '색각(色覺)의 결함', '시야(視野)의 결함', '광각(光覺)의 결함', '공간 간격의 결함'으로 세분하고 그 중 '시야의 결함'을 특수교육(맹교육)과 관계된다고 보고 있다(原田政美, 田中農夫男, 1966).

그렇다면 구체적으로 맹의 원인은 무엇인가? 실명을 포함해서 맹의 원인에 대하여 여러 이론이 있지만, 우선 전제할 것은 미개발 국가일수록 성병이나 트라홈(trachom)이 실명의 주된 원인이 되고, 선천적인 측면에서는 혈족결혼이 실명에 큰 영향을 준다는 것에 주목해야 한다는 것이다.

그래서 原田政美 등은 유전 등의 선천성과 영양장해, 마진(홍역), 외상, 성병 등의 후천성을 맹의 원인으로 지적한 바 있으나(原田政美, 田中農夫男 1966) 이보다 먼저 맹아의 원인을 비교적 상세하게 분석·분류한 것이 Hatfield가 아닌가 한다.

그가 미국 36개 주에 소재하고 있는 통학제 학교와 기숙제 학교에 재학한 7,757명의 법적인 맹아를 대상으로 행한 통계적인 원인분석 결과를 보면 출생 전 영향(47.%)이 가장 많고, 중독(산소과잉)이 33.0%, 풍진, 매독, 결핵, 임질, 홍역 등의 전염병이 4.0%, 종양(3.5%), 상해(2.4%), 일반질환(1.6%), 그 밖의 원인미상 및 무기록이 7.7%로 집계되었다(Hatfield, 1963: 218-233). 권기덕도 전염질환, 사고, 부상, 해독, 일반적인 질환, 태내 영향 등을 맹의 주요 원인으로 생각할 수 있다고 했다(권기덕, 1982).

다음 약시의 원인을 가장 잘 규명한 조사 연구로는 약시아 7,310명(4,179명의 소년과 3,131명의 소녀)을 대상으로 조사 분석한 Kerby의 보고서다. 그는 약시의 원인으로 백내장이나 선천성 색소결핍증(albinism) 등 구조의 발달이상과 전염병이나 상해 또는 원인불명의 질환 등 눈의 질환 또는 결함으로 약시가 되며 근시(myopia), 난시(astigmatism), 원시(hyperopia) 등의 굴절이상 현상과 사시, 안구진 (眼球震) 등 근육기능의 결함이 주요 원인이라고 하였다(Kerby, 1952).

결론적으로 시력장애의 원인은 선천적 소인과 안질환으로 대별(교사양성연구회 특수교육부회 편, 1970)할 수 있겠다. 선천적 소인으로는 전염성의 질환, 외상, 중독, 종양을 생각할 수 있고 안질환의 경우는 그 부위와 형에 따라 안구 전체의 질환, 각막질환, 수정체 질환, 망막질환, 결막질환, 포도막 질환, 안구변성(眼球變性), 시신경 질환, 무안(無眼) 및 소안구, 시중추(視中樞) 질환, 녹내장, 백내장, 초자체(硝子體) 출혈, 그 외에 안부위(眼部位) 미상(未詳) 등의 질환으로 시력장애가 된다고 할 수 있겠다.

3절 시각장애의 진단 및 판별

시각장애의 여부를 판가름하기 위해서는 시력을 측정하게 되는데 그 시력(중심 시력)은 시시력표(試視力表: test chart)로 판정하게 된다.

시시력표란 시력을 측정할 수 있게 시표(視標)를 여러 단계로 배열한 것을 말하며 그 종류로는 '스넬렌(Snellen)'의 시표, 아라비아 숫자의 시표, 각국의 글씨를 사용한 시표와 같이 문자나 기호를 사용하는 방법이 있으나 문자나 기호를 읽지 못하는 유아에게는 소아용 도형(圖形)시표를 사용하든지 '랜돌트환(環: Landolt ring)'의 시표를 사용한다. 스넬렌의 시표는 여러 가지 크기의 영문 알파벳으로 구성된 것으로서 구미에서 보편화되어 사용되고 있다. 이 시표에 의한 측정거리는 약 6m(20피트)이고 이 시표로 측정한 정상시력은 20/20(검사거리/시표번호)이다.

원거리 시력측정은 밝은 실내에서 실시하는데, 시표의 조명은 200~50룩스를 표준으로 한다. 그런데 만약 시력이 좋지 못하여 가장 큰 시표(0.1)마저도 보지 못하게 되면 그 시표가 보일 때까지 거리를 가까이 해서 보게 한 다음 시표가 보이는 거리에다 0.1/5를 곱하여 구하면 된다. 그러나 1m 가까이에서도 0.1의 시표를 인식하지 못하면 손가락을 눈앞 50cm~1m 거리에서 보이면서 "몇 개냐?"고 물어 시력을 측정하게 되는데 이때 알아맞히면 시력은 지수(finger count: F. C.)라고 판정한다. 그리고 손가락의 수마저도 알아맞히지 못하면 손을 펴서 눈앞에서 좌우로 흔들어 보이고 그 움직임을 아는지 확인해 보는데, 만약 알게 되면 그 시력은 수동(手動: hand movement: H. M.)이라고 판정한다. 시력이 수동에도 미치지 못하면 눈에 광선을 비추어 주고 광선의 유무를 판단토록 하여 판별하는데, 그 시력을 광각(light perception: L. P.)이라고 하고 광시마저도 느끼지 못하면 시력은 0이라고 판정하게 된다.

그 밖에 근거리 시력을 측정하고자 하는 경우도 랜돌트환, 스넬렌자, 아라비아 숫자, 인쇄활자 등을 사용하는데 그 측정은 약 30cm 거리에서 하도록 되어 있다. 하여간 시력표는 5m의 거리에서 0.1의 시표까지 밖에 없으므로 그 시표가 잘 보이지 않는 자에 대해 시력측정은 불가능하다. 그러나 아동학생에 대해서는 시표의 거리를 가까이 해서 시력을 측정한다. 즉, 시표가 보이는 만큼 전진시켜서 시력을 재면 된다. 그 결과 1m 거리에서 최대시표의 0.1이 보인다고 하면 보통거리가 5m이니까 이 거리의 1/5이 되는 것이며 시력도 그에 의해 계산되게 마련이다. 따라서 시력지수는 0.02가 되는 셈이다.

최대시표 0.1에서는 가급적 랜돌트환 시표를 사용해서 그 떼어진 부분을 답하게 하는 것이 좋다. 앞에서도 밝힌 바 있지만 1m 거리에서도 잘 보이지 않는 경우 시표를 사용하는 것이 바람직하나 흑면(黑面)을 배경으로 해서 손가락 수를 헤아리게 하는 방법도 있다. 이 경우 50cm에서 손가락 수를 알 때는 50cm 지수로 한다. 손가락 수를 안다는 것은 최대시표 0.1이 보인다는 것과 반드시 일치하는 것은 아니다. 대개 같은 수치로 생각해서 50cm는 5m의 1/10이므로 0.01의 시력치(視力値)에 해당한다고 볼 수 있다. 지수를 변별치 못하는 경우 안전에서 손을 움직여 이것을 알게 되면 안전수동(眼前手動)으로 하고, 그 외에 시력이 없을 때는 '명(明)·암(暗)'을 아는지 조사해서 '밝은지, 어두운지'를 알면 '광각맹(光覺盲)'으로 하고, 알지 못하면 '절대맹'이라고 판정한다.

시력을 측정, 판별함에 있어서의 유의사항은 다음과 같다.

첫째, 시력표는 5m의 거리에서 0.1시표까지밖에 없다.

둘째, 최대시표가 안 보일 때는 보이는 거리까지 전진시켜서 측정한다. 예컨대, 1m까지 전진시키면 그 거리는 1/5이니까 시력은 0.02이다.

셋째, 1m까지 전진시켜도 안 보일 때는 흑백을 배경으로 손가락 수를 세어 보도록 한다. 50cm 거리에서 손가락 수를 알면 50cm는 5m의 1/10이므로 시력은 0.01이다.

넷째, 시력표의 높이는 시표 1.0이 피검사자의 눈과 수평이 되도록 해야 한다.

다섯째, 시력표의 표면은 직사광선을 피하도록 해야 한다.

여섯째, 시력 검사실의 밝기는 150~200럭스로 하는 것이 적당하다.

일곱째, 시력검사는 우안부터 실시하며 안경을 착용한 사람은 낀 채로 실시한 후 안경을 벗고서 다시 실시하여야 한다.

그러나 최근 우주선 기술자인 아더 진스버그 대령이 고안한 '명암식(明暗式) 시력도(視力圖: vision contrast test system)'가 개발됨으로써 1862년 이후 사용되어 온 스넬렌식 시력검사법이 도전을 받고 있다. 이 명암식 시력검사표는 스넬렌식과는 달리 여러 개의 희미한 원(圓)과 선(線)으로 만들어져 있다. 즉, 49개의 원과 선이 그려져 있는데 점차 희미해지면서 나중에는 전혀 구별할 수 없도록 되어 있다. 테스트를 받는 사람이 이 원과 선의 각도를 어느 정도까지 정확히 지적해 내느냐에 따라서 시력이 결정되는 것이다. 이는 1985년 1월 '디스커버리호'에서 실험까지 마쳤는데 특히 백내장 환자의 조기발견과 글자를 못 읽는 어린아이의 시력검사에 기여하리라고 본다.

4절 시각장애아동에 대한 교육적 조치

시력장애아의 교육은 초·중학교의 약시학급이나 일반학교에서의 통합교육 또는 기숙사제 맹학교제도가 보통이며, 교육적 조치로는 시력정도, 시력 이외의 심신장애 상태를 중시하여 적절한 조치를 하되

첫째, 정부 및 지자체 산하에 미국에서와 같이 개별화교육 프로그램을 마련하고 시행해야 한다.

아동과 학부모, 교사와 전문가가 참여하여 ① 아동의 현재 수준이 어떠한가, ② 무엇을 목표로 하고 어떻게 그 목표에 도달할 것인가, ③ 목표에 도달할 때까지 소요되는 시간은 얼마나 될 것인가, ④ 어떻게 목표가 달성되었는지 평가할 것인가에 대한 교육계획을 수립한다(Heward, 2006).

둘째, 양안의 교정시력이 0.1 미만인 자는 맹학교에 취학케 하고,

셋째 양안의 교정시력이 0.1~0.3 해당자나 시기능장애자(시야협착: 視野挾搾, 고도야맹: 高度夜盲, 전색맹: 全色盲) 등으로 점자에 의한 교육을 필요로 하는 자와 진행성 질환으로 인해 점자교육이 필요한 자는 맹학교로 취학시키며,

넷째, 점자교육이 필요치 않는 정도의 시력장애자는 특수학교 또는 일반학교에서 유의하여 지도하고,

다섯째, 현재 시력장애가 치료 가능한 자로서 치료기간이 1년 이상을 요하고 그 동안 시력의 회복을 상당히 기대할 수 있는 자는 당분간 취학유예조치를 취하도록 되어 있다.

또한 시력 등의 기능장해가 치료 가능하다고 보이는 환자라도 그 치료가 장시간을 요하는 관계로 취학이 곤란하게 보이는 자에 대해서는 보호자의 사유서 제출에 의해 취학유예, 면제가 될 수 있도록 규정된(학교교육법 제23조) 일본의 경우도 대체적으로 위와 같은 조치를 취하고 있다.

즉, 일본의 학교교육법시행령에 의하면 ① 양안의 교정시력이 0.1 미만인 자, ② 양안의 교정시력이 0.1 이상 0.3 미만 또는 시력 이외의 시기능장해가 고도인 자 중 점자에 의해 교육을 필요로 하는 자나 장래에 점자에 의한 교육을 필요로 한다고 인정되는 자는 전부 맹학교로 취학조치하게 되어 있다. 뿐만 아니라 시력 0.1 이상인 자는 보통학교의 약시학급이나 보통학급에 둘 수도 있다. 그러나 현실적으로 시력 0.1 미만인 자가 약시학교나 보통학교에 들어가 있는 경우도 있다고 한다(교사양성연구회 특수교육부회 편, 1970).

이 같은 현상은 미국 등 선진국에서 확대되고 있는 것으로서, 맹학교에 자녀를 입학시키면 정상인과의 대인관계가 단절되어 인격 형성 면에서 바람직하지 못하다는 생각에서 비롯된 것으로, 시력 0인 자 반수 이상이 보통학교에서 교육받고 있는 것이다. 왜냐하면 아동의 입학문제는 시력만으로 정할 수 없기 때문이다. 그러므로 아동의 지능, 퍼스널리티 등을 생각하여 최적절한 데에 입학시키는 것이 좋으며 일개소에 항구적으로 수용해 두는 것보다는 아동의 성장·발달 정도에 따라서 적절하게 진학시키는 탄력적 조치가 바람직하다는 것이 지배적이다. 또한 이들 시력장애아들은 몇 가지의 성격적 특성을 가지고 있는 바(교사양성연구회 특수교육부회 편, 1970) 그 점을 고려해서 교육적 조치를 취함이 바람직하다고 하겠다.

즉, 그들은 가정의 과보호나 주위의 난폭한 영향을 받지 않고 자의대로 행동하

려는 자기중심성이 있고, 단독으로 일을 처리하기도 곤란할 뿐 아니라 단독 보행도 어려우므로 의존심과 의뢰심이 강한 것도 특징이다. 그리고 순응성이 적고 행동을 기피하며 소극적인 면도 농후하다. 이 같은 점에 유의해서 교육적 조치를 취하는 것이 좋겠다.

5절 시각장애아동에 대한 교육방향

1. 시각장애아동을 위한 특수교육적 접근

시력장애아동은 특별한 교육환경과 교수방법을 필요로 한다.

특별한 시설, 장애아동을 위한 특수교육 공학적 접근, 보조공학 장치 등이 요구된다.

따라서 시력장애 아동을 교육하는 학교나 교사들은 가능한 한 다양한 교육 프로그램과 활동계획, 필요한 보조장치들의 사용에 대해 가르쳐야 한다.

첫째, 점자의 사용을 가르쳐야 한다.

점자에 완전히 익숙해지는 데 수년이 걸리기는 하지만, 시력장애자들이 읽고 쓰고, 정보를 입수하는 주된 수단이 되기 때문에 점자체계를 익히는 것은 중요하다.

최근 공학의 발달로 더욱 효율적인 점자들이 출시되고 있는 바, '점자 자판으로 입력하면 목소리가 나오는 포켓사이즈의 건전지용 장치인 Braille'n speak', '수동식, 기계식 점자판보다 사용하기 쉬운 전동식 점자판 Mountbatten Brailler', '디지털 교재를 점자로 인쇄하고, 어떤 프린터는 같은 면을 점자와 일반 인쇄물을 같이 출력하여 시력장애자와 일반인이 같이 읽을 수 있는 Braille embossers' 등을 활용하는 것을 익혀야 한다.

둘째, 촉각적 보조장치와 공학적 보조도구도 조작·활용할 수 있도록 가르쳐야 한다.

맹 또는 중증 시력장애가 아동들이 책에 대한 개념과 초기 읽기, 쓰기 기능을 습득하는 데 도움을 줄 수 있는 '촉각 경험 책(tactile experience book)'이라든지(Lewis & Tolla, 2003), 일본에서 오래전부터 사용되고 있는 수판(abacus), 어려운 수학기능을 익히기 위한 아동용 'speech-plus talking' 계산기를 활용할 수 있도록 가르쳐야 한다.

그리고 일반적인 인쇄물을 진동의 형태로 전환하는 소형 휴대전자장치인 시각적·촉각적 전환기 옵타콘(optacon), 컴퓨터 활용을 위해 자판(Keyboarding)에 대해 가능한 한 조기에 가르치는 것이 중요하다.

셋째, 약시아들에게는 시각적 인식과 판별을 가르쳐야 한다.

약시아(low vision)들도 훈련을 하지 않으면 시력으로 유용한 정보를 얻을 수 없기 때문에 시각적 인식과 판별(visual recognition and discrimination)을 가르치고 체계적으로 훈련하여, 시각적 이미지를 효과적으로 활용하도록 도움을 주어야 한다(Li, 2004; Lueck, 2004).

그리고 자신의 시력을 얼마나 활용하는지의 여부에 따라 시효율성(visual efficiency)과 기능적 시력(functional vision)을 일컫기 때문에(Barrage & Erin, 2001) 이 같은 시기능을 훈련시키기 위하여 한곳만 응시한다(fixation)든지, 정밀조사하듯이 눈여겨 본다(scanning)든지, 움직이는 자극을 시각적으로 이동 추적(tracking)한다든지, 한 위치에서 다른 위치로 공간이동하면서 다른 물건들을 선택하기 위해 시선이동(gaze shift)을 하는 것 등 시운동 기술들을 정확하고 효율적으로 운동시키는 것도 중요하다(Utley, Roman & Nelson, 1998).

여기서 유념할 것은 시각적 기술을 사용하도록 가르치기 위해 '시각 자극 해당 수업시간(visual stimulation sessions)'에만 국한해서 가르치지 말고 학생들의 전체일과에 통합하여 가르쳐야 한다는 점이다(Heward, 2007).

넷째, 학생들이 각종 보조적 광학기들(Optical Devices)을 자연적인 환경에서 사용하고 평가하는 것을 배울 수 있도록 해야 한다.

예를 들면, 큰 글자를 읽을 때는 안경을, 작은 글자는 확대경을, 칠판을 볼 때는 한쪽 눈에 망원경을, 제한된 시야를 가진 학생은 시야 확대 렌즈와 장치를, 더 넓은 영역을 지각케 하려면 프리즘과 어안렌즈(fish-eye lense)를, 저시력 학생들이 보통 크기에 활자를 읽게 하기 위해서는 유선 텔레비전(closed-circuit television)을 사용하여 배울 수 있게 해야 한다는 것이다.

그 밖에 저시력 장치인 'aug-mented reality system'과 대용 컴퓨터 모니터로서의 기능을 하는 'Nomad', 그리고 각종 저시력 아동용 인쇄물을 통한 학습을 하도록 해야 한다.

다섯째, 약시 아동들의 편의를 위한 교실에서의 '적합시설'들이 필요하다.

약시 아동들을 위한 가장 효과적인 장치로서 적절한 빛(proper light), 적당한 조명(adequate lighting), 조정등(adjustable lamps), 더 눈이 좋은 쪽의 보조등(additional lighting), 윗판을 수직으로 높일 수 있는 조절된 책상(desks with adjustable or tilting tops), 하얀색보다는 황갈색이나 아이보리색 종이가 좋은 반면, 가공을 산뜻하게 마무리해서 눈부심을 주는 종이는 피하는 것이 좋다(Bennett, 1997; Rosenthal & Williams, 2000).

또한 휠체어를 이용하여 저시력 아동들이 칠판 근처나 다른 곳으로 자유롭게 이동하도록 하는 것도 필요하다.

여섯째, 방향정위(orientation)와 이동성(mobility)에 대한 훈련을 통해 목적지에 도달하는 방법을 익히고 청취학습을 통하여 청취기술을 길러야 한다.

'자신이 어디에 있고, 어디로 갈 것인지', 주어진 상황에서 정보를 해석하여 도달하는 방법을 아는 방향정위의 능력은 시력장애자들에게 중요하다.

방향정위와 이동성을 위한 특수기술(specific techniques)로서 발을 끌며 천천히 나아가기(trailing), 진지한 자세로 임하기(squaring off), 충돌에 대한 완충기로서의 팔을 사용하기를 익혀야 하고 이동기구로서 쇼핑카트, 바퀴달린 여행가방 등을 효과적으로 사용하는 것 등이 있다(Tellefson, 2000; Tolla, 2000).

그리고 중증 장애인이 독립적으로 이용할 때 사용되는 지팡이 사용기술(cane skills)과 안내견(guide dogs) 사용방법을 익히도록 해야 한다.

뿐만 아니라 시력장애(맹과 저시력) 아동은 많은 정보를 청각을 통해서 얻기 때문에 적절한 교수와 경험을 통해 청력을 더 효율적으로 사용하는 방법을 익혀야 한다.

2. 시각장애아동을 위한 확대 교육과정

시력장애아들은 개념발달과 교과기능, 사회적 · 정서적 기능, 방향정위와 이동성 기능, 의사소통 기능, 감각 · 운동기능, 일상생활기능, 직업관련 기능 등 7가지 핵심 영역의 교육과정(expanded core curriculum)을 배워야 한다(Turnbull, Turnbull, & Wehmeyer, 2007).

그 자세한 내용은 표 6-1 과 같다.

표 6-1 시력장애아들을 위한 확대된 중핵 교육과정

1. 개념의 발달과 교과 기능 면	2. 사회적/환경적 기능 면
① 개념의 발달 ② 학습내용의 한정 ③ 학습지원 ④ 듣기능력 ⑤ 조직과 학습능력 ⑥ 차트, 지도, 그래프 읽기 ⑦ 참고자료의 활용	① 자신에 대한 지식 ② 인간의 성에 대한 지식 ③ 시각장애에 대한 지식 ④ 타인에 대한 지식 ⑤ 상호작용 기능의 발달 ⑥ 사회적 기능의 발달 ⑦ 생애적 레크리에이션 및 레저 기능 ⑧ 자기주장 기술
3. 방향정위 및 이동성 기능	**4. 의사소통 기술**
① 신체 이미지의 발달 ② 구체적 환경적 개념의 발달 ③ 공간적 개념의 발달 ④ 방향감각의 발달 ⑤ 통행 및 교통정리에 대한 이해 ⑥ 남의 뒤를 쫓는 테크닉 ⑦ 시력 지도 기법 ⑧ 여행과 방향정위를 위해 시력의 사용 ⑨ 지팡이 사용기술 ⑩ 다양한 환경에서의 독립적 이동 ⑪ 많은 사람들과의 상호작용기술	① 글씨 쓰기 ② 법정기호 인식의 발달 ③ 브라이유식 점자 교본의 사용 ④ 석판과 철필의 사용 ⑤ 워드 프로세서의 사용 ⑥ 적응 용구의 사용 ⑦ 필기 기술
5. 감각운동 기능 면	**6. 일상생활의 기능 면**
① 시력의 최대한 활용을 위한 발달 ② 총체적 운동기능의 발달 ③ 뛰어난 운동기능의 발달 ④ 청각기능의 발달 ⑤ 체력, 스테미너의 발달과 다리 · 팔 · 손의 지구력 발달 ⑥ 발밑과 촉각의 감정	① 개인적 건강 ② 음식관계 ③ 옷매무새 ④ 의복에 대한 관심 ⑤ 음식준비 ⑥ 가정살림 ⑦ 기초적 주택수리 관계 ⑧ 돈의 감정과 관리 ⑨ 전화와 정보의 사용 ⑩ 책상 집기들의 사용 ⑪ 시간과 카렌다의 이해 ⑫ 쇼핑기능 ⑬ 지식과 지역사회서비스 기관의 이용
7. 경력 및 직업기능 면	
① 일과 놀이 간의 관계에 대한 지식 ② 노동관의 이해 ③ 존경받는 노동자 특징에 대한 지식 ④ 다양한 일을 가진 사람들의 지각 ⑤ 시력장애자들이 갖는 직업에 지각 ⑥ 십대들이 갖는 직업에 대한 지각 ⑦ 직업 취득기술(원하는 이력서, 원서, 인터뷰 등) ⑧ 시력장애자에게 적합한 전형적인 직업 ⑨ 흥미 있는 다양한 직업들에 대한 심층지식 ⑩ 일의 체험 ⑪ 고용과 관련된 법률 ⑫ 독자, 운전자로서의 솜씨	

제 7 장

청각장애와 교육

1절 청각장애의 정의

신체의 다른 기관도 물론 중요하지만 청각은 인간이 사망할 때 마지막으로 신체 기능을 멈추는 감각기관이다(Walker, 1986). 또한 내이(Inner ear)의 기본 구조는 태내에서 임신 6개월 정도면 이미 존재하게 되며, 청각은 출생 전에 형성되고(Brownell, 1999), 생후 1개월이면 비언어적 소리보다 말소리를 더 좋아하며(Mehler et al., 1988), 6개월쯤 되면 그간 노출되어 온 언어들과 다른 소리들을 식별해 내고, 첫돌이 되면 많은 소리들을 발음하기 시작한다(Ingram, 1989). 이것이 정상적이 아이들의 청각 발달이다.

그런데 청력장애자의 정의 및 판별·분류에 있어서 고려해야 될 주요 사항은 청력 손실 정도, 청력장애부위, 청력 손실 시기, 언어능력 4가지 요인을 고려해야 하며(伊藤隆二 編, 1970), 청력손실 정도, 청력손실 시기, 청력손실 형태에 따라 정의되어야 한다(Kirk, Gallagher & Anastasiow, 2003)고 했다. 이 같은 전제에 유의하면서 몇 가지 정의를 고찰해 본다.

미국농학교집행위원회(1975)는 청력장애자(hearing impairment)를 '가벼운 것에서부터 심한 것에 이르기까지의 청력 불능자(hearing disability)'를 포괄적으로 지칭함으로써 기존(1938)의 정의를 일부 수정하였다(Kirk & Gallagher, 1979). 그 후 미국 농학교 대표자회의(The Conference of Executives of American Schools for the Deaf, CEAD, 1975. 6)에서 채택된 청력장애에 대한 정의와 분류가 일반적으로 사용되고 있는 바, 그 내용은 다음 표 7-1 과 같다.

미국장애인교육법(Individuals with Disabilities Education Act, IDEA)에서는 '청각장애로 인해 교육적인 성취에 악 영향을 미쳐서 특수교육이 필요한 아동'을 청각장애로 정의하고, 농(Deaf)과 난청(hard of hearing)으로 구분하였다(Heward, 2006).

Heward는 청각장애를 정의함에 있어 의학적 관점(medical definition), 교육적 관점(educationl definition) 그리고 문화적 관점(cultural definition)으로 구분해서 접근한 것이 주목되고 설득력이 있다. 의학적 관점에서는 청력손상의 정도(degree of hearing loss)로 청각장애를 정의하고, 교육적 관점에서는 교육적 수행에 영향을 미치는 언어학습과 청력사용 등의 교육적 수행능력에 초점을 맞추어 정의했다. 그리고 문화적 관점에서는 "대부분의 농인들은 ① 자신들의 청력손실을 장애로 간주하지 않으며 ② 청각장애라는 용어는 결함과 병리학적(deficiency or pathology)인 의미를 시사하기 때문에 온당치 않고 품위를 손상시킨다고 생각한다 ③ 따라서 'French' 'Japanese' 'Jewish' 등의 다른 문화적 집단과 같이 소문자(deaf)보다 대문자(Deaf) 용어를 선호한다는 것이다(Ibid).

Moones는 청력 손실의 정도가 경도(36~54dB)에서 최중도(농과 난청)까지 포함하여 청각장애로 정의하였고(Moones, 2001; Smith et al., 2006), Kirk 등은 청력손실 정도가 미도(15~25dB)에서 최고도(95dB 이상)에 이르는 경우를 청각장애자로 정의하였고(Kirk, Gallagher, & Anastasiow, 2003, 2005: 388-389), Hallaham과 Kauffman 역시 어느 정도 크기의 소리를 들을 수 있는가의 소리의 강도를 기준(90dB 이상일 때)으로 청각장애를 정의하였다(Hallaham & kauffman, 2003).

이소현과 박은혜는 청각장애의 정의를 생리학적 관점과 교육학적 관점에서 접근하고 있다. 생리학적 관점은 소리의 강도를 기준으로 하여 어느정도 크기의 소리를 들을 수 있는지를 기준으로 90dB의 소리를 듣지 못하는 경우를 청각장애자로, 교육학적 관점에서는 청력 손실이 아동의 말(speech)과 언어(language) 능력에 얼마나 영향을 미치는 지를 기준으로 정의하였다(이소현, 박은혜, 2007). 결국 청력장애자(hearing impairment)란 청력의 상실이나 청각 기능에 장애가 있는 자라고 정의할 수 있다. 즉 청력이 없거나 청력기능의 제한 때문에 일상생활을 영위하는 데 장애를 받거나 학업을 성취하는 데 있어서 특수한 교육방법과 자료를 요하는 자라고 할 수 있으며, Heward의 세 가지 측면에서의 접근에 공감하게 된다.

표 7-1 청각장애의 용어 정의

용어	정의		비고
	CEAD	Moores, 2001., Smith et al., 2006	
청력장애(bearing loss, hearing impairment)	경도부터 최중도에 이른 청각장애를 의미한다. 이 용어에는 농과 난청이 포함된다.	경도에서 최중도에 이르는 청력 손실을 모두 지칭 농과 난청이 모두 여기에 속함	일반적 용어

용어	정의		비고
	CEAD	Moores, 2001., Smith et al., 2006	
농(deaf)	보청기를 착용하거나 착용하지 않은 상태에서 청각으로 언어 정보를 성공적으로 처리할 수 없는 청각장애인이다.	청력 손실이 심하여 보청기를 착용하고도 청각을 통해 언어적 정보를 주고받지 못하는 사람을 지칭한다.	
난청(hard of hearing)	일반적으로 보청기를 사용해서 청각으로 언어 정보를 처리하기에 충분한 잔청을 가지고 있는 청각장애인이다.	대개 보청기를 착용했을 때의 잔존 청력이 청각을 통한 정보 교환이 어렵지만 가능한 정도를 말한다.	

* 출처: · Moores, D. F.(2001), *Educating the Deaf: Psychology, Principles, and practices*(5th ed.), Boston: Houghton Mifflin.

· Smith, T. E. C., Polloway, E. A., Patton, J. R., & Dowdy, C. A.(2006), *Teaching students with special needs: in inclusive settings*(4th ed.), Boston: Allyn and Bacon.

다음 영국의 경우, 학교보건법(School Health Regulation)에 의하며 크게 두 가지로 정의되고 있는 바, “학교 입학 시 자연히 습득한 말을 전혀 가지고 있지 않은 자(농)”와 “학교 입학 시 불완전하게 말하기 시작한 자로서”

① 청력은 있으나 특별한 교육적 조치(보청기 사용 등)를 필요로 하는 자,

② 습득한 말을 어느 정도 할 수 있는 능력은 있으나 때때로 또는 항상 특별한 교육적 조치(보청기 사용)를 필요로 하는 자,

③ 학교 입학 시 자연히 습득한 말을 가지고 있지 않으므로 보청기가 필요하지만 전농이 아닌 자 등이 해당된다(Kirk & Gallagher, 1979).

끝으로 독일에서의 정의를 살펴보면, 언어의 해득이 정상인가, 학교교육을 받는데 언어가 정상적으로 이용되느냐 안 되느냐에 기준과 중점을 두고서 농과 난청으로 구분하고 있다.

먼저 농(聾)은 “자연적 경로를 통해 언어를 배우지 못하였거나 대단히 불완전하게 배운 자, 또는 이미 배운 언어를 귀 가까이에서 이야기해도 이해하지 못할 정도로 청력이 약한 자”를 말하는 데 비해 난청(難聽)은 “청력장애 때문에 수업을 충분히 따라 갈 수 없는 자이나, 일반적으로 말하는 것은 보통 소리의 강도로써 4m 이

상 거리에서는 이해되지 않는 자"라고 규정하고 있다.

우리나라의 경우, '특수교육진흥법시행령'(1994년 개정)에 청력장애를 지닌 특수교육 대상자의 진단 · 평가 · 선정기준을 다음과 같이 규정하고 있다.

① 두 귀의 청력 손실이 각각 90데시벨 이상인 자(장애인 장애등급 2급 해당)
② 청력 손실이 심하여 보청기를 착용하여도 음성언어에 의한 의사소통이 불가능하거나 곤란한 자(장애인 장애등급 3급 해당)
③ 일상적인 언어생활과정에서 청력의 기능적 활용이 불가능하여 일반인과 함께 교육받기가 곤란한 자(장애인 장애등급 4급 해당)이다.

이상의 기준에 대해 김승국은 특수교육 진흥법 시행령에서는 장애 6급(장애인복지법 시행규칙의 장애등급 분류. 1991년 6월 3일 개정)인 난청아동을 특수교육 대상에서 제외했다고 지적한 후 미국농학교 대표자회의에서 채택한 '농과 난청의 정의에 해당하는 청력장애아동'을 특수교육 대상으로 삼는 것이 바람직하다고 하였다(김승국, 2001).

결국 청력장애란 그 어떤 원인에 의해서이든지 간에 청력 손실로 인해 특수교육적 조치가 필요한 난청, 농, 청력장애를 가진 상태라고 할 수 있다.

2절 청각장애의 원인

대부분의 청력장애에 대한 진단은 추론에 의존하게 되는 경우가 많기 때문에 그 장애의 성질과 원인을 정확히 추출하기란 쉽지 않다. 그래서 연구자에 따라 연구결과가 상당한 차이를 보이는 것도 그 때문이다. 따라서 청력장애의 원인을 규명하는 데 있어서 Myklebust(1960)같이 외인성(후천성)과 내인성(유전성) 그리고 원인불명으로 대분해서 볼 것이냐, Berg(1976)같이 장애부위별로 접근할 것이냐, 아니면 일본 특수교육부회같이 유전성과 획득성으로 대별할 것이냐, Kirk같이 장애시기별로 접근하여 출생 전, 출생 시, 출생 후로 구분해서 그 원인을 밝혀볼 것이냐가 문제된다.

어떻게 접근하든지 간에 이들 원인은 따로 떼어서 생각할 수 있을 정도의 별개의 문제도 아니거니와 어느 요인이 청력장애를 가져오는 직접적·일차적 원인이냐의 문제도 있기 때문에 편의상 Kirk의 접근법을 원용한 다음 각 요인별로 고찰하는 것이 이해에 보탬이 되리라 본다.

1. 태아기의 원인

Kirk는 임신 초기 3개월 동안에 모체가 마진 등 '바이러스(viruses)성' 전염병에 걸리면 태아의 청각장애를 유발하는 결정적 요인과 위험성이 있으며, 또 외상 및 약물중독 등도 원인이 될 수 있다고 하였다. NCDC(The National Communicable Desease Center, Hicks, 1970)도 마진(痲疹) 바이러스가 청력장애의 원인이라고 보고함으로써 Kirk의 견해와 일치하고 있다.

그 밖에 유행성 이하선염(耳下腺炎)이나 인플루엔자(유행성 독감)의 바이러스는 임신 초기에 있어서 태아의 청력장애(난청)와 관계있는 중요한 신경세포의 변성(變性)을 일으키는 원인이 되며, 청력기구의 기능상의 특유한 질병인 이경화증(耳硬化症: otoselerosis)이나 기형에 의한 외이도의 이상(패쇄현상), 고막 혹은 중이(中耳)의 어떤 구조가 변형되거나 없어지면 내이(內耳)의 신경기구의 발달이 저해를 받아 청각장애가 오는 것이다. 그리고 임신 중 모체의 알코올중독, 약물중독, 영양실조, 매독, 복부의 타박, 정신적 쇼크 등도 청력장애의 주요 요인이 되는 것으로 인식되고 있으며, 끝으로 청력신경의 변성도 고려해야 할 요인으로서 Hicks는 "양친이 모두 유전적인 농이라면 그들 자녀도 거의 확실하게 농으로 태어나거나 혹은 농이 된다(Hicks, 1970)라고 말하는데, 비록 양친은 정상적이라도 양친의 가계에 농이 있는 경우는 그들 자녀들이 청력 결함을 가질 가능성이 있다는 것이다.

하여간 태아기, 특히 임신 초기인 2~3개월 동안은 태아에 있어서 다른 신체기관과 함께 내이의 발달이 가장 왕성한 시기이므로 모체의 전염병이나 임신중독은 청력장애의 직접·간접적 원인이 된다.

2. 분만 시

출산 시의 골반의 심한 압박, 겸자(鉗子)의 사용에 의한 분만 시의 뇌손상, 두개내(頭蓋內)의 출혈과 같은 외상, 오랜 시간의 진통과 난산, 진정(鎭靜)의 곤란과 지나친 마취, 분만이상에서 오는 호흡로의 방해 및 그로 인한 필요한 산소의 결핍, 가사(假死) 등이 청력장애의 원인이 된다(교사양성연구회 특수교육부회 편, 1970). 특히 산소의 결핍은 귀의 신경기구에 급속한 변성을 일으킨다.

그 밖에 신생아의 중증황달(重症黃疸), 체중미달의 조산아, 모자 혈액형의 부적합(예컨대, Rh 인자의 부적합) 등이 청력장애와 관련이 있다.

3. 출생 후

출생 후의 청력장애는 여러 가지 질병과 사고가 큰 비중을 차지하고 있다. 즉, 성홍열(猩紅熱), 홍역(痲疹), 디프테리아, 유행성 이하선염, 백일해, 장티푸스, 인플루엔자(유행성 독감), 폐렴, 수두(水痘), 급성 또는 만성 중이염, 뇌막염 등의 질병이 그것이며(김병하, 1983), 편도선염도 중이내에 감염을 일으키기 쉬워서 청력 손실의 간접적 요인이 된다(한국사회사업대학 특수교육연구소 편, 1973).

사고에 의한 청력장애로는 각종 환경오염과 그로 인한 중독의 영향, 교통사고 등에 의한 두부외상(頭部外傷), 두부 특정부위의 진탕(震盪), 장기간의 고주파음에 의한 이신경기구의 외상을 들고 있다. 그 밖에 두개내 종양(頭蓋內 腫瘍), 뇌출혈, 약물중독 등이 청력신경을 상하게 하는 것이며, 스트렙토마이신, 네오마이신 등과 같은 이중독(耳中毒) 항생물질에 의한 청력 손실 등이 결과적으로 청력장애에 영향을 미치는 것으로 밝혀지고 있다.

또한 심인성 청력결함은 심리적 및 정서적 요인이 어떤 형태로든지 청력 손실의 원인이 된다.

이제 청력장애를 야기시키는 원인 중 주요 요인을 좀 더 고찰하고자 한다.

Kirk와 Gallagher는 청력상실의 원인을 태아기와 출생 후로 대별한 다음, 태아기의 원인으로는 모체의 홍역(maternal rubella german measles), 유전 미숙아(prematurity), 혈액형의 부적합(Rh incompatibility)을 지적했고, 출생 후의 경우는 대부분의 일반적인 원인을 뇌막염(meningitis)과 그 외 여타 요인 및 원인불명 등으로 구분했다(Kirk & Gallagher, 1979).

따라서 병원학적 측면에서 학자들의 학설을 참고하여 그 장애의 원인을 다음과 같이 정리하고 있다.

첫째, 유전요인이다.

Myklebust도 '청력장애자(농)의 심리적 영향에 대한 연구'(1960년)에서 청력장애자의 22.6%가 유전(내인성)요인 때문이었음을 밝힌 바 있다(이규식, 1982). Kirk는 26%(김병하, 1973)가 유전성이라고 한 데 반해 Kloepfer 등의 조사결과 (Kloepfer, Laqualite, & McLaurin, 1970)에 따르면 심한 청력 손실을 가진 모든 장애자의 46~60%가 유전적으로 결정되었다. 그 후 Moores도 '농자의 원인론적 요인에 대한 조사'에서 농자의 약 50%가 유전 때문이라고 결론 맺고 있는 점으로 보아 청력장애와 유전은 밀접한 관계가 있다는 것을 알 수 있다.

둘째, 모체의 홍역요인(maternal rubella)이다.

일명 마진이라고 불리는 것으로 홍역이 임신 초기인 모체에 감염되면 태아에게 심각한 영향을 끼친다는 것은 이미 밝힌 바 있다. Hopkins의 연구보고(1968년)에 의해 1964~1965년에 유행했던 '홍역 바이러스'에 걸린 것으로 진단된 199명의 아동 중 50%가 청각결함, 20%가 시력결함, 35%가 심장병(cardiac)으로 분류되었다(Kirk & Gallagher, 1979)는 것만 보아도 그 심각성은 증명이 되고 있다.

NCDC(Hicks, 1970)의 보고에서도 1964~1965년에 유행한 홍역이 8,000명 아동들의 청력장애(deafness)의 원인이 되었다고 하였다(Hicks, 1970). 또한 Northern과 Downs에

의하면 1958년과 1964년의 2차에 걸친 유행성 홍역에 1만~2만 명의 아이들이 감염(청력장애)되었고(Kirk & Gallagher, 1979), Reis 역시 1970~1971년 교육 프로그램에 등록된 청력장애 학생 1,000명 중 약 361명이 홍역이 유행했던 1964~1965년에 태어났다고 보고하였다.

결국 모체의 홍역이 자녀의 청력장애에 얼마나 심각한 영향을 주는가를 새삼 인식하게 한다.

셋째, 미숙아(prematurity)와 청력장애의 관련성 문제다.

태어날 때의 체중이 2,5000g 이하를 일반적으로 미숙아라고 일컫고 있다. 그런데 Kirk와 Gallagher 등은 그보다도 체중이 더 가벼운 5파운드나 8온스 이하의 아이들을 미숙아라고 함으로써 약 2.3kg 이하의 체중을 가지고 태어난 아기를 말하고 있다.

Reis의 연구에 의하면 농아학교에 등록된 1,000명의 학생 중 53.7%에 해당하는 학생이 청력장애의 원인으로 '미숙아'였음이 밝혀졌다(Reis, 1970; 1973).

미숙은 정신박약이나 시력장애의 원인으로도 밝혀졌으며 홍역이나 Rh 요인으로 인해 미숙이 되었다고 함으로써 이들 간에는 상호 연관이 있음을 알 수 있다.

넷째, Rh혈액형의 부적합 요인이 청력장애의 원인이다.

Vernon(1968년)은 청력장애 원인의 3.7%가 Rh부적합이라고 했으며(Vernon, 1968), Reis(1973년) 역시 3.5%가 Rh부적합 요인으로 인해 결과적인 면에서 청력장애의 원인이 되었다고 했다(Reis, 1973).

하여간 Rh부적합 이외의 여타 혈액형의 부적합(other blood incompatibilities)도 청력장애에 비슷하게 악영향을 주는 것으로 알려지고 있다.

다섯째, 뇌막염이 청력장애의 원인이 된다.

Vernon(1968)에 의하면 청력장애아(deaf children)의 8.1%가 뇌막염의 결과로서 청력 손실이 되었다고 했으며 Vernon(1968), Reis(1973) 역시 뇌막염으로 4.9%가 청력장애가 되었다고 보고한 바 있다(Reis, 1973).

하여간 청력장애의 원인으로 출생 후나 외인성(外因性)에 있어 뇌막염은 리스트의 가장 수위에 기록되어 왔다.

끝으로 기타 및 불분명한 요인에 따른 청력장애이다.

청력장애자의 원인규명에 있어 혹자는 "장애자의 1/3은 결함의 원인을 분명하게 결정할 수 없다"(이규식, 1981)라고 하는가 하면, Myklevust는 38.3%, Kirk는 "놀랍게도 청력장애의 원인이 밝혀지지 않는 것이 약 30%에 해당된다"(Kirk & Gallagher, 1979)라고 말하고 있다.

그 밖의 다른 요인의 경우도 모체의 감염이 태아에 영향을 주었거나 홍역이나 이염 등의 아동기 질환이 영향을 준 것으로 생각할 수 있다.

3절 청각장애의 진단 및 판별

청력결함의 형(型)은 구체적으로 2가지의 주된 형이 있는 바, 하나는 전도성(傳導性) 손실(conductive hearing loss)이고, 다른 하나는 감각신경성 또는 지각성 손실(sensorineural or perceptive hearing loss)이다(Cruickshank, 1986; Kirk & Gallagher, 1979).

전자는 내이(內耳)에 도달하는 음의 강도가 어떤 조건에 의해 방해를 받음으로 인해 약해져서 오는 손실을 말한다. 다시 말하면, 음파가 외이도를 통해 고막에 도달하면 중이(中耳)의 골상구조(骨狀構造)에 의해 진동이 일어나 내이까지 통과하기 마련인데, 첫째, '귀에지' 또는 기형(畸形)이 외이도를 막는다든지, 둘째, 고막이 파열되었거나 진동이 되지 않거나, 셋째, 중이의 골의 운동이 방해된다든지의 조건에 의미한다.

그런데 청력 손실의 정도에 따른 분류는 ISO(International Standard Organization)의 예를 준용하고 있으며, 전술한 내용 모두를 종합하여 청력 손실 정도와 의사소통 간의 관계를 정리하면 표 7-2 와 같다

표 7-2 청력 손실 정도와 의사소통 능력 간의 관계

청력수준	청력장애 정도	의사소통에 미치는 영향 〈Hallanhan & Kauffman, 2003〉	〈Heward, 2006〉 〈Turnbull et al., 2007〉	비고
15dB 이하	정상	• 의사소통에 아무 영향 없음	〈Turnbull et al., 2007〉	(vaughn외, 2007)
16~25dB	정상–경도	• 조용한 환경에서는 말을 알아듣는데 아무 어려움이 없다. • 시끄러운 곳에서는 작은 말소리를 잘 못 알아듣는다.		minimal loss
26~40dB	경도	• 조용한 환경에서 알고 있는 주제에 대해 일반적인 어휘수준으로 이야기할 때 의사소통의 어려움을 느끼지 않는다. • 조용한 곳이라도 희미하거나 먼 소리는 듣기 어렵다. • 교실에서의 토론을 따라가기가 쉽지 않다.		(mild) • 작거나 먼 곳의 소리를 듣기 곤란하다 • mild hearing loss
41~55dB	중등도 (경도손실)	• 대화하는 말은 가까운 거리에서만 들을 수 있다. • 학급 토론과 같은 집단활동에서는 의사소통의 어려움을 겪는다.	• 약간의 어려움은 있지만 얼굴을 마주 보고 대화를 이해할 수 있다. • 교실에서 벌어지는 토론의 많은 부분들을 듣지 못한다. 특히 한 번에 여러 아동들이 말한다든지 화자의 얼굴을 명확히 볼 수 없을 때는 더 그렇다(Heward, 358–359). • 아동이 청각장애가 있다는 것을 깨닫지 못하는 급우들이 있다. • 보청기를 착용하면 이득을 본다. • 말–언어 치료사로부터 가끔씩 말과 언어 지도를 받는다.	(moderate) • 3~5피트 거리의 대화는 이해하나 학급회의는 이해하지 못한다. *40~65dB(moderate hearin–g loss)

청력수준	청력장애 정도	의사소통에 미치는 영향 〈Hallanhan & Kauffman, 2003〉	〈Heward, 2006〉 〈Turnbull et al., 2007〉	비고
56~70dB	중등도-중도(보통정도의 고도)	• 대화할 때 크고 분명한 말소리만 들을 수 있다. • 여러 명이 있을 때는 훨씬 어려움이 크다. • 말할 때 다른 사람이 알아들을 수는 있지만 명료하지 않다.	• 보청기 없이는 분명하고 큰 소리의 대화밖에 들을 수 없다. • 여자 목소리보다 남자 목소리를 더 잘 들을 수 있다(저주파수대에서는 청력 손실이 덜 심하다). • 교사가 좌석 배치를 유리하게 해준다 하더라도 대부분의 수업 토론을 이해하기 힘들다. • 장애가 있지만 알아들을 수 있는 말을 한다. • 청각장애를 가진 아동들을 위한 시간제 특수학급에 출석한다. 그리고 나머지 시간은 정규학급에 있다.	(moderately severe) • 큰소리 회화 만이 이해 가능하다
71~90dB	중도(고도)	• 큰 소리로 말하지 않으면 대화하는 말을 알아듣지 못 한다. • 알아들을 때도 잘 못 알아듣는 단어가 많다. • 환경 음은 감지하지만 항상 그런 것은 아니다. • 말할 때 다른 사람이 알아듣기 어렵다.	• 귀로부터 30센티미터 이내에서 나는 아주 큰 목소리만 들을 수 있다. • 보청기를 착용하지만 보청기로부터 얼마나 이득을 보는지는 확실하지 않다. • 대부분의 모음들은 식별할 수 있지만 자음들은 몇몇 자음들만 들을 수 있다. • 문이 쾅 닫히는 소리, 진공청소기 작동소리, 머리 위로 비행기가 날아가는 소리들은 들을 수 있다. • 말과 수화언어로 의사소통을 한다.	(severe) • 큰소리밖에 들을 수 없으나 그것 역시 정확히 들을 수 없다. *65~90dB(severe hearing loss)

청력수준	청력장애 정도	의사소통에 미치는 영향 〈Hallanhan & Kauffman, 2003〉	〈Heward, 2006〉 〈Turnbull et al., 2007〉	비고
71~90dB	중도(고도)		• 말하는 화자의 얼굴에 항상 시각적으로 주의를 기울여야 한다. • 특수학급과 수화언어 통역사가 있는 정규학급에서 번갈아 가며 수업을 받는다.	
91dB 이상	초중도(농)	• 아주 큰 소리는 들을 수 있지만 대화하는 말은 전혀 듣지 못한다. • 시각이 주요 의사소통 수단이 된다. • 말을 할 수 있다고 해도 알아듣기가 어렵다.	최중도 손실(91dB 이상) • 대화 말소리는 전혀 들을 수 없다. • 화재 경보 소리나 자동차 경적 소리와 같은 큰 소리를 알아듣기 위해 보청기를 착용한다. • 시각을 학습을 위한 주 양식으로 사용한다. • 의사소통의 주요 수단과 모국어로 수화언어를 사용한다. • 알아들을 수 있는 말이 발달되지 않았다. • 농인을 위한 기숙제 학교에 출석한다.	(extreme) • 보청기를 사용하여도 보통 회화를 해득하지 못한다 *90dB 이상 (profound hearing loss)

*출처: *Hallanhan, D. P., & Kauffman, J. M.(2003), *Exceptional learners: Introduction to special education*(9th ed.), Boston: allyn and Bacon, 309.

*Heward, W. L.(2006), *Exceptional Children, An Introduction to Special Education*(8th ed.), New Jersey: Prentice Hall, 358-359.

*Turnbull, A., Turnbull, R., & Wehmeyer, M.(2007), *Exceptional Lives Special Educaiton in Todays Schools* (5th ed.), New Jersey: Merrill prentice Hall, 338.

*Vaughn, S., Bos, C. S., & Schumm, J. S.(2007), *Teaching students who are Exceptional, Diverse, and at Risk in The General Education Classroom*(4th ed.), Boston: Allyn & Bacon, 194.

이상과 같은 분류에 대해 일본의 경우는 약간의 혼선이 있다. 즉, 농과 난청의 분류기준이 문부성에서는 90db, 후생성에서는 80db을 기준으로 봄으로써 교육과 사회복지 대책 면에서 입장을 달리하고 있다. 다시 말해서 후생성 신체장애자 복지법의 분류에 따르면 한쪽 귀가 80db 이상, 양귀가 60db 이상인 자를 농으로 분류하는 것이 그것이다. 하여간 일본의 문부성 법회에서는 경도 난청(0~30db), 중정도 난청(30~60db), 고도 난청(60~90db), 농(90db 이상) 등으로 구분하고 있다(교사양성연구회 특수교육부회 편, 1970).

외국에서의 청력장애자에 대한 판별기준을 보면 앞에서의 청력 손실 정도에 따라 난청과 농으로 대별하는데, 일반적으로 90db을 기준으로 해서 그 이하를 난청, 그 이상을 농이라 분류한다. 그래서 영미에서도 난청의 상한선을 90db 이하로 잡고 청력장애를 다음과 같이 구분했다.

① 경도난청(the mild hard of hearing) : 20~30db

② 경계선(marginal) : 30~40db

③ 중도(moderate) : 40~60db

④ 고도(severe) : 60~75db

⑤ 최고도(profound) : 75~90db(김병하, 1973: 169에서 재인용)

그러나 Moores나 Kirk 등은 70db 이상을 '교육적 농'이라 분류하는 데 반해, Page는 "청력 정도로는 80db 이상을 농이라 하고, 교육적으로는 60 또는 65db 이상을 농"이라고 정의한 다음, 농자는 ① 청력이 결여된 자, ② 보청기를 사용해도 성공적으로 언어발달을 충분히 기대할 수 없는 자, ③ 청력 손실이 80db 이상인 자라고 했고, 난청자는 특별한 교육적 조치를 필요로 할 만큼 청력을 상실한 자를 의미한다고 했다(Page, 1964).

우리나라의 특수교육진흥법시행령(1994년 개정)에서는 청각장애를 전술한 바와 같이 ① 두 귀의 청력 손실이 90db 이상인 자, ② 청력 손실이 심하여 보청기를 착용하여도 음성언어에 의한 의사소통이 불가능하거나 곤란한 자, ③ 일상적인 언어생활 과정에서 청력의 기능적 활용이 불가능하여 일반인과 함께 교육받기가 곤란한 자 등으로 기준이 제시되고 있어서 이 기준에 의거 특수교육 대상자를 진단·평가·심사·선정하고 있다.

4절 청각장애아동에 대한 교육적 조치

농인 경우는 별 문제가 없으나 40~50db 정도의 청력 손실을 가진 장애자는 종종 동년배들과의 생활에서 말을 지껄이고 들을 수 있으므로 설사 그들이 이상행동을 할 경우라도 부모나 교사들은 그들의 청력 손실에 대해 생각을 못하고, 심리적·정서적 원인 때문인 것으로 간주할 경우가 있는 것이다. 따라서 부모나 교사는 평소에 다음 사항에 유의하여야 한다.

① 남의 말을 듣기 위하여 자주 귀언저리에 손바닥을 오므리는 것 같은 자세(cupping sign)를 보이는가?
② 대화 시에 너무 큰 소리로 말하게 되고 비비음화(非鼻音化)한 음질을 나타내지는 않는가(감음성 난청: 感音性 難聽)?
③ 대화 시에 지나치게 작고 약한 음색으로 말하고 비비음화(denasal) 음질을 나타내는가?
④ 대화 시에 마지막 자음(m, n 등)을 탈락케 되는가?
⑤ 언어가 정상적 음질이 아니므로 대화 시에 타인으로부터 자주 웃음거리를 당하거나 그 결과 타인과의 대화를 회피하려는 증후를 자주 보이는가?
⑥ 언어교과의 학습의욕이 저하되고 학업성적이 갑자기 떨어지는가?

이상의 증후를 보이는 학생은 모든 학생과 함께 예비적 선별검사(screening test) 과정에서 주의 깊게 검사를 한 다음, 개별검사인 이과적(耳科的) 검사를 거치게 된다. 여기에서 청력 손실의 정도에 따라 농이나 난청으로 판별되면 그에 상응하는 교육적 정치(定置: educational placement) 원칙에 따라 조치를 취하게 되는 것이다. 예컨대, 일본의 경우, 양귀의 청력 손실이 90db 이상인 자와 양귀의 청력 손실이 90~50db로서 보청기를 사용해도 통상적인 목소리의 해득이 불가능하거나 크게 곤란을 겪는 자는 농학교에서 교육하도록 조치한다.

다음, 양 귀의 청력 손실이 90~50db로서 보청기를 사용하면 통상의 목소리를 해득하는 데 큰 곤란을 겪지 않거나 양귀의 청력 손실이 50db 미만으로서 보청기를 사용하여도 통상의 목소리를 해득하기가 곤란한 정도의 자는 특수학급이나 보통학교에서 유의하여 교육하도록 조치한다(교사양성연구회 특수교육부회 편, 1970).

Page는 다음 3가지 조치를 내세운다.

① 양귀의 청력 손실이 80db 이상인 자는 농학교에서 교육하는 것이 좋다.

② 양귀의 청력 손실이 80~50db인 자로 보청기를 사용해도 상용언어를 알아듣기가 불가능하거나 또는 현저하게 곤란을 느끼는 자는 농학교에 취학하고, 보청기를 사용하면 말소리를 듣는 데 현저히 곤란을 느끼지 않는 자는 특수학급 또는 일반학급에서 유의, 교육함이 좋다.

③ 양귀의 청력 손실이 50db 미만인 자는 특수학급 또는 일반학급에서 유의, 교육하도록 조치한다(Page, 1964).

끝으로 우리나라의 경우, 특수학교에 취학할 청력장애자는,

① 두 귀의 청력 손실이 90db 이상인 자,

② 두 귀의 청력 손실이 90db 미만 50db 이상인 경우 보청기를 사용해서 보통 말소리의 이해가 불가능하거나 아주 곤란한 정도의 자로 되어 있으며, 특수학급에서 유의, 지도해야 될 청각장애자는 두 귀의 청력 손실이 50db 미만이라 할지라도 특수교육을 필요로 하는 자라고 규정되어 있다(법제연구원, 특수교육진흥법시행규칙, 특수교육대상자판별기준, 1988).

특수학교(聾學校)에서 교육하든 특수학급이나 일반학급에서 유의, 교육하든 간에 몇 가지 배려할 점은 다음과 같은 사항들이다.

첫째, 청각장애 그 자체는 아동의 퍼스널리티와 직접적으로 관계되는 것은 아니라 하더라도 청력장애에 대한 장애자 자신의 관점과 가족 등 이웃의 청력장애자를 어떻게 취급하고 대하여 왔느냐 하는 것이 청력장애자의 정신위생상의 문제와 밀접한 관계를 지니게 되므로 이에 대한 관심과 정보를 가지고 교육에 임하는 것이 효과적이다.

둘째, 청각장애아는 일반아동에 비해 많은 정서적·행동적 문제를 가지고 있는 것으로 밝혀졌기 때문에 그들의 정서적·행동적 장애의 유무와 정도 등을 파악하

고 지도하여야 한다.

셋째, 사회성숙도(social maturity) 수준에 있어서 청력장애아는 일반아동에 비해 15세까지는 10% 정도로 지체되고, 21세에서는 약 15~20% 지체되는 것으로 밝혀지고 있으며, 정상아에 비해 언어와 의사소통의 핸디캡 때문에 사회적 접촉이 적은 것으로 나타났다. 그러나 Van Lieshout(1973년)가 5세의 농아자와 정상아 각각 35명을 대상으로 동료들과의 접촉을 관찰·비교한 결과 언어적·사회적 상호작용에 있어서 정상아가 청력장애아보다 많은 반면, 신체적 접촉(physical contacts)에서는 정상아보다 청력장애아가 더 많은 것으로 밝혀졌다(Kirk & Gallagher, 1979).

넷째, 퍼스널리티 면에서 청력장애아는 경직성(rigidity), 자기중심성(egocentricity), 창의성의 결핍(absence of creativity), 내적 통제력의 결핍(absence of inner controls), 충동성(impulsiveness), 피암시성(suggestibility), 감정이입의 부족(lack of empathy) 등이 있음을 지적했으며(Kirk & Gallagher, 1979), 일본의 학자들도 ① 정서적으로 불안정하고 신경질적 경향을 갖는다. ② 자아의식이 강하고 고집이 세다. ③ 욕구불만에 대해 참을성이 적다. ④ 충동적·폭발적 행동을 취하기 쉽다. ⑤ 천진난만, 명랑하고 사람을 잘 따른다(교사양성연구회 특수교육부회 편, 1970). 등의 항목을 지적함으로써 이 같은 점에 대한 사전이해가 그들을 지도하는 데 도움이 될 것이라고 생각한다.

끝으로 전술한 바 있는 ISO의 청력 손실 분류 안에 의거, 요구되는 교육적인 조치에 대해 정리(표 7-3)한 다음 '한글 지화문자(그림 7-1)'와 '미국수화 알파벳'(그림 7-2)을 참고로 소개한다.

표 7-3 청각 손실도와 교육적 조치

청력손실도	임상적 징후	교육적 조치
경도 (mild or slight) 17~40db	① 작은 소리를 듣는 데 곤란을 겪는다. ② 먼 곳의 소리를 듣기 곤란하다. ③ 회화, 쓰기 듣기, 읽기, 문법 등의 언어기술 과목의 학습에 약간의 곤란을 겪는다. ④ 언어생활의 4분야(말하기, 읽기, 듣기, 쓰기)에 걸쳐 곤란을 겪는다.	① 경도 청력 손실자를 학교장에게 보고한다. ② 좌석배치 시 정면 앞좌석에 앉힌다. ③ 어휘 발달에 주의를 요한다. ④ 독순(讀脣)·언어치료를 요한다. ⑤ 보청기 사용을 고려하게 한다(40db).
중정도 (moderate or mild) 41~55db	① 3~5피트(0.9144m~1.524m) 거리의 대화를 이해할 정도다. ② 학급토의의 이해는 50% 정도 수준이다. ③ 제한된 어휘와 언어이상 징후를 나타낸다.	① 특수학급(난청학급)에 배치한다. ② 교사를 정면에서 볼 수 있는 좋은 좌석에 앉게 한다. ③ 보청기를 사용, 언어훈련을 시킨다. ④ 어휘와 읽기에 주의한다. ⑤ 독순지도를 한다. ⑥ 언어회화와 언어교정을 실시한다.
보통 정도의 고도 (Moderately severe of marked) 56~70db	① 큰 소리의 회화만 이해한다. ② 집단토의에서의 곤란도 증가 ③ 제한된 어휘를 활용한다. ④ 언어사용과 이해에 결함을 보이는 동시에 언어지체 현상을 보인다.	① 특수학급이나 특수학교에서 특수교육을 실시한다. ② 말하기, 듣기, 읽기, 쓰기 등 언어기술 등에 대해 유의해서 특별지도 한다. ③ 개인용 보청기 사용과 청능 훈련을 실시한다. ④ 수업중 교사의 구형(口型)이나 표정을 장애자가 잘 볼 수 있도록 해야 한다. ⑤ 교사는 천천히 그리고 분명하게 발성하되 흑판을 향해 돌아서서 설명하는 것은 청력장애자에게 해롭다. ⑥ 언어교정의 실시
고도 (severe) 71~90db	① 큰 소리밖에 들을 수 없으나 그것조차 정확히 들을 수 없다. ② 약 1피트(30.48cm)에서의 큰 목소리는 듣는다. ③ 모음은 구별 가능하나 자음은 전부 구별하지 못한다. ④ 언어에 결함이 있고 악화된다.	① 모든 언어기술에 대한 특수교육계획을 수립하고 특수교육을 실시해야 한다. ② 개인용 보청기를 사용하게 한다. ③ 개인용 보청기 및 집단용 보청기로 청능 훈련을 실시한다.
농 (extreme) 91db 이상	① 약간의 큰 소리는 들으나 음조의 형태보다는 진동으로 깨닫는다. ② 보청기를 사용해도 보통대화를 해득치 못한다. ③ 의사소통의 수단은 청력보다 시력에 의존한다. ④ 언어에 결함이 있고 악화된다.	①~③ 상기 고도와 같음. ④ 구화(口話) 및 수화(手話)에 대한 계속적인 평가와 지도를 한다.

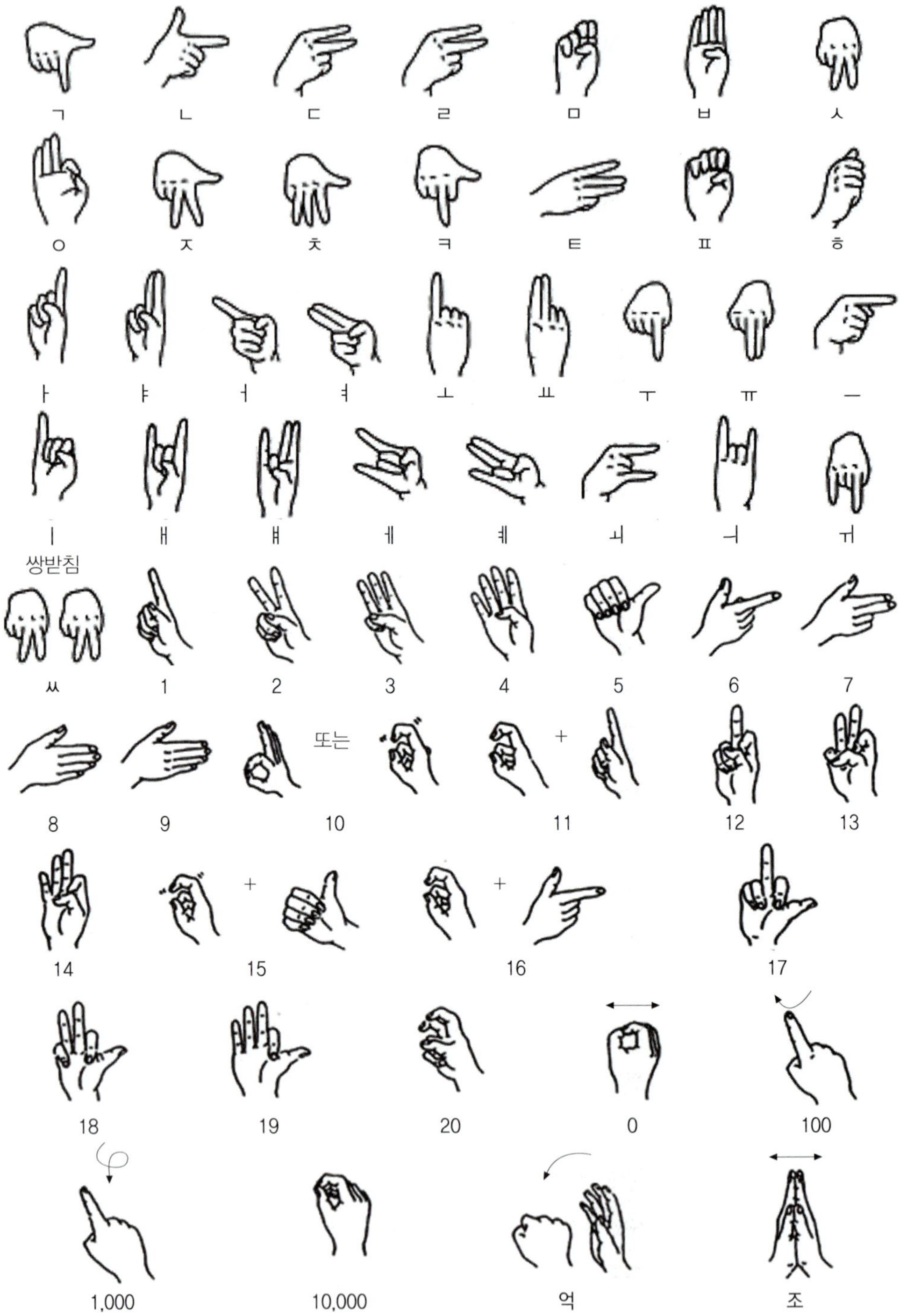
ㄱ ㄴ ㄷ ㄹ ㅁ ㅂ ㅅ
ㅇ ㅈ ㅊ ㅋ ㅌ ㅍ ㅎ
ㅏ ㅑ ㅓ ㅕ ㅗ ㅛ ㅜ ㅠ ㅡ
ㅣ ㅐ ㅒ ㅔ ㅖ ㅚ ㅢ ㅟ
쌍받침
ㅆ 1 2 3 4 5 6 7
또는
+
8 9 10 11 12 13
14 15 16 17
18 19 20 0 100
1,000 10,000 억 조

그림 7-1 한글 지화문자

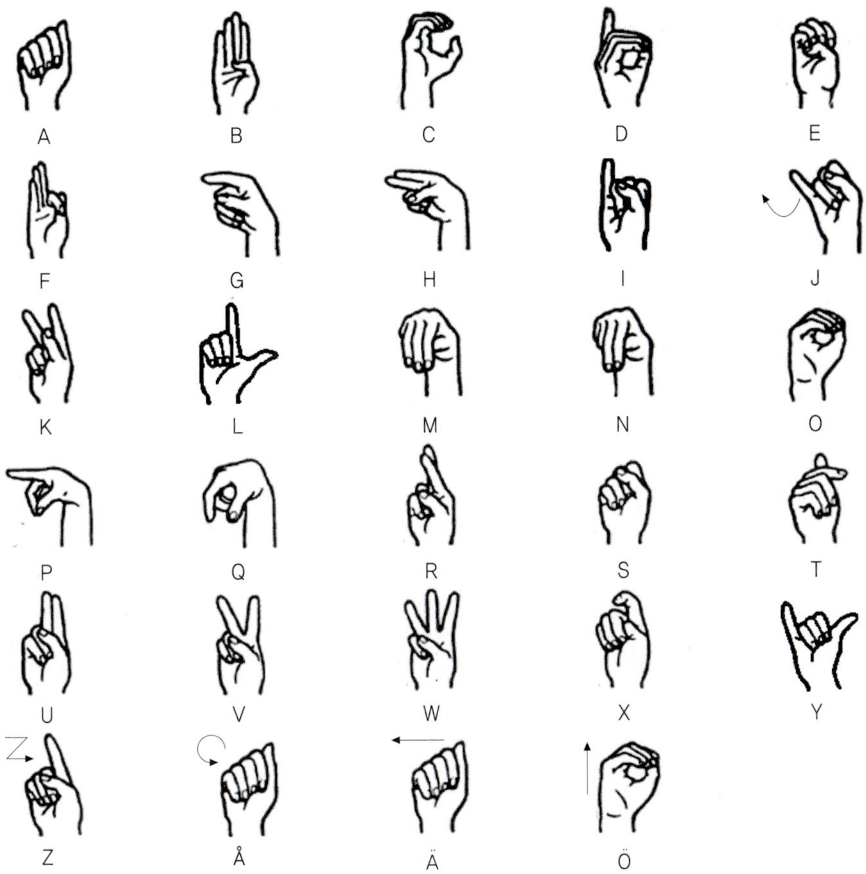

그림 7-2 미국수화 알파벳

출처: * From The Signed English Starter. by H. Bomstein and K. Saulnier, 1984, Washington. DC: Gallaudet University Press. Copyright 1984 by Gallaudet University Press. Reprinted with permission.

* Turnbull, A., Turnbull, R., & Wehmeyer, M. L.(2007). Exceptional Lives Special Education in Today's schools(5th ed.). NJ: Merrill/ Prentice-Hall. p. 342.

* Heward, W. L.(2006). Exceptional Children An Introduction To Special Education(8Th Ed.). NJ: Merrill/ Prentice-Hall. p. 370.

5절 청각장애아동에 대한 교육방향

1. 청력장애아동을 위한 특수교육적 접근

이들에게 가장 핵심적인 교육의 과제는 다른 사람들과의 효과적인 의사소통 기술을 어떻게 발달시킬 것인가? 그리고 교육성취의 기본인 읽고 쓰는 기능을 어떤 방법으로 발달시킬 것인가의 문제이다.

첫째, 청각장애자에 대한 교육적 서비스도 우선 정부 및 지자체 산하의 개별화 교육 프로그램에 부모와 함께 참여하는 것이 중요하다.

전문가와 교사와 접촉해서 장애 정도를 진단받고, 프로그램을 계획하고, 모든 개별화 프로그램에 대한 오리엔테이션을 받는다(Heward, 2006).

둘째, 의사소통 수단으로서의 구화교육을 조기에 시켜야 한다.

구화교육을 통해서 일반인들과 의사소통이 가능하기 때문에 가능하면 빨리 시작해야 하고, '직접적이고 매우 엄격한 말소리 교육을 통해 정상적인 구어를 발달시키는 것'(이소현, 박은혜, 2007)이 중요하다.

셋째, 청능훈련과 독화능력의 발달도 필수적 요인이다.

청력의 부족한 부분은 보청기를 사용함으로써 집중적인 청능훈련(auditory training)을 실시하고, 다른 사람의 말하는 입모양, 입술 움직임을 보고 무슨 말을 하는지를 파악하는 능력인 독화(speech reading)능력의 발달도 시도해야 한다.

청능학습 프로그램의 경우 4단계로 생각할 수 있다.

- 1단계 : 음 인식을 가르치는 단계
  가정에서 부모들은 조용한 수돗물을 틀어 물 흐르는 소리, 새우는 소리, 라디오 소리, 알람시계나 초인종 소리, 출입문 벨소리에 아이들이 주의를 기울이도록 '음 인식을 가르치는 것'으로 시작한다.
- 2단계 : 소리가 나는 방향과 위치의 감지훈련 단계
  알람시계나 라디오를 방이나 부엌 쪽에 숨겨 놓고 아이에게 그것을 찾게 함으

로써 소리가 나는 방향과 위치를 감지토록 하는 훈련이다.

• 3단계 : 음의 특성을 변별하는 단계

아이가 남자 목소리와 여자 목소리를 구별하고 빠른 템포의 노래와 느린 템포의 노래 음이 어떻게 다른지 차이를 알도록 배워야 하며 발음이 비슷하지만 개념이 'rack(선반)'과 'rug(깔개)'의 차이, 어휘 '담'과 '닭'의 차이, '게'와 '개'의 차이를 배워야 한다.

즉, 아동이 듣는 것을 통해, 음의 변별, 단어의 구별, 문장의 차이를 인식, 소리 판별을 시작한다.

• 4단계 : 높은 수준의 의미 있는 음의 이해 단계

잔존의 청력 개발을 위해 가장 높은 수준의 의미 있는 음을 이해하도록 교육(훈련)시키는 것이다.

요컨대, 청력 손실이 있는 모든 아이들은 그들이 선호하는 의사소통 방식이 구어(oral/speech)이든 수화언어(manual/signs)이든 간에 구애받지 말고 청취능력을 향상시키는 활동과 수업에 참여해야 하며, 모든 감각이 효율적으로 개발되도록 지속적으로 사용되어야 한다(Heward, 2006).

넷째, 수화를 통한 의사소통 능력을 발달시켜야 한다.

수화는 청력을 이용한 의사소통에 장애가 심한 농아의 경우에만 활용하는 것으로 알고 있으나 일반학교에 통합학교 시스템이 정착되고 장애인을 상대로 해야 되는 공공기관(민원창구)의 공직자들에게 필요성이 증대됨으로써 수화능력을 배우려는 움직임이 일고 있다.

실제로 사범대학이나 교육대학의 수화강좌 개설, 교원 연수원의 연수강좌 과목 그리고 일부 지방자치단체와 119구조대원들을 위한 수화 특강, 방학 중 봉사활동을 위한 동아리 모임의 수화 특강 등 다양하게 진행되고 있다.

따라서 청력장애자들의 수화를 통한 의사소통 능력은 반드시 발달시켜 주어야 한다.

다섯째, 청력장애자들의 부족한 문장지식, 언어능력을 극복하기 위해 이중언어-이중문화 접근법을 사용한다.

'즐겁고 자연스러운 의사소통을 통한 의미 구성'을 추구하도록 아동을 격려하는 상향적 이중언어-이중문화 접근법은 청력장애아들이 모국어로서 수화를 사용하도록 가르치고, 외국어로서 국어를 읽고 쓸 수 있도록 가르치는 것이다.

2. 청각장애아동을 위한 통합교육적 접근

첫째, 청력장애아동에게 효과적인 교육 프로그램을 제공하여 성공적인 통합교육이 되기 위한 제반환경이 마련되어야 한다.

① 교장, 교사집단, 교육청의 특수교육 관계자들이 사명감을 가지고 핵심적 역할을 수행해야 한다.

② 부모와 담당교사의 특수교육관, 확고한 의지가 전제되어야 한다.

③ 청력장애아동이 필요로 하는 적절한 지원서비스(수화통역교사, 보조원, 언어치료사, 컴퓨터, 교수자료, 보조공학기기)가 제공되어야 한다.

④ 청력장애아동에게 필요한 경우, 팀티칭(청각장애 전문교사와 일반교사) 형태로 수업이 제공되어야 한다(Schirmer, 2001).

둘째, 청력장애아동에 대한 세심한 교육지원이 요구된다.

학교 내에서는 특수학급교사나 보조원 그리고 통합학급교사가 긴밀한 연계를 통한 지원이 이루어져야 하고, 학급 내에서는 수화 통역자나 노트 대필자의 지원이 필요하다.

그리고 청력장애 전문교사나 언어치료사로부터 지도, 자문을 받도록 하고 그 밖의 지원팀(특수교사, 상담심리학자, 학교사회복지사 등)으로부터 협력적 지원을 받도록 시스템화되어 있어야 한다.

셋째, 중복장애아동들에 대한 교육적 대책도 강구해 놓아야 한다.

청력장애아동 중에도 다른 장애와 같이 정신지체, 정서・행동장애, 자폐스펙트럼 장애, 저출현장애, 뇌성마비 등과 같이 다른 장애를 중복으로 가지고 있는 아동들이 있다. 이들에 대한 대책은 복합적으로 이루어져야 한다.

넷째, 학습을 돕기 위한 학습환경적 배려가 요구된다.

① 청력장애아동의 좌석은 교육활동이 진행되는 곳에 가까워야 한다.
② 소음으로부터 멀고 교사의 정면위치에 배치한다.
③ 수화통역자의 위치는 청력장애아동이 잘 볼 수 있는 곳에 있어야 한다.
④ 교사는 말할 때 빛을 등지고 서지 않도록 해야 한다.
⑤ 교실 안팎의 소음을 가능한 한 줄인다.
⑥ 청력장애아동이 나이가 어린 경우, 교실 내의 물건들에 이름을 써붙이면 어휘발달에 도움이 된다.

다섯째, 청력장애아동에게는 교수방법상 세심한 배려가 있어야 한다.
① 가르치는 개념에 대해 명확하게 설명하고 시각적 예를 많이 사용한다.
② 교사와 일반 또래아동이 청력장애아동과 대화할 때는 자연스럽게 말하되, 얼굴을 마주보며 말해야 한다.
③ 청력장애아동들의 좌석배치는 학생과 의논하여 가장 좋은 자리를 배려한다.
④ OHP를 많이 사용하는 것이 좋다.
⑤ 가능한 시각적 교수자료(게시판, 그림, 사진, 도표, 컴퓨터 그래픽 등)를 많이 활용하는 교수방법을 활용한다.
⑥ 중요한 단어, 새로운 용어, 과제물 등은 반드시 판서해 준다.
⑦ 비디오나 컴퓨터 동영상 자료를 제시할 때는 자막이 있어야 한다.
⑧ 청력장애아동이 수업내용을 이해했는지 확인한다.
⑨ 청력장애아동에게 언어능력을 신장시키기 위하여 자막이 있는 영화, TV프로그램, 비디오를 시청케 함으로써 다양한 어휘와 구분을 접하게 해야 한다.
⑩ 청력장애인용 전화기(문자 전화기와 골도 전화기) 사용을 통해 의사 전달하는 훈련을 시킨다.
⑪ 컴퓨터를 통한 청능훈련, 발음 연습, 수화교육, 독화연습, 언어 보충학습 등 다양한 방법의 컴퓨터 테크놀로지를 익히게 한다.

제 8 장

지체장애와 교육

1절 지체장애의 정의

지체부자유자(crippled children and youth)는 그 종류와 원인이 다양하며 범위 및 장애의 부위나 정도도 광범위하고 복잡하여 명확한 정의를 내리는 것이 간단하지 않다. 그래서 특수교육의 요구를 가진 아동의 개인차는 매우 다양하며 단일 또는 중복아동들도 있고, 정형외과적 장애와 건강장애 등 IDEA는 두 개의 장애범주로 분류하고 있다(Heward, 2006).

지체부자유자에 대한 세계최초의 정의는 1920년 5월 6일 공포된 독일의 '프로이센 크뤼퍼 보호법(PreuBische Krüpper für sorge gesetz)' 제9조에 명시한 것으로서 "선천성 또는 후천성의 골관절, 근 또는 신경의 질환이나 사지 또는 그 일부의 결손 때문에 체간이나 사지의 사용이 지속적으로 장해되어 일반노동 장에서는 생업능력이 뚜렷이 침해되리라고 인정되는 자"라고 하였다(柳本雄次, 지체부자유교육, 제10호, 1972: 15 재인용).

다음, 미국 백악관회의(특수교육분과)에서는 "골・근・관절의 기능적 장애나 기형에 의한 결함아동으로서 그 상태는 선천적 또는 후천적인 외상이나 질환에 의한 부주의 또는 무지에 의해 악화된 자"라고 하여 정형외과적 입장에서 정의하였다(White House Conference, 1939).

영국의 문부성령(1953년)에서는 "지체부자유라는 결함 때문에 일반학급에 있어서 교육체제하에서는 충분한 교육이 곤란하고 건강이나 교육적 발전에 손상을 가져올 수 있는 아동"을 지체부자유아라고 하였다(Taylor & Saunders, 1965).

미국 재활법(Reabilitation Act, 1973, 제504)에서는 '지체부자유란 신체장애로 인해 가정, 학교, 지역사회 등의 일상생활에 참여할 수 없는 경우'라고 정의하고 있다.

1975년 의회에서 통과된 전장애아교육법(Education for all Handicapped Children Act; EAHCA: 공법 94-142)에서는 크게 정형외과적인 손상과 병・허약의 두 유형으로 나누어 제시하였다.

첫째, 정형외과적 손상으로는 내반족, 신체 일부의 결손, 그 외의 선천적인 변형, 소아마비로 인한 손상, 절단, 화상 등에 의한 구축, 두개골과 관절, 근육에 이상이

있는 것을 말하며,

둘째, 병허약 아동으로 심장 질환, 결핵, 류마티스, 천식, 빈혈, 혈우병, 간질, 납중독, 백혈병, 당뇨병 등의 만성, 급성의 문제로 교육 수행에 영향을 미치는 경우를 말한다고 되어 있다.

일본의 경우, 다까기 겐지(高木憲次)는 "지체(四肢體幹)가 부자유한 데가 있어 그대로는 장래 생업을 영위하는 데 지장을 초래할 우려가 있는 아동을 지체부자유아"(교사양성연구회 특수교육부회 편, 1970)라고 정의 제안한 바 있으나 좀 더 부연하기를 "사지 또는 체간, 주로 운동기능에 현저히 지속적인 장애가 있는 자로 지능이 건전한 자, 그리고 정형외과적 치료로써 생산적 면에서 국가사회에 기여할 수 있는 자"(전국지체부자유양호학교장회 편, 1969)라고 하였다. 일본의 문부성은 1953년 6월 2일 "지체(四肢體幹과 四肢)에 부자유한 곳이 있어 그대로는 장래 생업을 영위하는 데 지장을 가져올 위험이 있는 자"(山口 薰, 1984)라고 정의한 바 있었으나, 다시 1966년에 "지체의 기능에 부자유한 곳이 있어 그대로 두면 자활이 곤란한 자"라고 정의함으로써 "장래 생업능력의 지장보다는 자활능력의 곤란"에 관점을 둔 것으로 이해된다.

결국 인간의 신체는 신경계(뇌, 척추, 신경 등)와 근골격계(근육, 뼈, 관절 등)로부터 영향을 받는다. 즉, 신경조직(중추신경계)은 뇌, 척수, 신체의 모든 부위와 연결되는 신경망으로 구성되어 있는 데 ① 신경계 이상(뇌성마비, 경련장애) ② 근골격계 이상(근위축증, 왜소증, 소아 류머티즘관절염) ③ 선천성 기형(골반 탈구, 이분척추 등) ④ 정형외과적 손상 ⑤ 외상성 뇌손상 ⑥ 중복장애 ⑦ 후천적 원인(각종 사고) 등으로 인해 지체 부자유, 지체장애에 직면해 있는 사람을 의미한다(Kirk, Gallagher & Anastasiow, 2003, 2005; 이소현, 박은혜, 2007).

이상의 견해들을 통해서 볼 때 지체장애에 대한 어느 정도의 이해에 접근할 수 있다.

그러나 문제는 지체장애라고 할 때 '지체(肢体)'가 무엇을 의미하느냐에 대한 이해가 전제되어야 한다고 본다.

지체란 상지(上肢)와 하지(下肢의) 그리고 척추를 축으로 한 상반신 및 경부(頸部: 목)를 포함한 체간(体幹)을 뜻하며 이 같은 팔·다리의 4지의 운동기능장애와 체간(몸)의 지지기능 장애를 포괄하여 지체장애라 일컫는다.

지체장애에 대해 '장애인복지법시행령'(1990)에서는 '다른 법령에 들어 있는 지체부자유를 지체장애로 개정한다'고 규정(부칙 제2조)했으나 '특수교육진흥법'(1994)에서는 지체부자유라는 용어를 사용하여 혼란스럽다.

그러나 이들에게 치료와 교육이 필요하다는 점에 주목하고 적극적 의미에서 지체장애라고 쓰는 것이 설득력이 있다.

이 지체장애에 대해 우리나라 '장애인복지법 시행규칙'에서는 지체장애인을 1급에서 6급까지로 분류하고 각급마다 팔·다리·몸통에 대한 기능장애를 정의하고 있어 많은 참고가 된다.

그러나 받아들여야 할 '특수교육진흥법 시행령'에서는 지체장애를 '지체의 기능·형태상 장애를 지니고 있고, 체간의 지지 또는 손발의 운동·동작이 불가능하거나 곤란하여 일반적인 교육시설을 이용한 학습이 곤란한 자'로 정의하였다. 이 기준 (정의)에 따라 지체장애자의 특수교육 대상자를 진단·평가·심사하여 선정하고 있다.

이상의 여러 정의를 통해서 볼 때 결국, "지체장애자란 지체(上肢와 下肢의 四肢)와 체간(頭部: 두부를 포함한 척추를 중축으로 한 상반신)에 운동기능상 장애로 인해 생활과 활동에 지장을 갖고 있어 특수한 교육적 시설과 도움을 필요로 하는 자"라고 요약할 수 있겠다.

2절 지체장애의 원인

지체장애라고 하는 것은 지체의 기능상 장애가 있는 부위가 어디냐, 장애의 종류와 그 정도가 어떠하냐에 따라 원인도 다양하게 지적된다. 즉, 장애부위만 하더라도 상지절단(上肢切斷), 상지기능 장애, 하지절단(下肢切斷), 하지기능 장애, 체간(體幹)기능 장애로 분류하게 되며, 장애의 정도에 따라 경도(輕度), 중도(中度), 중도

(重度), 최중도(最重度) 등 4종류로 구분하기도 한다.

따라서 원인 역시 질환에 의한 것과 교통사고를 포함한 기타 사고에 의한 것으로 대별할 수 있다. 질환이 원인인 경우, 신경성 질환, 관절 질환, 골질환, 형태이상, 결핵성 질환, 외상성 질환 등 6종류로 지적되고 있는 바, 좀 더 구체적으로 고찰하면 다음과 같다.

1. 신경성 질환

뇌성마비(cerebral palsy), 척수성 소아마비(poliomyelitis), 진행성 근위축증(筋萎縮症: progressive muscular dystrophy) 등의 신경성 질환이 지체기능의 장애를 가져온다고 한다.

먼저, 뇌성마비는 보통 'C. P.'라는 약자로 통용되는 것으로서 "수태(受胎)에서 신생아기(생후 4개월 이내)까지의 사이에 생긴 미성숙한 대뇌의 결함이나 비진행성 병변(病變)으로 인한 뇌기능 부전(不全)에 있고, 이로 인하여 영구적인 변화를 가져오는 운동 및 자세에 이상이 있는 것"을 뜻한다. 다시 말해서 "두개골 내의 신경조직의 결함, 손상 또는 병변에 의해서 야기되는 운동 및 운동기능의 이상변화"라고 이해할 수 있겠다.

뇌성마비가 되는 원인은 임신기, 분만 시, 출산 후기 등으로 구분해서 고찰하는 것이 일반적이다.

우선 임신기에 뇌성마비의 원인이 되는 것은

첫째, 유전적 요인,

둘째, 태아감염 요인으로서의 톡소플라즈마증(toxoplasmosis)과 풍진(風疹), 그 밖에 모체감염이 있으며,

셋째, 산화탄소 중독, 모체의 빈혈증, 저혈압 등과 관련된 태아의 무산소증,

넷째, 태아의 뇌출혈 등을 생각할 수 있다.

다음, 분만 시에 있어서의 뇌성마비의 원인으로는

첫째, 기계적 호흡기 폐색, 폐확장 부전, 마약 중독, 전치태반 박리(前置胎盤 剝離), 모체의 산소결핍, 저혈압, 골반이상 분만과 분만지연 등에 의한 무산소증,

둘째, 부적절한 겸자의 사용, 머리의 후굴(後屈), 추락산(墜落産), 천연분만(遷延分娩)에 의한 제왕절개, 태아의 위치부전(位置不全) 등에 의한 외상 및 출혈,

셋째, 미숙, Rh인자, 동종면역(同種免疫), 高비리루변 혈압, 매독에 의한 핵황달(核黃疸), 신생아의 출혈성 질환 등의 소인성이 지적되고 있다.

출산 후기에 있어서의 뇌성마비의 원인으로는 혈경막하혈종(血硬膜下血症), 두개골절, 뇌의 타박이나 외상, 뇌막염, 뇌염, 각종 중독증(연, 비소, 스트렙토마이신, 콜탈, 유도체 등의 중독증), 뇌혈관 사고, 무산소증, 뇌의 발달결함 등이 있다.

척수성 소아마비(poliomyelitis)는 일명 소아마비 또는 'Heine Medin씨병'이라고도 불린다. 이 질환은 '폴리오바이러스(poliovirus)'의 경구감염에 의해 척수전각세포(脊髓前角細胞)가 파괴되어 하지나 상지가 이완(弛緩)되는 전염병의 일종이다. 따라서 이 병은 보통 세균보다 작은 바이러스가 입·코·목이나 장관(腸管)에서 체내에 들어가 생긴 병인데, 침범되는 부위의 이름을 따서 척수전각염, 척수회백질염(脊髓灰白質炎), 척추성 소아마비 등으로 불리는 것이다.

진행성 근(筋) 위축증(dystrophia)은 수의근(隨意筋)의 진행성 근위축을 주 증상으로 하는 질병으로서 이환(罹患)된 근육의 근섬유(筋纖維)가 불규칙하게 되든가, 핵(核)의 중심이 이동하거나 지방이 증가하든가 하여 최종적으로 근섬유가 소멸되는 등의 변성이 나타나는 증상을 말한다.

2. 관절 질환

지체기능의 장애가 되는 원인 중의 하나는 관절질환으로서 그 종류는 관절탈구(關節脫臼), 관절 류머티즘, 혈우병성 관절증, 관절염 등이다.

3. 형태 이상

지체부자유의 원인으로 형태 이상이 있으며, 그 내용으로는 내반족(內反足: club foot), 내반슬각(內反膝脚)과 X각(bow leg & knock knee), 척추측만증(脊椎側彎症: scoliosis of the spine), 포코멜리아(海豹肢症: phocomelia) 등을 생각할 수 있다.

첫째, 내반족(內反足)은 발이 발목을 중심으로 안쪽으로 휜 것을 말하는데, 원인은 선천적인 것과 후천적인 것으로 구별된다. 즉, 전자의 경우에는 자궁내 자세이상에 의한 것이 많은 데 비해 후자의 경우에는 배골근 마비, 관절외상, 그리고 뇌성마비나 척추파열에 의한 것이 많다.

둘째, 신생아에 많이 나타나는 O각(脚)은 하퇴(下腿)가 슬관절(膝關節)에서 양쪽 모두 안쪽으로 굴곡되어 있는 것인 데 비해, 유아기에 나타나는 X각은 하퇴가 슬관절에서 양쪽 모두 바깥쪽으로 구부러져 있는 상태를 일컫는다. 원인은 골절, 골단연골 손상(骨端軟骨 損傷) 등 외상(外傷), 영양장애, 대사장애(代謝障碍), 내분비 장애 등이다.

셋째, 척추측만증(脊椎側彎症)은 척추가 C 또는 S자형으로 변형된 것을 말한다. 즉, 척추가 정상적인 범위와 방향을 벗어나서 굴곡된다든지(척추만곡증: 脊椎彎曲症), 척추가 영속적으로 전방으로 돌출하거나(척추전굴증: 脊椎前屈症), 척추가 영구적으로 오른쪽 또는 왼쪽으로 구부러진 것(척추측굴증: 脊椎側屈症)으로 인해 지체장애 현상이 나타나는데 이의 원인을 선천적, 특발적(特發的), 마비성(痲痺性) 등으로 나누고 있다.

넷째, 포코멜리아(海豹肢症)는 임신 초기의 태아기에 어떤 영향을 받아 사지(四肢)의 골(骨)이 결손하는 질환으로서 과거에는 사리드마이드계(系)의 수면약의 복용으로 많이 발생하였으나 그 약의 판매금지로 이 질환의 발생은 거의 없는 것으로 집계되고 있다. 하여간 손(발)이 견관절(肩關節)에 접해 있는 상태로서의 결손(하퇴: 下腿와 대퇴: 大腿)과 손발이 변형하여 결손 또는 만곡(彎曲)되어 있는 상태를 말한다. 그 결과 지체의 운동기능에 장애가 된다는 것이다.

4. 골 질환

골형성부전증(骨形成不全症: osteogenesis imperfecta), 태생연골발육이상(胎生軟骨發育異常: chondrodystrophia foetalis), 페르테스병(perthes disease), 구루병(佝僂病: rickets), 골수염(osteomyelitis) 등의 골질환이 지체기능의 장애와 부자유를 초래한다.

골형성부전증은 뼈의 발육과정에 있어서 선천적으로 생기는 질환으로 뼈의 길이(長徑)에는 문제가 없으나 폭의 성장(뼈의 굵기)에 장애를 받아서 쉽게 골절을 일으키는 것이 특징이다.

태생연골발육이상은 골형성부전증과는 정반대의 증후로서, 골발육선(骨發育腺)의 유전적 장애 때문에 골의 장경발육이 빠르게 정지하는 질환을 말한다. 그 결과 뼈의 굵기의 성장은 그런대로 정상이나 뼈의 길이의 성장에 장애를 받아서 외관상의 자세가 사지는 짧고 굵으며 왜소(矮小)하지만 두부(頭部)는 크고 뇌수종(腦水腫: hydrocephalus)이 있으나 기능상 대체로 문제가 없는 것으로 알려지고 있다.

그 밖에 대퇴골(大腿骨)의 골두(骨頭)가 괴사(壞死)되어 나타나는 골단염(骨端炎)의 대표적 질환인 페르테스병(病)과 비타민 D의 결핍으로 오는 구루병, 골수염 등이 지체의 운동기능에 장애를 가져오는 것으로 알려지고 있다.

5. 외상성(外傷性) 질환

외상이나 악성 종양 등에 의한 절단이나, 화상 등에 의해 피부에 손상이 오고, 관절운동이 한정되는 구축(狗縮)이 생김으로써 지체의 운동기능에 저해를 당한다든지(반흔구축: 瘢痕狗縮), 변형치유골절(變形治癒骨折), 가관절(假關節) 등이 지체장애와 밀접한 관련이 있다.

6. 결핵성 질환

무릎, 발 등의 관절결핵과 척추 카리에스(Karies) 등이 지체부자유와 관련이 있는 것으로 밝혀지고 있다.

이상에서 살펴본 지체장애의 주요 요인을 정리하면 다음 표 8-1 과 같다.

표 8-1 지체장애의 원인별 분류

질환별 분류	구체적 주요질환명
신경성 질환	뇌성마비, 척수성 소아마비, 진행성 근위축증(筋萎縮症)
관절 질환	관절탈구(脫臼), 관절 류머티즘, 혈우병성 관절증, 관절염
형태 이상	내반족(內反足), O각(脚), X각, 척추측만증, 포코멜리아(海豹肢症)
골 질환	골형성부전증, 태성연골발육이상, 페르테스병, 구루병, 골수염
외상성 질환	절단, 반흔구축(瘢痕拘縮), 변형치유골절(變形治癒骨折), 가관절(假關節)

3절 지체장애의 진단 및 판별

지체장애자의 진단 및 판별은 전술한 바 있는 개념과 정의에 입각하여 행해져야 한다는 것은 대전제다. 그 다음에 고려할 점은 진단과 판별의 목적이 교육상 특별 취급을 요하는 아동·학생이냐, 아니냐의 판별이기 때문에 의학적 관점에만 비중을 두는 것이 아니라 학교생활, 학습행동상의 신체기능 상황을 중심으로 진단·판별하여야 할 것이다. 따라서 장애의 정도, 부위, 실태를 정확히 진단하고 판별하여 그에게 적정한 교육적 조치의 강구를 염두에 두고 관련 자료를 어떻게 수집하고 어느 기준에 의거, 어떤 방법으로 판별하느냐가 중요한 핵심문제다.

1. 진단 · 판별의 조건

장애자를 진단 · 판별함에 있어 의학적, 교육적, 사회적, 심리적, 직업적 등 여러 방면에서 충분히 고려하고 유의해서 고찰해야 될 조건은 다음과 같다.

① 질환의 원인을 규명하기보다는 장애의 정도를 진단 · 판별하는 것이 더 중요하다.

② 장애 중에서도 장래 생업능력에 지장을 초래할 기능이 있느냐, 없느냐에 중점을 두어야 한다.

③ 앞에서 고찰한 바와 같이 장애의 원인이 다양하기 때문에 외관에 의한 형태 이상 여부만으로 진단하면 오진하기 쉽다.

④ 현재의 장애만을 중점적으로 취급해서는 안 된다.

⑤ 지체장애이므로 심리적 면을 신체적인 면에만 편중해서 판별하면 안 된다.

2. 판별의 방법

판별의 방법은 전문의(정형외과의)의 과학적이고도 정밀한 진단결과에 의해서 시행하되 다음과 같은 일반적 사항과 구체적 사항(교사양성연구회 특수교육부회 편, 1970)을 고려하여야 한다. 일반적 사항은 다음과 같다.

① 체간, 상지 및 하지의 각개 기능장애의 상황은 어떠한가.

② 체간, 상지 및 하지의 종합적인 기능장애의 상황은 어느 정도인가.

③ 기능장애를 개선 · 회복하는 데 요하는 기간은 어느 정도인가.

④ 변형 및 결손이 있는 자일 경우 그 변형, 결손이 지체의 운동기능에 미치는 영향은 어떠한가.

구체적 사항은 다음과 같다.

① 일상생활 능력, 즉 이동, 식사, 용변, 필기, 탈 · 착의(着衣), 말하기 등 일상생

활의 동작이 어느 정도 되는가에 대한 검토를 한다.

② 입학 후 운동기능 개선의 가능성을 전망한다.

③ 정형외과 전문의에 의해 수술적인 처치, 깁스 또는 보장구(補裝具)에 의한 처치 등 정형외과적인 처치의 필요성의 유무를 검토한다.

④ 지체의 장애 정도가 중증이 된 원인을 충분히 검토하여야 한다. 즉, 운동기능, 지능, 언어 등의 장애가 중복되어 중증인가 아닌가에 대하여 충분히 검토・진단한다.

⑤ 특수교육을 받을 수 있는가의 적부를 검토한다.

⑥ 장래 직업생활의 가능성을 예측한다.

이상과 같은 진단항목에 대해 전문의가 세밀하게 고려함으로써 장애 부위, 질환의 원인, 장애의 정도, 관절・근 등을 포함한 전신의 종합적 기능상태, 지각이상 유무 등에 대한 정밀한 검진과 각종 심리검사, 언어장애의 여부와 그 정도, 사회적 성숙도 등에 대한 조사 등을 실시하여 종합적인 자료를 가지고 전문가로 구성된 판별위원회에서 신중하게 판별하는 것이 바람직하다고 하겠다.

대개 선진국들은 교육위원회와 각 학교에 판별위원회가 구성되어 있는 것으로 알려지고 있다.

4절 지체장애아동에 대한 교육적 조치

지체장애자에 대한 교육적 조치로서는 현재 크게 두 가지로 대별하여 생각해 볼 수 있다. 즉, 하나는 치료기간을 중심으로 세운 기준에 따른 교육적 조치이며, 다른 하나는 장애의 정도와 부위 등 모든 면을 종합하여 교육적 조치를 시행하는 경우다.

따라서 치료기간을 기준으로 한 교육적 조치는

① 매우 장기간에 걸쳐 병증상이 지속하든지 자주 재발하는 자 또는 기능장애가 매우 중증이고 고도한 아동(자)은 취학면제를 고려한다.

② 2년 이상의 장기간 치료를 요하는 아동(자)은 특수학교에 취학시켜 교육과 치료를 받도록 조치함이 바람직하다.

③ 비교적 단기간의 치료로써 완치될 수 있는 아동(자)은 특수학교에서 지도하거나 일반학교에서 특별히 유의해서 지도하는 것이 바람직하다.

④ 약 1년 이하의 치료로 완쾌되는 자 또는 그 기간에 운동기능의 자연적인 개선이 이루어질 희망이 뚜렷한 아동(자)은 취학유예를 고려하는 것이 바람직하다는 것이다.

이에 비해 장애의 정도와 부위 등 모든 면을 종합한 교육적 조치는 다음과 같이 요약할 수 있겠다.

첫째, 지체장애 및 건강상태(정상/손상)에 대한 정확한 진단·분류·기술적 자료가 중요하다.

지체장애 및 건강상태가 ① 정상이고 손상이 없고 안정적이냐, ② 발병연령이 선천적이냐 후천적이냐, ③ 일시적 단기간이냐, 장기간·만성적·진행적이냐, ④ 손상정도의 심각성 여부, ⑤ 생리적 기능, 감각 기능, 운동성의 손상 상태, ⑥ 인지·정서·성격·의사소통·사회성 수준과 특성은 어떤 것인지 정확한 진단과 그에 따른 기술(記述) 자료가 있어야 한다(Perrin et al., 1993; Heward, 2006).

둘째, 지체장애 및 건강장애를 가진 아동들은 일반적인 교육과정에 더하여 '그들의 장애를 극복'하는 과정에서 특별한 지도, 치료요법, 관련된 다양한 서비스와 조화된 조치 등 '평행적 교육과정(parallel curriculum)'을 통한 집중적 지도가 필요하다(Bowe, 2000).

셋째, 지자체별, 교육청별로 지체장애, 건강장애 학생들을 위한 유관 협력체제를 구축하여 관련 서비스를 받도록 전환훈련팀 접근법(transdisciplinary team approach)을 시도해 보아야 한다.

장애학생들의 의료적, 교육적, 치료적, 직업적, 사회적 요구에 부응하여 건강관리 및 사회적 의사소통과 교육적 환경에 적응하도록 지역사회적으로 개방적인 조력이 필요하다(Heward, 2006).

넷째, 국가는 지체 및 건강장애를 지닌 아동들에게 관련된 서비스를 제공하도록 관련 전문가들을 시급히 양성하여 일선학교에 배치해야 한다.

일반 특수교육전공자보다는 물리치료사, 작업치료사, 언어병리전문가, 신체적응 교육자, 레크레이션 치료사, 학교 간호사, 상담전문가, 사회 복지사 등이다.

다섯째, 지적장애 및 건강장애를 가진 아동들은 신체적 능력의 결함으로 인해 인지능력 및 학업성취, 심리 정서적, 운동기능 및 사회적 기능면에서 많은 어려움을 겪고 있기 때문에 전문적이고 충분한 교육적 배려가 절실하다.

수술이나 장기 결석으로 인한 학업성취의 문제, 신경계통의 장애로 인한 인지 및 지각능력의 결함과 그로 인한 학업성취의 지체 가능성(Batshaw, 2002; Best et al., 2005; 이소현, 박은혜, 2007), 체육 및 다양한 교내외 학습활동의 참가 곤란(Mukherjee, Lightfoot, & Slpper, 2000; 이소현, 박은혜, loc. cit)에 따른 낮은 자기 효능감과 사회적 효능감 문제, 학습된 무기력, 소외증후, 좌절증후, 에퍼시증후(apathy syndrome), 감정소실증후(anhedonia), 우울 · 위축 · 의욕상실 등의 증후를 보일 수 있기 때문에 충분한 배려와 서비스를 필요로 한다(본서 제4장 참조).

5절 지체장애아동에 대한 교육방향

1. 지체장애아동을 위한 특수교육적 접근

지체장애학생들은 전술한 바와 같이 정형외과적인 손상과 병 · 허약인 경우로 분류된다. 따라서 손, 발의 운동 · 동작에 장애가 있거나 지체의 기능 · 형태상 장애를 지니고 있기 때문에 만성·급성 등의 질병치료와 함께 지체의 활동기능의 학습이 요구된다.

첫째, 지방자치단체별로 장애학생을 위한 병원학교(병원학급)를 설치해서 교육을 받도록 해야 한다.

지체장애학생 등 장애를 가진 학생들이 진단·치료를 받기 위해 병원에 입원할 경우 해당병원(지자체 지정 장애인을 위한 목적으로 설립)의 병원학교(학급)에서 교육을 받게 하거나 병원은 시설과 공간만 제공하고 교육은 순회교사가 담당케 할 수도 있다.

둘째, 장애의 유형과 정도 및 의학적 예후에 따라 다양한 학습환경에서 교육을 받도록 해야 한다.

가볍고 중간 정도의 지체장애학생들은 일반학교에 통합·배치되고, 중복장애 또는 중증장애학생들은 특수학교나 특수학급에 배치할 수 있다.

중요한 것은 특별한 도움이 필요한 경우에만 자료실이나 치료실에 가서 상주하는 교사나 순회교사(특수)로부터 교과지도, 물리치료, 언어치료, 작업치료 등의 도움을 받게 하는 것이다. 그러자면 그에 상응하는 시설과 인적 자원의 확보가 전제되어야 한다.

셋째, 지체장애학생을 위한 최대한의 편의시설을 갖춘 학교환경이 요구된다.

지체장애학생들은 대부분 휠체어(wheelchair)를 사용한다. 이들이 휠체어를 탄 상태로 승차할 수 있는 '승강리프트가 장착된 차량(스쿨버스)'을 통해 등교해서 필요한 경우 '전동스쿠터'를 사용할 수 있으며 장애인의 편의성을 최대한 고려한 '출입문', 그리고 장애인을 위한 '경사로'의 설치, 필요하면 사용할 수 있는 리프트(소형 휠체어 리프트, 체어리프트 등), 휠체어 사용자가 불편 없이 이용할 수 있는 '화장실' 등이 설치된 환경에서 학교생활을 하게 해야 한다.

넷째, 교사는 신체결손부위용 인공기관(prosthesis)이나 신체부위 기능을 대치하는 보장구(orthosis)를 사용하고 있는 지체장애학생을 이해하고 그 보조공학적 기구들의 기능과 조작에 대해 알고 있어야 한다.

이 같은 인공기관과 보장구에 대한 이해의 바탕 위에 지체장애학생들이 학습과 생활에서 보다 용이하게 적응할 수 있도록 하기 위해 교사는 장애학생용 책꽂이, 천장식 투영기, 원격조정장치가 부착된 전동타자기, 자동책장 넘기개, 연필잡이,

두봉(頭棒), 컴퓨터용 자판, 볼 베어링 식사 보조기, 긴 손잡이 집게, 손잡이가 달린 컵 등 지체장애학생을 위해 특별히 고안된 기기(학습 및 생활용구)를 사용하도록 해야 한다(김승국, 2001).

다섯째, 치료를 필요로 하는 장애학생들에게 치료실과 치료용 기기(도구) 및 자료를 비치하고 치료를 받도록 해야 한다.

물론 중증인 경우는 병원에서 받아야겠지만, 학생들의 장애상태를 완화, 호전시키기 위해서 물리치료와 작업치료 그리고 언어치료를 필요로 하는 학생들이 있다.

물리치료(physical therapy)는 물리치료사가 맡게 되고, 그 내용으로는 온열치료(thermal therapy), 한냉치료(cold therapy), 자외선 치료(ultraviolet therapy), 전기치료(electro therapy) 그리고 치료적 운동요법(therapeutic exercise therapy) 등이 있고(오정희, 1986), 작업치료(Occupational therapy)는 작업치료사가 맡으며 그 내용에는 기능적 작업치료(functional occupation al therapy), 유지보존적 작업치료(supportive occupational therapy), 직전작업치료(prevocational occupational therapy), 그리고 가정생활을 돕기 위한 재훈련치료 등이 있다.

언어치료 역시 언어치료사가 담당하게 되는데, 지체장애학생 중 '구음기관(構音器官)인 혀, 이, 입술, 구개(口蓋), 턱의 기능상 이상으로 인해 언어생활에 있어 음의 대치(代置), 생략, 왜곡, 첨가 등으로 나타나는 이상현상인 구음장애(構音障碍)'(김홍규, 1989)를 보이는 학생이 있다.

이러한 학생들이 취학하고 있는 학교에서는 물리치료실, 작업치료실, 언어치료실을 두고 각종 치료용 기구(도구)와 자료를 비치하여 해당학생에 치료와 함께 전문적 조언을 해주어야 한다.

여섯째, 학생들의 장애특성에 따른 교육과정의 운영이 요구된다.

물론 장애를 가진 학생들도 일반학생들과 같이 배우고 생활해야 한다는 통합교육의 원칙이 시대적 바램이요, 민주주의 정신이다.

그런데 운동장애를 가지고 있는 학생이 있는가 하면, 운동장애와 정신지체를 가지고 있는 중복장애 학생도 있고, 운동장애 외에 시각이나 청각장애를 가진 학생들도 있다.

이럴 경우 해당 학생들에게는 비장애학생들의 교육목표와 교육내용에다가 해당되는 장애의 기능을 신장시키는 교육목표와 내용이 추가되어야 할 것이다.

김승국은 '지체장애아동에게 사용할 수 있는 가장 효과적인 교수방법은 행동수정원리에서 찾아볼 수 있다'고(김승국, 2001) 했는데 공감이 가는 주장이다. 모든 장애유형을 가진 학생들에게 조작적 조건형 원리(skinner)에 입각해서 '부적응 행동을 소거(消去)시키고, 보다 바람직하고 효과적인 행동을 학습시키기 위해 자기표현 훈련과 사회적인 강화자극(칭찬, 격려, 인정, 미소, 선물 등), 단계적・점진적 행동 조성 등의 행동수정 원리(이장호, 1982; Axelrod, 최영하 역, 1986)는 효과가 클 것이다.

2. 지체장애아동을 위한 통합교육적 접근

첫째, 교사는 지체장애아동의 특성을 이해하고 효과적인 교수전략을 준비하고 있어야 한다.

특수교육 대상자 선정・배치를 통해 학생신분을 가진 장애아동에 대해 담당교사는 의사들의 진단과 처방결과, 전문치료사(물리치료사, 작업치료사, 언어치료사)와 부모를 통해 얻은 관련 정보의 면밀한 검토, 특수교사의 조언, 그리고 담당교사의 관찰 및 면담결과들을 종합하여 ① 아동의 임상적 상태, ② 아동의 자조기능, ③ 이동능력, ④ 요구되는 편의시설과 보조공학기기, ⑤ 의사소통 수준, ⑥ 요구되는 학습보조기기와 자료, ⑦ 학습지도 방법, ⑧ 요구되는 투수지원 내용 등을 종합적으로 검토하여 효과적인 교수전략을 준비해야 한다.

둘째, 교사는 지체장애아동을 다루는 방법을 잘 익히고 행동에 옮김으로써 그들이 좀 더 교육을 편하게 받을 수 있도록 하고, 자료를 다루는 운동을 통해 신체능력을 신장시켜야 한다.

아동을 잘 다루려면 '잘 안고 들어올리기, 옮기고 적절한 자세를 취하도록 거들기' 등의 다루기(handling)와 교수자료나 놀이기구 등을 적절하게 배열하는 놓기(positioning) 등에 관련된 소양이 필요하다.

셋째, 지체장애아동들의 진로지도 및 취업지도를 해야 한다.

그들의 장애 원인과 상태가 다르지만 지체장애아동들은 ① 사지 및 동체 장애인, ② 양측 사지 장애인, ③ 양측 하지 장애인, ④ 편측 상지 장애인, ⑤ 편측 하지

장애인 등으로 분류되며, 각각 유형에 따라 종사할 수 있는 직종이 있다는 것이 지체장애학교 교사들에 의해 밝혀졌다.

즉, 언어나 지능에 장애가 없을 경우, 사지 및 동체장애인이 종사할 수 있는 직종은 성직자, 사회사업가, 점성가, 번역사, 통역사, 신문 · 잡지의 편집 등 10종이나 되었다.

양측 상지장애인은 성우, 통역사, 점성가, 사회사업가 등 8종이었고, 양측 하지장애인은 기능직, 전문직을 포함하여 108종이나 되었다.

편측 상지 장애인은 103종의 직종에, 편측 하지 장애인의 경우는 300종이나 되는 직종에 직업적성이 있는 것으로 밝혀졌다(김승국, 이해명, 1982).

또한 지체장애학교 출신자들의 취업직종(1980~1984, 5년간)은 '시계수리, 전자, 목공, 양재, 자수, 편물, 농업, 점원, 공원 등'(김승국 외, 1985)으로 밝혀졌다.

넷째, 뇌성마비인을 대상으로 한 그들의 직업적성 연구도 교육적 시사점을 준다.

마비의 유형이나 마비부위에 따라 약간의 차이가 있지만, 그들의 직업적성의 직종수가 작게는 12~2,105개종이나 된다.

즉, ① 식품 · 담배 · 관련 제품의 가공 계통, ② 섬유 · 가죽 · 관련 제품의 조립 · 수선 계통, ③ 여러 가지 물질로 만들어지는 제품의 제조 · 수리 계통, ④ 피혁 · 방직 · 관련 제품의 가공 계통, ⑤ 섬유직 · 화공약품 · 플라스틱 · 합성물질 가공처리 계통 등이다(김참섭, 1995).

제 9 장

의사소통장애와 교육

행동의 바탕이 되는 생각, 감정, 느낌, 욕구, 의지 등을 교환하며 대인관계를 맺고정보와 아이디어를 주고 받는 것, 즉 메시지를 암호화하고 전달하고, 해독하는 것을 포함한 일체의 행위를 의사소통이라고 일컫는다.

자신을 전혀 표현하지 못하는 사람은 거의 없지만, 효과적으로 의사소통을 하지 못하는 어린이와 성인들이 있다. 듣기와 읽기를 통해 정보를 받아들이지 못하고, 자신의 생각을 구어(spoken words)로 표현하지 못하는 아동 및 성인을 의사소통장애로 정의하게 된다(Heward, 2006). 의사소통에 장애가 있다 보니 학습하고, 자신의 능력을 계발하고, 다른 사람들과 만족스러운 관계를 형성하는 데 어려움을 가진다.

최근에는 의사소통장애라는 말을 공식적, 교육적으로 쓰고 있지만 70년대까지만 해도 언어장애라는 말을 보편적으로 사용했다. 따라서 의사소통의 성격을 논하기 전에 과거에 사용했던 언어장애의 의미를 먼저 고찰하는 것이 참고가 될 것으로 생각한다.

Van Riper는 "말장애란 듣는 사람의 주의가 말하는 내용보다 말 그 자체에 쏠리어 의사소통을 방해하며, 말하는 사람이 일상생활에서 불안이나 부적절함을 느끼거나 사회적인 상호작용을 피하려는 부적절한 행동을 유발하는 것"이라고 정의하였다(Van Riper, 1972).

그러나 언어장애자(speech defect, speech disorders)는 그 원인과 정도, 종류가 다양하게 지적될 수 있기 때문에 한 마디로 간단히 정의를 내리기에는 어려움이 있다.

가장 오래된 정의(1941년)는 핀트너 등(R. Pintner, J. Eisenson, M. Stanton)의 견해로서 "언어가 잘 들리지 않고 이해하기 어려울 때, 말을 할 때 불쾌감을 주고 겉으로 고통스런 상태를 보일 때, 개인의 정신연령, 생활연령, 성, 신체발달에 적합지 않은 언어구사"를 언어장애라 정의하고 있다(김성일 외 편, 1972).

Van Riper는 "......다른 사람의 말과 너무 차이가 심해서 말 그 자체에 대해 주위 사람의 주의와 시선을 끌게 하거나 말의 의미가 명확히 전달되지 않거나 언어가 당사자의 부적응의 원인이 될 경우"(Riper, 1963: 1)에 해당하는 자를 언어장애자라 정의한 바 있고, Hallahan 등도 '같은 연령의 아동집단에서 상징 부호의 사용능력이 현저하게 뒤떨어지는 아동을 언어장애아동(language disorders 아동)(Hallahan & Kauffman, 1987)이라고 규정했다.

즉, 언어생활에서 확실히 차이가 난다든지(conspicuous), 이해하기 어렵다든지(unintelligible), 불쾌한 주의를 끌게 하는 것(unpleasant) 등으로 그 양상을 요약해 볼 수 있겠다.

田口恒夫는 "보통 일반인의 듣는 입장에서 볼 때, 말의 내용과 말하는 태도에 관심이 끌릴 정도로 이상한 말을 하거나 또 그 때문에 말하는 당사자가 욕구불만, 열등의식을 갖게 되고 사회생활에 불편을 초래하게 되는 상태"를 언어장애라 정의하고 있다(田口恒夫, 1966).

또한 교육학사전에 의하면 "언어의 발음이 안 되거나 불완전한 것"이라고 간단히 정의한 다음 실어증(aphasia), 말더듬(stammering), 발음의 잘못, 불명료, 콧소리 등을 이에 포함시키고 있다(서명원 외 편, 1965).

그리고 교육학용어사전에 의하면 "발음의 불명료, 실어증, 말더듬 등으로 인해 의사소통에 방해가 됨은 물론 주의를 끌게 되며 상대방으로 하여금 불안감이나 부적응을 일으키게 하는 상태의 자"를 언어장애자로 규정하고 있다(서울대학교 사범대학 교육연구회 편, 1981).

끝으로 서석달은 "일반적으로 나이에 상응하지 못한 불쾌한 음이거나 명료도가 부족하거나 간에 말하는 사람에게 불쾌한 주의를 끌게 할 정도로 평균에서 벗어나 있는 언어를 구사하는 자"라 정의하고 있다(서석달, 1982).

결국 인간의 의사소통의 체계는 구어(speech)와 언어 형식(language form)이다. 특히 얼굴을 마주보며 상호작용하는 경우, 비구어적 수단(nonspeech means)을 통해 의사소통을 하게 되고, 이 비구어적 수단으로 약 50~90% 정도의 정보를 얻게 된다고 판단한다(Heward, 2006; Owens, 2005; Lue, 2001). 즉, 음(音)과 폭소(laughter), 그리고 메시지의 '의미와 형식'을 바꾸는 구어 수식 용법(speech modification)인 음의 변화(variations in pitch), 억양(intonation), 음의 속도(rate of deliverly), 멈춤과 쉼(pauses)과 같은 준언어적 행동(paralinguistic behavior), 그리고 자세(body posture), 표정(facial expressions), 제스처, 눈맞춤, 머리와 몸의 움직임 등 비언어적 단서(nonlinguistic cues)를 얻게 된다(Heward, 2006). 이와 같이 구어와 글로 나타내기, 준언어적 행동과 비언어적 단서들을 발달단계에 맞게 의사소통의 도구로 사용하느냐에 따라 장애 여부를 판단하게 된다.

이렇듯 개인의 정서와 생각, 감정과 느낌, 욕구와 의지 등을 표현하고 수용하기 위해 사용하는 말과 언어는 의사표현으로서의 조직화된 상징체계요(Jusczyk, 1997),

가장 보편적 · 추상적인 상징체계이다(이소현, 박은혜, 2007). 그런데 말과 언어는 생산과정에서 호흡과 발성, 공명(resonation)과 조음(articulation) 등 네 가지 요인 중 어느 하나라도 손상(장애와 이상)을 입으면 말 장애를 가져오게 된다. 뿐만 아니라 유전적 신체적 손상인 생물학적 요인(Wang & Bacon, 1997)과 정신지체 및 뇌 손상(NIDCD, 1998), 청력손실 및 청력처리 과정 장애(Cucase & Mcfarland, 1998), 신경학적 이상(NICHY, 2000) 등의 요인에 의해 말과 언어의 장애를 일으키고 결과적으로 의사소통 장애가 나타난다(Kirk, Gallagher, & Anastasiow, 2003; 김창욱 외 공역, 2005).

1절 의사소통장애의 정의

자녀의 성장과정에서 비록 서툴지만 아이가 말을 하기 시작하고, 후에 초보적 수준이지만 말과 언어를 통해 부모와 의사소통이 이루어지게 되면 부모입장에서는 감탄과 흥분을 느끼게 하는 발달적 사건으로 받아들이게 된다. 왜냐하면 인간은 말을 통해 생각과 감정을 주고받고, 의사소통을 통해 지식과 정보를 교환하며 생활하기 때문이다.

아이들에게 있어 이 같은 구어와 언어의 발달은 개인에 따라 차이가 있고 다양한 양상을 나타낸다. 어떤 아동들은 발달규준보다 앞서는가 하면 발달규준에 준해서 언어발달을 보이는 아동들도 있다. 그런데 어떤 아동들은 발달규준을 따르지 않고 지체되며 일반적이지 않은 언어적 단계로 발달함으로써 주목을 받기도 한다.

이렇듯 구어나 언어의 발달양상 및 그 정상범주는 광범위하다.

그런데 유전적(Uffen, 1997; Yairi, 1998) 및 인지적 결함과 정신지체, 청력 손실, 행동장애, 구어기관의 구조적 비정상, 결핍된 환경, 호흡기관 · 발성기관 · 조음기관 등 신체적 손상(Wang & Bacon, 1997; Hall et al., 2000), 외상성 뇌손상, 구어근육 마비, 비정상적인 두개 및 안면, 아데노이드 비대, 심각한 미숙아, 청력처리 과정의 장애

(Briscoe, Gatherole, & Morland, 1998; Cucase & McFarland, 1998; Heward, 2007), 신경근육 손상 등 신경학적 이상 등이 원인이 되어 말과 언어장애로 나타나게 되는 것이다.

그런데 1990년대에 접어들면서 미국에서는 언어장애(language disorder)라는 용어 대신에 의사소통장애(communication disorder)라는 말을 학술적 공식용어로 활용하고 있다.

즉, 미국언어청각협회(The American speech-Language-Hearing Association: ASHA, 1993)에서는 '개념이나 구어 및 비구어, 그래픽 상징체계를 수용하고 전달・지각・처리하는 능력에 있어서 손상을 가지는 경우'를 의사소통장애라고 정의하고, 의사소통장애의 범주 속에 발성, 말소리의 흐름과 음성에서의 손상인 말장애(speech disorder)와 말, 문자, 기타 상징체계의 이해 및 활용에 있어서의 손상을 보이는 언어장애(language disorder)를 포함・분류하고 있다.

또한 미국정신의학회 역시 '정신장애의 진단과 통계편람'(DSM-IV, 1994)에서 의사소통장애(Communication Disorders)라는 용어를 사용하면서 그 속에

① 표현성 언어장애(Expressive Language Disorder),

② 혼재 수용-표현성 언어장애(Mixed Receptive-Expressive Language Disorder),

③ 음성학적 장애(Phonological Disorders: 종전의 발달성 구음장애),

④ 말더듬(Stuttering)으로 분류하였다(American psychiatric Association, 1994).

결국 언어장애보다는 의사소통장애라는 용어가 포괄적이면서 긍정적・교육적인 뉘앙스를 풍겨 준다고 생각한다.

그렇다면 의사소통장애의 범주 속에 포함시키고 있는 말장애와 언어장애를 재음미할 필요가 있다. 왜냐하면 의사소통장애 전문가들은 말장애(speech impairments)와 언어장애(language impairments)를 구별하고 있기 때문이다(Heward, 2006).

말장애는 '말(speech)을 산출하는 과정에서 나타나는 장애로써 남이 알아들을 수 없을 정도의 이상한 말씨를 사용하는 것, 즉 말이 비문법적이고, 다른 사람이 이해하지 못하여 문화적으로나 개인적으로 적절하지 못할 때'를 말한다. 따라서 호흡기관(폐, 기관, 기관지 등), 발성기관(후두 및 성대) 그리고 조음기관(입술, 구강의 각 조직, 비강, 입천장 등)에 손상이 생겨 일어나는 의사소통장애를 말장애라고 했으며, '증상별로 발성장애, 조음장애, 구개열로 인한 장애를 말장애'라고 하였다(이승환, 1994;

이효자 외, 2005).

이에 비해 언어장애는 같은 연령집단 내에서 언어를 잘 이해하지 못하거나 적절하게 사용하지 못하는 것, 즉 언어(language)를 구성하고 이해하는 데 관련된 중추신경의 손상으로 인해 나타나는 장애를 언어장애라고 했다. 다시 말해 언어의 형식, 언어의 내용, 의사소통할 때의 언어의 기능에서 장애를 나타내는 경우라고 하겠다(ASHA, 1993; Heward, 2006).

이상과 같은 말장애와 언어장애 외에도 의사소통의 차이(Communication difference)가 의사소통의 장애(Communication disorder)가 될 수 있는가?에 대해 Haynes와 Pindzola는 다음의 6가지 항목 중 어느 하나라도 해당되`면 의사소통의 차이가 의사소통장애로 간주될 수 있다고 하였다(Hynes & Pindzola, 2004). 즉,

① 메시지를 전달하거나 지각하는 데 결함이 있는 경우
② 경제적인 불이익을 당하게 되는 경우
③ 학습에 불이익을 당하는 경우
④ 사회적으로 불이익을 당하는 경우
⑤ 정서적인 발달에 부정적인 영향을 받는 경우
⑥ 의사소통의 문제로 인해 신체적인 손상을 받거나 건강에 위협을 받을 경우 등이다.

또한 미국언어청각협회는 '의사소통장애의 분류 및 정의'에서 의사소통의 범주 안에 말장애와 언어장애를 포함해서 제시했는데, 이를 이해하기 쉽게 재정리하면 다음 표 9-1 과 같다.

표 9-1 의사소통장애의 분류 및 정의

<table>
<tr><th colspan="2">의사소통장애(communication disorder)의 분류 및 정의</th></tr>
<tr><td>의사소통 장애의 정의</td><td>• 의사소통장애는 개념이나 구어, 비구어 및 그래픽 상징체계를 수용하고 전달하고 처리하는 능력에 있어서의 손상을 의미한다.
• 의사소통장애는 청각, 언어 또는 말의 처리과정에서 분명하게 나타날 수도 있다.
• 의사소통장애는 경도에서 최중도에 이르는 범위를 보이며, 발달적이거나 후천적으로 나타난다.
• 의사소통장애는 한 가지 이상의 의사소통장애가 혼합적으로 나타나기도 한다.
• 의사소통장애는 주장애로 또는 기타 장애의 2차적인 장애로 나타날 수 있다.</td></tr>
<tr><td>의사소통 장애의 분류</td><td>1. 말장애(speech disorder)는 말소리의 발성, 흐름, 음성에 있어서의 손상을 의미한다.
① 조음장애는(articulation disorder) 말의 이해를 방해하는 대치, 탈락, 첨가, 왜곡으로 특징지어지는 말소리의 비전형적인 산출을 의미한다.
② 유창성장애(fluency disorder)는 비전형적인 속도, 리듬 또는 음절, 어절, 단어, 구절의 반복으로 특징지어지는 말하기 흐름의 방해를 의미한다.
유창성장애는 과도한 긴장, 힘들여 애쓰는 행동, 2차적인 매너리즘과 함께 나타날 수 있다.
③ 음성장애(voice disorder)는 자신이 나이나 성별에 부적절한 음성의 질, 높이, 크기, 공명, 지속시간에 있어서 비정상적인 산출이나 결여를 의미한다.

2. 언어장애(language disorder)는 말, 문자, 기타 상징체계의 이해 및 활용에 있어서의 손상을 의미한다.
언어장애는 (1) 언어의 형태(음운론, 형태론, 구문론), (2) 언어의 내용(의미론), (3) 언어의 의사소통 기능(화용론)에 있어서의 손상을 포함한다.
① 언어의 형태
• 음운론(phonology)은 언어의 소리체계와 소리의 합성을 규정하는 규칙을 의미한다.
• 형태론(morphology)은 단어의 구조와 단어 형태의 구성을 규정하는 체계를 말한다.
• 구문론(syntax)은 문장을 만들기 위한 단어의 순서와 조합 및 문장 내에서의 요소들 간의 관계를 의미한다.
② 언어의 내용
• 의미론(semantics)은 단어와 문장의 의미를 규정하는 체계를 말한다.
③ 언어의 기능
• 화용론(pragmatics)은 기능적이고 사회적으로 적절한 의사소통을 위해서 이상의 언어 요소들을 조합하는 체계를 말한다.</td></tr>
<tr><td>의사소통의 다양성</td><td>1. 의사소통의 차이/방언은 지리적, 사회적, 문화/민족적 요소들을 반영하고 이들에 의해서 결정되는 개인의 집단이 사용하는 상징체계의 다양성을 의미한다. 상징체계의 지리적, 사회적, 문화/민족적 다양성은 말이나 언어장애로 간주되어서는 안 된다.
2. 보완/대체 의사소통체계는 심각한 표현 및 언어 이해의 장애를 지닌 개인의 손상과 장애 패턴을 위해서 일시적이거나 영구적으로 보상하고 촉진하려고 시도하는 의사소통체계다.</td></tr>
</table>

출처: American Speech-Language Hearing Association(1993), Definitions of communication disorders and variations, *ASHA*, 35(Suppl, 10), 40–41.

끝으로, 우리나라의 '특수교육진흥법 시행령'에서는 "조음장애, 유창성 장애, 음성장애, 기호장애 등으로 인하여 의사소통이 곤란하고 학습에 어려움이 있는 자"를 의사소통장애자(언어장애자)로 규정하고 있다.

2절 의사소통장애의 원인

우선 전제할 것은 기존의 많은 연구결과들이 구어 및 언어장애에 있어서 신체적 조건 이외의 원인에 대해서 명확하게 밝히지 못하고 있다는 점이다(Mcreynolds, 1990).

그러나 일반적으로 기질적 구어 손상(speech impairments)과 기능적 의사소통장애(functional communication disorders)로 나누어 그 원인을 다음과 같이 밝히고 있다(Heward, 2006).

첫째, 구어장애는 신체의 특정기관과 관련된 기질적 문제가 원인이다.

① 구개파열(口蓋破裂: cleft palate), 구어근육(speech muscles)의 마비, 치아 손실, 구개 및 안면의 비정상(craniofacial abnormalities), 임파선의 비대(enlarged adenoids), 외상성 뇌손상 등 신체의 특정 기관이나 부분의 손상, 기능부전(dysfunction), 이상형성(malformation)에 의해 나타난다.

② 마비말장애(dysarthria)는 호흡, 발성, 공명(resonation), 분명한 발음에 필요한 신경근육 손상에 의해 나타난다.

③ 정신지체, 청력 손실, 뇌성마비와 같은 장애에 수반되어 구어장애가 될 수도 있다.

둘째, 기능적 언어장애(language disorders)의 원인은 여러 가지를 지적한다.

① 인지적 결함(cognitive limitations)과 정신지체(mental retardation), 청력 손실(hearing impairments), 행동장애(behavioral disorders), 구어기관(speech mechanism)의 구조적 비정상, 결핍된 환경(environmental deprivation) 등의 요인들이다(Hall et al., 2001).

② 표현하고 수용하는 언어(expressive and receptive language)에 심한 장애를 가지는 경우에는 뇌의 손상(injury)이 원인일 수 있다.
뇌 과학이나 뇌 영상 연구가 활발해지기 전까지는 불안하고, 우울하고, 강박증이 있거나, 화를 쉽게 내거나, 쉽게 주의가 산만해질 경우, '마음속에 문제가 있다'며 심리학적 접근을 시도했다. 그러나 뇌 관련 연구의 발달에 따라 '일 처리, 감정 표현과 사고력, 대인관계의 수위 결정' 등 모든 문제가 뇌가 어떻게 작동하는냐에 따라 결정된다는 것을 알게 되었다.
뇌에서 가장 크고 복잡하고 고도로 발달한 부분인 전뇌(前腦)가 주목된 것이다. 대뇌피질 안쪽 둘레를 따라서 있는 변연계(해마, 편도체, 대상회)는 정서, 동기, 사고체계와 상호의존성이 있다. 대뇌피질이 잘 발달되어 있으면, 고도의 감각, 지각운동, 기술, 상상력, 추리력, 언어능력, 통찰력 등도 발달한다. 학습과 기억에 결정적 역할을 하는 해마, 그리고 읽기·편지쓰기·글짓기·메모·신문 스크랩 등의 능력과 관련되는 전두엽, 뿐만 아니라 눈 뒤쪽 관자놀이 아래에 있는 측두엽은 기억·언어 이해·얼굴 재인식·기질 통제 등과 관련되기 때문이다(Wonder & Donovan, 1991; 문정화, 하종덕, 1999; Amen, 2002).
결국 우뇌가 손상을 입었을 경우는 사물의 공간적인 관계를 지각·조작·기억하는 기능과 언어로 설명하거나 묘사하기 곤란한 자극을 지각하고 기억하는 기능에 장애가 발생한다. 왜냐하면 좌뇌(左腦)는 말이나 글의 의미를 이해하고 이에 적절히 반응하는 행동과 관련이 있고, 우뇌는 말의 강약, 얼굴 표정, 몸짓 등을 통제하는 것(문정화, 하종덕, 1999)인데 이들이 제 기능을 못하니 의사소통장애가 나타날 수밖에 없기 때문이다.
성인 언어장애 중 가장 출현율이 높은 실어증(aphasia)은 대부분 심혈관장애인 뇌졸중(stroke)이지만 아동 실어증의 주된 원인은 뇌손상(head injury)(Heward, 2006)인 것을 통해서도 알 수 있다.

③ 기능적 의사소통장애는 주로 환경적 영향에 기인한다는 전문가들이 많다.
아이들은 주변환경을 통해서 의사소통에 적절한 기술을 제공받는냐, 아니면 부적절한 기술을 제공받는냐에 영향을 크게 받는다는 것이다. 특히 가정에서

언어적 자극을 거의 받지 못하고, 다른 사람과 상호작용하는 기회를 거의 가지지 못한 아동은 의사소통에 대한 동기가 거의 생기지 않을 것이고, 언어발달도 지체될 수밖에 없다는 것이다(Ratner, 2004).

셋째, 의사소통 관계의 원인이 유전적이라는 연구결과도 주목된다.

언어는 언어의 형태(form)와 관련된 음운론·형태론·구문론과 내용(contents)과 관련된 의미론·화용론 등 다섯 영역으로 설명한다(Heward, 2006). 그런데 음운장애(phonological disorders)와 유전적 관계(Uffen, 1997), 말더듬(stuttering)과 유전적 관계가 있고(Yairi, 1998), 구어(speech)에 영향을 주는 유전인자 영역(gene area)을 발견했다고 보고(Porterfield, 1998)하였다(Heward, 2006).

3절 의사소통장애의 진단 및 판별

아동의 구어와 언어를 사정하는 데 있어서 완벽한 검사나 방법은 없지만(Silliman & Diehl, 2002), 구어 및 언어장애의 결과를 어느 정도 예측하고 인식한 다음에 효율적인 교육적·치료적 접근을 위해 관련 아동들에 대한 전문적인 판별과 사정(Identification and Assessment)은 중요하다(Hall et al., 2001).

구어 및 언어장애의 수준과 결과가 어느 정도인지를 인식하기 위해 아동들에 대한 전문적 사정 평가와 교사의 관찰은 중요하다. 언어치료사들은 아동들의 구어능력을 선별(screening)하기 위해 규준참조검사, 언어치료사들(SLP)이 개발한 비공식적인 사정자료, 부모와 교사들을 상대로 한 질문지와 체크리스트 등을 사용한다(McCauley, 2001). 그 절차와 내용은 다음과 같다.

첫째, 다수 아동을 대상으로 한 선별검사를 실시한다.

짧은 시간에 많은 아동을 대상으로 효율적인 실시 · 채점 · 평가 · 진단하기 위해서 일상생활 관련의 간단한 항목들로 구성된 검사이다.

① 아동의 이름과 나이를 말하기
② 1, 2, 3, 4, 5 등 숫자를 말하기
③ 어디 사는지 주거상태 말하기
④ 전화번호 및 요일 말하기
⑤ 좋아하는 음식이 어떤 것인지 말하기 등이다.

둘째, 선별검사를 거쳐 언어발달장애아동의 현재 수준과 그에 따른 하위 영역을 평가한다.

언어 중재(language intervention)를 필요로 하는 언어 손상을 가진 아이들의 특성으로서 다음과 같은 내용들의 유무를 평가한다(Owens, Jr., 1999).

① 아동이 소리와 단어를 잘못 발음한다.
② 단어의 복수를 나타내는 마지막 단어(-s)와 과거시제를 나타내는 마지막 단어(-ed) 등을 생략한다.
③ 조동사, 전치사 등의 강조되지 않는 말을 생략한다.
④ 어휘를 적당하게 사용하지 못하고, 올바른 단어를 찾는 데 어려움을 느끼는 것 같다.
⑤ 새로운 단어와 관련 사항들을 이해하는 것을 어려워한다.
⑥ 문장구조가 정확하지 못하거나, 기본적인 문장형식(주어–동사–목적어로)에 과잉 의존(over-reliant)하는 것 같다.
⑦ 동사의 시제(verb tensing)와 관사(articles), 조동사(auxiliary verb)와 대명사(pronouns), 불규칙 동사(irreg, verbs)와 전치사(prepositions), 단어의 순서(word order)와 불규칙 복수(irreg plurals)의 사용에 어려움을 겪는다.
⑧ 사건을 시간적 순서에 따라 관련짓는 것을 어려워한다.
⑨ 아동이 지시를 따르는 것을 어려워한다.
⑩ 질문을 할 때 적절치 못하거나 의문사만을 사용한다.
⑪ 아동이 질문에 대답하는 것을 어려워한다.
⑫ 아동의 의견이 종종 주제를 벗어나거나 대화가 부적절하다.

⑬ 아동이 자신의 의견을 말하고 대답할 때의 끊기는 시간이 길다(long pauses).

셋째, 다양한 평가요소와 표준화 검사들이 있다.

언어장애의 유형을 분류할 때 일반적으로 8가지가 있음을 전술한 바 있다. 그 중 대표적인 몇 가지 유형에 대해 고찰하기로 한다.

1. 구음장애자

구음장애자는 구음기관인 혀, 이, 입술, 구개, 턱의 기능상 이상으로 인해 언어생활에 있어 음의 대치(substitution), 생략(omission), 왜곡(distortions), 첨가(addition) 등으로 나타나는 이상현상을 말한다.

음의 대치현상이란 단어의 음을 나타낼 때 다른 발음을 나타내는 것으로 예컨대 'right' 대신에 'wight'라고 발음함으로써 'r'음을 'w'음으로, 'yellow' 대신에 'yewo'로 발음하여 'll'음을 'w'음으로 발음하고 'yes' 대신에 'yeth'로 발음함으로써 's'를 'th'로 바꾸어 발음하는 것 등이 그것이다.

음의 생략이란 언어생활 중 음이 생략되는 경우로서 어미에서 음이 생략되는 경우가 가장 많으며 자음의 구두 또는 어중(語中)에서나, 합성음절의 모음 사이에서 음이 생략되는 경우도 있다.

2. 말더듬

정상인들도 실제적인 회화에서 리듬의 변동이 있으며, 말의 흐름이나 말할 때의 타이밍도 역시 변화를 보이고 말의 주저, 끊김 등이 있게 마련이다. 그런데 우리가 흔히 '말더듬'이라고 일컫는 경우는 언어생활에서 리듬을 조절할 수 없는 데서 나타나는 리듬의 장애현상이라고 할 수 있다.

말더듬에 관한 이론은 크게 기질설과 심리설 등 두 가지로 대별된다. 전자에 해당하는 주장은 대뇌 우위성(優位性)의 부전(不全)의 결과로 말더듬이 된다는 Lae Edward Travis의 주장이 이에 해당되며, 그 밖에 신경적 흐름에 있어서 어느 면의 부전 때문에 말더듬을 일으킨다는 이론도 있다. 즉, 말의 근육활동의 부조화가 회화의 주저와 동일음의 반복을 일으키게 한다고 주장하는 것이다. 그리고 언어기능의 통제를 위한 피질중추간(皮質中樞間)의 경합, 태아기, 출생 시, 출산 후의 신경적 손상 등이 말더듬의 원인이 된다고도 한다.

후자인 심리설의 경우는 자녀의 정상적인 말의 되풀이와 주저를 말더듬으로 낙인찍는다든지, 아동의 언어학습 단계를 무시하고 공포와 불안감을 느끼게 한다든지, 부모가 이해해 주지 않고 걱정스런 반응들을 보일 때가 문제라는 것이다.

하여간 Sheehan은 말더듬을 신경적 증상으로 파악했으며, Van Riper는 체질적 소인, 정서적 갈등, 욕구 저지, 낮은 인내심 등을 말더듬의 원인으로 지적하고 있다.

이러한 말더듬의 증후는 다음과 같은 증세를 보이게 된다(김홍규 외, 2009).

처음부터 막히는 사람(난발형)과 어떤 말이나 발음을 반복하는 사람(연발형), 그리고 어떤 음을 길게 늘이는 사람(연장형)으로 구별되지만, Kraimes는 다음과 같이 4가지 유형으로 분류함으로써 이해하는 데 도움을 준다.

첫째, 무슨 말을 끄집어 냈다가 일단 쉬어 호흡을 가다듬고 난 다음 다시 말을 계속하는 사람이다.

둘째, 말을 시작하려 하거나 또 말을 하면서 안면표정을 찡그리는 사람이다. 이들은 말하기 전에 얼굴과 이마에 주름살이 생기므로 안면표정이 음성보다 먼저 움직이는 까닭에 상대방은 웃음을 참아야 한다.

셋째, 혀 근육의 긴장강화로 인하여 혀와 다른 발성기관까지 긴장시켜 말을 더듬게 하는 것이다.

넷째, 이것은 말더듬이라기보다는 실어증의 상태로서 얼른 뒷말을 잇지 못하고 '제스처'를 먼저 쓰는 상태를 말한다.

따라서 말더듬이 된 원인을 찾고 진단을 내리자면 다음과 같은 사항에 대한 고찰을 해야 한다.

첫째, 다음 중 어디에 해당되는가 하는 말더듬의 정도를 파악해야 한다.

즉, ① 대단히 심각하다, ② 심각한 편이다, ③ 중간 정도다, ④ 가볍다, ⑤ 문제

삼을 정도는 아니다 중 어디에 해당하느냐이다.

둘째, 말더듬의 증상이 때와 상태에 따라 다르게 나타나는가의 여부를 확인해야 한다.

아버지와 대화할 때, 선생님 앞에서, 어머니나 형님 앞에서 각각 다른가? 아니면 화제의 내용에 따라 말더듬의 차가 보이는가? 가령 공부나 진학 또는 성적을 화제로 삼고 대화할 때에 말을 더듬고 놀 때나 먹는 것의 화제에서는 괜찮아 보이는 편인가? 그리고 장면의 차가 있는가? 예컨대, 음독(音讀), 발표 시에 더 무거운 증상이 보이는가?

셋째, 가정환경 및 생육력을 조사해야 한다.

① 가정불화의 유무, 부모와 말더듬 당사자의 애정관계 원만 여부, 근친자 중 말더듬이가 없느냐, 쌍둥이냐?
② 출산 시나 유아기의 이상 유무, 목이나 호흡기의 질환 유무, 체질이상 유무, 고질병 유무, 습벽 유무, 신경질적인가의 여부
③ 시어기(始語期)가 정상적이었나, 아니면 늦었는가?
④ 말더듬이라는 것을 누가, 어느 장면에서, 언제 발견했으며, 그 당시 어떤 주의를 주었는가? 그리고 현재는 어떤 변화가 있는가? 등에 관련한 것들을 조사·확인해야 한다.

넷째, 현재의 상태를 파악해야 한다.

① 심리교육면 : 성격, 지능, 학력, 학습태도
② 신체면 : 습진, 천식, 변비 등의 고질병 유무, 이비과적 질병 유무, 뇌신경계통의 이상
③ 말더듬이에 대한 태도 : 걱정하고 있느냐, 말더듬이라는 것을 자인하고 있는 것 같으냐, 적당히 말하지 않고 넘기려는 자세냐.

이상의 제 자료를 수집하여 원인을 규명하고 말더듬의 정도와 증후를 정확히 진단하게 되는 것이다.

3. 언어발달지체

생활연령에 걸맞지 않게 말이 발달하지 않든가 언어와 표출언어 일부의 이해에 그치는 경우와 같이 말의 불완전한 발달이나 지체를 언어발달지체자라고 부르게 된다. 그렇다면 생활연령 단계에 맞게 언어가 발달한다는 그 기준은 무엇인가?

우선 아동의 언어발달에 대한 제 견해(Hart & Risley, 1999; Porter & Hodson, 2001; Hulit & Howard, 2002; Shames & Anderson, 2002; Owens, 2005)를 정리함으로써 출생 후 아동의 언어발달 과정의 이해에 도움이 될 것이다.

〈언어발달 제1단계: 출생~6개월〉

① 유아들은 울음으로 의사소통을 한다.

② 다양한 형태(tone color)와 컬러(voice)의 울음을 발달시켜 울기 때문에 엄마는 '배가 고프다' '짜증이 나고 권태스럽다' '아프다' '기저귀가 젖었다'는 것을 알게 된다.

③ 엄마의 다양한 사랑 표현과 자장가 같은 편안한 음들이 기분 좋은 상태를 만들고, 듣는 것을 즐기게 되면서 옹알이(babbling)로 발전한다.

④ 자음(m / b / p)보다 모음(i/ee/와 e → uh)으로 발음되는 것이 먼저 발달한다.

⑤ 목소리를 크게 또는 작게 함으로써 반응을 나타내고, 소리나는 방향으로 눈(고개)을 돌린다.

〈언어발달 제2단계: 7개월~12개월〉

① 유아가 자기의 목소리를 높이고 내리는 등 억양(inflection)을 발달시킨다.

② "안돼(no)", "안녕(bye bye)" 혹은 자신의 이름에 적절하게 반응할 수 있다.

③ 짝짜꿍 손뼉치기(clapping) 같은 동작을 따라할 수 있다.

④ 1세 말경이 되면, 옹알이는 달라져서 '엄마', '빠빠' 같은 단순한 음과 단어를 반복하게 된다.

〈언어발달 제3단계: 12개월~18개월〉

① 발음은 완벽하지 않으나 엄마가 가리키는 물건(컵, 개)에 대해 말할 수 있다.

② 한 단어 혹은 두 단어를 말하고 지적함으로써 의사소통을 한다.

③ "수저 주세요", "컵 주세요", "입 벌리세요" 등 단순한 지시에 반응한다.

④ 18개월이 되면, 대부분의 유아들은 몇 개의 단어를 적절한 의미로 말한다.

〈언어발달 제4단계: 18개월~24개월〉

① 대부분의 아동들은 들은 말을 반복하고 반향언어(echolalia)의 단계를 거친다.

② 반향언어는 언어발달의 정상적 단계로서 2세 반 정도되면 대부분의 아동들은 반향어를 하지 않게 된다.

③ 구어의 사용과 습득에 큰 발전(great spurt)을 보여서, "아빠 안녕", "엄마 안녕", "과자 줘" 같은 문장으로 단어를 결합하기 시작한다.

④ 수용어휘(receptive vocabulary)가 급격하게 증가하여 2세가 되면 1,000개 이상의 단어(words)를 이해하게 된다.

⑤ '곧', '빨리', '다음에'라는 개념을 이해하며, 고양이와 개, 칼과 수저와 같은 사물 간의 미세한 차이(subtle distinctions)를 구별하게 된다.

〈언어발달 제5단계: 2세~3세〉

① 2세 아동은 "아빠 어디 갔어?", "나 말 안 할 거야" 같은 말을 하면서 일상대화에 참여한다.

② "인형을 집어서 가지고 오세요"와 같은 복합적 지시를 따를 수 있고, 색을 변별할 수 있고(identitifies colors), 복수형 구어를 사용하고, 자신의 경험에 대해 간단히 얘기할 수 있다.

③ 대부분의 자음과 모음을 올바르게 사용한다.

〈언어발달 제6단계: 3세~4세〉

① 정상적인 3세 아이들은 말을 많이 하고, 빠르게 말하며, 질문도 많이 한다.

② 900개 정도 어휘를 가지며, 세 단어 또는 네 단어로 문장을 만들어 표현한다.

③ 구어를 사용하고, 요구하고 항의도 하며 동의하기 위해 농담(jokes)도 한다.

④ 문장이 점점 길어지고, 얘기의 소재도 다양해진다.

⑤ 동화를 이해할 수 있고, 재미있고(funny), 크고(bigger), 비밀스러운 개념들도 파악할 수 있고, "낮에는 밝고, 밤에는…"과 같은 유추(analogies)를 완성할 수 있다.

⑥ 3세의 유아들은 음이나 단어를 반복하는데, 이같은 되풀이 반복과 머뭇거림(repettitions and hesitations)은 정상적인 현상이다.

〈언어발달 제7단계: 4세~5세〉

① 1,500개 이상의 어휘를 가지며, 5단어 정도의 길이로 문장을 사용한다.

② 듣는 사람에 맞추어 자신의 구어를 사용한다. 즉, 아기나 인형에게 말할 때보다 엄마에게 말할 때 좀 더 길고 복잡한 문장을 사용한다.

③ 사물 및 단어의 개념 정의를 할 수 있고, "어떻게 그것을 했지?" 또는 "누가 이것을 만들었지?"와 같은 질문을 한다.

④ '만약 … 라면', '왜냐하면 …'과 같은 접속사를 사용한다.

⑤ 노래를 외워서 부르고, 동요와 시를 암송할 수 있다.

〈언어발달 제8단계: 5세 이후~〉

① 5세 이후부터는 발전속도가 느리지만 언어발달이 꾸준히 이루어진다.

② 전형적인 6세 아동은 성인이 사용하는 대부분의 언어를 사용한다.

이같은 언어발달의 과정에서 언어지체 현상이 나타나는 원인에는 청력 손실, 정신박약, 정서장애, 행동장애, 환경결손, 뇌손상 및 뇌기능 부전(뇌성마비), 신경근육 손상, 구어기관의 구조적 비정상(Hall et al., 2001) 그리고 전술한 바와 같이 유전요인(Uffen, 1997; Yairi, 1998; Porterfield, 1998), 원인 불명의 선천성 실어증 등이 지적되고 있다.

영아기의 언어발달에 대해 Stern은 일어문(一語文: one-word sentence)부터 시작된다고 하였다(山下俊郞, 1986). 즉, '마마', '빠빠', '음마' 등의 유의미어를 생후 9개월이면 표현하게 된다는 것이다. 그러나 생후 1년 반에서 2년경이 되면 언어의 모방이 가장 왕성한 시기로서 보통 1달 동안에 30개 이상 100개 이하의 언어를 배운다고 한다(김홍규 외, 2009). 이상의 것이 정상아에 있어서의 언어발달의 과정이다. 그런데 4세가 되어도 알아듣기는 잘하면서 외마디 소리를 하고 말을 잘 안하는 어린이는 일단 언어발달에 그 어떤 장애가 있는 아이라고 보는 것이다.

그렇다면, 언어발달의 지체를 진단키 위해 어떤 점에 유의하고 어느 방면에 대한 자료를 수집해야 할 것인가.

첫째, 시어기(始語期)가 늦지 않았는지 알아보아야 한다.

제일 먼저 '빠빠', '마마' 같은 말을 하게 된 시기가 언제인가, 또한 정상아보다 늦지 않은가, 늦다면 어느 정도인가 등에 대해 확인해야 한다.

둘째, 발음상태를 파악해야 한다.

정확하게 발음하지 못하는 소리는 무엇이며, 틀리는 발음이 일관성이 있는지, 그리고 불안정한 발음을 하고 있는지 규명해야 한다.

셋째, 의사전달의 명확도 문제이다.

대개 2세이면 60%, 4세에서는 90% 이상 타인에게 의사전달이 되는 것이 보통인데 그 중 어디에 해당되는가.

넷째, 말하는 양이 어느 정도인가를 파악해야 한다.

말을 하지 않는지, 조금 말하는지, 쉽게 말하는지 아니면 잘 지껄이는지 등을 알아본다.

다섯째, 말의 길이와 내용을 살펴보아야 한다.

몇 마디 하는가? 길게 말하는가? 형용사, 동사, 조사 등을 사용할 줄 아는가의 여부를 확인해야 한다.

이상의 것을 참고로 하여 언어발달의 지체 여부를 판정한다.

4절 의사소통장애아동에 대한 교육적 조치

의사소통장애아동에 대한 조치는 장애의 유형과 정도에 따라 다양한 교육적 접근과 치료방법이 동원되기 때문에 단 한 가지 방법으로 접근할 수 없다. 그리고 일반적으로 청각장애자에 대한 조치와 밀접한 관련이 있음을 전제하는 것도 필요하다. 그래서 언어의 장애가 심하고 특정한 다른 장애를 수반하는 것으로 판별될 경우에는 각기 취학할 학교(특수학교)가 지정되지만, 그 밖의 경우는 특수학급이나 보통학급에서 교육을 받도록 규정되어 있기 때문에 학교와 교사들은 최소한 다음과 같은 점에 만전을 기해야 한다(Heward, 2006).

1. 일선 학교에서 아동에게 도움 주기

첫째, 아동들의 자기 존중감을 향상시키기 위해 노력해야 한다.

① 친화적인 인상과 자세로 아이가 편안함과 사랑을 느끼게 해야 한다.
밝고 부드러운 미소로 장애아를 대하면서 유창하게 말하면 "그래, 아주 좋아!", "그렇지", "잘했어" 하면서 강화해 주어야 한다.

② 비유창하게 말하면, 실망의 표정과 제스처보다는 의미있는 무반응(무시) 전략을 구사하는 것이 좋다.
그렇지 않고, "틀렸어, 천천히 하라니까", "다시 해봐, 숨을 길게 마시고…", "멈추고 다시 해" 등의 지시적 말은 교육자로서 실격이다.

③ 아동의 낮은 자존감과 높은 열등감을 자극하여 상처를 주어서는 안 된다.
그렇지 않아도 장애가 있는 아이들은 주눅들어 있고, 낮은 자존감과 열등감으로 차 있다. 자존감은 자아개념, 자아 정체성, 자기 효능감, 자기 가치 인정, 자기만족과 직결되어 자기개발과 자기실현을 위한 의지와 노력의 방아쇠 역할을 한다(김홍규 외, 2012). 때문에 건강한 수준의 자존감은 중요하다. 반대로 열등감은 신체적 열등감 → 학업적 열등감 → 심리적·정신적 열등감 → 사회적 열등감 → 정신건강 문제로 이어질 수 있기 때문에 이를 해소시켜 주어야 한다.

즉, 열등감이 열등 콤플렉스로 진전되고, 그것이 누적·강화되어 무능감, 절망감, 불안감, 불행감을 낳게 하며 궁극적으로 무기력 증후군, 청소년좌절증후군으로 악화될 수 있다(김형수, 김홍규, 2006)는 점에서 우려된다.

둘째, 바람직한 구어 모델(good speech model)을 제공해 주어야 한다.

① 아이의 연령단계에 맞는 말의 속도를 익히도록 해야 한다.

② 아동의 질문과 진술(statements)에 대답하기 전에 2~3초 침묵(pauses)함으로써 아동이 '대화 중 적당한 순간에서의 멈춤은 편안한 의사소통 환경'임을 알게 되고, 자연스러운 구어 운율(speech cadence)과 더 느린 구어 속도(slower rate of speech)를 익히는 데 도움이 된다.

셋째, 좋은 구어환경(good speech environment)을 만들어 주어야 한다.

① 대화에 있어서의 바람직한 매너를 가르쳐 주어야 한다.
모든 사람이 이야기할 기회가 있다는 것을 보장하고 아무도 남의 말 중간에 끼어들어서는 안 된다는 점을 일깨워 준다.

② 주의 깊게 듣고, 유효 적절한 반응을 나타내는 것을 예를 들어 가르친다.
즉, 자연적인 코멘트인 "그래 김선달, 그것은 파란색의 큰 트럭이지!"라는 말을 사용한다.

③ 아동이 말하는 동안 다른 활동을 멈추게 함으로써 관심을 가져주는 의미와 말하는 아동의 언어 유창성을 향상시키는 면도 있다.

④ 일상의 일들에 대해서 자연스럽게 이야기하게 함으로써 아동의 언어 유창성 향상에 도움이 된다.
낯설지 않은 일, 즉 다가오는 생일, 휴일, 소풍, 매일의 소풍 등에 대해 부담 없이 자연스럽게 말하는 기회는 언어훈련에 도움이 될 것이다.

2. 장애 유형별 교육적 조치

이제 의사소통장애의 유형별로 교육적 조치내용을 고찰하여 보면 다음과 같다.

첫째, 구음장애자를 위한 교육적 조치로는 우선 개인지도를 필요로 하는 장애인인가, 집단지도를 필요로 하는 학생인가를 파악하여 분류해야 한다.

둘째, 적절한 치료계획의 수립과 함께 개인지도를 필요로 하는 아동인 경우 1주에 2회 정도 언어치료사에게 치료를 받게 한다.

개인지도에 있어서 실제적 훈련은 가정과 학교에서도 행한다는 정신하에 치료에 대한 교사와 양친의 적극적인 협력이 요청된다.

집단 언어치료는 언어치료사들이 시간을 아끼고 언어와 흥미를 자극하기 위하여 효과적으로 활용하고 있는 것으로서 한 마디로 말하면 장애자들을 한데 모아서 행하는 회화체험을 통한 집단학습이라고 할 수 있다. 하여간 언어치료는 보통 1주에 1회 정도 언어치료사가 맡고, 1주에 2회는 담임교사가 책임 지도하는 것으로 이해할 수 있다.

셋째, 다양한 자질과 강점을 가진 언어치료사를 통해 적절한 교정과 치유를 받도록 맞춤형 치유서비스의가 효과적이다.

① 구어음(speech sounds)을 교정하기 위해 개별교육을 통한 구조화된 연습과 훈련으로 언어치료를 할 것인지.

② 자연적인 구어상황에서 구어 발성을 하도록 연습 훈련을 할 것인지.

③ 모델과 또래의 지원을 통해 집단교육을 통한 언어치료의 극대화를 기할 것인지 아동의 특수성은 감안하여 결정하는 것이 중요하다.

넷째, 말더듬에 대한 교육적 조치를 논하기 전에 착안해야 될 2가지 사항이 있다. 그 하나는 그들 자신들이 '언어구사에서 주저하고 더듬으며, 막거나 되풀이 하지 않고 유창하게 말할 수 있기를 원하고 있다'는 점이며,

다른 하나는, 그들 스스로 의식적이든 무의식적이든 간에 자기의 더듬는 증상을 위장, 회피하기 위하여 팔을 휘두르거나 말의 속도를 바꾸거나, 소리 지르거나, 속삭이거나, 자기의 의지력을 발휘하거나, 말을 늦추거나, 제창하거나 그 밖의 여러 가지 피상적인 노력을 시도한다는 점이다.

이 같은 점을 고려하면서 말더듬의 원인이 생리적·신체적 장애 때문이냐, 아니면 심리적 원인 때문이냐에 따라서 교육적 조치나 지도방향에 약간의 차이가 있을 수 있는 것이다. 그래서 흔히 말더듬의 치료방법은 대증요법과 심리요법으로 대별한다.

대증요법을 Van Riper는 두 가지 접근법으로 설명하고 있다.

① 말을 더듬지 않고 언어구사를 할 수 있도록 말더듬이 아동을 가르치려고 시도하는 경우로서 결국 더듬는 것을 금지하도록 가르치려는 접근법이다.
이 접근법에서는 구체적인 방법으로서 숨쉬기, 말하기, 말 끊기, 일제히 노래 부르기 등의 방법이 주의력을 다른 방향으로 돌리기 위해 이용된다.

② 타인이 어떻게든 참아 낼 수 있는 방법으로 말을 더듬도록 가르치는 것으로서 이는 비록 말을 더듬을지라도 어느 정도 통제가 되어서 더듬도록 가르치는 접근법이다. 이 접근법은 말더듬이에게 기초적인 구음부터 가르쳐서 점진적으로 유창해지도록 하는 방법인 것이다.

다음 심리요법이란, 말더듬이를 신경증적 증상으로 파악함으로써 신경질의 경감을 도모하는 치료기술이라고 할 수 있겠다. 따라서 말더듬이를 대할 때 애정과 수용의 태도가 절대적으로 필요하며, 성급하게 교정을 하려 하거나 무리하게 자극하여 악화시키지 말고 능력에 맞게 해낼 수 있는 훈련을 시키는 것이 바람직하다. 결국 말더듬의 원인이 생리적 · 신체적 장애든, 심리적 원인에 의해서건 간에 운동을 시킴으로써 발음기관의 기능훈련을 시켜야 하며 입으로 불기, 노래하기, 말하기 등의 장려로 호흡이나 발성운동을 시키고, 말을 더듬는 것이 점차 개선되는 흔적이 엿보이면 계속적인 칭찬을 주어서 자신감을 갖도록 해야 한다.

다섯째, 언어발달의 지진아에 대한 교육적 조치로는 다음과 같이 생각해 볼 수 있겠다.

즉, 앞에서 전문의에 의해 치료의 여지가 있다고 진단되면 치료를 받아야겠지만, 별로 의학적 원인이 아닌 것으로 판단되면 언어지도를 해야 한다. 말 상대가 되어주며, 웃지 말고 또 비난하지 않으면서 경청하는 자세를 취하는 것이 좋다. 경제적 여건이 허락된다면 재미있는 이야기를 녹음했다가 많은 말을 들려주는 것도 좋겠다. 그러나 주의해야 할 것은 강제로 말을 시키려고 한다거나, 성급하게 교정하려는 마음으로 못마땅한 표정을 지으면, 그 어린이는 더욱더 정서적 불안정이나 열등감을 맛보게 되므로 이 점에 주의가 요청된다.

요컨대, 그 정도가 지나치면 일단 전문가(의사 · 언어 치료전문가)에게 의뢰해야 한다.

5절 의사소통장애아동에 대한 교육방향

1. 의사소통장애아동을 위한 특수교육적 접근

언어장애, 의사소통장애의 유형과 정도에 따라 의학적인 처치가 전제되고 그 다음에 전문적인 언어치료사에 의해 언어장애를 치료해야 한다.

첫째, 의학적인 처방과 치료가 선행되어야 한다.

호흡기관, 발성기관, 조음기관 등 신체적 손상이나 구어기관의 비정상, 구어근육 마비, 신경근육 손상 등 기질적인 장애로해서 언어장애가 나타났을 경우 의학적인 처치가 이루어져야 한다.

둘째, 청각적 변별운동과 알아맞히기 훈련을 해야 한다.

정신지체 등 중복장애가 없이 기능적 조음장애만 가진 아동·학생들은 청각적 변별(discrimination) 및 알아맞히기(identification) 훈련을 실시해야 한다. 동시에 마비된 조음기관의 근육운동을 자극시키기 위하여 물리치료 받게 한다.

셋째, 전문 언어치료사에 의해 발성훈련을 실시하고, 심리적인 특성을 고려하면서 대인관계의 적응능력을 신장시킨다.

목소리는 후두로부터 구강, 비강 등의 성도(vocal tract)를 거쳐 위쪽으로 이동하는데 후두, 구강, 비강 등에 장애가 있으면 음성장애를 일으킨다. 이 경우 이비인후과의사의 처방에 따라 발성장애의 원인이 기질적이냐 아니면 기능적이냐의 진단과 치료가 이루어져야 한다. 그 후에 음의 높이, 음의 크기, 음질 등 세 가지 차원 중에서 어떤 것이 문제인가를 검토한 적절한 치료방법을 적용하게 된다.

가령, 대인관계를 꺼려하고 음성장애가 심리적 문제에 기인한다면 심리치료와 함께 발성훈련을 시켜야 한다.

발성할 때의 호흡, 파열음의 명백한 발음연습, 마찰음에 악센트를 두어 발음하기, 후두 바로 위와 턱 아래 근육을 풀기 위한 방법의 사용, 대인관계를 점진적 확대하여 말소리의 높낮이 연습하기, 녹음기를 이용한 자기 음성(높이, 크기, 음질)을 파악하고 발성연습하기 등을 아주 자연스런 분위기에서 연습시킨다.

넷째, 기능적 조음장애 아동에게는 모델을 제시하고 다른 소리를 들어보게 하고 발성할 때의 혀와 입술운동을 이해시키면서 훈련해야 한다.

조음장애가 발생하는 기질적 원인으로는 뇌손상, 신경손상, 구개열과 같은 구강구조 이상, 청각 손실 등을 생각하게 되는데, 이 같은 기질적 원인이 아닌 기능적 원인이 문제라면

① 발생하는 데 포함되는 청각, 시각, 촉각의 단서를 가르친다.

② 아동에게 모델을 제시하고 다른 목소리(정확한)를 들어보게 한다.

③ 그리고 소리를 낼 때는 혀와 입술 운동을 이해하도록 한다.

2. 의사소통장애아동을 위한 통합교육적 접근

첫째, 언어발달지체 학생을 위한 지도는 그들의 언어발달과정과 언어발달지체 학생의 능력을 고려하여 치료 프로그램을 마련한다.

언어발달지체의 원인으로는 뇌성마비, 정신지체, 자폐증, 정서적 문제 등 다양하다. 이 같은 원인의 치료는 의학적 접근으로 시도할 것이지만, 그와 함께 병행하여 실시할 것은 바람직한 언어환경 조성과 꾸준한 표현 연습이다.

① 의사소통장애를 지닌 아동들이 학급에서 의사소통기술을 충분히 연습할 수 있도록 편안한 분위기를 조성해 준다.

② 또래 또는 교사들이 장애아동들에게 모델 역할을 해주면서 '적절한 말의 시범자'가 되어 주어야 한다.

③ 말을 통한 의사소통 기술을 연습할 수 있는 기회를 충분히 제공해 주어야 한다.

둘째, 학급분위기를 교육적·수용적인 환경으로 조성해야 한다.

의사소통장애아동들은 말로 의사소통을 잘하는 모델을 필요로 하는 동시에 실수가 있더라도 인내심을 가지고 들어주는 교사, 또래들을 필요로 한다. 따라서

① 아동의 말 실수가 있더라도 웃거나 놀리지 않는다.

② 교사는 장애아동의 말 실수에 대해 놀리거나 꾸짖지 말아야 한다.

③ 말 장애를 지닌 아동이 말할 때 교사와 또래들은 수준 높은 관심을 보여주어야 한다.

④ 장애아동의 말 실수를 고쳐주기 위하여 녹음기를 이용해서 말의 속도나 음의 높낮이를 조절하도록 유도한다.

⑤ 언어장애자의 말하기 기술을 향상시키기 위하여 학급 전체가 노래하기, 다함께 큰 소리로 읽기, 속삭이기, 목소리의 높낮이를 재미있게 변화시키기, 음악의 리듬에 박자 맞추며 말하기 등 다양한 활동으로 말하기를 연습시킨다.

제 10 장

지적장애와 교육

가장 권위있는 기관인 미국정신의학회를 비롯한 각국의 관련 단체와 법 규정에서 'Mental Retardation'이란 용어를 사용하였고, 대부분의 나라에서 '정신박약' 또는 '정신지체'란 용어로 번역하여 오랜기간 동안 법적·학술적 용어로 사용되었다(Luckasson & Reeve, 2001).

우리나라에서도 '심신장애자 복지법'이 '장애인복지법'(1989)으로 전면 개정되기 전까지 일상생활에서도 보편적으로 '정신박약'이란 용어를 사용해 왔다. 그러나 부정적 뉘앙스가 있다는 비판에 따라 정신지체아로 변경하여 활용하고 있다. 오늘날 그 용어가 '바람직한가'라는 비판은 멈추지 않고 있다. 왜냐하면 과거 '정신박약'이란 용어는 백치(白痴), 우둔(愚鈍), 바보, 멍청이란 의미로 취급되었고, 정신지체 역시 '미숙하고 덜 된', '결함있고 무능한' 등의 부정적 의미로 규정하는 것 같은 시사를 받기 때문이다. 더욱이 과학기술과 의·약학 기술의 놀라운 발달과 유전학 및 뇌과학의 눈부신 발전에 힘입어 대부분의 질병과 장애는 극복이 가능하기 때문이다.

이같은 조짐이 1990년대 들어 미국에서부터 감지되었다. 즉, 1992년 미국정신지체협회(AAMR), 현재 미국지적발달장애협회(AAIDD)는 그간의 정신지체를 영구적인 장애상태로 보는 비관적 개념에서 벗어나서 가능성의 관점에서 접근하여 아동의 현재 상태를 향상시킬 수 있다는 점에 역점을 두어야 한다는 입장을 보였다. 그래서 환경적인 지원 강도에 따라 지적장애자의 명칭을 '간헐적 지원, 제한적 지원, 광범위한 지원, 전반적 지원' 등으로 분류하였다.

즉, 실제로 진짜 결함(genuine impairments)은 있지만 그 결함의 정도는 개인의 사회적 환경과 맥락에 따라 강력한 영향을 받는다는 것이다. 즉, 사회적 맥락에서 생물학적 요인을 생각하자는 것이며, 기존의 IQ가 어느 정도인가에 따라 정신지체의 등급을 판정하던 입장에서 탈피하여, 지체아동이 기능을 더 잘 하도록 하기 위해 어떠한 지원이 필요한가에 평가의 강조점을 둔 것(Luckasson & Reeve, 2001)으로 이해된다.

2000년대 들어와서 전 세계적으로 '지적장애'(intellectual disabilities)란 말이 사용되고 있는 것(Patton, 2003; 김원경 외, 2010: 215에서 재인용)은 그런 점에서 설득력있고 공감이 된다.

1절 지적장애의 정의

지적장애란 명칭에 앞서 세계적, 학문적으로 넓게 사용되어 오던 정신지체란 말의 성격을 먼저 살펴봄으로써 지적장애에 대한 이해에 참고가 되고자 한다. 이는 그간 다양하게 정의돼 오던 개념 규정의 변천도 가늠할 수 있기 때문이다.

Tredgold는 '환경에 적응할 능력이 없어 제3자에 의한 감독 통제나 지원없이 자신의 존재를 유지 · 자활할 수 없는 자'(Tredgold, 1949)라고 했고, 일본 문부성은 '제반요인으로 정신발육이 항구적으로 지체되어 지적 능력이 열등하고 자신의 일을 처리하는 능력과 사회생활의 적응이 현저하게 곤란한 자'(문부성, 1965)로 규정하였으며, 미국정신결핍협회(American Association on Mental Deficiency)는 '발달기에 야기되고 적응행동에 결함을 갖는 일반적 · 지적 지능이 평균 이하인 자'(Rieh, 1961)라고 정의함으로써 발달의 상한 연령인 16세 이전에 발생하는 것에 한해서만 정신지체라고 한다는 것을 분명히 하고 있다.

오래된 정의지만 영국 정신결핍법(The Mental Deficiency Act, 1927)에서는 '18세 이전에 유전적 원인이나 질병, 상해로 일어나는 정신발달의 저지나 불완전한 발달상태'(Clarke & Clarke, 1965)를 정신지체라고 함으로써 미국정신결핍협회와 같이 발생연령에 역점을 두고 있다.

그 밖에 세계보건기구(WHO)는 '일반적으로 지적 능력 발달이 불충분하든지 불완전한 것'(佐野勇, 1966)을 정신지체라고 규정했다.

정신지체(mental retardation)에 대한 정의로 가장 널리 활용되었던 것이 미국정신지체협의회(AAMR)의 정의와 미국장애아교육법의 정의이다.

AAMR의 정의는 '정신지체는 적응행동의 제한성(deficits)과 관련이 있는, 현저하게 낮은 평균 이하의 지적 기능을 보이는 것으로, 발달기 동안에 명백하게 나타난다'(Grossman, 1998)고 정의했고, 미국장애아교육법에서는 '정신지체는 현저하게 낮은 평균 이하의 지적 기능과 함께 적응행동의 제한성을 보이는 것으로, 발달기 동안에 명확히 나타나며 아동의 교육기능에 부정적인 영향을 미치는 것'(Heward, 2006)으로 정의하였다.

이상의 정의에서 발견되는 공통점은 지능의 결함만으로 이해했던 정신지체에 대한 과거의 개념에서 지능과 사회생활 능력의 제 측면을 종합적으로 고려하여야 한다는 시사와 함께 정신지체의 증후가 야기된 시기가 20대 이전에 나타난 것에 한정된다는 것도 알 수 있다. 그러므로 정신지체란 '제 요인에 의해 정신발달의 지체와 그로 인한 열등한 지적 능력, 자기생활 주변의 처리 곤란, 사회생활 적응 및 조정이 무능력하거나 매우 곤란한 자'라고 정의할 수 있겠다.

참고로 미국정신지체협회(AAMR)에서 제안한 정신지체에 대한 정의 중 18세 이전에 나타난 적응행동(지적 기능과 개념적, 사회적, 실제적 적응)에서의 '심각한 제한으로 특징지어지는 장애'에 대한 규정은 다음과 같다(표 10-1 참조).

표 10-1 미국정신지체협회(AAMR)에서 제안한 정신지체의 정의와 가정

정신지체(Mental Retardation)
• 정신지체는 지적 기능과 개념적, 사회적, 실제적 적응기술로 표현되는 적응행동에 있어서의 심각한 취약점을 가지고 있는 것으로 특징지어지는 장애다. 이 장애는 18세 이전에 나타난다.
이 정의를 적용하기 위해서는 다음과 같은 다섯 가지 가정이 전제되어야 한다. 1. 현재 기능에 있어서의 취약점이 같은 나이 또래와 문화를 대표하는 지역사회환경의 상황 내에서 고려되어야 한다. 2. 타당한 진단으로 문화적, 언어적 다양성과 함께 의사소통, 감각·운동기능, 행동적 요소들의 차이점을 고려해야 한다. 3. 개인적으로 취약점과 함께 강점도 같이 가지고 있다. 4. 취약점을 설명하는 중요한 목적은 필요한 지원 자료를 개발하기 위해서다. 5. 적절한 개인적 지원이 지속적으로 주어짐으로써 정신지체를 지닌 개인적 삶의 기능이 일반적으로 향상될 수 있다.

출처: * American Association on Mental Retardation(2002), *Mental Retardations: Definition classification, and systems of supports*, Washington, DC: Author, p.1.
* Vaughn, Bos, & Schumm(2007), *Teaching Students who are Exceptional, Diverse, and at Risk in the General Education classroom*(4th ed.), Boston: Pearson Education, Inc., p.163.
* Turnbull, Turnbull, & Wehmeyer(2007), *Exceptional Lives Special Education in Today's School*(5th ed.), New Jersey: Pearson Prentice hall, p.208.

이 같은 정신지체는 전통적으로 IQ검사로 측정된 지적 능력의 정도나 수준에 따라서 분류되어 왔다. 가장 널리 사용되어온 기존의 분류방법은 〈표 10-2〉에서 보는

바와 같이 IQ점수 범위에 따라서 네 가지 수준으로 분류하고, 새로운 분류방법은 필요한 지원의 강도에 따라 〈표 10-2〉와 같이 시행되고 있다(Heward, 2006).

표 10-2 IQ점수에 의한 기존의 정신지체의 분류

IQ점수(분류)	적응행동의 제한 범위(성과)
경도 정신지체(50~55에서 70)	2개 이상 영역(초등2~5학년 성취)
중증도 정신지체(35~40에서 50~55)	2개 이상 영역(기능적 단어인식, 수학기술)
중도 정신지체(20~25에서 35~40)	모든 영역 제한(숫자 세기와 색 인지)
최중도 정신지체(20~25 이하)	모든 영역 제한(모든 기본 욕구 보호 필요)

출처: American Psychiatric Association(1994). *Diagnostic and Statistical Manaual of Mental Disorders*(DSM-Ⅳ). Fourth Edition, :40-42.
정동영 외 옮김(2008). 정신지체: 지역사회 통합을 위한 접근. 박학사.

표 10-3 지원 강도에 따른 새로운 지적장애 분류

분류	지원강도
간헐적 지원 (intermittent)	'필요할 때'에 기초한 지원. 일회적 성격을 띠며, 항상 지원이 필요한 것은 아니고, 인생의 전환기(예: 실직이나 심각한 건강상의 위기상황)에 단기간의 지원이 필요. 간헐적 지원은 고강도 혹은 저강도로 제공됨.
제한적 지원 (limited)	일정한 시간 동안 일관성 있게 지원이 필요하고, 시간제한적인 성격을 띠며, 집중적인 지원보다는 지원인력이 덜 필요하고 비용도 적게 듦(예: 시간제한적인 직업훈련 또는 학교에서 성인기로의 전환기의 지원).
확장적 지원 (extensive)	적어도 일부 환경(일터나 가정)에서 정규적(예: 매일)으로 지원을 제공하는 것으로, 시간제한적이지 않음(예: 장기간의 가정생활 지원).
전반적 지원 (pervasive)	항구적이고 고강도의 지원으로 전반적인 모든 환경에서 제공되며, 삶을 유지시키는 데 필요한 지원을 의미함. 일반적으로 전반적 지원은 확장적 혹은 시간제한적 지원보다 더 많은 인력과 개입을 요함.

출처: * The American Association on Mental Retardation(AAMR)(2002), *Mental retardation: Definition, classification and systems of supports*(10th ed.), Washington, DC: Author. Used by permission, : 152.
* Heward, W. L.(2006), *Exceptional Children An Introduction to Special Education*(8th ed.), New Jersey: Pearson,Merrill Prentice Hall, : 143.

이렇듯 '정신지체(mental retardation)는 현재에 기능하는데 있어 실질적인 취약점으로서 유의하게 평균 이하의 지적 기능과 의사소통, 자립, 가정생활, 사회적 기술,

지역사회 이용법, 자발성, 건강과 안전, 기능적 학업, 여가, 직업에서 하나 혹은 둘 이상의 지체된 상태로 18세 이전에 나타나는 것'(Luckasson et al., 1992)으로 규정한 미국정신지체협회(American Association on Mental Retardation: AAMR)정의가 가장 넓게 활용되어 왔다.

그러나 전술한 바와 같이 미국정신지체협회(AAMR)가 미국지적발달장애협회(AAIDD)로 명칭이 바뀌고, 미국정신의학회에서 발간한 '정신질환의 진단 및 통계 편람'(DSM-5, 2013)에 지적장애(Intellectual Disability)와 ICD-11의 진단명인 지적발달장애(Intellectual Developmental Disorder)란 명칭을 병기(併記)함으로써 'Mental Retardation'이란 어휘 아래 사용되던 '정신박약', '정신지체'란 말은 시효(時效)가 만료된 용어가 되었다.

따라서 미국정신의학회가 제시한 지적장애 진단기준(DSM-5, 2013)에 의거하여

① 임상적 평가와 개별적인 표준화된 지능검사 실시 결과, 지적 기능(추론, 문제해결, 계획, 추상적 사고, 판단, 학업, 경험 학습 등)에 결함이 있는 자
② 적응기능의 결함으로 지속적인 지원 없이는 가정, 학교, 일터, 공동체에서 한 가지 이상의 일상활동(의사소통, 사회적 참여, 독립생활) 기능에 제한을 받는 자
③ 지적 결함과 적응기능의 결함은 발달시기 동안에 시작된 자

이상 세 가지 진단기준에 해당되면 지적장애(지적발달장애)라고 진단(정의)된다.

2절 지적장애의 원인

지적장애(정신지체)의 원인을 규명한다는 것은 현재의 의학과 심리학으로 쉬운 일이 아니다. 왜냐하면 진단의 결정적 방법이 없다는 것도 문제지만, 그 원인으로 1967년 초까지 재알려진 것만도 약 200여 개 이상이 되었고, 2000년 현재 약 750여 가지의 원인이 판명되었다(Dykens, Hodapp, & Finucane, 2000).

그 중 지적장애(정신지체)를 발생시킬 수 있는 원인에 대해 가장 잘 포괄적으로 정리한 것이 미국정신지체협회(AAMR, 2002)의 자료이다.

출생 전, 출생 시, 출생 후의 세 시기로 나누어 생의학적 원인, 사회적 원인, 행동적 원인, 교육적 원인으로 정리하였다.

첫째, 출생 전 지적장애(정신지체)를 발생시킬 수 있는 17가지이다.

- 생의학적 원인으로 ① 염색체 장애, ② 단일 유전자 장애, ③ 증후군, ④ 대사장애, ⑤ 대뇌 이상, ⑥ 산모의 질병, ⑦ 부모의 연령
- 사회적 원인으로 ① 빈곤, ② 산모의 영양 결핍, ③ 가정 폭력, ④ 빈약한 산전 관리체계
- 행동적 원인으로 ① 산전 약물 복용, ② 산전 알코올 섭취, ③ 산전 흡연, ④ 부모의 미성숙
- 교육적 원인으로 ① 부모의 인지적 장애(외부의 지원이 없는 경우), ② 부모 역할 준비 부족

둘째, 출생 시 지적장애(정신지체)를 발생시킬 수 있는 원인은 7가지이다.

- 생의학적 원인으로 ① 조산, ② 출생 시 상해, ③ 신생아 이상
- 사회적 원인으로 ① 빈약한 출생관리 체계
- 행동적 원인으로 ① 부모의 양육 거부, ② 부모의 아동 유기
- 교육적 원인으로 ① 퇴원 시 중재서비스를 위한 의학적 위탁(medical referral)체계의 부족

셋째, 출생 후 지적장애(정신지체)를 발생시킬 수 있는 원인은 20가지이다.

- 생의학적 원인으로 ① 외상성 뇌 손상, ② 영양 실조, ③ 뇌수막염, ④ 발작 장애, ⑤ 퇴행성 장애
- 사회적 원인으로 ① 잘못된 아동 양육, ② 적절한 자극 결핍, ③ 가정 빈곤, ④ 가족의 만성질환, ⑤ 공공시설에 수용(Institutionalization)
- 행동적 원인으로 ① 아동 학대와 방치, ② 가정 폭력, ③ 부적절한 안전, ④ 사회적 결핍, ⑤ 어렵고 부적절한 아동행동

- 교육적 원인으로 ① 잘못된 부모 양육, ② 실기(失期)·지연된 진단, ③ 부적절한, 조기중재서비스, ④ 부적절한 조기 특수교육서비스, ⑤ 부적절한 가족 지원 등이다(Heward, 2006).

그 밖의 다음 자료도 참고가 될 것이므로 소개한다.

伊藤隆二는 지적장애의 원인을 내인(유전성)과 외인(질병, 외상)으로 대별한 다음 외인(外因), 즉 병리적 원인을 다시 유전성 병적인 것(우성유전, 열성유전, 반성유전에 의한 것 등)과 외인성 병적인 것(수정 이전의 시기, 태내기, 출생기, 유유아기)으로 분류해서 설명하고 있다(김홍규, 이호정, 2009).

유전적 요인으로 배종손상(胚種損傷), 가족성, 대사성 질환, 혈족결혼(근친결혼)을 지적하였고, 외인성 병적 요인으로는 시기에 따라 다양하게 설명하고 있다.

먼저, 태아기에 있어서 감염, 중독, 방사선의 조사(照射), 산소결핍, 영양불량, 대사장애, 혈액형의 불일치, 임신중독증, 혈행장애(血行障碍), 성기출혈(性器出血), 홀몬실조(失調) 등이 태아의 뇌장애를 초래해서 지적장애의 원인이 된다는 것이다.

출생 시에 있어서는 조산, 미숙, 체중 미달, 뇌외상, 추락분만, 산소결핍, 가사(假死), 난산, 조기파수(早期破水), 탯줄(臍帶)이 말린다든지, 태반이 조기에 벗겨진다든지(태반조기 박리: 胎盤早期 剝離), 골반 위 분만, 과도한 마취약 사용 등이 신생아의 뇌장애를 가져와서 지적장애로 연결될 수 있다는 것이다.

유유아기(乳幼兒期)에는 중증 황달, 고열, 뇌염, 뇌막염, 중독, 뇌외상, 영양장애, 백일해, 마진(홍역), 용(熔)일산화탄소 등에 중독, 중증 소화불량 등이 유유아의 뇌장애를 초래해서 결과적으로 지적장애로 진행·악화될 수 있다는 설명이다.

이상과 같은 여러 가지 요인 중 지적장애의 주요 원인을 좀더 구체적으로 살펴보면 다음과 같다.

1. 유전관계

우리는 "그 아이는 태어날 때부터 지능이 낮거나 머리의 피가 잘 돌지 않았다"라는 식의 말을 흔히 들어 왔다. 여기서 말하는 "태어날 때부터"라는 용어가 풍기는 뉘앙스는 양친과 친부모로부터 이어받았음을 암시하는 것이라 이해된다.

Burt나 Halperin, 그리고 Goddard의 연구에서 논증되었지만, 부모 양쪽 모두가 저능이거나 어느 한쪽이 저능일 경우, 그 자녀가 정신지체(저능)라면 당연히 유전을 시인할 수밖에 없는 것이다. 물론 유전이라고 할 경우, 우성유전에 의한 것과 열성유전에 의한 것, 그리고 반성(伴性)유전에 의한 것이 있을 수 있다.

우성유전의 경우, 양친의 어느 한쪽이 지적장애의 병적 유전자를 소유하게 되면 그 자녀가 지적장애 증상을 나타내는 경우를 말하는데 “일반적으로 우성유전에 의한 지적장애의 경우에는 뼈의 발육장애와 피부질환을 합병하는 일이 많다”고 한다(자행회 편, 1971).

열성유전의 경우에는, 보통 열성유전을 하는 질병에서는 부모의 건강은 외견상 정상이더라도 양친 모두 또는 어느 한쪽이 병적 유전자를 갖고 있어서 그 자녀들에게 발병현상이 나타나는 경우를 지칭하는 것이다. 그 밖에 근친결혼(4촌간의 결혼 등)에서도 많이 나타난다.

하여간 지적장애의 경우는 어떤 대사장애를 수반하는 것으로 알려지고 있다.

Waisman과 Gerritsem은 선천적 신진대사 이상이나 유전적 질병이 약 90여 가지라고 한 바 있지만(이태영, 김정권 공편, 1982) 아미노산 대사의 선천성 이상으로 정신지체를 일으키는 유전성 질환인 ‘페닐케톤뇨증(尿症: phenylketonuria: PKU)’이나 탄수화물 신진대사 결함의 일종인 ‘갈락토스 혈증(血症: galactosemia)’도 열성유전인데, 이러한 결함을 유전받게 되어도 정신지체가 된다.

특히 갈락토스혈증은 출산 초기의 황달, 성장의 저조, 음식 먹기에 문제(장애)가 있고 조기(早期)에 백내장(cataract) 등이 보이며 뇨검사(尿檢査)를 통해서 진단된다.

유전자가 성염색체상에 있을 경우로 반성유전에 의한 것이 있다. 이 경우의 유전병의 특징은, 남성(아버지)의 성염색체가 병적 유전자를 포함하고 있으면-우위의 대상이 없으므로-열성이라도 자녀에게 그대로 발병하나, 여성(어머니)의 경우는 2개의 성염색체가 공히 병적 유전자를 갖고 있지 않으면 발병하지 않으므로 여성에게는 발병률이 낮은 반면 남자에게 지적장애가 많은 것은 그 때문이다.

票田威彦은 선천성 기형의 발생조건을 3가지로 다음과 같이 요약·정리하고 있는 바,

첫째, 물리학적으로는 호흡장애(산소결핍), 방사선의 영향, 착래장애, 자궁 기타

의 상태를, 둘째, 화학적 조건으로는 식이적 인자, 단백질 결핍(영양장애), 내분비 인자를, 셋째, 생물학적 조건으로는 감염, 모체의 일반적 상태(연령 등) 등을 지적함으로써 지적장애의 원인을 이해하는 데 참고가 된다.

그 외에 Huntington은 무도병(舞蹈病)을 유전받게 되면 정신지체나 행동장애 또는 언어장애가 된다고 하며, 희귀한 유전적인 결함으로 알려져 있는 레쉬니안 증후군(Leschnyhan syndrome)를 갖게 되면 뇌성마비나 기타 장애를 갖게 된다고 한다(김승국, 1979).

또한 앞에서도 잠깐 고찰했지만, 정상인의 염색체수는 46개인데 47개의 염색체를 유전받게 되면 다운증후군(Down's syndrome)이라 불리는 지적장애가 된다고 하며, Rh 인자를 유전받게 되면 뇌성마비나 지적장애가 된다.

다시 말해서 Rh+와 Rh-는 서로 받아들이지 않기 때문에 이들은 양립할 수 없는 것이다. 그럼에도 불구하고 Rh+와 Rh-가 한 혈관을 흐르게 되면 혈액세포를 응고시키는 응집소(agglutinin)가 생긴다고 한다. 이로 인해 미숙한 혈액세포는 골수에서 성숙이 실패하게 된다. 그래서 태아가 어머니와 서로 허용되지 않는 Rh인자를 유전받게 되면 뇌성마비나 정신지체(지적장애)가 된다고 한다.

이와 관련하여 부모의 혈액형 불일치가 정신박약의 원인이 된다는 점도 간과해서는 안 된다. 아버지 Rh+이고 어머니가 Rh-인 경우, 그 태아가 Rh+이면 모체에 항체가 생겨서 두 번째의 임신부터 애기가 중증황달에 걸릴 가능성이 크다. 이렇게 하여 출생한 유아는 저능아가 되어 버린다는 것이다.

혈액형 부적당은 Rh 항원뿐만 아니라 A, B, O형 등에서도 나오는데, 중증황달의 경우는 전문의의 진단을 받고 교환수혈을 해야 한다.

현재 약 4,434개의 유전적 장애가 알려져 있고, 정신지체는 그 중 약 10%인 400개 이상이 나타나고 있으며, 대부분 공통적인 세 가지인 '다운증후군', '페닐케톤뇨증', '약한 X증후군'으로 알려져 있다(Kirk, Gallagher, & Anastasiow, 강창욱 외 공역, 2005).

첫째, '다운증후군'의 특징은 다음과 같다.

① 염색체의 실패로 인한 비정상적인 분열로 발생한다.
　전술한 바 있지만, 정상적인 46개의 염색체가 아니라 47개의 염색체를 갖고 있다.

② 전위(translocation)라 불리는 염색체 이상에 의해서도 생길 수 있다.
아동의 염색체는 46개이지만, 그 가운데 한 쌍이 깨어져서 그 깨어진 부분이 다른 염색체 안으로 녹아 들어 발생한다.

③ 염색체 이상은 아버지에 의해서도 20~25% 발생하지만(Abrams & Bennett 1980), 다운증후군 아동의 50% 이상이 35세 이상의 어머니에게서 출생하였다.

④ 유전자 요인이 분명한 다운증후군은 600~900명당 1명이 발생한다(Schachter & Demerath, 1996, 김창욱 외 공역, 2005).

⑤ 학령기의 다운증후군 아동은 낮은 지적 발달과 낮은 언어와 의사소통 기술을 보인다.

⑥ 다운증후군을 가진 성인은 우울증, 치매, 알츠하이머를 특히 많이 보인다(Loveland & Tunali-kotoski, 1998).

둘째, '페닐케톤뇨증'의 특징은 다음과 같다.

① 페뉼케톤뇨증은 신진대사의 선천적 실수(inborn errors)로 발생한다.
인간의 정상적인 성장과 발달은 효소가 적시적소에 생성되어 정상적인 기능을 수행하느냐에 달려 있다. 그런데 효소가 생성되지 않거나 제 기능을 수행하지 못할 때, 문제를 일으키는 많은 조건들이 발생하게 되며, 그들 문제 중 하나가 페뉼케톤뇨증(PKU)이다.

② 'PKU'는 중도 정신지체를 유발할 수 있는 유전자 장애이다.
이는 중도 정신지체를 유발할 수 있는 이상(異常) 유전자 장애요, 단일 유전자 결함이다.

③ 출생 당시 발견되어 식이요법(食餌療法) 등으로 호전될 수 있다.
출생 당시 발견되고 식이요법 등 환경적 치료로 호전될 수 있기 때문에 미국의 경우, 40개 이상의 주에서 그러한 아동을 확인하는 '선별 프로그램'을 시행하고 있으며 영양학적 조기개입을 실시하고 있다(Simonoff, Bolton, & Rutter, 1998).

④ 식이요법은 대단히 엄격하고 지속적이어야 한다.
초기에 식이요법을 시작하면, 지능의 손상이 줄어들지만, 학령기에 식이요법을 그만둔 페뉼케톤뇨증(PKU) 아동은 사회적·지적 퇴보로 고통을 받는다.

⑤ 'PKU'가 있는 산모가 이러한 식이요법을 유지하지 않는다면 고단백의 결함이

있는 아동을 출산할 수 있다.

셋째, '약한 X증후군'의 특징은 다음과 같다.

① 지적장애(정신지체)와 발달장애의 주도적 원인 중 하나다.
염색체 끝부분이 수축하는 이유로 이름 붙여진 'X증후군'은 정신지체 및 발달장애의 주도적인 원인 중 하나이다.

② 성별에 따른 차이를 나타낸다.
여성들은 장애에 대한 유전적 기초를 보이지만, 심각한 영향은 대다수 남성에게 나타난다. 그리고 여학생은 학교생활에서 특정한 학습장애를 나타내지만, 남학생들처럼 일반적 지능점수에 영향을 미치지 않는다.
이 증후군은 또한 지적 수행능력에 손상을 미치고, 이 증후군의 남자(250명 대상의 연구)의 경우 70 이상의 지능지수를 가진 사람은 13%에 불과했다.

③ 정상인보다는 약간 다른 신체적 특성이 발견된다.
약간 더 큰 머리, 큰 귀, 길고 좁은 얼굴, 물렁물렁한 결합조직, 아치형의 높은 구개(口蓋) 등이 그것이다.

④ 행동패턴에 다양성을 나타낸다.
'약한 X증후군'의 아동들은 사회적 관계의 지속적 문제, 의사소통 기술의 발달지체 문제, 반복행동의 경향성을 나타낸다.

2. 배종손상(胚種損傷)

수정·임신 이전에 정자나 난자가 그 무엇인가의 원인으로 인해 손상을 입었기 때문에 태아의 심신에 장애를 초래하게 되는 경우를 말한다. 예를 들면, 결혼하기 전 양친 또는 어느 한쪽이 방사선(원자탄, 수소탄 등)에 조사(照射)되었든가, 심한 알코올중독이나 마약중독 등으로 성세포 자체가 손상됐을 경우도 있을 수 있고, 혼전의 부도덕한 이성관계가 배종손상의 원인이 되고 그것은 나아가서 태아의 정신지체(지적장애)로 연결되는 것이다.

3. 모체의 건강상태와 조건

세균, 바이러스 등이 모체를 통해서 태아의 뇌에 침입하는 감염문제와 임신중독, 임신부의 건강, 영양상태, 약물 과다복용, 중독 등이 지적장애와 관련이 있다는 것이다.

먼저 감염의 경우, 집안에서 기르는 가축에 기생하는 초생달 모양의 단세포 원충인 주혈원충(住血原蟲: toxoplasmosis)이 모체에 침입해서 태반을 지나 태아의 뇌에서 배양된다. 이로 인해 태아의 뇌는 파괴되어 뇌성마비나 경련을 일으키게 된다. 그리고 생후 얼마 안 되어 뇌막염이나 뇌수종, 근강직(筋强直)을 일으킨다.

따라서 돼지, 소, 개, 새, 고양이 등의 가축을 통해서 병균의 감염이 많으므로 임신부가 애완용 동물을 가까이 한다거나 날음식을 섭취한다는 것은 대단히 위험한 일이 아닐 수 없는 것이다. 임신 초 3개월 이내에 임신부에게 감염된 풍진(風疹: 일명 독일 홍역)은 출산아에게 정신지체, 뇌성마비, 심장장애, 시청각 장애, 소두증과 같은 장애 및 기형을 초래한다.

소두증(小頭症)은 머리(두개)가 병적으로 작은 증상으로서, 정상인의 머리 둘레가 22인치인 데 비해 이들은 17인치를 넘지 못해 정상적인 2세아의 머리와 같다. 흔히 혈족결혼이나 모체의 영양 부족 또는 모체의 어떤 장애와 감염에 의해서 발생하며 대개 지적장애나 기타 장애를 가져오게 된다고 한다.

뿐만 아니라 태아가 매독균에 감염되거나, 방사선의 침해를 받는다든지, 임신부가 복부에 외상을 입게 되어도 그 같은 장애가 올 수 있다고 한다. 특히 3대까지 잠복한다는 매독에 의한 지적장애(정신지체)는 가장 심한 경우의 하나로 지적되고 있다. 이는 매독 원충이 모체에서 태반을 통하든지, 산도(産道)에서 태아에 이행해서 뇌의 발육장애를 초래한다는 점에서 무서운 감염인 것이다.

모체의 질병을 치료하기 위해 약물을 잘못 사용(오용 및 과량투약)하여도 뇌성마비나 정신지체 등 여러 가지 장애가 올 수 있는 것이다. 임신 중에 항생제 및 수면제의 복용 등도 극히 삼가야 한다.

또한 모체의 중독이 태아의 뇌에 미치는 영향도 심각하다. 물론 임신부의 마약중독이나 알코올중독도 태아에게는 심각한 악영향을 주지만, 모체가 수은중독 등 중증 직업병에 걸리거나, 탈륨·비소 등 여러 가지 중독성 중금속에 복합중독될 경우에도 문제는 심각하다.

유기수은, 납, 일산화탄소 등의 유독물질이 음식 등을 통하여 모체에 들어간 다음, 이것이 태아의 뇌에 침범하는 문제 역시 소홀히 취급해서는 곤란하게 된다.

뿐만 아니라 유해색소를 첨가한 식품, 농약을 과잉살포한 채소와 곡물, 유해물을 사용한 음식물, 연탄에서 나온 일산화탄소에 의한 중독, 지나친 대기오염 등은 모체에 큰 영향을 미치지만 그것은 곧 태아에게 파급되어 악영향을 끼치게 된다(김홍규, 1989).

4. 출산 시의 장애

여기서의 출산 시란 것은 출산직전과 출산과정을 말하는 것이며, 출산과정은 임신부(산모)의 진통으로부터 파수·분만(만출)·태반박리(胎盤剝離)로 끝나는 전 과정을 의미하고, 장애란 주로 출산 시 손상, 질식, 조산 등을 말하는 것이다.

이 같은 출산과정 가운데 협골반(挾骨盤), 진통미약(鎭痛微弱), 골반 위 분만(거꾸로 출산) 등의 장애가 생기면 그로 인해 출산 소요시간이 길어지고 난산의 경우가 되어 산도에서 태아의 뇌가 압박을 받아 뇌손상을 일으키거나 중추신경계에 크게 영향을 주게 되는 것이다.

그 밖에 조기파수(早期破水)나 탯줄의 압력 추락분만, 가사상태(假死狀態)로 분만되는 경우 역시 태아의 혈액순환이 방해되든지, 호흡에 장애가 생겨 뇌의 산소결핍 현상이 되든지 하여 뇌에 장애를 주게 되는 것이다. 또한 인공분만 등으로 인해서 신생아의 뇌가 어떤 손상을 입게 되어도 같은 장애가 일어난다는 것이다. 그리고 조산, 미숙아의 경우 정신지체의 원인이 된다는 것도 관심을 갖게 하는 것이다. 왜냐하면 신생아의 체중과 뇌발달(뇌중량)은 대단히 밀접한 관계가 있기 때문이다.

태아의 발육(체중)은 3개월이 되면 20g, 7개월이면 1,000g, 9개월에는 2,200g, 10개월이 되면 출생 시 정상적인 아이는 약 3,000g의 체중을 갖고 있는 것으로 알려지고 있다. 물론 Hurlock에 의하면 일부의 신생아들의 체중이 3파운드(1,361g) 또는 4

파운드(1,814g)도 있지만 평균 신생아의 체중을 6 내지 8파운드라고 함으로써 약 2,722g~3,629g이라고 하였다(Hurlock, 1972).

뇌 발육 역시 출생 시 뇌의 중량은 350g으로 성인의 1/4 정도 라고 한다. 그 후 6개월 만에 전발육량의 1/3이 되고, 9개월 만에 성인의 약 1/2에 이르며, 1년 후에는 3/5, 1년 반 후에는 70%가 되고, 3세경에는 어른의 거의 80% 정도, 6세경에는 성인의 90% 수준에 이르며 15세경에 거의 성숙단계에 이른다는 것이다.

그렇다면 어째서 체중과 뇌중량이 문제가 되는가? 그것은 신생아의 뇌중량이 자기 체중의 약 12%가 된다는 데 있다. 결국 체중이 많이 나간다는 것은 뇌의 중량도 많이 나간다는 것이며, 뇌중량이 무겁게 나간다는 것은 뇌의 발육이 정상적이라는 의미가 되는 것이 아니겠는가?

그런데 이상의 기준에서 볼 때 만약 2,000g의 미숙아라면 뇌중량 역시 250g 정도로서 정상아보다 100g이 적게 되는 것이고, 뇌의 무게가 적다는 것은 그만큼 대뇌활동이 약화되는 것이라고 할 때 이는 간단한 문제가 아니라 하겠다. 그래서 임백인은 “체중 1,500g 이하의 신생아 중 약 70%가 신체장애나 정신장애를 일으키는데 경련성 양측마비, 정신지체, 언어 또는 청력장애, 시각장애, 행동장애도 온다”고 하였다(임백인, 1971; 일본정신박약아실태조사위원회 편, 1967; 김정권, 1968).

5. 출생 후의 질병과 사고

유아기에 정신지체를 직・간접으로 야기하는 질병이 많이 있다. 그 중 대표적인 병이 뇌염과 뇌막염이다. 이들 병을 앓고 나면 그 후유증으로 시・청각장애나 뇌성마비, 지적장애(정신지체)와 같은 장애가 생긴다는 것은 이미 보편화된 이야기다. 또한 황달은 심하게 앓게 되면 청각장애나 뇌성마비가 되는 경우가 있어서 정신지체와 관련이 있으며, 유아의 머리를 너무 흔들거나 때려도 뇌에 상해를 입게 되고 뇌출혈을 일으키는 계기가 되므로 삼가는 것이 좋다.

교통사고, 추락사고 등 각종 사고를 당하여 뇌외상이 뇌출혈을 일으키게 되면 역시 정신지체, 뇌성마비, 청각장애 등의 장애를 가져오게 되는 것이다.

하여간 신생아기나 유아기에 고도의 질환(뇌염, 홍역, 백일해 등), 두부외상이나 뇌외상 등이 지적 결함과 지적장애의 원인이 된다는 점에서 주의를 요한다.

6. 심리 · 사회적 요인

지능이 급격하게 발달하는 시기에 신체 · 기질적 장애를 가지거나 감각장애 또는 적절한 환경적 자극이 결손되거나 학습 경험의 지나친 결핍이 지능발달을 지체 · 지연시키거나 저해하는 경우가 있다. 특히 어린이형(childhood type) 정신분열증, 자폐증(autism), 정동장애(우울증 및 조울증)나 정신병질적 요인이 지능발달을 크게 억제해 버리는 것으로서 흔히 심인성 장애라고 통칭한다.

그 밖에 가벼운 정도의 지능지체(지능열등)는 문화실조(cultural deprivation)와 관련이 크다는 것도 간과해서는 안 될 것이다.

3절 지적장애의 진단 및 판별

지적장애를 진단하기 위해서는 두 가지 종류의 검사에 따른다.

첫째, 지적 기능을 측정하기 위해 지능검사를 실시한다.

지능검사는 표준화된 검사인 동시에 규준화된 검사일 뿐만 아니라 규준지향검사이어야 한다. 검사결과 지적장애(정신지체)의 구분점수인 IQ 70이 가이드 라인이다.

둘째, 일상생활을 하는 데 있어서의 필요한 개념적, 사회적 제반 기능이 포함된 적응행동을 측정한다. 보육 및 교육기관, 주거환경, 지역사회, 직장에서 성공적으로 생활하는 데 필요한 요소가 무엇인지를 파악해서 판별한다. 가장 많이 활용되는 것이 미국정신지체협회의 적응행동 척도인데, 그 구성요인은 다음과 같다.

제1부…독립기능, 일상생활 기술(섭식, 용변, 화폐 사용, 숫자, 시간 등)과 관련 된 10개 영역

제2부…개인의 부적응 행동 측정(진실성, 자기학대 행동, 사회적 약속 등 7개 영역 측정이다(Heward, 2006).

지적장애의 발생원인이 뇌손상에 있기 때문에 일차적인 뇌기능의 저하는 필연적으로 2차, 3차의 다른 장애를 수반하게 되는 것이다.

그 결과 이들은 정상아와 비교해서 신체 성장 면, 운동기능 면, 지적 발달 및 활동 면, 정서적 성숙 면, 행동 및 인격적 특성 면, 학습능력 면, 사회생활 능력 면 및 사회적 적응 면 등 모든 영역에서 정상아와는 다른 특성을 보이고 있다.

일반적으로 지적장애아들은 ① 빈약한 기억능력(poor memory), ② 느린 학습속도, ③ 주의집중의 어려움 문제, ④ 일반화 문제, ⑤ 동기 · 의욕의 부족 등이다(Heward, 2006).

오래된 자료지만 다음의 자료를 통해 지적장애(정신지체)를 이해하는 데 도움이 된다. Garton은 교육가능급 지적장애아(정신지체아)(educable mentally retarded)의 특성으로 15가지를 들었고(Kirk & Johnson, 1961), 일본 정신지체아 실태조사위원회에서 편찬한 '정신지체아의 실태'(일본정신지체아실태조사위원회 편, 1967), 김정권의 '정신지체아의 성격특성에 관한 연구'(김정권, 1968), 그리고 사단법인 자행회 편(1971), Cruickshank의 학습능력의 연구결과(Kirk & Johnson, 1961) 등을 종합해 볼 때, 지적장애자들의 특징을 정리해 보면 다음과 같다.

1. 일반적 인격특성의 경향

많은 지적장애아동들은 초등학교 2, 3학년이 될 때까지도 판별되지 않는 경우가 많다.

① 사람을 피하려 한다.

② 외양과 복장이 더러워도 닦거나 갈아입으려 하지 않는다.

③ 언제나 멍하니 있다.
④ 남의 지시에 잘 따르고, 무엇이든지 남이 말하는 대로 한다.
⑤ 주위 일에 무관심하다.
⑥ 동작이 느리다.
⑦ 일을 반복한다.
⑧ 성을 낼 때는 물건을 던지면서 설쳐 댄다.
⑨ 앞뒤가 연결되지 않는 말을 한다.
⑩ 무엇이나 생각하려고 하지 않는다.

2. 가정에서의 행동특징

① 부모가 있으면 어리광을 부린다.
② 가정에서 자기가 책임진 일을 해내지 못한다.
③ 그 자신의 일이나 신변사항까지도 돌봐 주어야 한다.
④ 부모에게 반항한다.
⑤ 일이나 공부 등을 오래 계속하지 못하므로 주의집중력과 지속성이 약하다.
⑥ 깊이 생각하지 않고 쓸데없는 질문을 잘한다.

3. 학교에서의 행동 및 교우관계의 특징

① 나이 어린 사람과 어울린다.
② 항상 같은 종류의 놀이만 한다.
③ 놀이 중 자기 역할을 다 하지 못한다.
④ 다른 아이들의 놀이를 흉내내어 논다.
⑤ 남의 의견을 무시하고 자기 생각대로만 하려고 하므로 단체놀이가 곤란하다.

⑥ 남의 호의와 친절에 대해서도 감사할 줄 모른다.
⑦ 친구들이 싫어해서 아무에게도 사랑받지 못한다.
⑧ 부끄러운 줄 모른다.
⑨ 고집이 세다.
⑩ 남의 잘못을 일러바친다.

4. 공부할 때의 행동특징

① 곤란한 일은 열심히 안 한다.
② 학교 가기를 싫어 한다.
③ 일이나 공부를 오래 계속하지 못한다.
④ 일이나 공부할 때 친구들과 같이 어울려서 하려고 하지 않는다.
⑤ 깊이 생각하지 않고 남에게 물으려고 한다.
⑥ 복잡한 수(數) 개념이나 고등수학은 지능이 낮아서 이해하지 못한다.
⑦ 통찰력이 결핍되어 추상화, 일반화의 능력이 낮다.
⑧ 수의 기초적 원리 및 개념의 이해가 안 된다.
⑨ 수를 셀 때 손가락을 사용하여 유치하게 헤아린다.
⑩ 학습의 전이(轉移)가 곤란하고 응용문제가 어렵다.
⑪ 문제해결 과정도 이해하지 못한다.
⑫ 수사(數詞)의 이해가 늦다.
⑬ 어려운 문제에 직면하면 초점에 맞지 않는 답을 한다.
⑭ 구체적 문제보다는 추상적, 언어적 문제해결이 되지 않는다.
⑮ 덧셈 · 뺄셈보다 곱셈 · 나눗셈을 어려워한다.
⑯ 공간 · 시간의 관념이 희박하다
⑰ 수(數) 습관이 유치하고 주의력이 결핍되어 있다.

이상의 여러 가지 견해와 이론의 고찰을 통해서 지적장애아의 제반 특성을 이해하는 데 도움이 됐을 것이다. 그러나 좀 더 그들을 명확히 이해하고 효과적으로 지도하기 위해서, 그리고 지금까지 고찰한 바를 정리하기 위해 성격 면에 초점을 맞추어 요약해 보고자 한다.

첫째, 지적장애아는 완고하고 융통성이 없다.

① 판에 박힌듯한 행동을 되풀이한다.

② 임기응변적인 행동을 볼 수 없으며, 새로운 사태에 대한 적응이 곤란하다.

③ 규칙성이 강하고 의지 고정성이 심하다.

이와 같은 성격특성은 예컨대, '청소를 할 때 물을 뿌리고 비질을 하라'고 당부하면, 비가 와서 물을 뿌릴 필요가 없는 때에도 물을 뿌린다. 부모가 옆에서 강제로 물을 뿌리지 못하게 하면 성을 내면서 수선을 피운다.

둘째, 지적장애아는 남을 속이는 일은 없지만 남의 꾐에 잘 넘어간다.

셋째, 공상이 부족하고 상상력이 대단히 빈약하기 때문에 지적장애아의 사고양식은 매우 구체적이고 소박하다.

상상력이란, 이미 가지고 있는 지식을 기초로 해서 새로운 심리적 기능상(機能像)을 자발적으로 형성하는 작용이다. 그런데 지적장애아에겐 그 같은 상상력이 전혀 없는 관계로 단순한 사실에 대한 기억이나 모방을 잘하고 구체적 사실에만 고착될 뿐 새로운 재구성 같은 경향은 찾아볼 수 없다.

넷째, 추상능력이 전혀 없다.

추상이란 여러 가지 대상 중에서 동일한 요소를 추려내는 작용이다. 그러나 앞에서도 말했지만 지적장애아는 구체적인 사실에 얽매여서 이것을 일반화하고 추상화하지는 못한다.

다섯째, 사상의 인식, 사고과정, 행동양상 등에 있어서 대단히 단순하고 유치하다. 왜냐하면 지적장애아의 발달지체 내지 정체는 지적 영역에만 한정되지 않고 모든 측면과 영역에서 유아적인 상태를 탈피하지 못하고 있다. 그렇기 때문에 모든 면에서 단순하고 유치하며 유아적인 속성을 나타내는 것이다.

여섯째, 지적장애아의 지적 활동성향은 구체적이고 직관적이다.

4절 지적장애아동에 대한 교육적 조치

지적장애아에 대한 교육적 조치도 우선 명확한 판별이 전제되어야 한다.

전술한 정의에서도 어느 정도 시사받을 수 있듯이 제반 자료를 종합·분석한 후에 전문가에 의해 판별되어야 한다는 데는 학자 간에 이의가 없다.

즉, 지능검사, 학력검사, 작동검사, 사회성숙검사, 성격검사, 행동관찰, 개인적·가정적 환경조사, 신체 및 운동능력 발달검사, 그 외의 임상적·의학적 진단 등의 자료를 통해 종합적으로 검토된 후 판별되는데, 결국은 심리학적(심리검사), 교육학적(학력검사) 검사결과와 의학적 진단에 의해 판정되며 궁극적으로 지적 능력의 결함에 중점을 두고 판정하고 있음도 사실이다.

우리나라는 개정(2007)된 '장애인 등에 대한 특수교육법'에 의거 특수교육 대상자는 특수교육운영위원회의 심의과정에서 특수교육지원센터의 진단평가 결과를 참고하여

① 유치원, 초등학교, 중학교 과정 : 각 시·군·구 교육장이 특수교육운영위원회의 심의를 거쳐 선정한다.

② 고등학교 과정 : 각 시·도 교육감이 특수교육운영위원회 심의를 거쳐 선정한다.

③ 심의·검토 순서 : 일반학교 → 특수학급 → 특수학교 → 타 시·도 소재의 특수학교 순으로 검토 심의토록 되어 있다. 그 판별방법과 기준은 대체적으로 지적장애(정신지체)의 징후를 가진 아동이 있을 때 "개인 지능검사의 실시와 생육력, 심리검사, 가족, 우인, 학교 등 아동의 발달에 영향을 주는 환경을 분석한 후 사회생활 능력, 일상생활(성격, 행동, 학습상황) 관찰결과를 참고로 판별위원회나 심리학자 및 교육학자, 지적장애자(정신지체자)의 진단경험을 가진 전문의의 협력"(松原隆三, 加藤安雄, 1971)을 얻어 I.Q가 20 또는 25 이하(伊藤隆二, 1970)로서 ① 사회생활의 적응은 성년이 되어도 자립이 곤란하며, ② 가장 쉬운 일도 습득하기 곤란하고, ③ 신체적 위험에 직면할 때 자기보호가 불가능하며, ④ 대인관계의 이해불능, ⑤ 기본생활의 불가능, ⑥ 식사, 용변 등 신변

처리의 곤란으로 특별보호가 필요하고, ⑦ 학업능력이 없을 뿐만 아니라 언어를 통한 의사교환도 불가능하며, ⑧ 간단한 수공(手工)조차 불가능하다는 등의 제반 특징으로 사회생활의 적응 면, 학업능력 면, 작업능력 면, 의사교환능력 면 등에서 정신연령이 3세를 넘지 못하는 완전보호급・전반적 지원급의 지적장애아(정신지체아)(custodial mentally retarded)는 보호 수용시키도록 조치하고 있다(Coleman, 1979). 다음, 지능지수(I.Q)가 25~50에 해당되는 아동으로서, ① 사회생활의 적응 면은 집단행동이 불가능하고, ② 타인의 조력에 의해서만 신변처리가 가능하며, ③ 학교교육을 통한 지적 영역의 성취 곤란, ④ 읽기, 쓰기가 거의 불가능하나 학습능력 면에서는 훈련이 가능하고, ⑤ 간단한 수공 가능, ⑥ 어떤 일의 추리, 요약, 기억이나 장시간 주의력 집중을 요하는 경우 쉽게 당황하거나 혼란에 빠지며, ⑦ 약간의 의견교환은 가능하지만 일상행동의 이상으로 특별보호가 필요한 자로서 정신연령이 6, 7세 정도인 중도지적장애자(정신지체아)(moderate mentally retarded)나 훈련가능급 정신지체아(trainable mentally retarded), 확장적 및 제한적 지원이 요구되는 지적장애자(정신지체아)로 판별된 후 비교적 중증인 자는 취학유예를 고려하고 그 외에는 특수학교나 특수학급에 교육함이 바람직하다(김홍규, 1975). 마지막으로 개인용지능검사 결과 I.Q가 50~75까지인 자로서, ① 어느 정도의 기초적인 학교교육을 습득할 가능성이 있고, ② 추상적인 사고추리는 곤란하나 일상생활에 별 지장이 없으며, ③ 어느 정도의 대인관계와 집단행동이 가능하고, ④ 초등학교 하급학년 또는 6년 정도의 학력이 가능하고 정상인과 같은 창의력, 판단력, 추리력은 거의 개발 가능하며, ⑤ 어느 정도 단독으로 작업 가능하고 언어나 간단한 글로 의사교환이 가능하며, ⑥ 고지식하고 무책임하며, ⑦ 일상생활에 별 지장은 없으나 정도에 따라 주의가 필요한 자를 간헐적 지원 대상의 지적장애라고 한다.

이들 중 사회적응 능력이 현저히 결핍된 자는 특수학교 또는 특수학급에서 교육하고 그 외는 일반학급에서 유의・교육하도록 조치되고 있다.

요컨대, 전반적 지원이 요구되는 보호급(custodial)의 지적장애아는 의료적 치료혜택과 보호를 받을 수 있는 시설(기관)에 보호・치료조치 해야 하고, 확장적 지원이 요구되는 이른바 훈련 가능급의 지적장애자는 특수학교에서, 제한적 지원이 요구되는 지적장애아 중 중증이면 특수학교나 특수학급에서 지도받도록 조치되나 간헐적 지원이 요구되는 경증의 지적장애자는 일반학급에 교육하는 것이 바람직하다고 하겠다.

현재 우리나라는 '장애인등에 대한 특수교육법' 규정(제15~17조)에 의거, 각종 진단평가 자료(심리검사, 사회성숙도 검사, 의학적 진단, 사회생활 적응도, 행동장애 여부 등)를 시・도특수교육운영위원회에서 심사・진단・평가하고, 그 결과에 따라 일반학교의 일반학급, 일반학교의 특수학급,특수학교로 배치・교육하도록 되어 있다.

5절 지적장애아동에 대한 교육방향

지적장애 원인은 전술한 바와 같이 다양하기 때문에 정확한 원인을 알 수 없는 경우도 적지 않고 원인을 정확히 알 수 있는 경우도 매우 드물다.

또한 지적장애 여부를 판별하는 절차와 방법에 대해서도 의견이 분분하다. 예컨대, 지적 기능을 측정하기 위해서 통상적으로 사용하고 있는 규준지향검사(norm-referenced test)요 표준화된 검사인 지능검사에 대해서도 비판이 있다.

즉, 지능검사는 '아동이 지정된 시간의 한 시점에서 어떻게 지능검사의 검사문항이나 과제를 수행하는가 측정(overton, 2003)하기 때문에 "지능검사는 문화적 요소에 의해 왜곡될 수 있고 실제도 IQ 점수도 변할 수 있기 때문에"(Venn, 2004), "지능검사는 과학적으로 완벽하지 않으므로 특수교육서비스 제공 여부를 결정하는 것을 목적으로 사용되어서도 안 된다"(Heward, 2006)는 주장이 그것이다.

적응행동(자립행동 척도)을 측정하는 검사에 대해서도 문제를 제기하고 있다.

예컨대, '어떤 문항은 아동에게 레이스가 달린 신발을 끈을 묶게 하는 것인데 레이스가 달린 신발을 전혀 신어 본 적이 없는 아동에게는 불리'하다는 것이다.

그러나 이 같은 문제에도 불구하고 현실적으로 이들의 판별을 위해서 적용하고 있는 가장 보편적 · 객관적 척도라는 것은 부인할 수 없다.

모든 장애학생을 위한 교육과정은 이들이 교육을 통해 일반학생들과 같이 자아실현(보편성)과 교육권을 보장받고, 효율적인 사회적응 및 사회통합(특수성)을 이룰 수 있도록 하기 위해 장애학생을 위한 교육과정은 크게 세 가지 영역으로 구분된다(김정권, 2002; 김원경 외, 2010).

① 장애학생의 문제(결손, 장애 등)를 교정 · 제거 · 치유하기 위한 교정적 교육과정(eliminative-remedial curriculum)

② 일반 학생들과 같이 성장 · 발달 · 성숙을 위한 발달적 교육과정(developmental curriculum)

③ 각 개인의 특성에 맞고, 사회 적응과 진로 취업 등을 고려한 기능적 교육과정(functional curriculum) 등이다. 이 세 가지 유형의 기본 교육과정에 특별히 학습 및 행동에 문제가 있는 소수 학생을 위한 대안교육과정(보완적 교육과정)을 생각할 수 있다.

따라서 이들을 지도하기 위해서는 예방과 정확한 이해, 그리고 교육과정과 지도방법이므로 그 중요사항을 정리하면 다음과 같다.

첫째, 정신지체아동을 지도하는 교사는 전문가가 제시하는 정신지체의 예방에 대한 내용을 알고 있어야 한다.

Scott와 Carran(1987)은 정신지체의 예방수준을 1차적 예방, 2차적 예방, 3차적 예방 등 세 가지로 분류하고 각 수준별 목표와 전략을 제시하고 있다(Seott & Carran, 1987).

1차적 예방에서는 정신지체아의 출생예방에 목적을 두고 발달중인 태아를 위해 임산부에게 약물, 음주, 흡연 등의 위험성을 알리는 동시에 태아에 대한 상담과 유전문제에 대한 의학적 접근에 초점을 둔다.

2차적 예방에서는 신생아의 정신지체를 유발할 수 있는 단일유전자인 페닐케톤뇨증(phenylketonuria: PKU)을 선별해 내고 치료를 시작함으로써 예방하고 납중독으로 인한 대뇌손상을 예방하는 등 선별과 신생아 보호, 식이 요법관리와 부모교육 등에 초점을 둔다(Beirne-Smith et al., 2001; Heward, 2006).

3차적 예방에서는 정신지체로 태어났거나 다른 형태의 정신지체로 진행될 가능성

있는 아동에게 그들의 잠재력을 최대한 개발, 신장시키고 지각능력을 발달시키며 표현 언어의 사용을 권장하고, 분류와 추론을 연습시키는 등 장애아동의 사고과정을 개발시키기 위해 교육적·사회적 환경을 조성하는 데 초점을 둔다는 것이다.

둘째, 교사는 다운증후군(Down's syndrome)에 대한 이해를 해야 한다.

다운증후군은 21번째 염색체가 2개가 아닌 3개가 됨으로써 발생한 염색체 이상에 따른 것이다. 이들의 신체적 생김새가 몽고 사람과 비슷하다 해서 과거에는 '몽고리즘(Mongolism)'이라고 일컬어 왔다(Beirne-Smith, Ittenbach, & Patton, 2001).

다운증후군의 신체적 특징은

① 입이 작고 입천장이 낮아 혀가 입에 꽉 차있는 것처럼 보인다.
② 코가 전제적으로 밋밋하다는 인상을 받는다.
③ 눈이 약간 위로 올라가 있다.
④ 시각장애(난시나 사시)가 많다.
⑤ 근육의 긴장도가 낮아서 항상 축 늘어진 것처럼 보인다.
⑥ 목소리가 허스키(쉰듯함)하다.
⑦ 호흡기 질환과 함께 언어발달이 지체된다.
⑧ 손이 작고 네모진 형태이다.
⑨ 키는 정상인의 평균보다 작고 비만해지는 경향이 있다.
⑩ 전반적인 발달수준이 지체된다.
⑪ 심장 기형(奇形)을 가지고 태어날 확률이 높다.
⑫ 백혈병의 발병확률이 높다.

이상과 같은 신체적·건강상의 문제나 특징을 가지고 있지만 성격이 명랑하고 친화력이 있기 때문에 학교생활 전반에 적응하는 데 큰 문제가 없다. 특히 특수교육의 발달로 인해 이들에게 적합한 조기교육, 특수교육 및 특수교육적 지원을 해주면 성공적 개인으로 살아갈 수 있다는 것이 학계의 공통된 인식이다.

셋째, 인지능력의 결함을 해소하고 발달시키기 위해 반복학습, 다양한 교수자료의 활용, 개별적·세부적 지도, 개인에게 맞는 교수자료와 지도계획 수립, 다양한 자기관리 기법의 활용이 요구된다.

대부분의 정신지체아동들은 정도의 차이만 있을 뿐 다음과 같은 8개 항목의 결함을 가지고 있다(Hallahan & Kauffman, 2003).

① 주의력에 결함이 있다.

필요한 곳, 요구되는 곳, 적절한 곳에 주의를 기울여야 하는데 그렇게 하지 못하고 전혀 엉뚱한 곳에 주의를 기울인다.

② 기억력에 결함을 나타낸다.

장·단기 기억력이 일반아동보다 부족하지만, 특히 그 중에서도 단기 기억력이 많이 부족한 것으로 알려져 있다.

③ 학습속도 역시 일반아동에 비해 상대적으로 지진을 보인다.

그것은 언어, 읽기, 쓰기, 돈의 개념, 자기 지시 등 개념적 적응행동(AAMR, 2002)에서 낮기 때문인 것으로 이해된다.

④ 관찰학습, 모방학습이나 우발학습의 능력도 부족하다.

일반아동들은 관찰을 통해 배우고, 타인의 행동을 모방함으로써 배우게 된다. 그런데 정신지체아동들은 그것이 부족하기 때문에 가르쳐주지 않은 것을 스스로 아는 것은 한계가 있다.

⑤ 배운 것에 대한 적용문제에서 결함을 나타낸다.

흔히 하나를 배우면 열을 알지는 못해도 유사한 문제를 이해하게 되고 교실에서 배운 이론적인 것을 다른 환경에서 적용할 줄 아는 것이 일반아동들의 모습이다.

그런데 정신지체아들은 한 가지를 배우면 지나치게 여러 가지에, 엉뚱한 것에 그것을 적용하려는 문제(과도한 일반화의 문제)를 보이기도 하고, 반대로 교실에서 배운 것을 다른 환경에서는 적용하지 못하는 문제(일반화·응용의 부족 문제)를 나타내기도 한다.

⑥ 일반아동들에 비해 학업성취도가 뒤떨어진다.

여러 가지 기초능력, 인지능력, 적응능력의 부족 때문에 학업수행의 어려움을 초래하고 그 결과 학업성취도가 떨어지게 되는 것이다.

⑦ 낮은 학습의 욕구와 학습동기도 문제가 된다.

기초능력의 부족, 인지·적응능력의 결함으로 누적된 실패를 맛보았고, 결과적으로 학습된 무기력(Seligman & Maier, 1967; Ames, 1991; 정수자, 1997; 이상란, 2001)으로 인해 학습의욕과 학습동기도 낮아진 것으로 이해된다.

⑧ 초인지 능력도 정상아동에 비해 낮기 때문에 자기조절 능력 면에서 결함을 나타낸다.

초인지 능력이란 특정 과제를 수행하기 위해 어떤 전략이 필요한지를 알고, 자기가 추진하는 일에 대해 지속적으로 분석·검토하면서 결과와 효과성에 대해 점검할 수 있는 능력(Hallahan & Kauffman, 2003)을 말한다.

정신지체아들은 이 능력이 부족하다.

따라서 이들의 이 같은 특성(문제)을 고려하여 다음과 같은 교수전략이 요구된다.

① 지체아동 각자에게 알맞은 교수계획과 교수자료(개별화 교육계획: IEP)를 이용해야 한다.

이들의 여러 가지 특성, 특히 인지능력을 고려하여 적절한 교육을 시켜야 하며, 무조건 아래 학년의 교재내용이 아니라 아동의 능력에 맞는 과제를 주어서 시간이 걸리고 힘들어도 스스로 할 수 있는 기회를 많이 주면서 성공경험을 쌓는 것이 중요하다. 이러한 개별화 교육계획을 실현하기 위해서는 미국의 특수교육에서 실시하고 있는 개별화 시행계획이 참고가 될 것이다.

② 구체적이고 의미 있는 교수자료를 사용하여 학습효과를 살려야 한다.

정신지체아는 기초능력도 부족하고 학습의욕과 학습동기도 낮기 때문에 그들에게 흥미와 동기를 자극할 수 있는 교수자료의 활용이 필요하며 결과적으로 학습효과도 가져오게 된다.

③ 반복학습과 기억증진 프로그램의 활용이 중요하다.

전술한 바와 같이 정신지체아동들은 주의력과 기억력에 결함을 보이고 단기 기억력이 많이 부족한 것으로 밝혀졌다.

때문에 단기 기억력을 기르기 위해 반복학습을 시키고, 단기 기억에서 장기 기억으로 전환해서 저장할 수 있도록 반복학습과 함께 여러 가지의 기억증진 프로그램의 적용은 가치가 있다.

넷째, 교사는 정기적으로 의료인 및 전문가와 협의를 하면서 학습지도의 문제, 진로지도의 문제에 관심을 가져야 한다.

정신지체아동은 일반학교의 일반학급에 배치하여 교육할 수도 있고, 특수교육기관(특수유치원, 특수학교, 특수학급)에 배치하여 교육할 수도 있으며, 아동이 가정, 의료기관/치료기관, 장애인 복지시설 등에 있을 경우 교사를 그곳에 보내어 교육(순회교육/파견교육)할 수도 있다. 그러나 그들도 일반아동이 하는 경험과 같은 경험을 할 수 있게 하기 위해서는, 정신지체의 정도가 심하다 하더라도 일반학교에 배치하는 것이 바람직하다고 할 수 있다(김승국, 2001).

중요한 것은 이들 정신지체아들이 기질적 장애나 질환, 그리고 여러 가지의 결함을 가지고 있기 때문에 교사는 정기적으로 의료인과 전문가들의 의견을 듣고 협의를 거치는 것이 필수적이라고 하겠다.

그래서 그들로 하여금 교육적·사회적·문화적으로 정상행동과 특성을 함양하도록 하고, 진로에 대한 의식을 인식시키고 진로를 탐색하게 하며, 진로를 준비하도록 해야 할 것이다.

다섯째, 정신지체아동의 생활 영역에 따른 구체적인 활동지원계획을 세워 지도해야 한다.

교수학습에 있어 '학생들이 스스로 결정하게 3가지 영역의 질문'을 하게 된다. 즉 '나의 목표가 무엇이며, 이를 달성하기 위한 나의 계획은 무엇인가? 그리고 무엇을 배워야 할 것인가'이다.

이를 알기 위해 각 영역별로 4가지 항목의 질문을 하고 있다(Turmbull, Turnburn, & Wehmeyer, 2007).

그러나 이것은 주로 교과활동에 초점을 맞추었기 때문에 이보다는 정신지체학생의 전반적인 생활 영역에 관심을 가져야 한다고 생각한다.

예컨대, 인간발달단계에 따른 영역, 학습-교수활동 영역, 가정생활 영역, 지역사회 생활 영역, 진로 및 취업준비 영역, 건강과 안전 영역, 적응 및 특수기능 등 일상생활 영역, 사회생활활동 영역 보호 및 법적 지원 관련 영역 등 전반적인 면에 대해 구체적인 활동과 그에 따른 지도를 해야 한다(Luckasson et al., 2002; Vaughn, Bos, & Schumm, 2007).

참고문헌

가토 시게루(加藤 石破茂, 1994). **첫 임신 첫 출산**. 서울: 샘터사.

강승구(1997). 폭력공화국. 뉴스플러스. 동아일보사.

강승규(1995). "학교의 본질: 오늘날 학교의 기능은 그 본질에 충실한가?" 토론원고, **교육학 연수**, 33(4), 41-46.

강영혜(2008). 교육강국 핀란드의 성공비결. **교과서 연구, 제53호**. 한국교과서연구재단.

강진령 · 유형근(2000). **집단 괴롭힘**. 서울: 학지사.

강창욱 외 공역(2005). **특수아동의 이해와 교육**(제10판). 서울: 박학사.

경향신문사(1992). 뉴스메이커, 제9호. 10월 5일.

고도원(2007). **씨앗 뿌리는 20대 꼭 해야 할 37가지**. 나무생각.

고동우. '한번 비정규직은 영원한 비정규직?'. **시사IN, 제3호,** 2007. 10. 9. 42-44.

고범서(1994). 행복의 윤리학: 자아실현과 행복-. 한림과학원총서, 23. 소화.

고정욱. 장애인 비례대표 제대로 뽑아주길. 조선일보, 2008. 3. 17.

고제규(2000). 암흑가 '무서운 아이들' 10대 조폭이 날뛴다. 시사저널, 독립신문사. 72.

고재규 · 노순동 기자. '폭격맞는 한국 식탁, 공습경보도 없다'. 시사저널, 제765호, 2004. 6. 24. 26-32.

공병호(2011). **습관은 배신하지 않는다**. 서울: 21세기북스.

공선표(2001). '디지털 시대의 인재 양성 전략'. Economic Review. 주간 서울경제, 2001. 6. 12.

권석만(2004). **침체와 절망의 늪, 우울증**. 서울: 학지사.

곽금주(2007). **습관의 심리학**. 서울: 갤리온.

곽영숙(1996). '청소년 학원폭력의 행동장애, 원인과 치유는 어떻게 할 것인가?'. 제11회 청소년 상담세미나. 서울가정법원 소년자원보호자협의회.

구자순(1994). '학원 내 폭력, 어떻게 이해할 것인가?' 제11회 특수상담사례 연구발표회. 토론3. 청소년대화의 광장. 123-131.

권오승(2007). '국경 없는 사회와 소비문화 그리고 가정'. 창립 60주년기념 통합포럼. 대한가정학회. 7-15.

길학렬 외(1993). 고등학교재학생들의 스트레스와 정신병리. **정신신체의학,** 1(1), 한국정신신체의학회. 67-74.

김경회(2000). '청소년범죄의 실태와 대책'. 세미나 발표논문. 한국형사정책연구원.

김광일 외(1983). 고등학교 재학생의 정신건강 실태조사(I). **정신건강연구, 제1집**. 한양대 정신건강연구소.

김광일 외(1983). 대학생의 정신건강에 관한 연구1. **정신건강연구, 제7집**. 한양대 정신건강 연구소.

김남순(1995). 현대 청소년 발달과업에 대한 고찰. 현대사회와 청소년지도. 서울: 배영사.

김상수 · 박제민 · 김명정(1992). 운전자의 공격성과 교통사고 호발성향. **신경정신의학**, 31(5), 대한신경정신의학회.

김상원 편(2000). **성교육/성상담의 이론과 실제**. 서울: 교육출판사.

김소희 기자. '과자의 공포, 전직 제과회사 간부는 말한다'. 한겨레 21, 2005. 9. 6.

김수현(2009). **생존의 밥상**. 넥서스북스.

김수현(2014). **밥상을 다시 차리자**. 중앙생활사.

김승국(2001). **특수교육학**. 파주: 양서원.

김승국 · 이해명(1982). 장애자 직업교육의 개선방안. 유네스코한국위원회, 장애자직업 재활. 2-88.

김신일(2001). 한국교육 위기의 본질과 정책방향. 새천년 한국의 비전. 비전@한국. 71-72.

김영진(2000). **한국인을 위한 윤리와 논리**. 철학과 현실사.

김영진(2004). **철학적 병에 대한 진단과 처방**. 철학과 현실사.

김용석(2000). "노휘치(Know-Which)의 시대". 한겨레21, 한겨레 신문사. 2000. 1. 27.

김원경 외 15인(2010). **최신 특수교육학개론**. 파주: 양서원.

김정란. '한국여성운동은 개화기 및 일제 치하에서 구국운동이나 독립운동 같은 애국.' 2006. 4. 25.(http://cafe.daum.net/c21/bbs search read?grpid).

김재은(1995). **태아도 뭔가를 배운다**. 서울: 샘터사.

김지혜(1999). 성폭력 실태와 대책. 학교 청소년 성교육/성상담을 위한 교원연수 교재. 인하대학교 교육대학원.

김참섭(1995). 뇌성마비인의 적성직업에 관한 연구. 단국대학교 대학원 박사학위논문.

김창대(1999). 따돌림 해결을 위한 가정모델, 제2회 청소년 상담 심포지엄 자료집. 서울특별시 청소년 종합상담실, 22.

김태형(2002). **유교문화의 돌연변이 일본**. 보고사.

김형석(2008). '원로 석학들의 문화 담론'(좌담회). 우리길벗. 봄호, (사)한우리 공동선실천연대.

김호기. '우리 시대 사상의 풍경'(9) 페미니즘, 여성해방과 양성평등을 향하여. 경향신문, 2014. 2. 2.

김흥규(1987). 윤락의 발생요인과 문제점 및 그 대책에 관한 연구. 인하대인문과학연구소 논문집, 제13집, 325-378.

김흥규(1989). **장애자 교육의 이론과 실제**. 서울: 도서출판 성원사.

김흥규(1991). 한국인의 사회계층과 스트레스와의 관계 연구. 원광대학교 대학원 박사학위논문.

김흥규(1994). **인간 행동의 이해**. 파주: 양서원.

김흥규(1995). 사회계층에 따른 정치 · 경제 · 사회적 스트레스 변인간의 관계. 인문과학연구소 논문집, 제22집, 인하대학교. 503-534.

김흥규(1995). 대학 신입생 오리엔테이션의 성격과 방향. 학생생활연구, 제15집, 인하대학교 학생생활연구소. 1-11.

김흥규(1995). 청소년의 문화의식과 문화적 행동경향에 관한 연구. 인하대교육연구, 창간호, 인하대학교 교육연구소. 63-106.

김홍규(1997). 정치현상 스트레스 변수가 사회현상 및 경제현상 관련 스트레스에 미치는 영향. 인하교육연구 논문집, 제3호, 인하대학교 교육연구소. 35-66.

김홍규(1997). 학원폭력의 심리 · 사회적 원인. 신용일교수정년기념논문집.

김홍규(1998). **최신 교육사회학**. 서울: 형설출판사.

김홍규(1998a). 경제현상 관련 스트레스 변수 정치현상 및 사회현상 관련 스트레스에 미치는 영향. 인하교육연구 논문집, 제4호, 인하대학교 교육연구소. 17-46.

김홍규(1998)b). 사회현상 관련 스트레스 변수들이 경제현상 및 정치현상 관련스트레스에 미치는 영향. 인문연구, 제28집, 인하대학교 인문과학연구소. 263-294.

김홍규(1998a). **최신 교육사회학**. 서울: 형설출판사.

김홍규(1998b). 바람직한 청소년상. 강원도 교원연수원 특강원고.

김홍규(1999). **상담심리학**. 서울: 가산출판사.

김홍규(1999). 청소년 약물 오 · 남용의 해독과 대책. 인문연구, 제30집, 인하대학교 인문과학연구소. 245-268.

김홍규(1999). 청소년지도의 방향. 인성교육을 위한 길잡이. 인천: 사단법인 한국인성개발연구원 인천지부.

김홍규(1999). 한국사회의 건강성수준. 인하교육대학원보, 제43호, 인하대교육대학원. 2-8.

김홍규(2001). "한국병과 경쟁력". 경영자 금요 조찬 연수회. 제542회. 광주 · 전남경영자협회. 1-10.

김홍규(2003). **최신교육사회학**(제3판). 형설출판사.

김홍규(2003). 인천교육의 방향과 과제. 교원연수자료. 인천광역시 교원 연수원. 1-7.

김홍규(2005a). '흔들리는 가정환경과 가족의 삶의 질'. 연구원 창립 2주년 기념 학술포럼. (사)한국삶의질연구원. 1-10.

김홍규(2005). **살며 생각하며**. 서울: 도서출판 청호.

김홍규(2006). "인천 초 · 중 · 고교 교사들의 삶의 질에 대한 비교 연구". 2020~30년대의 사회변화와 삶의 질 연구. 인천학술진흥재단. 141-142.

김홍규(2006). 2020~30년대의 사회변화의 삶의 질 연구. 인천학술진흥재단. 9~63.

김홍규 · 이호정(2007). "교육경쟁력과 한국교육의 과제". 한국 삶의 질 연구. 제2권 제1호. 한국삶의 질 연구원. 57-84.

김홍규 · 원애경(2012). **상담심리학**. 파주: 양서원.

김홍규 · 한순미(2011). 가정한경의 건강성과 대학생의 정서지능 및 행복도와의 관계에 관한 연구. 교육문화연구, 제17-1호, 인하대학교 교육연구소. 121-161.

김홍규 · 이만표(2013). **교육사회학**. 파주: 양서원.

김홍규 · 이상란(2014). 한국인의 가치관과 라이프스타일에 관한 연구. 교육문화연구, 제20-4호. 인하대학교. 281-314.

김홍규 · 이상란 · 고길희(2016). 한 · 일 대학생의 사고(思考) 및 의식성향에 대한 비교연구. 교육문화연구, 제22-1호. 인하대학교. 67-100.

김홍규(2015). **최신상담심리학**. 파주: 양서원.

김홍규 · 이상란(2016). 한국인의 직업관 평가를 통해서 본 한국사회의 건강성 문제 연구. 동아일보. 2016. 5. 16; 실버타임즈, 2016. 7. 1 보도.

누마타 이사무(1978). 1억의 잠재 환자를 구하는 길. 오사와 히로시, 2005: 71

노순동. '유신세대와 386, 폭력을 멈춰라'. 시사IN, 제3호, 2007. 10. 9: 38-40.

노재섭 · 이석 기자. '멜라민보다 무서운 식품 첨가물'. 시사저널, 제990호, 2008. 10. 14. 14-25.

노진섭 기자. '한국은 우울증 후진국'… 10명 중 9명 치료 못 받는다. 시사저널, No. 148, 2016. 10. 11-18: 42-47.

더그 레닉, 프레드 킬. 정준희 옮김(2006). **성공하는 사람들의 도덕지능**. 북스넛.

돌런 폴, 이영아 옮김(2015). **행복은 어떻게 설계되는가**. 와이즈베리.

로버트 D. 헤어 저, 조은경 · 황정하 옮김(2005). **진단명: 사이코패스**. 서울: 바다출판사.

로리 애슈너, 미치 메이어슨. 조영희 옮김(2006). **사람은 왜 만족을 모르는가**. 에코의 서재.

로버트 스텐버그(2000). 이상원 옮김. **사랑은 어떻게 시작하여 사라지는가**. 사군자.

로버트 스텐버그(2002). 류소 외 옮김. **사랑은 어떻게 시작하여 사라지는가**. 사군자

로즈 딜스키 · 바네트(1902). **첫 아이를 가진 엄마 아빠에게**. 서울: 샘터사.

르바이예 F.(1990). **폭력없는 탄생**. 서울: 샘터사.

르바이예 F.(2003). **평화로운 탄생**. 서울: 샘터사.

르바이예 F.(2012). **폭력없는 탄생**. 예영커뮤니케이션.

마리즈 다미앙(1996). **모유로 키우고 싶어요**. 서울: 샘터사.

마사 스타우트 저, 김윤창 옮김(2008). **당신옆의 소시오패스**. 경기: 산눈출판사.

마자 버나드(1994). **당신 아기의 첫 1년**. 서울: 샘터사.

사주당 지음. 최희석 옮김(2010). **태교신기**. 서울: 이담북스.

마이클 샌델. 안진환 · 이수경 옮김(2010). **왜 도덕인가?**. 한국경제신문.

마틴 블레이저(2014). **인간은 왜 세균과 공존해야 하는가**. 처음북스.

마틴 셀리그만. 김인자 옮김(2011). **마틴 셀리그만의 긍정심리학**. 물푸레.

매경이코노미. '핵분열 신(新)가족시대'. 제1641호. 2012. 1. 18-1. 31: 30-35.

메리 앨런 오툴 · 앨리사 보먼. 유지훈 옮김(2012). **첫 인상은 항상 배신한다**. 21세기북스.

문정화 · 하종덕((1999). **또 하나의 교육 창의성**. 서울: 학지사.

문화관광부 청소년국(1999). **청소년백서**. 서울: 문화관광부.

미셸 보바. 한혜진 옮김(2004). **건강한 사회인, 존경받는 리더로 키우는 도덕지능**. 한언.

민병근 · 이길홍 · 김헌수(1980). 근로청소년의 산업재해와 공격성향간의 상호관계에 관한 산업정신 의학적 연구. 중앙대 논문집, 24. 557-596.

박광수(2007). 시설장애인의 인권보장을 위한 실천방안 모색. http://cafe. daum. net/jejuchangam/sori/216

박성규(1999). **왕따 리포트**. 서울: 우리교육.

박세준 기자. '화학물질공포강박증(chemical phobia)' 부추기는 환경부. 주간동아, No. 1058, 2016. 10. 12-18: 32-34.

박영신 · 김의철 · 민병기(2002). 부모의 사회적 지원, 청소년의 자기 효능감과 생활만족도. **교육심리연구**, 16(2), 63-92.

박영신 · 김의철(2003). 한국 청소년의 성취 동기와 학업성취에 대한 부모-자녀관계의 영향. **청소년학연구**, 10(1), 139-165.

박원희 · 성수국 · 육주혜 · 장진섭(2003). **특수교육과 장애인 복지의 이해**. 파주: 양서원.

박주신(2000). 한국 성폭력의 실상과 그 예방 및 대처를 위한 상담지도적 접근. 학생생활연구, 제20집, 인하대학생생활연구소.

박주연 기자. '안전한 건강 먹거리 없나요?'. 뉴스메이커, 제564호, 2004. 3. 11. 74-78.

배병철(2005). **태교신기**. 성보출판사.

백상창(1996). 어째서 당신의 자녀들이 망가져 가는가?. 한국사회병리연구총서, 10. 한국사회병리연구소출판부.

백상창(2000). 정신분석정치학. 한국사회병리연구총서, 11. 서울: 한국사회병리연구소출판부.

법제연구원(1988). 특수교육진흥법시행규칙. 특수교육대상자판별기준.

브레인 홀스트(1991). **태아의 편지**. 서울: 샘터사.

브레인 홀스트(1992). **엄마 나야, 아빠 나라구-뱃속에 있는 아이가 말한다.** 문학사상사.

브레인 홀스트(2006). **엄마 아빠, 나 여기 있어요**. 해나라 출판.

비에나래(결혼정보업체). '재혼상담 신청의 138명 남성 조사'. 2012. 1. 2.

서울가정법원 소년자원보호자협의회(1996). 청소년 학원폭력 어떻게 할 것인가. 제11회 청소년상담세미나 조사자료. 3-23.

서울경제. 장애여성을 벼랑으로 내모는 사회. 2005년 11월 1일자.

성경원. 매경이코노미, 제1739호, 2014. 1.1-1.7.

소종섭 · 박성준 · 이철현 · 노순동 기자. '식탁 공포'. 시사저널, 제837호, 2005. 11. 8. 38-50.

손봉호(2008). '원로 석학들의 문화 담론'(좌담회). 우리길벗. 봄호, (사)한우리공동선실천연대.

송문홍. '효 생각은 풍요, 실천은 빈곤; 흔들리는 동방효도지국'. 주간동아, 제567호, 2007. 1. 2: 26-30.

송화선 기자. '항생제 밥상 점령!'. 당신의 세끼는 항생제 밥상. 주간동아, No. 1058, 2016. 10. 12-18: 24-31.

쓰모리 후사애(1990). **엄마의 육아일지**. 서울: 샘터사.

신동호 · 신관식 기자. '먹는 게 두렵다'. 뉴스메이커, 2001. 10. 18. 34-39.

신민섭 · 박광배 · 오경자(1991). 우울증과 충동성이 청소년들의 자살행위에 미치는 영향. 임상, 제10권 제1호, 한국심리학회. 286-297.

신승근 · 신윤동욱(2000). "정보화 시대의 그늘". 한겨례 21, 한겨레 신문사. 2000. 1. 6.

신연숙. '신연숙 대기자의 금요 초대석' 여성운동의 대모 이효재 교수. 서울신문. 2007. 3. 9.

신현석(2006). "교육양극화에 대한 교육행정학적 접근". 교육 양극화의 진단과 대책. 한국교육행정학회 / 한국교육사회학회. 28.

신희섭(2009). '뇌 과학 시대, 뇌 연구 어디까지 왔나. 주간조선, 제2067호, 43-45.

심영희(1986). 한국사회의 자살: 사회학적 관점에서 본 이론과 실태. 정신건강연구, 제4집, 한양대 정신건강연구소.

안병수(2005). **과자, 내 아이를 해치는 달콤한 유혹**. 국일출판사.

알랭 드 보통. 정영목 옮김(2013). **왜 나는 너를 사랑하는가**. 청미래출판.

에릭 클라이넨버그. 안진이 옮김(2013). **고잉 솔로 싱글턴이 온다**. 더퀘스트.

여성생활연구회(1977). **첫 임신과 태교**. 서울: 민예사.

연재호(2001). 21세기의 패러다임을 준비하자. 뉴스메이커, 경향신문사. 2001. 1. 4: 98.

오정희(1986). **재활의학**. 서울: 대학서림.

오천석(1976). 교사교육의 방향. 한국교사교육연구협의회. 서울: 익문사.

와타나베 쇼스케 저, 오강섭 감수(2000). **우울증은 치료된다**. 서울: 동도원.

윌 브레인 올드(1990). **엄마 아빠, 나 여기 있어요**. 서울: 웅진 미디어.

유길주(2000). "디지털 계급사회 온다". 뉴스메이커, 제36호, 경향신문사. 2000. 2. 24.

이계호. '우리 아이들 몸 속에 중금속이 쌓이고 있다'. 시사저널, 제838호, 2005. 11. 15. 14-18.

이교원(2012). **생애 첫 1시간이 인간의 모든 것을 결정한다**. 센추리원.

이근후 · 우행원 · 박영숙 · 연규월 · 권정화(1988). **최신임상정신의학**. 서울: 하나의학사.

이길홍(1990). 정신의학 분야에서의 청소년연구 동향과 과제. 한국청소년연구원.

이나미(1992). 성폭력, 그 후가 더 무서운 피해여성. 뉴스메이커, 제9호, 경향신문사. 52-53.

이나미(2006). '한국 남자들, 쪼그라들고 있다'. 시사저널, 2006. 6. 6: 62-63.

이동원. '급격한 변화의 시대, 바람직한 가정'. 우리길벗. 제8호, 2005년 5월호.

이만홍 · 이영문 · 김찬형(1990). 고등학교 재학생들의 스트레스와 정신병리, **정신지체의학**, 1(1), 한국정신신체의학회. 67-74.

이면우(2004). **생존의 W 이론**. 서울: 랜덤하우스 중앙.

이민우 기자. '미국산 쇠고기, 못 · 본드 · 장갑 검출 논란'. 시사저널, No. 1408, 2016. 10. 11-18: 12-16.

이배용 외 14인(2002). **우리나라 여성들은 어떻게 살았을까**. 청년사.

이상란(2000a). 고교생의 애퍼시경향에 관한 연구. 학생생활연구, 인하대학교학생생활연구소 논문집. 20. 141-166.

이상란(2001). 청년기 무기력 연구의 전망: 일본 내 연구 논점을 중심으로, 학생생활연구, 제21집, 인하대학생 생활연구소. 179-190.

이상욱 · 김재호(1978). **안과학**. 서울: 수문사.

이소현 · 박은혜(2007). **특수아동교육**. 서울: 학지사.

이수원 외(1986). **심리학**. 서울: 민정사.

이영덕(1975). 스승의 필요와 교육체제 개선. 교사교육소식(뉴스레타), 제7호, 한국교사교육연구협의회.

이은희(2010). **하리하라의 몸 이야기**. 해나무 출판.

이인출 · 노용찬 편역(1995). 마음의 상처를 치유하는 길. 인천: 도서출판 글샘. 9-13.

이장호 · 추국희 · 이해명 · 김영욱(1985). 특수교육기재 차관사업의 타당성 조사 연구. 특수교육 차관사업타당성조사연구단.

이정숙(2002). **신 살아보고 결혼합시다**. 청년정신.

이정숙(2005). **살아보고 결혼합시다**. 명진출판.

이지현(2016). **내 약 사용설명서**. 세상풍경.

이철우(2008). **심리학이 연애를 말하다**. 북로드 출판.

이철현(2004). "디지털 유목민은 위성 DMB타고 세상을 달린다". 시사저널, 2004년 4월 15일.

이케가와 아키라(池川 明)(2003). **아기는 뱃속의 일을 기억하고 있다**. 서울: 샨티.

이태영 · 김정권 공편(1982). **특수교육학**. 서울: 형설출판사.

이호영 외(1989). 강화도 정신과 역학연구 II. III. **신경정신의학,** 28(6), 대한신경정신의학회.

이화여자대학교. 여성학과 창립 30주년 기념행사. '여성학 돌아보다'. 2013. 2. 19.

이효자 · 안영진 · 장병연 · 주은희 · 박숙자(2005). **특수아동교육**. 서울: 도서출판 정일.

임현주. "일회용에서 '내가 만드는 생리대'로". Healthweek, 제11호, 2004. 9. 2.

장원준(2000). "정보 공유시대 … 인덕(人德)이 리더십이다". 주간조선, 2000년 12월 14일.

정동철(1992). 성범죄자의 원초적 본능. 뉴스메이커, 제9호, 경향신문사. 53-54.

정여울. '너무 작아 세상이 '깜박'한 존재들'. 시사IN, 제3호, 2007. 10. 9: 50-51.

정범모(1990). 미래에 대응하는 초 · 중등교육의 방향. 한국초중교육, 7. 한국초중교육연구협의회.

정범모 편(1991). **교육난국의 해부: 한국교육의 진단과 전망**. 서울: 나남출판사.

정범모(1998). **미래의 선택- 탈발전과 성숙을 위한 결단**. 제2판. 서울: 나남출판.

정범모(2000). **한국의 교육세력**. 서울: 나남출판.

정수자(1997). 가정변인과 학습된 무기력의 관계 분석. **교육심리연구,** 11(3), 한국교육심리학회, 225-241.

정호재 · 송홍근 기자. '농수산물 원산지 세탁, 중국산이 북한산으로'. 주간동아, 제477호, 2005. 3. 22: 14-22.

제레미 홈스 저. 김종승 옮김(2006). **우울증**. 서울: 이제이북스.

조두영(1986). 정신의학에서 본 자살. 정신건강연구, 제4집, 한양대 정신건강연구소.

조벽(2007). 새 시대 교수법. 제11회 동계 연찬회자료. 인천카운슬러 협회. 5-12.

조완제 · 정재용 · 최성진 · 박주연 · 이상연 기자. '식탁의 공포', 뉴스메이커, 제579호, 2004. 6. 24. 31-41.

조지 베일런트. 이덕남 옮김(2010). **행복의 조건**. 프런티어.

조지 사이먼 2세 저. 조은경 옮김(2007). **양의 탈을 쓰다**. 서울: 모멘토.

조혜경. '고용없는 성장에 신음하는 20대'. 시사IN, 제3호, 2007. 10. 9: 46-47.

주간동아(1999. 11. 25). 세기말과 성산업. 동아일보사. 41-49.

주간동아와 경기문화재단 공동 면접조사, 전국 20세 이상 1.000명 대상. '한국 가족 · 가족 가치의 현실'. 주간동아, 제567호, 2007. 1. 2신년호, 26-30.

주간동아. 'SOS! 대한민국 어린이로 살아가기'. 제709호, 2009. 11. 3. 16-51.

주경란(2004). 유비쿼터스 사회에서의 성인교육의 역할 재정립과 전망. 2004년 가을 학술대회. 한국성인교육학회. 인사말.

주정일(1997). **태교 출산의 지혜**. 서울: 샘터사.

찰스 두히그. 강주헌 옮김(2013). **습관의 힘**. 갤리온.

최남희(2003). 유비쿼터스 컴퓨팅을 활용한 U-Government의 기본구도와 추진과제. 사이버커뮤니케이션학회 춘계학술대회 논문집.

최영미. 21만 시각장애인의 볕바른 세상을 꿈꾸며. 조선일보, 2008. 5. 31.

케이 레드필드 재미슨 저. 박민철 옮김(2005). **조울병, 나는 이렇게 극복했다**. 서울: 하나의학사.

크리스티앙 스파돈 저. 김성희 옮김(2006). **우울증을 어떻게 이길까?**. 서울: 황금가지.

토마스 바니(1977). **태아는 알고 있다**. 서울: 민예사.

폴 바비악 · 로버트 D 헤어 저. 이경식 옮김(2007). **직장으로 간 사이코패스**. 서울: 랜덤하우스.

프란체스코 알베로니, 이현경 옮김(2006). **성공한 사람은 말의 절반이 칭찬이다**. 스마트비즈니스.

프란체스코 알베르니. 정선희 옮김(2010). **실패한 사람들은 말의 8할이 부정이다**. 스마트비즈니스.

프랑소와즈 돌토(1990). **아기가 태어나면**. 서울: 샘터사.

하상훈(1999). 심리사회적 변인이 청소년의 자살충동에 미치는 영향. 교육학박사학위논문. 인하대학교 대학원. 1-3.

한겨레21. '장모시대'. 제378호, 2001. 10. 11: 42-49.

한국청소년개발원 편(1993). **부모가 알아야 할 청소년기**. 파주: 양서원.

한국청소년개발원 편(1994). **정신활동개발보고서**. 한국청소년개발원.

한국청소년개발원 편(1995). **청소년정책의 역사와 발전방향**. 한국청소년개발원.

한국형사정책연구원(1998). **성폭력 실태와 원인에 관한 연구** II. 한국형사정책연구원.

한나(1993). **내게도 병이 생길 줄이야**. 가서원 출판.

한나(2013). **숨겨진 병 저혈당과 인슐린 과다증**. 중앙생활사.

한스 울리히 그림(2001). **더 이상 먹을 게 없다**. 모색 출판.

한동세(1974). **정신과학**. 서울: 일조각.

한승희 외(1994). 정신건강활동개발보고서. 수련거리 개발보고 6. 한국청소년개발.

함인희. 한겨레 21, 제378호. 2001. 10. 11: 49.

함인희. 긴급좌담(업코리아 주최), '이혼율 세계 2위의 한국사회'. 2003. 10. 6.

허문영. '끝없이 하강하는 무기력한 청춘들'. 시사 IN. 제3호, 2007. 10. 9: 52.

해리 홀스(2003). **엄마, 나 여기 있어요**. 서울: 대교출판.

허태균. 긴급좌담(업코리아 주최). '이혼율 세계 2위의 한국사회'. 2003. 10. 6.

황대준(2004). 유비쿼터스 사회의 성인교육 방향과 미래. 2004년 가을 학술대회. 한국성인교육학회. 1-11.

황정규(1995). 21세기에 대비한 교육적 인간상. 교육학연구, vol. 33. No. 2. 한국교육학회.

황정규 · 한명희 · 김홍규 · 강영삼 · 손충기(1994). 한국교육의 병리 현상과 대책. 연구보고서. 서울대학교사범대학. 1-139.

홍성묵(2000). '성과 건강'. 학교 청소년 성교육/성상담을 위한 교원연수교재. 인하대학교 교육대학원.

홍성묵(1999). **홍성묵 박사의 아름다운 사랑과 성**. 서울: 학지사.

홍준석. '건강한 아기 바란다면, … 혈당검사를'. 조선일보, 2015. 10.2.

hhpark@chosun.com. 장애인과 사교육 열풍. 조선일보, 2008. 3. 17.

http://www.mohw. go.kr(보건복지부, 1999).

Alubomulle Sumanasara. 강성욱 역(2008). 화를 다스리면 인생이 달라진다. 경성라인.

Alvin Toffler(1970). *Future Shock*. Bantam Books. New York.

Amen, Daniel G.(2000). *Change Your Brain, Change Your Life.* 안한숙 옮김.(2002). 당신의 뇌를 점검하라. 한문화.

American Association on Mental Retardation(AAMR; 2002). *Mental Retardations: definition, classification, and systems of supports.* Washington, DC: Author, 1.

American Psychiatric Association(1994). *Diagnostic and Statistical Manual of Metal Disorders* (4th ed.). DSM-IV, Washington, DC: Author.

American Psychiatric Association(2000a). *Diagnostic and statistical manual of Mental disorders*. text revision: DSM-Ⅳ-TR(4th ed.). Washington, DC: Author.

American Psychiatric Association(2000b). *practice guideline for the treatment of patients with schizophrenia*. Washington, DC: Author.

American Psychiatric Association(2000c). *practice guideline for the treatment of patients with bi-polar disorder*. Washington, DC: Author.

http://www.psych.org/clin-res/pg-bipolar.cfm.

Ames, M. A.(1991). *Childhood abuse, learned helplessness and risk lifestyle*; *A model of re-victimization in women.* Indiana Univ, US.

Anastasi, A.(1958). Heredity, Environment and the question "How?", *Psychological Review*, 65.

Angell, I.(2000). *The New Barbarian Manifesto.* London.

Arbesman, S.(2012). 이창희 옮김(2014). **지식의 반감기**. 책읽는수요일.

Atchley, R, C.(1997). *The Social Forces in Later Life.* CA: Wadsworth.

Axelrod, S. 저. 최영택 역(1986). **행동수정이론과 응용**. 서울: 형설출판사.

Bandura, A.(1964). The stormy decade: Fact or fictions?. *psychology in the schools*, 1.

Bandura, A.(1997). *Self-efficacy: The exercise of control*. New York: W. H. Freeman and company.

Banks, J. A. & Banks, C. A. M.(Eds.) (2004). *Multicultural education: Issues and Perspectives* (5th ed.). Boston: Allyn & Bacon.

Baltes, P. B. & Baltes, M. M.(1990). Psychological perspectives on successful aging: The model of selective optimization with compensation. In P. B. Baltes & M. M. Baltes(Eds.), *Succesful aging: Perspectives from the behavioral sciences.* New York: Cambridge University Press.

Barraga, N. C. & Erin, J. N.(2001). *Visual impairments and learning* (4th ed.). Austin, TX: Exceptional Resources.

Beirne-Smith, M., Patton, J. R., & Kim, S. H.(2006). *Mental Retardation*(7th ed.). N. J.: Merrill/ Prentice-Hall.

Bender, W.(2004). *Learning disabilities: Charecteristics , identificaton, and teaching strategies*(5th ed.), Needham Heights, MA: Allyn and Bacon.

Bishop, V. E.(1986). Identifying the components of successful mainstreaming. *Journal of Visual Impairment and Blindness,* 80, 939-946.

Borba, Michele(2001). *Building Moral Intelligence.* New York: John wiley & Sons, Inc.

Briscoe, J., Gatherole, S., & Moreland, N.(1998). Short term memory and language outcomes after extreme prematurity at birth. *Journal of Speech, Language and Hearing Research,* 41(3), 654-666.

Bryant, D. P.(2002). *Assistive Technology for people with Disabilities.* Boston: Allyn & Bacon.

Bryant, D. P. & Bryant, B. R.(2003). 권충훈 · 김훈희 옮김(2006). **특수교육 공학: 장애아동을 위한 보조공학**. 서울: 양서원.

Bundschuh, K.(2003). 김성애 · 홍은숙 공역(2004). **특수교육심리학**. 서울: 양서원.

Burns, David D.(1999). *Feeling Good: The New Moodtherapy.* 박승용 옮김(2009). **우울한 현대인에게 주는 번즈 박사의 충고**. 문예출판사.

Christian Science Monitor, 1998년 4월 15일자.

Conger, J. Gaskill, H., Glad, D., Hassell, L., Rainey, R., & Sawroz, W.(1959). psychological and psychophisiological factors in motor vehicle accidents, JAMA. 16: 1581-1587.

Corm, A. L. & Koenig, A. J.(2002). Literacy instruction for students with low vision: A Framework for delivery of instruction. *Journal of Vision Impairment and Blindness*, 96, 305-321.

Cucase, A. & Mcfarland, D.(1998). Central auditory processing disorder in children. *Journal of Speech, Language and Hearing Research,* 41(2), 355-373.

Defries, J. C. & Alarcon, M.(1996). Genetics of specific reading disability. *Mental Retardation & Developmental research Review,* 2, 39-47.

Disalvo, D.(2011). *What Makes Your Brain Happy and Why You Should Do the Opposite.* 이은진 옮김(2012). **나는 결심하지만 뇌는 비웃는다**. 모멘텀.

Duhigg, Charles(2012). *The Power of Habit.* 강주현 옮김. **습관의 힘**. 갤리온.

Families & Work Institute(Ed.)(2000). *Rethinking the Brain.* (2nd ed.). 곽노의 · 김유미 옮김(2001). **유아의 두뇌 발달**. 양서원.

Ferrell K. A. & Muir, D. W.(1996). A call to end vision stimulation training. *Journal of Visual Impairments and Blindness,* 90, 364-366.

Freud, A.(1958). Adolescence. *In psychoanalytic study of the child.* Vol.13. New York: International Univ, press.

Friedman, T. L. 김상철 · 이윤섭 옮김(2005). **세계는 평평하다**. 서울: 창해

Gallahue, D. L. & Ozman, J. C.(2002). *Understanding Motor Development.* New York: McGraw-Hill.

Gazzaniga, Michael S.(2008). *The Ethical Brain.* 김효은 옮김(2009). **윤리적 뇌**. 바다출판.

Gershon, E. S., Dunner, D. L., & Goodwin, F. K.(1971). calculation of heritability by twin method df Jensen. Arch. Gen. *Psychiatry*, 25.

Glaser, K.(1981). Psychopathologic patterns in depressed adolescents. *American Journal of psychotherapy*, 35, 365-382.

Goleman, D.(1996). Emotional Intelligence, Why It can matter More than IQ. *Learning*. 24, 6, 49-50.

Greschwind, N.(1985). The biology of dyslexia In D. B. Gray & J. F. Kavanaugh(Eds.), *Biobehavioral measures of dyslexia*. parkton, MD: York Press.

Gundula Englisch(2001). 이미옥 옮김(2002). **잡노마드 사회**. 서울: 문예출판사.

Hall, B. J., Oyer, H. J., & Haas, W. H.(2001). *Speech, language and hearing disorders: A guide for the teacher* (3rd ed.). Boston: Allyn & Bacon.

Hallahan, D. P. & Kauffman, J. M.(1978) *Exceptional Children.* Englewood Cliffs, N. J.: Prentice-Hall.

Hallahan, D. P. & Kauffman, J. M.(1978). *Exceptional Chilren Introduction to Special Education in today's schools*. New Jersey: Pearson, Merrill prentice Hall.

Hallahan, D. P. & Kauffman, J. M.(1987). *Exceptional children: introduction to special Education.* Englewood cliffs, N. J.: Prentice-Hall.

Hallahan, D. P. & Kauffman, J. M.(2003). *Exceptional Learner: Instruction to special education.* (9th ed.). Boston: Pearson Education.

Hallan, D. P. & Kauffman, J. M.(2003). *Exceptional learners: Introduction to special education* (9th ed.). Boston: allyn and Bacon. 309.

Hatfiedld, E. M.(1963). "Causes of Blindness in School Children." *The Sight-Saving Review*, 33, 218-233.

Häusel, Hans-Georg(2008). Brain View: *Warum Kunden Kaufen.* 배진아 옮김. **뇌 욕망의 비밀을 풀다**. 흐름출판.

Hebb, D. O.(1980). *Essay o mind. Hillsdale*. H. J.: Erlbaum.

Heward, W. L.(2006). *Exceptional children: An Introduction to special Education*(8th ed.). New Jersey: pearson, Merrill/prentice Hall.

Hicks, D. E.(1970). Comparison Profiles of Rubella and non-Rubella Deaf Children, *American Annals of the Deaf.* 115(March), 65-74.

Kerby, C. E.(1952). A Teport on Visual Hancicaps of Partially Seeing Children. *Exceptional Children,* 18, 138.

Kirk, S. A. & Gallagher, J. J.(1972). *Educating Exceptional children*(3rd ed.). Boston: Houghton Mifflin company.

Kirk, S. A. & Gallagher, J. J.(1979). *Educating Exceptional Children.* Boston: Houghten Mifflin Company.

Kirk, S. A. Gallagher, J. J., & Anastasiow, N. J.(2003). *Educating Exceptional children.* loth ed., Boston: Houghton Mifflin.

Kirk, S. A. Gallagher, J. J., & Anastasiow, N. J.(2003). *Educating Exceptional Children.* 김창욱 외 15인 공역(2005). *특수아동의 이해와 교육.* 서울: 도서출판 박학사.

Kloepfer, H. W. Jeannete Laquaite, & J. W. Mclaurin(1970). Genetic Aspects of Congenital Hearing Loss, *American Annals of the Deaf,* 115 (January): 17-22.

Lennick, D. & Kiel, F.. Moral Intelligence. 정준희 옮김(2006). **성공하는 사람들의 도덕지능**. 북스넛.

Lemoine, Patrick. *Séduire.* 이세진 옮김(2004). **유혹의 심리학**. 북폴리오.

Lewis, S. & Allman, C. B.(2000). Educational programming. In M. C. Holbrock & A. J. Koenig (Eds.), *Foundation of Education* (2nd ed.). Vol. I: *History and Theory of Teaching Child-ren and Youths with Visual Impairments.* New York: AFB Press. 2

Li, A.(2003). A model for developing programs to improve the use of vision in students who are visually impaired with multiple disabilities, Review, 35(1), 31-45.

Li, A.(2004). Classroom strategies for improving and enhancing visual skills in students with disabilities. *Teaching Exceptional Children,* 36(6), 38-46.

Luckasson, R., Borthwick-Duffy, S., Buntinx, W. H. E., Coulter, D, L., Craig, E. M., Reeve, A., Schalock, R. L., Snell, M., spitalnik, D. M., & spreat, S.(2002). M*ental retardation definition, classification, and systems of support*(10th ed.). Washington, D, C: American Association for Mental Retardation. 29.

Luckasson, R. & Reeve, A.(2001). Naming, defining and classifying in mental retardation. *Mental Retardation*, 39, 47-52.

Lueck, A. H.(2004). *Functional vision: A practitioner's guide to evaluation and intervention.* New York: AFB Press.

Lue, M. S.(2001). *A survey of communication disorders for the classroom teacher.* Boston: Allyn & Bacon.

Lyon, G. R., Fletcher, J. M., Shaywitz, S. E., Shaywitz, B. A., Torgesen, J. K., Wood, F. B., Schulte, A., & Olson, R.(2001). *Rethinking learning disabilities.* Hudson Institute.

McLuhan, M.(1995). T*he Global Village. Der weg der Mediengesellschaft in das 21.* Jahrhundert. Frankfurt a. M.

Mcnamara, B. E.(2007). *Learning disabilities: Bridging the gap between research and classroompractice.* NJ: Pearson.

Mcreynolds, L. V.(1990). Articuration and phonological disorders. In G. H. Shames & E. H. Wiig(Eds.), *Human communication disorders*(3rd ed.). NJ: Merill. Prentice Hall. 30-73.

Menninger, K. A.(1952). Purposive accident as an expansion of self-destructive tendencies. Int J psycho anal. 17: 6-16.

Moores, D. F.(2001). *Educating the Deaf: Psychology, Principles, and practices*(5th ed.). Boston: Houghton Mifflin.

National council of Teachers of Mathematics(2000). Principles and standards for school mathematics. (http://standards.nctm.org).

Neal, D. T., Wood W. & Quinn, J. M.(2006). "Habits?, A Repeat performance," *Current Directions in psychological Science*. 15, no.4: 198-202.

Nessa Carey, 이충호 옮김(2015). **유전자는 네가 한 일을 알고 있다**. 해나무.

Newsweek. 'Where have all the Babies gone?.(한국판). 1075호, 2013. 5. 6: 24-32.

O'Hara, D. & Levy, J.(1987). Family Intervention, In K. Kavale., S, Forness, & M. Bender(Eds.). *Handbook of learning Disabilities*. Boston: college-Hill.

Odom, S. L. & Mc Evoy, M. A.(1988). Integration of young children with Rand: caps. In Odom, S. L. & Katnes, M. B.(Eds.), *Early intervention for infants and children with handicaps: An empirical base*. Baltimore: Paul H. Brookes. 241-208.

OECD(1997). Integrating students with Special Needs Into Mainstream Schools.

O'Toole, M. E. & Bowman, A.(2011). *Dangerous Instincts*. Hudson Street Press.

Owens, R. E.(2005). *Language development: An introduction*(6th ed.). Boston: Allyn & Bacon.

Pennington, B. F.(1995). Genetics of learning disabilities. *Journal of Child Neurology,* 10, 69-77.

Peter Drucker(1999). *Management Challenges for the 21st Century*. 이재규 옮김(2005). **21세기 지식경영**. 한국경제신문.

Ray Page(1964). *Special Education Rules and Regulations* (Superintendent of Public Instruction State of Illinois). 7-81.

Reis, P.(1973). "Reported Causes of Hearing Loss for Hearing Impaired Students:1970~1971," *Annuals Survey of Hearing Impaired Children and Youth,* Ser. D., No, 12(Washington: Gallaudet College, 1973), p.12.

Reynolds, C. A ., Hewitt, J. K., Erickson, M. T., Sillberg, J. L., Rutter, M., Simonoff, E., Meyer, J., & Eaves., L. J.(1996). The genetics of children's oral reading performance. *Journal of Child psychology and psychiatry,* 37, 425-434.

Richards, T. L.(2001). Functional magnetic resonance imaging and spectroscopic imaging of the brain: Application of fMRI and fMRS to reading disabilities and education. *Learning Disability Quarterly,* 24, 189-203.

RifKin, J.(2000). *Access. Das Verschwinden des Eigentums*. Frankfurt.

Rowe, J. & Kahn, R.(1998). *Successful aging*. New York: Pantheon Books.

Sandel, Michael J., *Why Morality*. 안진환, 이수경 옮김(2010). **왜 도덕인가?**. 한국경제신문.

Schunk, D. H.(1984). Self-efficacy perspective on achievement behavior. *Educational psychologist*, 19, 48-58.

Sennett, R.(1998). *Der flexible Mensch.* Berlin.

Shaffer, D. R.(2002). *Developmental Psychology: Childhood and Adolescence*(6th ed.). 송길연 · 장유경 · 이지연 · 정윤경 옮김(2009). **발달심리학.** 시그마프레스.

Sharon Moalem, 정경 옮김(2015). **유전자, 당신이 결정한다**. 김영사.

Silliman, E. R. & Diehl, S. F.(2002). Assessing children with language learning disabilities. In D. K. Berstein & E. Tiegerman-Farber(Eds.), *Language and communication disorders in children*(5th ed.). Needham Heights, MA: Allyn & Bacon.

Sledge, T.(1994). Making peace with your past: Help for Adult Children of Dysfuctional families. Lifeway press. Nashville, Tennessee.

Smith, J. D.(2004). In A. McCray Sorrells, H. J. Rieth & P. T. Sindelar(Eds.), *critical issues in special education: Access, diversity, and accountability.* Boston: Allyn & Bacon.

Smith, T. E. C., Polloway, E. A., Patton, J. R., & Dowdy, C. A.(2006). *Teaching students with special needs: in inclusive settings*(4th ed.). Boston: Allyn and Bacon.

Thierry Souccar, 김성희 옮김(2009). **우유의 역습**. 알마출판.

Toffler, A.(1970). *Future shock.* New York: Random House, Inc.

Trieber, F. A. & Lahey, B. R.(1983). Toward a behavioral model of academic remediation with learning disabled.

Turnbull, A., Turnbull, R., & Wehmeyer, M.(2007). *Exceptional Lives Special Educaiton in Todays Schools*(5th ed.). New Jersey: Merrill prentice Hall.

Turnbull, H. R., & Cilley, M.(1999). *Explanations and Implications of the amendments to IDEA.* Upper Saddle River, NJ: Merrill/Prentice Hall.

Turnbull, H. R. & Turnbull, A. P.(2000). *Free appropriate pulic education: The law and children with disabilities*(6th ed.). Denver: Love.

Turnbull, H. R. Turnbull, A. P., Stowe, M., & Wilcox. B. L.(2000). *Free appropriate education: The law and children with disabilities*(6th ed.). Denver: Love.

U. S. Department of Education(2004). Individuals with Disabilities Education Act (IDEA) data (Table AB2). Washington, D.C.

Uffen, E.(1997). Speech and Language Disorders: Nature or nurture? *ASHA leader,* 2(14), 8.

Utley, B. L., Roman, C., & Nelson, G. L.(1998). Functional vision. In S. Z. Sacks & R. K. Silberman(Eds.), *Educating students who have visual impairments with other disabilities,* 371-412. Baltimore: Brookes.

Van Riper, C.(1972). *Speech correction: Principles and Methods*(5th ed.). Englewood Cliffs, N. J.: Prentice-Hall.

Vaughn, S., Bos, C. S. & Schumm, J. S.(2007). *Teaching students who are exceptional, Diverse, and at Risk in the General Education Classroom.*(4th ed.). Boston: Allyn& Bacon.

Verplanken, B. & Wood, W.(2006). "Interventions to Break and Create Consumer Habits," *Journal of Public Policy and Marketing*, 25, no.1: 90-103.

Vernon, M.(1968). Current Etiological Facors in Deafness, *American Annuals of the Deaf,* 113, 106-115.

Virilio, Paul(1995). *Der negative Horizont.* Frankfurt a. M.

Walters, P. A. Jr.(1961). Student Apathy. In G. B. Jr. Blaine & C. C. McArthur(Eds.), *Emotional Problems of the Student.* New York: Appleton Century Crafts.

Wang, P. & Bacon, M.(1997). Language. In M. Batshaw(Ed.), *Children with disabilities. Baltimore*: Paul H. Bookes. 275-292.

William M. Cruickshank(Ed.)(1980). *Psychology of Exceptional Children and Youth.* N. J.: Prentice-Hal, Inc. 221-222.

Williams, R. B., Haney, T. L & Blumental, J.(1997). From Juvenile delinquency to official delinquency. *Social Problems*, 20, 209-229.

Wonder, J. & Donovan, P., *Whole Brain Thinking*. 고영희 역(1991). **당신의 양쪽 뇌를 사용하라.** 양서원.

Woodward, J.(2004). Mathematics education in the United States: past to present. *Journal of Learning Disabilities*, 37, 16-31.

Yairi, E.(1998). Is the basis for stuttering genetic? *American speech-language-Hearing Association,* 70(1), 29-32.

河合 準雄(1997). **母性社會日本の病理.** 東京: 中央公論社.

安香宏(Hiroshi Akoh: 1986). 日本における 學校教育の 社會病理. 精神科 Mook No. 14. 青少年の 社會病理. 115-123.

李相蘭(2000). 青少年 無氣力傾向に關する比較研究ー韓・日の大學生を對象に, 東京大學大學院 教育學研究科紀要, 40, 139-150.

李相蘭(2001). 韓國の高校生における無氣力傾向ど進學動機の不明確性との關係, 性格心理學研究, 9, 2, 105-126.

石田辛平・武井槙次(1987). 失われた子ども空間(등교거부・이지매・여자비행). 東京: 新曜社. 15-55, 75-112.

石川元(1993). 思春期障害ど 家族療法ー最近傾向ー思春期の精神障害. うイフ・サイエソス, 96-98.

伊藤隆二 編(1970). 심신장해아교육의 원리 (東京: 福村出版), 82-84.

大原健士郎・大原浩一(Ohara Kenshiro, Ohara Koichi: 1986). 子どもの 自殺 精 神科 Mook. No. 14. 青少年の社會病理 金原出版(株). 252-261.

大山信郎 編(1968). 특수교육사전. (東京: 第一法規出版株式會社). 124.

大渕憲一(1982). 不合理な 欲求不滿に 對する攻擊反應と 原因情報. 犯罪心理學研究. 19. 11-20.

大渕憲一(1993). 人を傷つける心: 攻擊性の 社會心理學. サイエソス社. 92-119, 164- 168, 229-247, 268.

岩井孔融 編(1973). 社會病理學. 社會學 講座 16. 東京: 東京大學出版會

稻村 博(1982). 思春期 挫折症候群. 東京: 新曜社.

稻村 博(1991). アパシーの現狀ど取り組み方 教育心理 39, 96-99.

稻村 博(1994). 思春期 挫折症候群. 東京: 新曜社.

兼頭吉市(Kaneto Yoshiichi: 1986). 學內暴力から集團いじめへ, 精神科 Mook. No. 14. 靑少年の 社會病理. 金原出版(株). 136-145.

笠原 嘉(1973). 現代の 神經症性アパシーについて 臨床精神醫學, 2, 153-162.

笠原 嘉(1977). 靑年期 一精神病理學からー, 中公新書.

笠原 嘉(1983). 無氣力の 精神病理學(精神の危機一精神の科學 3). 岩波書店.

笠原 嘉(1984). アパシー・シンドロム, 岩波書店.

笠原 嘉・吉本 千鶴子(1986). 內なる異性(アニムスどアニマ) 海鳴社. Jung, E. 1947. Ein Beitrag Zum Problem Des Animus.

河合 隼雄(1976). 母性社會日本の病理. 東京: 中央公論社.

久世敏雄編(1994). 現代靑年の 心理と病理. 福村出版. 39-56, 124-176, 190-204.

建一・淸水將之 齊藤學(1993). 現代社會と精神障碍. 討論會. サイエンス. 98-113.

小倉淸・皆川邦直・村上靑彥(1993). 今日 思春期精神障害. 討論會. 思春期 精神障害. ライフ・サイエンス. 108-125.

小林司(Kobayashi Tsukasa: 1986). 現代日本の 靑少年の性. 精神科 Mook No. 14, 靑少年の 社會病理. 金原出版株式會社. 102-114.

作田勉・猪股丈二一編(1992). 思春明と 家庭. 東京: 誠信書房. 10-47, 76-83, 129-145, 148-182.

齊藤 環(1997). 社會的 ひきこもり. PHS 新書.

下山 晴彥(1979). スチューデント・アパシー研究の展望, 敎育心理學 硏究, 44, 350- 363.

下山 晴彥(1997). 臨床心理學硏究の理論と觀察-スチューデント・アパシー硏究を 例としてー, 東京大學出版部.

高橋 三郎 他(1995). DSM-4 精神疾患の診斷の手引き. 醫學書院.

竹內 知夫(1995). 心の病氣, 星和書店.

瀧口直彥・小田普(Takiguchi Naohiko, Oda Susumu: 1986). 少年ど 藥物濫用. 精神科 Mook, No. 14. 靑少年の社會病理. 金原出版(株). 241-251.

藤井護郎(1997). 文化と してのじめ問題, 東京: 農山漁村文化協會. 14-27, 163-172.

鐵島 淸穀(1993). 大學生のアパシー傾向に關する硏究一關聯する諸要因の檢討一. 教育心理學研究, 41, 200-208.

中谷彰宏(1997). 大學時代 しなければならない50のこと. 이선희 옮김. 홍익출판.

西園昌久(1993). 今日の思春期心性と 精神病理. 思春期の精神障害. 精神医學レビ ユー. No. 9. ライフ・サイエンス. 5-14.

町澤靜夫(1993). 思春期の性問題と最近の 傾向. 思春期の 精神障害. 精神医存しビ ユー. No. 9. うイフ・サイエソス. 46-56.

福井康之(1985). 青年期の 不安と 成長. 東京: 有斐閣. 125-130.

馬場謙一(1976). 自我同一性の形成ど危機 エリクソンの青年期論をめぐって(笠原 偏, 青年期の精神病理). 1, 至文堂, 111-128.

馬場謙一他(1984). 母親の深層. 有斐閣.

宮田 加久子(1991). 無氣力のメカニズムーその予防と克服のために一誠信書房.

麥島文夫(Mugishima Fumio: 1986). 家出と 少年非行. 精神科 Mook. No. 14. 青少年の 社會病理. 金原出版(株). 198-207.

村田豊久(1993). 思春期うつ病の 精神病理と治療的アプローテ. 思春期の 精神障害. 精神医學レビコー No. 9 うイフ・サイエソス. 27-36.

村本 詔司・村本 邦子譯(1990). ユングとポストーユンギアン. 創元社, Samuels. A. 1985. Jung and The Post-Jungians.

牧田 清志(1980). 兒童精神醫學大系. 17A, 東京: 中山書店.

森田洋司・清永賢二(1986). 教室の病(이지매). 東京: 全子書房. 9-17.

諸富 洋彥(1997). フランクル心理學入門 ーどんな時にも人生には意味があるー. コス モス・ライブラリ.

山口 薰(1983). 障害兒教育論. 東京: 第一法規出版(株).

山埼晃賢(1993). 思春期精神障害の 診斷分類. 思春期の精神障害. ウイフ・サイエソス. 57-73.

山田和夫(1987). 今日の家族の役割について 心の健康. Vol. 2 N0.1, 26-31.

山田和夫(1990). 家族關聯の中での スチーュデント・アパシー(土川 隆史 編 スチュー デント・アパシー). 同朋舍.

矢花芙美子(Yabana Fumiko: 1986). 無氣力子ども. Mook. No. 14, 精神科の青少年 社會病理. 金原出版(株). 146-155.

若林愼一郎(1993). 登校拒否. 思春期の 精神障害. ウイフ・サイエソス. 99-101.

渡辺位(Watanabe Takashi: 1986). 登校拒否. 精神科 Mook. No. 14, 青少年の社會病理. 金原出版(株). 12-135.

福田誠治. 나성은・공영태 옮김(2008). **핀란드 교육의 성공**. 북스힐.

찾아보기

인 명

내 용

[ㄱ]

김흥규(金興圭)

현, 인하대학교 사범대학(명예교수, 교육학박사)

〈경력〉
고려대학교 전임카운슬러, 인하대학교 교수(1976~2005), 학생생활연구소장・학생처장・교육연구소장・교육대학원장, 전국교육대학원장협의회장, 문교부 고교 1종도서 편찬심의위원, 행정고등고시 위원(제27, 29회), 동서사회문화연구원장, 인천교원단체총연합회장, 인천지방경찰청 공적심사위원장, (사)한국삶의질연구원이사장 및 원장, 학교법인 동산육영회(인천동산중고등학교)재단 이사장, 인천그린리더스포럼 대표 역임

〈저서〉
학교와 지역사회 신생활지도론, 인간의 이해, 장애자교육의 이론과 실제, 인간행동의 이해, 상담심리학, 최신특수교육학, 교육사회학, 최신상담심리학 등

〈초청특강 활동〉
- 상공회의소초청 특강 : 안산・인천・안양・창원・구미 상공회의소 등
- 대기업(그룹) 등 초청특강(5~8년간) : LG 및 그룹연수원(총 53회 초청 특강), 한국경영자총협회(서울 총협회 및 부산・대구・제주・광주・호남・인천・경남경영자협회 총 22회), 한국표준협회(본사연수원, 포항・창원・대구・부산・경주・구미・강원 표준협회 등 총 182회), 태평양화학그룹(총 29회), 관세공무원교육원(총 36회), 삼성그룹(총 16회), 한진그룹(총 14회), 대우그룹(총 10회), 삼양그룹(총 10회), 한국화약그룹(총 7회), 현대그룹(총 7회), 기아그룹(총 5회), 한국타이어(총 6회), 포항제철 및 광양제철(총 5회), 코오롱그룹연수원(총 5회), 두산그룹 및 해태그룹(각 2회) 등
- 대학교수연수초청 특강 : 중앙대의료원교수세미나, 인하대교수세미나, 원광대전체교수세미나, 가천의대・병원임직원연수(3회), 경북구미 김천대교수세미나, 대림전문대 교직원연수, 인하대병원 임직원 연수, 인하공업전문대 교수세미나(3회), 서울예술대교수연찬회 등
- 사범대 및 대학(원)초청 특강 : 경상대, 청주대, 천안외국어대, KAIST대, 강남대 교육대학원, 안양대 교육대학원, 효도대학원대학, 원광대 교육대학원, 경기대 행정대학원, 수원대 교육대학원, 인하대 산업대학원・ 행정대학원・ 경영대학원 등
- 방송국초청 특강 : KBS 2TV명사초청 특강(85년 6회), 원주MBC TV명사초청 특강(97년 2회), 기독교방송 명강의 스페셜
- 정부기관 등 초청 특강 : 행자부주최 각 부처 장・차관 및 국장 연수(98년 2회), 중앙공무원연수원(2회), 경인노동청, 항만청, 조달청, 노동부연수원(5회), 관세공무원교육원(36회), 한국소방검정공사, 소방본부, 한국전력공사, 한국도로공사(3회), 서울시공무원연수원 등
  지방자치단체초청 특강 : 인천시청, 부천시청, 시흥시청, 울산시청, 경북충무시청, 경주시청, 의왕시청, 군포시청, 강화군청, 농협(경기이천, 강원홍천, 충남예산, 전북정읍농협), 교육청(경기・수원・부천 및 경기・강원도 교원연수원) 등
- 군・경 관계기관 초청 특강 : 해양사령부, 해군제2사령부, 육군103보병 여단, 경찰종합학교(54회), 인천지방경찰청(2회), 해양경찰청(2회), 해양경찰연수원, 재향군인회 등
- 기타 초청특강 : 대구 경북중・고교총동문회, 인하대경영대학원 총동문회(4회), 세종대 경영대학원 총동문회, 전국양호교사협의회, 제주생명의 전화, 한국간호・양호교사협의회, 한국생명보험협회, 전국새마을금고연합회(6회), 의식개혁협의회, 마주협회, 전주사학연금공단, YWCA, 한국항공공단(창원, 3회), 목사연수회(경기남부・동부지역, 인천감리교회 교역자부부),전국방사선협회, 전국카운슬러협회, 경기카운슬러협회, 전국주부클럽중앙회(3회) 등

현대특수교육학

1판 1쇄 인쇄 — 2017년 1월 10일
1판 1쇄 발행 — 2017년 1월 16일

저　　자 - 김 흥 규
발 행 인 - 강 철 원
발 행 처 - 양 성 원

주　　소 - 경기도 파주시 월롱산로 71(야동동)
전　　화 - 031-946-3861(代)
팩　　스 - 031-946-3864
이 메 일 - tnwpub@naver.com

출판등록 - 2015년 8월 31일 제 2015-000211 호

ISBN 979-11-87118-85-5

정가 20,000원